U0137623

中國古代姓氏與避諱起源

虞萬里 著

華東師範大學出版社·上海

圖書在版編目（CIP）數據

中國古代姓氏與避諱起源/虞萬里著. —上海：
華東師範大學出版社，2023
（學術文庫）
ISBN 978 - 7 - 5760 - 3578 - 0

Ⅰ.①中… Ⅱ.①虞… Ⅲ.①姓氏—研究—中國—古
代 Ⅳ.①K810.2

中國國家版本館 CIP 數據核字(2023)第 021192 號

中國古代姓氏與避諱起源
ZHONGGUO GUDAI XINGSHI YU BIHUI QIYUAN

著　　者　虞萬里
項目編輯　龐　堅
特約審讀　沈毅驊
責任校對　時東明
裝幀設計　劉怡霖

出版發行　華東師範大學出版社
社　　址　上海市中山北路 3663 號　郵編 200062
網　　址　www.ecnupress.com.cn
電　　話　021 - 60821666　行政傳真 021 - 62572105
客服電話　021 - 62865537　門市(郵購)電話 021 - 62869887
地　　址　上海市中山北路 3663 號華東師範大學校内先鋒路口
網　　店　http://hdsdcbs.tmall.com

印 刷 者　上海盛隆印務有限公司
開　　本　890×1240　1/32
印　　張　14.5
字　　數　364 千字
版　　次　2023 年 7 月第 1 版
印　　次　2023 年 7 月第 1 次
書　　號　ISBN 978 - 7 - 5760 - 3578 - 0
定　　價　78.00 元

出 版 人　王　焰

（如發現本版圖書有印訂質量問題,請寄回本社客服中心調换或電話 021 - 62865537 聯繫）

目　録

自　序

在現代社會的人際交往中，我們經常聽到"請教尊姓大名"，却從未聞"請教尊氏大名"，人們似乎已將"姓氏"之"氏"當作詞綴而忽略不計。若告訴你中國古代曾經經歷過姓是姓、氏是氏，姓、氏涇渭分明的時期，你或許馬上會急切地想知道，自己世世祖傳、深信不疑的究竟是"姓"還是"氏"。如果再告訴你一個顛覆常識的事實，中國四五千年累積而成的姓氏有三萬多個，而真正的古姓只有四十多個，即使是《百家姓》開首的"趙錢孫李，周吴鄭王"仍然都是"氏"而非"姓"，你或許會顧盼自失，感嘆自己大概率會落在龐大的"氏"群中。

鄭樵説："三代之前，姓氏分而爲二；三代之後，姓氏合而爲一。""姓氏"一詞，習慣性沿用已有一千八百多年，"姓"在"氏"前，似乎"姓"先而"氏"後，尤其是"姓"字從"女"，被認爲與母系血統有關，而所讀歷史課本又説上古歷史是由母系社會演進到父系社會，則姓在氏前似理所當然。但若告訴你"姓氏"一詞是東漢以後出現的詞彙，東漢後期應劭的《風俗通義》、前期王符的《潛夫論》、先秦的《世本》《左傳》《國語》等文獻一律作"氏姓"，"氏"在"姓"前，可確鑿證明"氏"先而"姓"後，你是否會疑惑文獻傳抄中有錯亂？

《説文》："姓，人所生也。古之神聖母感天而生子，故稱天子。從女、從生。生亦聲。《春秋傳》曰：'天子因生以賜姓。'""姓"的字形結構是從女從生，本義爲人所生之子，這可以説普天之下，莫不皆然，讀之易懂，聞之不驚。但許慎綴以"古之神聖母感天而生子，故稱天子"一語，似將百分之九十九點九九九的平民以及絕大部分官僚都排除在外；其引《左傳》眾仲概述西周賜姓命氏的話作結，則將"姓"的範圍限定在天子所賜的某些上層階級。《説文》九千多字，絕大多數都是以從某、某聲作結，許慎在"姓"字下却引經據典作補充説明，究竟有何深意？根據我對中國姓氏長期的研究和對許説的理解，不得不再告訴你一個顛覆三觀的事實，上古原本只有"氏"沒有"姓"，姓，只是武王伐紂、小邦周打敗大商邑後，爲鞏固政權、安撫天下、穩定政局，對三恪二王等一些歷史上曾經顯赫一時、綿延十世百世的氏族進行分封而創立的帶有政治性的符號。這個事實對於所有生而有姓，長而或誦"百家姓""千家姓"，讀書更知母系、父系社會歷史，認同"姓"與母系血統有關的人來説，可能會懷疑我在癡人説夢。我想先告訴你，母系社會是二十世紀隨著西學東漸而湧入的舶來概念，中華大地上近五千年來是否存在或經歷過母系社會，考古學尚未能給出一個充足有據的明確回答；然後請思考：假如夏商周三代或五帝甚至五帝以前是母系社會，以血緣姓族叢聚，爲何見載於《莊子》《世本》《金樓子》《路史》乃至出土簡牘《容成氏》中數十上百成千個古氏族清一色都是男性首領，且無一例外地以"氏"爲標識，絕不以"姓"標識？假如姬周以前存在母系血緣之姓，爲何殷商十餘萬片甲骨、三四千個甲骨文中沒有一個"姓"字，却有成百上千個氏族族徽？假如像傳統思維所理解的古姓多從"女"旁，表明與母系血緣有關，爲何這些字形在西周金文和殷商甲金文中多不從"女"旁？假如姓先而氏後，姓以母系血緣爲標識，那姓應該遠遠多於氏，爲何上古三代以還數千個氏族中只有聊聊四十多個古姓？假如姓之古老遠在三代之前，各紹血脉，各傳其"姓"，應該遍地散花而無論東西南北和貴賤遠近，爲何這四十多個古姓大多集中在武王、周公、成王所封的黃帝十二姓、堯之祁、舜之姚（嬀）、夏之姒、殷之子和祝融八姓、太皞風姓、皋陶偃姓、鬼方隗姓等狹窄的範圍內？

假如姓傳自遠古，歷經數千年而不變，爲何隨著姬周王權進入春秋戰國最後爲秦所滅後便與"氏"合流而稱"氏姓"或"姓氏"？

遠古的中華大地上氏族林立，各以氏名標榜，互相區別。至周武王創立政治符號"姓"，將這一名號分封顯赫氏族的同時，還深謀遠慮地製訂了一項"同姓不婚"的政策。"同姓不婚"若如後世理解爲因血緣太近而其生不蕃，則在周初分封同姓異姓後特定的歷史階段，應該同時有同姓不婚和同氏不婚，才能使人口繁衍。而武王、周公製訂這項政策的意圖，獨獨規定姬姓子女不得嫁娶姬周同姓，必須與這些被封賜的數十個顯赫異姓聯姻，其目的就是想通過姬周世世與顯赫異姓聯姻，使各路諸侯即使非兄弟之邦，亦成爲姻親之國，同姓兄弟和異姓大族守望互保，姬周政權長治久安、綿延不絕。武王、周公之策略使得姬周王權維持了近八百年，不可謂無效，但終究隨著七雄紛爭、秦併六國而終結。隨着東周的滅亡，周初所封的曾經顯赫、榮耀、風光的幾十個"姓"便失去了昔日的光環，身份與不斷增多的大量的"氏"等價。"姓"與"氏"一旦合流，姓、氏即已同義，身處姓、氏剛剛合流時代的太史公當然很清楚當時歷史現狀，故其著《史記》便說秦王"姓趙氏"、高祖"姓劉氏"，趙、劉確實是氏，趙是造父爲周穆王駕馭有功封於趙城，秦先祖爲造父族孫，後以地爲氏；劉相傳爲帝堯後裔封於河北唐縣之劉地，後以地爲氏。姓趙氏、姓劉氏之"姓"用作動詞，即以趙氏爲姓、以劉氏爲姓，這是姓氏合流的秦漢時代特殊句法，難爲後人所理解，故鄭樵、吳仁傑受古代姓、氏二分觀念的影響，指責司馬遷爲誤，連大學問家顧炎武也譏諷"姓氏之稱，自太史公始混而爲一"，實在讓這位大史學家受了上千年冤屈。

我對姓氏的興趣源自於數十年前的上古音研究，當時只是想利用姓氏的地望與方音音讀，來佐助由諧聲、韻讀歸納出來的韻部和合韻之認識。後來由古音而進入兩漢經學領域，遂深陷經學泥淖而無法自拔，姓氏音韻文章只寫了一篇便乏嗣響。但我對姓氏起源的追溯却沒有停止，曾寫過幾篇姓氏研究的文章，其中《姓氏起源新論》，是本書的雛形。在《新論》中，我對"姓"的性質與時代還沒有現在這樣清晰的認識，所以只模糊地説"姓"是西周所重。這種認識仍不能解釋爲什麼"姓"在"氏"後且那麼少，爲什麼有限的幾十個古"姓"多落在黃帝系統的氏族、部落、方國範圍内。仔細思考殷商族氏分封和西周諸侯分封的制度和政治意義後，對"同姓不婚"政策有了更深的思考與理解，於是形成了"姓"是西周分封時所創的觀念。用這個觀念去解釋圍繞甲骨文無"姓"字、古來"姓"少"氏"多、文字學上的古"姓"從"女"不從"女"等看似難以理解的癥結，一切疑雲都會忽然開朗。因爲"姓"早於"氏"，與母系血統緊密聯繫的觀念，牢牢扎根在近代姓氏學家的意識中，所以，我又從近代史學界接受摩爾根《古代社會》母系血緣氏族直系演化理論的歷史切入，尤其是對楊希枚先生循摩爾根理論創立"姓族"概念並以之解釋古姓的觀點，分析其利弊得失，還原歷史的本真。從這個意義上説，本書已超出姓氏範圍而觸及到西周建國和近代西學接受史問題，當然也涉及到作爲一個學者如何運用理論的態度。

我拒絕接受用摩爾根母系血緣氏族的直系演化理論來解釋中國古代姓氏，因爲這個理論並不適合於中國先秦古史和姓氏史，却讚同楊寬先生接受他的印第安人成丁禮與西周加冠禮有相似性的看法，這就要説到我對先秦避諱起源的研究。

我對避諱起源的研究，源於編纂避諱詞典的設想。上世紀九十年代初，正值全國詞典編纂的高峰期，我與幾位同仁應出版社之約，計劃編纂一本《中國古代避諱大詞典》，自己也想在詞典編成後寫一本避諱概論。當時諸人從分解周廣業《經史避名彙考》一書開始，分頭從各類文獻中製作卡片數萬張，曾寫成詞典初稿約九十萬字。而原計劃成書得一百六十萬字左右，後來大家工作實在太忙，被迫將詞典初稿束之高閣。旋應第三十四屆亞洲及北非洲研究國際會議在香港召開，我受邀出席，遂草成《商周稱謂與中國古代避諱起源》長文與會。在電腦沒有普及的年代，會議論文多是用打字機打字並油印自帶，因論文過長，我特地花了幾百元請工廠排字印刷，裝訂成冊，減輕了重量和體積。那次會議有六十多個國家一千二百多名學者參加，所以分了很多小組，每人宣讀時間只有十五分鐘。記得加拿大蒙特利爾東亞中心的白光華教授主持小組會，他認爲我的文章最長，宣讀需要加時，結果讓我足足講了四十分鐘，拖延了大家的午餐時間。散會後走到門口，發現我的一厚疊論文已經一本不剩，全被拿走，感覺到寫了一篇還是有人願意一閱的文字，心中頗覺欣慰。只是全文的刊出，已在十多年之後。

研究古代避諱的起源有一個難度，雖然《周禮》《禮記》等先秦文獻載有避諱禮制的科條，因書寫古文獻的文字，屢經籀篆隸楷及古文的演變興替，傳抄授受過程中通假、假借和讀爲改字的淆亂，使你無法確切把握某字是諱還是不諱。清以前論兩周避諱者，大多根據文獻流傳的周王名諱和傳世本《詩》《書》文字，各憑己見，信口是非。近代學者知道利用銘文、簡牘來對勘周王名諱，以爲出土銅器銘文和簡牘文字未經傳抄走樣，一定可信。但其具體考證和清以前學者一樣，既不去追究兩周帝王和春秋戰國諸侯名諱的原始字形，也沒有考慮兩周帝王和春秋戰國諸侯的世系遠近。諱禮規定，祧廟不諱，即世遠廟祧不再避其諱，這是很重要的避諱原則。一旦這個原則被忽略甚至拋棄，所有帝王名字和文獻用字都呈現在一個平面上，以此討論諱與不諱沒有一個歷史觀，也就失去了意義。

　　避諱就是避名諱，其最原始的避諱只是口中不直呼所要諱稱者之名，進入有文字記録言語的時代，更須不直接書寫所要諱稱之名，這兩者都涉及到一個特殊的稱謂，即在君統、宗統和有嚴格等級的社會中當面和背後因人而異的鮮活的稱謂——我稱之爲動態稱謂。自馮漢驥《中國親屬稱謂指南》、芮逸夫《論中國古今親屬稱謂的異制》《爾雅釋親》等系列論文以還，所有研究漢語稱謂者，都是在描述稱謂系統，即某歷史時期稱謂總和、分類以及關係——我稱之爲静態稱謂，而非揭示一定語境中口頭和書面因人而異、不斷變動的動態稱謂。静態稱謂無法看清和揭示上古有無避諱習俗、禮俗和禮制的實況，所以我花了大量時間精力，搜尋、挖掘《尚書》《左傳》《國語》和甲骨文、銅器銘文、儒家簡牘中君臣間、上下級、長幼輩對話場景下的互相稱呼，以及背後、書寫和對死者稱呼之動態稱謂。其所呈現的規律是：一、下稱上，不名不字；二、上對下，名；三、上對下自稱，不名；四、下對上自稱，以稱名爲常；五、對死者，諱其名，甚至諱其字。將之與《春秋》所載等級稱謂和《禮記》所載諱禮相印證，基本一致。這種稱謂的上尊下卑、尊人謙己的取向表明，商周不僅有等級稱謂制在約束人們日常稱呼，而且已有避諱亦即主要是避名的習俗、禮俗或禮制存在。

　　諱生者之名主要從對話場景稱謂中去分析觀察，而諱死者之名，諱名之外，還要考察表字、爵號、謚號、廟號等稱謂。其中涉及問題最複雜且爭議最大的是商王日干稱謂。自甲骨文出土，王國維考證殷商帝王世系後，日干稱謂含義一直是殷商史和銅器銘文研究的敏感問題，圍繞日干稱謂的諦義，保守估計至少也有十五六種説法。自張光直開啓二分支派説後，各種奇異的新説不斷出現，有的學説源於殷商族氏，有的則風馬牛不相及。我的看法是，殷商的喪葬禮俗已形成一整套系統，尤其周祭制度更爲人所矚目，日干既然是死後祭祀時稱謂，則一定與喪葬和宗廟有關係。殷人無事不卜，則喪葬占卜自在情理之中。國之大事在祀與戎，祀靜而戎動，故祀陰而戎陽，祭祀用陰日，故日干以雙數陰日爲主。基於此，我曾經傾向於日干是葬日與虞祭的反映。但葬日和虞祭屬於喪祭，最後都將被吉祭的廟祭所替代，日久易代，後世子孫所要牢記的是在周祭制度下某日祭祀哪位祖先。哪位祖先在何日祭祀，就以這位祖先靈位的祔廟日爲準，並在祔廟的廟主上寫刻祔廟日的日干，若日干相同，則以"父""祖"、"大""中""小"等區別，讓子孫後世易於祭祀。因爲下葬、虞祭、卒哭到祔廟，不同階級可據不同虞祭時日逆推計算，所以知道祔廟日就可推算其葬日。整套龐大複雜的周祭，只需知道祔廟日即可祭祀，故我放棄葬日、虞祭的想法，轉而信守日干爲祔廟日的看法。如果也可備一說，不妨稱之爲"祔廟說"。

在我撰寫文章確立祔廟說之前後，安陽後岡正在發掘殷商墓葬，出土了六枚被稱之爲"柄形飾"的石片。石片上刻有"祖庚""祖甲""祖丙""父□""父辛""父癸"字樣，與甲骨卜辭和《史記‧殷本紀》記載全同，且其行狀又與甲骨文"示"字形體相似。當我看到考古簡報的圖形後，非常興奮，因爲它證實了我祔廟廟主刻有便於祭祀的祔廟日的觀點。竊以爲殷商墓葬中"廟主"的出土，日干廟號問題基本可以塵埃落定。唯有一個缺環是，姬周的喪葬虞祭用陰日制度是否與殷商相同，亦即在這點上是否周因於殷禮。後來我從王引之解釋《易》之《蠱》《巽》二卦"先甲三日，後甲三日"和"先庚三日，後庚三日"中得到啓發，用雙數陰日日干可以上推到周初商末，則此姬周禮俗因於殷商習俗是完全可能的。這對避諱而言是一個枝節問題，而對先秦史尤其是殷商宗廟祭祀而言是一個重大問題，所以不憚辭費，略予闡釋，當然我還會另作專論詳述。

　　我之敢於將避諱起源追溯到殷商乃至更早，還得益於國外民族學著作尤其是《金枝》的啓示與佐證。上世紀八十年代末和九十年代初，正是外國哲學、宗教和文化名著大量翻譯出版的井噴期。1987年《金枝》首次由徐育新、汪培基、張澤石合譯出版，我閱後有感於其禁忌的人、物、行爲和詞彙與中國古代的幼名冠字和避諱禮俗有驚人的相似性，曾追想楊寬寫《冠禮新探》時只見摩爾根《古代社會》而未見弗雷澤《金枝》，如果見到《金枝》，他對古代冠禮取字的認識或許會更深刻。所以，我大概是較早將《金枝》調查的名字和詞彙禁忌結合研究先秦名字關係和避諱研究的一人。

　　在追溯姓氏起源時，我反對用摩爾根母系社會和直系血緣理論套用到中國古史和姓氏研究中來，而在追溯避諱起源時，卻援用弗雷澤等所調查的民族志資料來佐證。這看似一種雙標，實際關涉到我學術研究的理念。從純研究角度推衍，當自然科學和人文科學的研究得到一個真相一條規律一種結論，允可上升到一條規則一種理論來作爲同類或相似事物的依據參數。但相對而言，自然科學因物理的相似性，其推衍應用的範圍相對要大，其結論亦多可據，而人文科學雖有人同此心心同此理之因素，卻多不同文化、不同時代之背景。針對所要研究的對象，可以用相似相關的理論來解釋，卻不宜隨便搬用，簡單套用，更不宜濫用。我經常聽到：我用某某理論來研究某某問題，聞之輒有一種奇怪的生理反映，理論創立者藉以創立、研究的對象和你所研究的對象表面有多少相似性，本質有多少相異性，這點是否已先行比較和掂量？世界萬事萬物，尤其是關涉瞬息萬變心理的人文歷史，着眼於歷史行迹，或許有相同之處，着眼於心理變化，恐怕是相異的多，研究本來是渴望如何盡量去揭示符合客觀對象的面貌，怎麼可以概念先行來套用理論而無視甚至不惜扭曲對象形態、抹殺對象特徵呢？即使揭示出對象的行態特徵，還有其内在支配行迹的瞬息萬變的心理活動。理論不是不可以作爲方法借用，而研究的最終目的是揭示對象的本質和特徵，這就需要高於理論方法的智慧來評判運作取捨，而不可機械教條地套用。回歸本題，母系社會在我國全無考古學證據，而新石器時代晚期以來，與姓氏相關的數百個氏族和殷商甲骨卜辭呈現的上千個族氏，恰恰都反證其是男性主宰的社會。氏族和族氏的結構複雜，注定不可能有永恒不變的純血緣系統。而語詞與名字的禁忌與避諱，確是東西方共同呈現出來的現象，我只是將之縮合在一起做一個比較，至於相同迹象背後的或同或異之心理，仍有待深入研究。這是我在研究中對理論把握和現象比較的尺度，是非對錯，願意接受讀者的批評指教。

2022 年 10 月 4 日於榆枋齋

壹、古代姓氏之起源

姓氏是一個極常見而又極悠久且富內涵的詞彙。曰其常見，可謂無人不曉而人人皆有；謂其悠久，則其詞爲人所用已歷數千年；言其豐富，則上古大小氏族、歷代帝王百姓、吾祖吾宗伴姓傍氏導演出一部曲折、離奇而壯觀的姓氏史。因漢語由本義而產生引申義，復由引申義而引申，推衍無窮；漢字由甲金而古文篆隸，復由古文篆隸而楷行，與時俱變：後人逐其末而忘其本，酌其流而昧其源，致使"姓氏"一詞本義被封閉在千年歷史塵埃之下，長期成爲學者孜孜矻矻發覆之對象。

鄭樵所發"三代之前，姓氏分而爲二"，"三代之後，姓氏合而爲一"之觀念早已深入人心。[①] 然"三代"夏商周，其前是否已有文字標識姓與氏？夏商是否已有姓氏且已姓氏二分？其合而爲一是否須待三代後之秦漢？近現代學者提出周代姓氏二分，[②]然則何以要二分？出於何種目的？司馬遷在《秦始皇本紀》《高祖本紀》中稱始皇姓趙氏、高祖姓劉氏，司馬貞《索隱》用有虞氏歷史爲之解云："然則因生賜姓，若舜生姚墟，以爲姚姓，封之於虞，即號有虞氏是也。若其後子孫更不得賜姓，即遂以虞爲姓，云'姓虞氏'。今此云'姓劉氏'，亦其義也。"[③] 司馬貞意謂古者天子賜姓，雖趙、劉原爲氏，因始皇、高祖已爲天子，自當

---

① 鄭樵《通志·氏族略一》，浙江古籍出版社，1988 年影印本，第一冊，第 429 頁上。

② 明確提出此說並著之於書者，當是方炫琛所著之《周代姓氏二分及其起源試探》，臺灣學海出版社，1988 年。

③ 司馬遷《史記》卷八《高祖本紀》，中華書局，2013 年，第二冊，第 431 - 432 頁。

受賜，故"氏"前加"姓"。然司馬遷又云英布"姓英氏"，萬石君"姓石氏"，扁鵲"姓秦氏"，非在賜姓之列，則司馬貞似有自我作解之嫌。吳仁傑非之曰，"姓與氏相近而不同"，"劉氏本陶唐氏之後，則劉者氏也，非姓也。于此當云高祖劉氏出自祁姓可也，此誤自太史公啓之而莫之改"。[①] 後吳之同鄉顧炎武亦譏云："姓氏之稱，自太史公始混而爲一。"[②] 姓氏混稱，是否從太史公開始？博識如太史公，是否就如吳、顧所說是誤混姓氏之始作俑者？鄭樵又云："秦滅六國，子孫皆爲民庶，或以國爲氏，或以姓爲氏，或以氏爲氏，姓氏之失自此始。"[③] 姓氏界限是否到秦滅六國後始失？又爲何至戰國末期會混淆？學界於此皆無明確判詞，夷究其因，皆與不明姓、氏之起源、含義及其各自發展之歷史有關。

一、 姓、 氏字形與涵義

太史公之後，王符、鄭玄、何休等已"氏姓""姓氏"連言，其所以然者，以是時姓、氏已渾言不別。秦漢以前，兩周之際，提倡同姓不婚，皆謂姓是姓，氏是氏，不相雜厠，鑿然有別。欲明其發展衍化過程，須先分析"姓""氏"字形、本義、引申義。

（一）"姓" 字字形與涵義

《説文・女部》："姓，人所生也。古之神聖母感天而生子，

[①] 吳仁傑《兩漢刊誤補遺》卷一，叢書集成新編，臺灣新文豐有限公司，第 113 册，第 65 頁中。

[②] 顧炎武《日知録》卷二三，上海古籍出版社，2006 年，下册，第 1279 頁。

[③] 鄭樵《通志・氏族略一》，浙江古籍出版社，1988 年，第一册，第 441 頁中。

故稱天子。从女、从生。生亦聲。《春秋傳》曰：'天子因生以賜姓。'①《禮記·曲禮下》："納女於天子曰備百姓。"鄭玄注："姓之言生也。天子皇后以下百二十人，廣子姓也。"②《喪大記》："卿大夫父兄子姓立于東方……内命婦姑姊妹子姓立于西方。"鄭玄注："子姓謂衆子孫也。姓之言生也。"③ 是與許慎所言相同，皆謂所生之子孫。以姓爲"人之所生"之義，可上溯至殷商。甲骨文有字形作：

《合集》18052　　　《合集》13963　　　《合集》14027④

李孝定、徐中舒均隸作"姓"，然不以爲是姓氏義。因殘片斷辭，其義難明。其中"□申夕…孳龏…帚姓…"（《合集》02861）是女子名字還是卜生育，不明。其他幾例作"貞給姓"（《合集》15220）、"貞𤔲姓"（《合集》19141/19142），⑤ 其意義亦不明。其字形與生子無涉，更無"姓氏"之義。

《説文》"姓"之"所生"義，在甲骨文皆作"生"形。胡厚宣對此有專門研究，其引武丁時卜辭有：

> 鼎（貞）：𡥆（禱）王生牢于匕（妣）庚、于匕（妣）丙。（《合集》2400）

𡥆亦有所祈匄之祭名。胡氏云："'𡥆王生'當爲王𡥆生之倒語，言武丁以牢于妣庚、妣丙求生子之事也。"其他廩辛、康丁時之卜辭皆有"𡥆生"之辭，故胡氏云："夫殷人求子有勞王之親祭，

---

① 許慎《説文解字》，中華書局，2013年，第259頁上。
② 孔穎達《禮記正義》卷五，北京大學出版社，2000年，第一册，第192頁下。
③ 孔穎達《禮記正義》卷五，第三册，第1444頁上。
④ 見孫海波《甲骨文編》，中華書局，1982年，第469頁。
⑤ 此處字形隸定從曹錦炎、沈建華《甲骨文校釋總集》，上海辭書出版社，2006年，第1808、2214、2215頁。

則其重視之程度可知矣。"①《説文》謂人所生子曰"姓"，卜辭謂祭祀求子曰"生"，是卜辭之"生"即《説文》之"姓"。

西周早期銅器臣辰卣與盉（《集成》05421）都有"替百生（姓）豚，眔賞卣、鬯、貝"，㝬方彝（《集成》05421、05422）有"㝬肇卿賈百生（姓）"，宣王時兮甲盤（《集成》10174）有"其唯我者（諸）侯、百生（姓）"，宜侯夨簋（《集成》04320）有"易（錫）才（在）宜王人十又七生（姓）"，弔妘簋（《集成》04137）有"用侃喜百生（姓）、倗友眔子婦"，史頌簋（《集成》04231/02787/02788）七條"令史頌𥫔（覲）穌（蘇）㝬（寬）友、里君、百生（姓）"，字皆不從"女"。至春秋齊國之鎛鎛（《集成》00271）云"保鼠子𠇷"，子𠇷猶子姓，子息、子嗣義也，字作"㝬"，亦從"人"不從"女"，子生猶百生，義皆從子嗣引申爲子民、人民。郭店簡《老子》《緇衣》，上博簡《緇衣》《容成氏》《鮑叔牙》《季康子》，清華簡《繫年》《保訓》《四告》《治政之道》中"百姓"寫作"百𦣞"，而上博簡《鮑叔牙》《史蒥》，馬王堆帛書《周易》，銀雀山簡《孫臏兵法·用間》《篡卒》《爲政》等"百姓"皆作"百生"，均不作"姓"。尤其清華簡《繫年五》"以同

① 胡厚宣《殷代婚姻家族宗法生育制度考》，《甲骨學商史論叢初集》，河北教育出版社，2002年，第114-115頁。按，此後徐復觀在《兩漢思想史》第一卷《中國姓氏的演變與社會形式的形成》三《姓義探源》中引述李孝定、島邦男兩位意見，甲骨文中"姓""仍爲女字，非姓氏之姓"。但徐却申述自己看法，推測"某氏族生活於某地，於是即以地名爲其氏族的名稱。某氏族的支配者，即以其氏族的名稱爲其支配權之記號"，所以，他"以爲甲骨文中出現的姓字，可能乃代表由血緣而來的部落的通稱。其所以從女從生，此種血緣部族之起源應遥溯到民知有母而不知有父的母系氏族社會時代"。因爲他自忖非古文字學專家，説此意見"特由姓字之全盤情况所建立之假説，以俟專家論定"。華東師範大學出版社，2004年，第一卷，第179、205頁。徐氏意見從姓氏角度考慮，却未從甲骨卜辭和殷商歷史考慮，當然不能作爲憑藉。第因其書流播甚廣，影響不小，謹録於此以辨之。

生之故，必内”，意爲以同姓之故必入，亦以“生”代“姓”。秦漢璽印多从“人”作“𤰞”（《璽彙》1337）、“𤱓”（《璽彙》2820），與繇鑄同。

當然也有戰國字形被認爲是從女、生聲之“姓”者，如春秋晚期羅兒匜（《近出》1018；《銘圖》14985）“余吴王之𤯍”，2003年春浙江紹興市越城區塔山所見戰國早期之乘辰鐲（《銘圖》15360）“而乍訊夫呑之貴𤰞”，即使確是“姓”字，也用爲“甥”，可視爲“甥”字之異體。詛楚文、睡虎地秦簡也有从“女”之“姓”，尤其是《日書乙·見人》《有疾》兩篇，皆以“姓”代“甥”，當然也有“萬姓”“百姓”，字形作“𤯍”“𤰞”，此可能是“姓”字義的較早用法。就出土古文字而言，“姓”字雖非僅見，然未有純粹作“姓氏”義用者，相反有作“生”義用者，如馬王堆帛書《老子》乙本卷前古佚書《稱》：“取（娶）婦姓子陽。”[1] 即生子陽也。所以，作爲“生”和“姓”之義，雖在先秦時就有，只是求簡易而寫作“生”，因“生”本草木破土而出，可引申爲生長。張肇麟謂“姓字本來祇是生字，其女旁是後加的”，“生與姓的關係是生字添加女旁成爲姓，而不是姓字省去女旁作生。其加以女旁似乎是後人因其爲母系的遺制之故”。[2] 按文字發展原理，張氏添加偏旁説自成其理，然依形聲造字規律，周代姓氏二分之後另造女生爲姓的形聲字也在情理之中。其説後人以母系遺制而加，春秋戰國時人該不至有父系、母系概念。當然，今存《尚書·禹貢》“錫土姓”之“姓”先秦究竟作何字形，《堯典》《舜典》《大禹謨》《湯誥》《咸有一德》諸篇中之“百姓”、《五子之

---

[1] 裘錫圭主編《長沙馬王堆漢墓簡帛集成》，中華書局，2014年，第四册，第187頁。按，同篇亦有“姓”指百姓者，如“百姓斬木刈薪而各取富焉”。第184頁。

[2] 張肇麟《姓氏與宗社考證》，社會科學文獻出版社，2015年，第11頁。

歌》中之"萬姓"之"姓"是否从"女"，尚無出土簡牘字形來確證，而睡虎地秦墓竹簡確實已有"姓"字。

　　"百生""萬姓"皆爲百女千女所生，本動詞，轉用作名詞，其義爲百官族姓。[①]"子姓"究作何解，尚須疏證。《廣雅·釋親》："姓，子也。"王念孫疏證："姓者，生也，子孫之通稱也。"[②]《小爾雅·廣言》："姓、命、孥，子也。"宋咸注："姓，《禮》所謂子。"[③]《左傳·昭公四年》："所宿庚宗之婦人，獻以雉。問其姓。對曰：'余于長矣，能奉雉而從我矣。'"杜預注："問有子否。"陸德明釋文："問其姓，女生曰姓。姓謂子也。"[④]《淮南子·原道訓》："秦繆公謂伯樂曰：'子之年長矣，子姓有可使求馬者乎？'對曰：'……臣之子皆下材也。'"高誘注："子姓，謂伯樂子。"緣此則知子、姓同義，皆謂子嗣，與《説文》及《禮》鄭注同。又《詩·周南·麟之趾》"振振公姓"毛傳："公姓，公同姓。"朱熹《詩集傳》："公姓，公孫也。"[⑤]方以智謂："女生曰姓，本音同生，故借姓作孫。韻書分鼻音讀生，撮唇讀孫，去聲讀姓，皆後人分之。今人仍分爲便。但執字書之

---

① 百姓之義，歷代異説。最早《尚書》孔傳謂是"百官"，此義爲孔穎達《正義》和詞典等引用。蔡沈曾解釋爲"畿内民庶"。郭沫若在《中國古代社會研究》第二篇中有一注釋謂"即同族之義"。（《郭沫若全集·歷史編》第一冊，第120頁）裘錫圭《關於商代的宗族組織與貴族和貧民兩個階級的初步研究》認同郭説，是對"族人的一種稱呼"，"成爲統治階級的通稱"。（《裘錫圭學術文集》第五卷，復旦大學出版社，2015年，第134頁）而林澐則認爲應該恢復"百姓"本來意義，即"百官族姓"，指"衆多姓族"。（《"百姓"古義新解——兼論中國早期國家的社會基礎》，《林澐學術文集》（二），科學出版社，2008年，第276頁）
② 王念孫《廣雅疏證》，上海古籍出版社，2016年，第1032頁。
③ 遲鐸《小爾雅集釋》，中華書局，2008年，第123頁。
④ 杜預集解、孔穎達疏《春秋左傳注疏》卷四二，北京大學出版社，2000年，第三册，第1387頁。
⑤ 朱熹《詩集傳》，上海古籍出版社，1980年，第7頁。

説，以論古人音義，則非。"① 王引之云："公姓、公族皆謂子孫也。古者謂子孫曰姓，或曰子姓。字通作生。"復引證先秦文獻而云："公子、公姓、公族，皆指後嗣而言，猶《螽斯》'宜爾子孫'也。序曰：雖衰世之公子，皆信厚如麟趾之時。舉公子以統下二章，蓋得其旨矣。"② 按，《螽斯》"宜爾子孫，振振兮"，旨意與《麟之趾》近同，足證王説。然姓字當爲子，引申爲後嗣而後有孫或子孫之義，《詩》固已用引申義，非如方説謂爲與"孫"音近而借。

姓字從女，以子爲女所生也。女所生乃子息，故生、姓皆有子義，因亦與"子"連用稱爲"子姓"。若諸侯王公之子，則稱"公姓"。

生爲山紐，姓則心紐，二字有正齒、齒頭之別。然《説文》"生亦聲"，則知漢代兩字一音。以從"生"得聲之星、甥、鮏、銂、性，以及從"星"得聲之腥、惺、醒、猩、篂、睲、腥（以上字皆從《廣韻》聲韻）字趨勢觀之，漢或漢以前至少有部分地方音"生"爲"姓"。

"姓"作爲"子嗣"之本義，在具體運用中多有引申。楊希枚窮蒐典獻中之"姓"字，經分析考證，謂其義有三：一、指子或子嗣，謂分言之曰"子"或"姓"，合言之則爲"子姓"，泛言之則爲"百姓"；二、指族或族屬，謂分言之曰"族"或"姓"，合言之則爲"族姓"；三、指民或屬民。謂分言之曰"民"或"姓"，合言之則爲"民姓"。③ 三十年後，作者又重申："從其所生之尊親而言，謂之姓或子姓；從其所生之姓或族而言，則謂之

---

① 方以智《通雅》卷十九《稱謂》，《方以智全集》，上海古籍出版社，1988 年，第一册，第 652 頁。
② 王引之《經義述聞》卷五《毛詩上》，江蘇古籍出版社，1985 年，第 119–120 頁。
③ 楊希枚《姓字古義析證》，《先秦文化史論集》，中國社會科學出版社，1995 年，第 72 頁。

族姓；從其所隸屬之邦國而言，則謂之民姓。"① 朱鳳瀚在吸納楊
希枚成果之基礎上，提出自己四點看法：一、"姓"本義是女子所
生的子女；二、所生子女相與爲親，相組爲族，故可引申爲有親
族關係的族屬、族人，再引申爲無親族關係的族人；三、爲同一
女子所生的子嗣形成的有血緣關係的親屬組織，即楊希枚所説的
"姓族"；四、姓族的名號。② 張肇麟在上世紀五十年代亦謂姓是
指：一、本義爲生；二、指子孫；三、指百姓。但他也認爲姓"爲
通婚關係，有各自認定血緣組成一種體系"。③ 諸家皆謂有血緣關
係之親族即可標舉爲"姓氏"之"姓"，然卜辭並無"姓氏"之
"姓"，所有者僅是"氏"與"族"，故有血緣或有一定血緣關係
之氏族是實際存在的實體，而血緣姓族之概念是否已在殷商時代
產生，是值得研究的問題。

（二）"氏" 字字形與涵義

《説文·氏部》："氏，巴蜀名山岸脅之堆旁箸欲落墮者曰氏。
氏崩，聲聞數百里。象形，乁聲。……楊雄賦：嚮若氏隤。"④
《説文》學者認爲，《説文》所定"氏"之涵義，與姓氏之義相去
甚遠，於是轉求別解。段玉裁見《大戴禮記》《漢書》、漢碑中借
"氏"爲"是"者"不可枚數"，所以認爲："姓氏之字，本當作
'是'，假借'氏'字爲之，人第習而不察耳。姓者統於上者也，
氏者別於下者也，是者分別之詞也，其字本作是。"⑤ 朱駿聲則以

① 楊希枚《論先秦所謂姓及其相關問題》，《先秦文化史論集》，第 172 頁。
② 朱鳳瀚《商周家族形態研究》緒論，天津古籍出版社，1990 年，第 20－22 頁。
③ 張肇麟《姓氏與宗社考證》，社會科學文獻出版社，2015 年，第 14 頁。
④ 許慎《説文解字》卷十二下，中華書局，2013 年，第 266 頁上。
⑤ 段玉裁著、許維賢點校《説文解字注》第十二篇下，江蘇鳳凰出版社，2007
　年，第 1092 頁上。

爲許慎説解全非，"本當訓爲木本"，"爲姓氏，蓋取水源木本之誼"。① 段玉裁謂氏、是通假，不僅見之於漢魏傳世文獻，② 今出土文獻中多見互借。借"氏"爲"是"者如：《中山王𗊥方壺》："氏以遊夕歙飤。"③ 郭店簡《緇衣》第二章引《詩》"好氏貞植"，上博簡作"好是正植"，今傳本作"好是正直"。上博簡《詩論》"邦風氏也""訟氏已"，"氏"即"是"。上博簡《史蒥》"子以氏見之""子亦氏之惻"，"氏"即"是"義。馬王堆帛書《戰國縱橫家書·觸龍見趙太后章》："於氏爲長安君約車百乘，質於齊。"④ 今本作"於是"。反之，借"是"爲"氏"者更多，上博簡《容成氏》中提及許多上古氏名都作"是"，文云："□膚（盧）是、苔（赫）疋（胥）是、喬結是、倉頡是、軒緩（轅）是、新（神）戎（農）是、𣄶丨是、墟遷是之又（有）天下也，皆不受（授）元（其）子而受（授）叞（賢）。……"後文述商湯攻夏桀，又有"鬲（歷）山是""南藻（巢）是""舍（密）須是"等。⑤《子羔》篇有虞氏作"又吳是"，有邰氏作"又舍（邰）是"，⑥《仲弓》篇季氏作"季是"，⑦《鮑叔牙》篇有夏氏作"又虽是"，⑧ 馬

---

① 丁福保《説文解字詁林》引，中華書局，1988 年影印本，第十三册，第12310頁下。

② 按，《三國志·吳志·是儀傳》："是儀字子羽，北海營陵人也，本姓氏。"可證漢魏之際是、氏兩字確實多有通用者。

③ 張守中《中山王𗊥器文字編》，中華書局，1980 年，第 11 頁。

④ 裘錫圭主編《長沙馬王堆漢墓簡帛集成》（叁），第 240 頁。

⑤ 馬承源主編《上海博物館藏戰國楚竹書》（二），上海古籍出版社，2002 年，第 250 頁。又第 281—287 頁。

⑥ 馬承源主編《上海博物館藏戰國楚竹書》（二），第 184 頁，第 197 頁。

⑦ 馬承源主編《上海博物館藏戰國楚竹書》（三），上海古籍出版社，2003 年，第 264 頁。

⑧ 馬承源主編《上海博物館藏戰國楚竹書》（五），上海古籍出版社，2003 年，第 182 頁。

王堆帛書《周易·繫辭》"神戎（農）是（氏）没，黄帝、堯、舜是（氏）作"，[①]"氏"亦皆作"是"。馬王堆帛書《戰國縱橫家書·朱己謂魏王章》："而惡安陵是（氏）於秦……隨（墮）安陵是（氏）而亡之。"[②]《貨幣大系》二二五六方足布文"唐是"。以上"是"皆是"氏"之假字。鄭玄注《儀禮·覲禮》"太史氏右"云："古文氏爲是也。"足見簡牘所書多爲古文字形。未經轉寫的先秦出土文獻如此互借，似乎段玉裁之説法有其根據。但段説姓氏之"氏"當作"是"，是分別之義，與朱駿聲木本之義正好相反。

　　"氏"字形義，較其應用時之假借更爲複雜，文字學家與姓氏學者曾從各種不同側面來猜測。袁業裕謂相其形與"民"相近，遂推測爲"民"字，[③]劉節更從古文字字例分析，以爲"氏""民"二字"不僅意義上相同，在字形上也相同"。[④]此實蔽於古文字之形體。丁山就甲骨文字形分析，認爲卜辭之"示"即"氏"字，其演變軌迹爲：

---

① 裘錫圭主編《長沙馬王堆漢墓簡帛集成》（叁），中華書局，2014 年，第 74 頁。

② 裘錫圭主編《長沙馬王堆漢墓簡帛集成》（叁），第 230 頁。

③ 袁業裕《中國古代姓氏制度研究》，商務印書館，1936 年《國學小叢書》本，第 6-7 頁。

④ 劉節《中國古代宗族移殖史論》，臺灣正中書局，1957 年，第 146-147 頁。

謂"即從字形看，也可證明示、氏本來即是一個字"，"氏本義爲祭天杆"。丁山牽合"示""氏"一字，意在"示"是氏族的宗神，認爲："同一圖騰，即同一宗氏，氏族社會的組織，即以圖騰祭的神示爲中心；所以卜辭所見的丁字應讀爲氏族的氏，不作神示解。"[1]

郭沫若以"氏"爲"匙"之初文，爲其與"匕"相近。揣其意，蓋以"匙"《説文》云"匕也。从匕，是聲"。而古文中氏、是相通極多，且氏字形較像匕。不僅字形近似，兩字之聲亦相同，故云："氏、是乃匙之初文矣。"[2] 但揆之卜辭文例，實屬牽強。

羅香林謂夏禹先世所娶西陵氏、蜀山氏在四川，禹所娶塗山氏之同姓諸侯如斟尋氏、斟戈氏等在川陝晉甘一帶。而《説文》解其字義謂巴蜀名山，又引揚雄賦證之，乃謂"該山石崖巖，以上部突出，中成空穴，與岸脅旁箸欲墮同形。巖巖可爲民居，岸脅旁箸亦可居也"，而解"氏"字形爲"象立弋戈或戉於崖巖爲護衛之形。……又巖穴大者，宜於聚族群處，而以武器護穴，亦爲團體需要。故氏得引申爲部落通名，或氏族通名"。[3] 故羅氏以"氏"字起源於夏后氏。

徐復觀分析周以前的氏與族，謂"在周以前，氏族無別。唯族乃指整個團體而言，氏則指其團體中之權力代表者而言"。認爲："古代氏族之長，多屬其氏族中的長老；長老手中常持杖；氏或本係象長老手中所持之杖之形，同時即長老權力的標誌。"[4]

---

① 丁山《甲骨文所見氏族及其制度》，中華書局，1988 年，第 4 頁。
② 郭沫若《釋祖妣》，《金文叢考・金文餘釋之餘》，人民出版社，1954 年，第 232 頁。
③ 羅香林《釋氏》，《東方雜志》第 42 卷第 19 期，1946 年，第 54 頁。
④ 徐復觀《中國姓氏的演變與社會形式的形成》，《兩漢思想史》第一卷，華東師範大學出版社，2004 年，第 177 頁。

　　張肇麟將上部"厂"視爲可居之山崖，下部"十"則視爲構築，謂"當解釋爲人類原始的有定著之住居"，而後族群生活據點"相沿稱氏不廢，遂成爲一種與地域密切相關的經濟集體組織之專稱"。[①]

　　楊希枚雖對"姓""氏"用功很深，然文字學非其所長，他只引據許慎和段玉裁以及郭沫若意見，謂"如果氏字原是隴阺之義，則或是姓氏之氏初源於人所居之隴阺而衍生；如是匙匕之匙，也許匙匕初用爲權力象徵物，而後衍生爲姓氏之氏字。但究竟如何，於此不能論定"，[②] 無獨立之見解。

　　雁俠否定丁山祭天杆説，而受其示、氏同源關係之啓發，遂從"示"之角度理解，認爲"示"是先祖神靈。"守著一個'示'，即守著一個神。只要有共同神的均可稱'氏'。所以奉同一祖先的有共同職業者也稱'氏'"。[③] 由於"氏"字形體難以索

---

① 張肇麟《姓氏與宗社考證》，第7頁。

② 見楊希枚《論先秦所謂姓及其相關問題》，《先秦文化史論集》，第186頁。按楊氏在《論先秦姓和氏族》一文中又加重複説："何以周之邦國、采邑均稱氏？茲試略加討論。案，近世學者郭沫若先生曾認爲氏字初爲匕匙之匙，即是字。但漢儒許慎和清儒段玉裁則解氏字爲山丘小自而與阺（或氐）字音義皆同。此外，《説文》引《方言》云'秦謂陵阪曰阺'，段注引應劭也云'天水有大阪名曰隴阺'。因此，我們應可設想，陵坂、隴阺之類的阺、阺初即人所居的氏，也即丘陵地區。實際上，秦漢之際，猶有烏氏、猗氏、狋氏、元氏、樂氏、緱氏之類的縣氏，且大抵位於周王朝的領域内。然則周王朝的邦國、縣氏所以多稱氏，當與山丘小自之類的氏有關，自非怪論。"（第209頁）此段文字中，先引《説文》"氏"及段注，後引《説文》"阺"字解及段注，而段玉裁於兩字下之意見適相反，"氏"下謂"阺與氏音義皆同"，贊同應劭説；"阺"下謂氏、阺字異，有石山、土山之別，並以應劭説爲誤。此爲失檢。且"秦謂陵阪"云云乃《説文》之本文，非引《方言》文。又氏乃上古相沿之稱，非始自周，且在平原居住生息而亦以"氏"稱者比比皆是，不皆與山丘有關也。

③ 雁俠《中國早期姓氏制度研究》，天津古籍出版社，1996年，第22－34頁。

解，故許多學者還是擱置存疑。①

　　"氏"字形難解，然其在先秦文獻及甲骨金文中乃是一個常用字。其多與官、人、國、族、姓相混，孫曜早就看出其在先秦文獻中的混用實況，指出此與氏之稱謂不甚確定有關。楊希枚排比其意義，歸納爲：

　　　　一、指個體或某個人，二、指族，三、指國家。②

黃文新承楊氏而分得更細：

　　　　一、個人，二、家宅，三、族或族屬，四、國，五、地，
　　　　六、名號。③

朱鳳瀚亦歸納爲六種涵義：

　　　　一、指個人，二、與"姓"同義，三、上古部族，四、統
　　　　於姓族之下的家族組織，五、血緣親族組織的標誌，六、以
　　　　貴族血緣家族爲核心所統帥的一種政治、經濟、軍事的共
　　　　同體。④

方炫琛窮盡地探索《左傳》中"氏"之指稱，發現其有綴於朝代、國名、族名者，有綴於人名、行次、官稱、姓及"舅"字者，更有綴於所居或所居之地者，⑤此則以詞彙學角度加以描述，

---

① 如朱鳳瀚《商周家族形態研究》謂"'氏'字最初造字時本義已難知。《説文》以巴蜀方言訓解之，當非其本義"，天津古籍出版社，1990年，第22頁。張淑一《先秦姓氏制度考索》同，福建人民出版社，2008年，第33頁。陳絜《商周姓氏制度研究》謂"現代學者也曾提出過種種新的解釋，但結論亦不盡理想"，"要徹底解決這一問題，還需假以時日，故不妨先予存疑"。商務印書館，2007年，第255-256頁。
② 楊希枚《左傳"因生以賜姓"解與"無駭卒"故事的分析》，《先秦文化史論集》，中國社會科學出版社，1995年，第82-86頁。
③ 黃文新《中國姓氏研究及黃姓探源》，臺灣文史哲出版社，1984年，第10-12頁。
④ 朱鳳瀚《商周家族形態研究》，第24-25頁。
⑤ 方炫琛《左傳人物名號研究》，臺灣政治大學中國文學研究所1982年博士論文，第14-20頁。

皆"氏"用作姓氏義後而形成之詞綴，與楊、黃、朱所歸納之涵義可以合觀。圍繞楊、黃、朱、方四位對"氏"字所作之歸納研究，分析甲金文字形，並結合思考上古游牧、農耕社會之生活和祭司習俗，對"氏"有一個新的認識。

卜辭"氏"有下列字形：

《合集》11442　　 《合集》09121　　 《合集》05769 正

《合集》12896　　 《合集》09066　　 《合集》00043

其字形像人手持一物，從人之彎曲度看，似有用力插其物之意。前人解釋紛繁：最初孫詒讓釋爲"佀（似）"，讀爲"㠯"；[①] 李亞農釋爲"以"；郭沫若曾釋爲"絜"，後改釋作"以"；唐蘭釋爲"氏"；于省吾亦釋爲"氏"，讀爲"致"。[②] 至裘錫圭《説"以"》申述孫、李、郭之説。定爲"以"字，[③] 爲學界普遍接受。但由於甲骨文之"𓎤"演化爲金文之"𠂪"，其脈絡清晰，尤其劉節拈出卜辭"監"字，趙林又補充一"㫺"字，更證實了"𓎤"演變爲"氏"的途徑。故趙林"以爲姓氏或氏族的字形乃出自商代甲骨文中'以'字之繁體（引著按，此指"𓎤"，其簡體指"𠂤"），其詞義則部分源自商代的'示/主'字"。[④] 不僅趙氏如此分疏，即使將"𓎤"釋爲"以"的學者，仍然都承認此字是人手持物體之象形，而將其釋爲攜帶、帶領和致送等義，亦無不與

---

① 孫詒讓《契文舉例》卷下，第 33 頁。《甲骨文獻集成》，四川大學出版社，2001 年，第七冊，第 203 頁上。

② 以上各家意見參見于省吾主編《甲骨文字詁林》，中華書局，1996 年，第一冊，第 44–62 頁。

③ 裘錫圭《説"以"》，《古文字論集》，中華書局，1992 年，第 106–109 頁。

④ 趙林《殷契釋親》第十一章，上海古籍出版社，2011 年，第 320 頁。按此意見或許與丁山解釋有一定關聯。

此字形相關聯。筆者循此思路再對"🔥"形深入研探。

從其手持之物觀察，極像卜辭"土"字之上半部。土字之形如：

《合集》02241　　《合集》06406　　《合集》14398

土字又有一物旁綴二點、三點或四點者，如：

《合集》17813＋《合集補》06521　　《合集》03298

《合集》10344 正

古文字學家釋"一"爲地，無異詞。地上之物，商承祚、金祥恒、徐中舒等以爲土塊之形，林義光謂"像物吐生形"，孫海波、王慎行釋爲"社"之初文。[①] 彭裕商謂"像祭祀土地的神主，即後來的社。古時封土立石以爲祭祀土地的神主，所謂'立社'"，[②] 其旁綴數點者，姜亮夫以爲是祭祀之血。[③]《説文》："社，地主也。從示土。《春秋傳》曰：共工之子句龍爲社神。《周禮》二十五家爲社，各樹其土所宜之木。"姜亮夫是許説，並溯其義，當自土得。祀土之祭，亦謂之土。後世祀神之祭，皆增"示"旁表其義，由是而土孳生爲社。並從押韻上證明土、社同音。[④] 戴家祥亦同時就音義疏證孫海波之説，[⑤] 王力則從語源上判定土、

---

① 孫海波《甲骨文編》；王慎行《殷周社祭考》，《中國史研究》1988 年第 3 期，收入《古文字與殷周文明》，陝西人民教育出版社，1992 年，第 184－185 頁。

② 彭裕商《卜辭中的土、河、嶽》，《古文字研究論文集》，《四川大學學報叢刊》第十輯，1982 年，第 195 頁。

③ 姜亮夫《"示""社"形義説》云："《大宗伯》：'以血祭祭社稷。'則祭必以血矣。甲文之作 🔥 若 🔥 者，正象灑血示上之形。以血祭社，蓋後世文飾之言。"《語言文字研究專輯》，《中華文史論叢增刊》，上海古籍出版社，1986 年，下册，第 225 頁。

④ 姜亮夫《"示""社"形義説》，第 224 頁。

⑤ 戴家祥《"社""杜""土"古本一字考》，《上海博物館集刊》第三輯，上海古籍出版社，1982 年，第 7－9 頁。

社爲同源字。① 地上之物爲土塊、石頭抑或木牌，難以質指。江蘇銅山丘灣古遺址中有四塊大石頭緊靠一起，連雲港市西南之將軍崖也有三塊巨石，俞偉超推定皆是古社祀遺迹。② 據《淮南子・齊俗訓》云："有虞氏之（祀）〔禮〕，其社用土"，"夏后氏〔之禮〕，其社用松"，"殷人之禮，其社用石"，"周人之禮，其社用栗"。有虞及三代可能代表不同歷史時期之崇尚，也可能是代表不同地區之風俗，然由此可知上古之社用石、用木、用土皆有，而皆意其爲社主則一。若《淮南子》所説有據，適與卜辭"⛎"像石在地上相吻。由"土"爲"社"之初文，即豎立石主於地，可以省悟"𠂤"所示之"物"亦當與之相似。區別在於"土"是"石主"在地上之意，而"氏"字則是人將"主"往下插或手扶"主"之形。"主"在地則爲"土"爲"社"，社則暫時固定；"主"在人則爲"氏"，氏則可止可徙。先民或游牧、或農耕，或徙或止，各從其類，氏族群衆，唯社主是從。執持其主者多爲氏族之首領，若伏羲氏、神農氏之類。以"古公亶父，來朝走馬。率西水滸，至于岐下，爰及姜女，聿來胥宇"況之，上古遷徙狀況可見一斑。降及後世，分封所以必以白茅包土分之者，亦寓分得先祖神靈以庇佑和延續血脈之雙重意義。

　　丁山從甲骨文字形推測氏、示原是一字，雖缺乏堅實之證據，然從語言上追究却不無道理。氏爲氏族首領，首領必爲當時極強有力之人物，生前爲氏族所尊所崇，死後亦爲氏族所祭所祀。示字《説文》釋爲"天垂象，見吉凶，所以示人也"。而卜辭字形可歸納爲三種：

---

① 王力《同源字典・魚部》，商務印書館，1982 年，第 146 頁。

② 參見俞偉超《銅山丘灣商代社祀遺蹟的推定》（原載《考古》1973 年第 5 期）和《連雲港將軍崖東夷社祀遺蹟的推定》，兩文見《先秦兩漢考古學論集》，文物出版社，1985 年，第 54 - 61 頁。

一、▆ 後一·一·二　▆ 鐵二·二八·三　▆ 前二·三八·二

二、▆《合集》28272　▆ 綜.圖板貳壹　▆《合集》23087

三、▆ 乙八六七〇　▆ 八六七一　▆《合集》32392

字形雖繁，諸家解釋亦各有分歧，然基本集中在一點，即神主、廟主、牌位之類。[①]《周禮》一書皆借"示"爲"祇"，[②] 祇即地神，泛言之亦指衆神。是"氏"與"示"及"土（社）"諸字在神主、社主、廟主之義上相通，皆爲先民敬畏祭拜並群從依賴之物，故王子楊將甲骨之"示"與"主"合論之，並依據各組不同字體列成一表，以顯示"示"字之發展脈絡。

卜辭"示（主）"字形體發展表[③]

類　組	主		
	1. 神主之"主"	2. 用作偏旁	3. 用爲"主××屯"
自組肥筆類	▆ 合 19813 正反	▆ 合 19813 字所從、▆ 合 20278 祀字所從	
午　組	▆、▆ 合 22062 ▆ 合 21082		
自歷間類	▆ 合 33309		
賓　組	▆、▆ 合 1256 ▆ 合 5623 等	▆、▆	▆

---

① 詳細參考李圃主編《古文字詁林》第一冊，上海教育出版社，1999 年，第 67 - 86 頁。

② 孫詒讓《周禮·天官·大宰》"示亦如之"正義曰："此經皆借示爲祇。"

③ 王子楊《甲骨文字形類組差異現象研究》，中西書局，2013 年，第 286 頁。表題爲筆者所加。

續　表

類　組	主		
	1. 神主之"主"	2. 用作偏旁	3. 用爲"主××屯"
出　組	〒、丅		
歷　組	〒、丅		
無名組	丄、丄	〒、丅、示	
黃　組	示、不合35406、〒合36522		

作者在書中討論"示（主）"與"工"區別問題，而筆者認爲自組、午組、賓組中"丄""丄"，乃至無名組"丄"等形體即是考古發現的殷代神主形體之簡化（詳後文），亦即後世"主"字之前身。"氏"從氏族首領執持標識物立意，"示"從神主垂示吉凶立意，"土（社）"則從社主奠定地域範圍和受人祭祀立意，三者皆圍繞聚衆聚族，亦即後世"主"的意義。姜亮夫對"示"之功用有較爲形象之解説：

> 示者，大石文化之靈石也，物質也，似"遠取諸物"者矣。然其立意則本諸寄寓祖先之靈神者也。

此與筆者解"⚒"所持之石相合。姜氏又云：

> 示疑如後世栗主，所以書祭神之號者也。豐碑之屬所由放。其原始制度，與歐洲古代之大石紀念物 menhir，塞爾特（Celtic）民族之墓標 Dolmen，或英格蘭人古時之 Cromlech 相同（參諸 J. demolgcn 氏之 I,'Humonltêd prehrougue 一書）。當即《吕氏春秋》"殷人社用石"之制。《禮記》云："天子建國，左廟右社，以石爲主。"則社主與廟主皆用石矣。此等制度，推其原始意義，蓋以此等石或樹木爲祖先靈魂託居之所。美洲達果他人（Dakotas）稱塗血之石爲祖，撒

摸耶特人（Samoyĕdes）以塗血之石，圍以紅布，名爲祖先，皆其遺制（參 Achelis la religion des Peuples Primiti fes 一書）。民有事，則以爲祭台，即猶太人之所謂聖石也。祭祀之時，灑血以盟，求神靈之固結。此等血初爲主祭者之血，後則爲牲血易之。中土于墓上立石，即此制之蛻變。更衍而爲廟中栗主。栗主者，以適子之血書主號，求先靈之常在，又易於移徙，以求祖先之隨身護衛也。①

姜氏取證於其他民族，可理解爲人同此心心同此理。而其謂中土廟主、墓碑是其蛻變之遺制，頗可致思。經姜氏之解説，"氏"與"示"之關係更爲緊密。而殷墟神主之出土，更將"氏""示""主"之意義聯繫在一起。就聲韻觀察，氏，禪紐支部；衹，禪紐支部：二字讀群紐恐是後世聲轉。示，古音船紐脂部。船、禪皆舌上音，支、脂二部關係密切。土爲社之初文，則古或本讀爲社，社古音禪紐魚部，與氏爲支魚旁轉。氏、示、社三字雖著眼點各異，而聲韻相通，意義相同，實爲一組同源詞。

　　從氏爲人手持石質或木質之"主"下插義返觀《説文》之解，許慎云巴蜀山岸欲墮，當是將"氏"之人形視爲崖岸，所持之"主"視爲石塊，其視點在石塊，故曰"欲落墭者曰氏"。何以言之？"氏"之金文字形有漸趨於方正之勢，如：

令鼎　　散盤　　師遽簋　　毛弔盤

原甲骨文彎曲之"人"形已不明顯。《説文・厂部》："厂，山石之厓巖，人可居。象形。"《屵部》："屵，岸高也。從山、厂，厂亦聲。"故"厓"訓"山邊也"，"岸"訓"水厓而高者也"。後世

---

① 姜亮夫《"示""社"形義説》，第 219-220 頁。按，姜氏所引《禮記》文見《水經注》，無"記"字。

"厂"與"氏"之左邊部分有接近其至混同之趨勢，使人誤認爲"氏"之"人"爲山崖之"厂"，所以有"山岸脅之堆旁箸欲落墮"之説。其云"氏崩，聲聞數百里"，所謂"崩"，古義多指"自上墮下""高大而壞"或"墜壞"之意。即謂山崖之石崩落，聲聞數百里。高山之墜毁曰崩，何以古代天子死亦曰崩？《尚書》云"放勳乃殂落。百姓如喪考妣"。《禮記·曲禮》"天子死曰崩"，鄭玄注："自上顛壞曰崩。"孔疏云："崩者，墜壞之名。"高山之崩與高位的天了之死爲什麽曾有一種聯繫？筆者以爲，這還是"氏"之古義即古代氏族首領手持"社主"在傳説中的影響力。手持社主的氏族首領一旦喪亡，整個族群將會受到來自政治、經濟、軍事各方面的影響。此種意識伴隨著"氏"字代代相傳，所以即使"氏"被誤解或者説別解爲高山墜壞時，"氏"作爲手持社主的氏族首領之生死左右全氏族興衰的意識仍然曲折地體現在字義中。就"氏"形變異後之別解，可以領悟到神主、社主對一定地域內本氏族先民之警示與影響力。

　　最後要説明的是許慎《説文》的解釋爲什麽是一種別解。因爲他沒有看到甲骨文，即"𝌆""𝌆"之形體，已經無法追溯"氏"在三代時之本義。許慎引揚雄《解嘲》"嚮若氏隤"一語，《漢書·揚雄傳下》作"嚮若阺隤"。揚雄本傳謂其識奇字，《漢志》有揚雄《訓纂》《蒼頡訓纂》等書，又有《別國方言》之作，蓋一博識多聞者。其《解嘲》用"氏隤"一詞，必有傳聞之所據。立足於氏、示、社同源一義，乃可從字義中悟徹此種別解所反映出來隱約的傳聞異辭信息。至於《漢書》作"阺"，師古注云："阺音氏。巴蜀人名山旁堆欲墮落曰阺。應劭以爲天水隴氏，失之矣。氏音丁禮反。"按，顏丁禮反切氏，與"氏"異音。然據宋祁引蘇林"阺音邐迤之迤，弋爾反"，又龔疇音承紙切，則字當作"氏"。王先謙謂"阺當爲阺，各本並誤"，就王氏引錢大

昭云："阺古作氏。《説文》……氏與是通。鄭康成注《尚書》
云：'桓是隴阪，名其道盤桓旋曲而上，故名曰桓是。'"① 可知
作"氏""阺"爲誤。據《説文・𨸏部》"阺"曰"秦謂陵阪曰
阺。從𨸏，氏聲"。段玉裁謂"大𨸏曰陵，坡曰阪，秦人方言皆
曰阺也"。段氏以陵阪皆土山，氏崩而能聲聞數百里，則爲石
山，二者不同；且秦與巴蜀之隔，方言亦異，故謂應劭《漢書
音義》注《解嘲》云"天水隴氏"爲誤。② 然若依馬叙倫之説，
則阺爲氏之後起字，從氏得聲，而氏從氐得聲也，③ 是阺即當作
"阺"。巴蜀與秦經度相近，是否西南、西北皆有山崩之傳説，
待考。

　　從"氏"與"土""社"等字形比勘而得之原始意義，應是
遠古部族首領手持標識本族神主之類的石、木或土的實物。就此
一立體事物而言，他既可以指人——首領，也可以指該部族或部
落聯盟，引而伸之，也可以指個人。凡此皆與"氏"在先秦文獻
中所體現之意義相符。

二、 姓氏與血緣程度之界定

　　古人論姓氏，多略其血緣而著重其貴賤男女婚姻。宋鄭樵於
《通志總序》云："生民之本，在於姓氏。帝王之制，各有區分。
男子稱氏，所以別貴賤，女子稱姓，所以別婚姻：不相紊濫。秦

① 王先謙《漢書補注》卷八七下，中華書局，1983 年影印本，下册，第 1508
　頁下。
② 段玉裁《説文解字注》卷十四下，上海古籍出版社，1981 年，第 734 頁下。
　按，段玉裁於《説文解字注》"氏"字下引此字作"阺"，並謂應劭説是，與
　此異解。
③ 馬叙倫《説文解字六書疏證》卷二四，上海書店，1985 年影印本，第七册，
　第 86 頁。

并六國，姓氏混而爲一。"① 又於《氏族略序》云："三代之前，姓氏分而爲二：男子稱氏，婦人稱姓。氏所以別貴賤，貴者有氏，賤者有名無氏。"② 三代指夏商周，三代之前邈焉難徵，鄭意當爲三代之際。然夾漈之論所據，不過經典傳記所載，其時代亦僅能上溯至西周，無法統括夏商。夏朝無文字可徵，卜辭所反映之事實，是有氏有族而無姓，且非夾漈所能聞知。陳祥道曾就氏族之關係而言曰："氏又可以謂之族，故羽父爲無駭請族，隱公命以爲展氏，則氏、族一也。蓋別姓則爲氏，即氏則有族，族無不同氏，氏有不同族。"③ 氏、族一體，於《左傳》《國語》多可徵信，亦與今所見卜辭中族氏一致。④ 秦蕙田《五禮通考》云："姓者因於生而受賜者也，氏者分於姓而辨族者也，族者本乎姓氏而別宗者也。姓原於上古而少，氏分於中古而多，族淆於後世而雜。氏本乎姓，氏著而姓晦；氏分爲族，族私而氏公。故古者論氏，後世論族而已。"⑤ 將姓、氏、族依時代先後三分，仍未言及血緣。而將氏、族二分，則不符殷商實情，蓋以未見成百上千之卜辭"族氏"故也。⑥

　　二十世紀姓氏研究是伴隨着考古學和西來圖騰、母系社會理

---

① 鄭樵《通志》，浙江古籍出版社，1988年影印商務印書館萬有文庫本，第一册，第2頁上。
② 鄭樵《通志·氏族略》，第一册，第439頁上。
③ 宋陳祥道《禮書》卷六二，《文淵閣四庫全書》本，臺灣商務印書館，1986年影印本，第130册，第391頁上。
④ 卜辭氏族之名實可參見丁山《甲骨文所見氏族及其制度》（中華書局，1988年）及朱鳳瀚《商周家族形態研究》（天津古籍出版社，1990年）二書所論述。
⑤ 秦蕙田《五禮通考》卷一四三，《文淵閣四庫全書》本，臺灣商務印書館，1986年，第138册，第409頁上。
⑥ 近時學者一般將遠古部族稱爲"氏族"，而將殷商世族稱爲"族氏"，本文在敘述中盡量遵循，而引述前人文字則一仍其舊。

論傳入而深入，由母系父系而牽涉血緣，於是産生一種普遍流行的觀點——姓是母系社會之標識，因而與血緣緊密聯繫。隨著安特生 1921 年發現仰韶文化，提出中國文化西來説，1930 年楊東蓴和張栗原合譯摩爾根《古代社會》出版，姓氏即與母系血緣結緣。劉節與李宗侗是較早將姓氏與圖騰聯繫的學者，劉節著"圖騰層創觀"，認爲"宗族一觀念，若遠溯其源，與圖騰組織很有關係。再從圖騰關係中辨別世與代的次第及氏族的分枝，可以更明白古史的正確消息"。① 他説姓、氏雖然有別，"其淵源都在古代的圖騰"，"姓是血緣的關係，氏是地緣的關係"，當然，"殷代以前的氏，於地緣中實兼有血緣關係"。② 亦承認氏有血緣關係。李宗侗説："姓實即原始社會之圖騰，而古字實只作'生'。若再觀古代各姓，如姜之圖騰爲羊，風之圖騰爲鳳凰，㕥之圖騰爲㕥鳥，則姓之無異於圖騰，更爲明顯。"③ 李氏到臺灣後，更演述以上觀點，寫成《圖騰與姓》，對風、姜、姬、祝融八姓、㚰、子諸姓都有具體論證與闡發，並強調"中國古代對姓的定義與近代初民對圖騰的相合"。④ 丁山著《甲骨文所見氏族及其制度》和《殷商氏族方國志》，云："姓是亞血緣群婚時代母系血統的氏族遺跡，而氏則爲父權時代的氏族組織。"⑤ 然其在分別氏、族時則

---

① 劉節《中國古代宗族移殖史論》第四章《圖騰層創觀》，臺灣正中書局，1957年，第 69 頁。

② 劉節《中國古代宗族移殖史論》第五章《氏姓派衍》，第 142、147 頁。

③ 李宗侗《中國古代社會新研》，開明書店，1949 年，第 34 頁。李氏在 1947 年所作《中國古代社會與近代初民社會》一文中已云："姓即圖騰，亦爲圖騰社會之干體。由姓相沿，則宗法社會之出自圖騰社會無疑。"（《李宗侗文史論集》，中華書局，2011 年，第 5 頁）這是較早將圖騰全面應用於中國上古史並將之與宗法社會等同的觀點。

④ 李宗侗《中國古代社會史》，臺灣中華文化出版事業委員會出版，1954 年，第 7 頁。

⑤ 丁山《姓與氏》，《新建設》1951 年第 6 期。

云："氏蓋是部族的徽號，族則軍旅的組織，氏與族的區別，或如莫爾甘《古代社會》所謂一爲聯合部族，一爲胞族。"復又以爲："氏爲同一圖騰，或食土之君；所謂食土之君，那就是小諸侯。諸侯的子孫或卿大夫再受封食邑，而爲'大夫之家'，那就是族了。"① 畢長樸繼承李宗侗思想而發揮之，將上古很多氏族依伏羲氏系統、炎帝系統、黄帝系統、少昊氏系統、顓頊氏系統分別歸爲蛇、鳥圖騰。② 姓氏與圖騰關係姑不論，③ 氏、族以等級二分，仍未跳脱前人窠臼。由劉、李、丁諸先生之研究可知，二十世紀上半葉很多姓氏研究者都循摩爾根所定框架討論姓之血緣和氏族之異同。此後的研究亦多未擺脱"血緣"姓氏之定式思維。

　　五十年代以後，楊希枚傾全力投入古代姓氏研究，連續發表多篇論文。④ 他深入先秦文獻，從人類學與社會學視野切入，依照摩爾根的理論，率先在傳統的姓與氏二分的姓氏學研究中提出"姓族"概念。"姓族"（gens）一詞在歷史學、法律學中本指父系

① 丁山《釋族》，《甲骨文所見氏族及其制度》，第33-34頁。
② 畢長樸《中國上古圖騰制度探賾》第六章《中國遠古史名號圖騰解詁》，畢長樸自印本，1979年。
③ 圖騰與姓氏之關係，史學界曾有一個熱潮，李宗侗、劉節、丁山等多曾引入自己的史學著作，畢長樸可謂此一學説之總成者。今學界已少言圖騰，而僅以族徽標舉之，其在上古史發展過程中究竟如何界定與解釋，尚須時日，故此暫置不論。
④ 楊希枚自1951年在《史語所集刊》第二十三本發表《姓氏古義析證》，1954年在《"中央研究院"院刊》發表《〈左傳〉"因生以賜姓"解與"無駭卒"故事的分析》，1955年在《史語所集刊》第二十六本發表《先秦賜姓制度理論的商榷》，1957年在《史語所集刊》第二十八本發表《聯名與姓氏制度的研究》，1962年在《史語所集刊》三十四本發表《〈國語〉黄帝二十五子得姓傳説的分析》（上），1976年在《清華學報·紀念李濟先生七十歲誕辰論文集》發表《〈國語〉黄帝二十五子得姓傳説的分析》（下），近二十年中連續致力於姓氏研究，及至回大陸任社科院歷史所研究員，又在《中國史研究》發表《論先秦所謂姓及其相關問題》（1984年第3期），1992年寫有《論先秦姓族和氏族》，後皆收入《先秦文化史論集》，中國社會科學出版社，1995年。

繼嗣群，摩爾根引入此詞取代氏族（clan），界定爲"出自同一祖先之血親（consanguinei）團體，具有一個姓族名，且由血親關係結合在一起"。他以外婚制爲姓族的一大正常屬性，即是遠古一種母系形式的證據。① 楊氏援用此詞，來區分先秦姓與氏之血緣純粹與否：

> 姓，於古既是姓族集團，因此古之所謂氏也自然應明確地稱爲氏族。前者爲具血緣世系而分衍爲若干同姓宗支的親族集團，即《爾雅》所謂"親同姓"的同姓集團。而氏族則是非純屬血緣世系關係，而僅有政治統屬關係的地區性集團。先秦的姓與氏之別正是別在姓族與氏族集團的組織本體實質，而非在於姓族和氏族的族名，即後世姓氏學家所謂的姓與氏。漢代的國家係演變自先秦的氏族，而迄今所謂某姓之姓，即某家的家族，則應是先秦姓族的遺緒。②

楊希枚認爲姓族是血緣親屬集團而氏族則是非純粹血緣親屬集團，二者之別在於組織本體實質，而不在於姓族和氏族之族名。他以傳說時代之無懷氏、有葛氏、伏羲氏、神農氏、軒轅氏、陶唐氏、有虞氏，以至三代以來的有夏（或夏后）氏、殷商氏和有周氏（或周氏）爲例作比，認爲"這類氏的組織可因時代的不同，可以是部族、部族聯盟，或王國；組織雖有繁簡不同，區域雖有廣狹之異，本質上則無重大差異"。他解釋周王朝亦即有周氏，就"顯然是包括若干同姓宗族和異姓族而在政治分封制度下建立的采邑封國的大型政治區域集團；且每一封國采邑同樣也可包括若干不同姓族族屬集團，如王孫氏、公孫氏，或其他因世功

---

① 參見芮逸夫主編《雲五社會科學大辭典·人類學》，臺灣商務印書館，1971年，第169頁。
② 楊希枚《論先秦所謂姓及其相關問題》，《先秦文化史論集》，第187頁。

而封的某氏之類的氏"。① 姓族注重血緣之純粹，氏族注重政治、經濟之實力，姓族早於氏族，氏族包含不同姓族，這是楊氏的基本觀點。據此，姓與氏在同一個時空中。與楊氏研究時間相近，張肇麟對姓氏之定義是：

> 因此姓與氏是兩個完全不同的概念。氏表示地域，在同一個地域的居民可能有不同的姓，因此同一個氏的居民可以有不同的姓；而姓則是表達血緣關係，有密切血緣關係的人可以生活於相互遠隔的地域中，因此一個姓的人可以有不同的氏。②

氏以地域稱，姓以血緣連。同地域同氏族內可以有不同血緣之人，同血緣之人會分散在各地居住，亦即有不同的氏。以張氏之觀點，姓由以單純的血緣分居，而氏則由以不同之血緣聚合。此與楊氏觀點相近，亦以同一時空論姓氏。潘英對姓與氏作出較楊、張二氏更爲細密的界定。其爲"姓"作定義云：

> 姓的原義是生，氏的原義是坻；前者表示人所以生，後者表示人所以住。姓用來表示族號，便表示"人所以生"之族，也就是姓族。姓族是母系血緣團體，而且是實質的群體；姓則族中每一分子的公"名"，是表示母系血緣的標誌。氏族時代以後，姓族瓦解，姓族之名漸泯滅不見，姓族成爲虛擬的父系血緣的群體；姓則仍爲氏族中女子所傳稱，成爲女子的公"名"，不過却指示著父系血緣。

潘氏解"氏"爲坻，謂爲人所住，與張氏看法一致，與筆者分析甲骨、金文字形却有所不同。其用"姓族""氏族"，係認同楊氏

---

① 楊希枚《論先秦所謂姓及其相關問題》，《先秦文化史論集》，第187頁。
② 張肇麟《姓氏與宗社考證》，社會科學文獻出版社，2015年，第15頁。按，張氏此書寫成於二十世紀五十年代前後，由張鳴華整理出版。

定義，同樣來源於摩爾根。而將"姓"從母系過度到父系時代的衍化作了描述，認爲"氏族時代以後，姓族瓦解"，姓族"成爲虛擬的父系血緣的群體"，其名漸漸泯滅不見。言下承認"姓族"一名曾經先"氏"而存在過，有一個時間的先後。其爲"氏"作定義云：

> 氏用來表示族號，便是表示"人所以住"之族，也就是氏族。氏原來表示地緣關係，但氏族是姓族的分化，所以氏族本質上也是血緣團體，而且是實質的父系血緣群體，氏則族中男子公"名"。族中男子雖也有姓，却只稱氏；氏，這時與姓一樣都是父系血緣的標誌。[①]

氏雖是姓族的分化，但其却是實質的父系血緣群體，是父系血緣的標識。在氏之血緣上，潘氏與楊氏有明顯區別。圖示如下：

母＋子＋孫＝姓族（母系血緣團體）｛血緣之姓（姓）／居住之地（氏）｝→ 氏族（潘氏父系血緣群體）

→｛氏族1／氏族2／氏族3／……／氏族n｝（楊氏父系血緣群體）｛（氏爲男子公名，人人有姓而不稱姓）／（姓爲女子公名，人人在氏中而不稱氏）｝

楊氏著眼於氏族擴展成爲部落甚至部落聯盟後之"全"體，故謂其係非純粹血緣親屬集團；潘氏著眼於初始氏族之"個"體，故謂其是實質的父系血緣群體。然兩人皆係用摩爾根理論演繹中國上古氏族社會。

　　方炫琛立足《左傳》之姓氏，認爲："氏爲政治組織之徽幟，

---

① 潘英《中國上古史新探》第五章，臺灣明文書局，1985年，下册，第472頁。

故任何人凡能立爲一朝代、一國、一族，其朝代名、國名、族名皆曰氏。姓爲血統表徵之稱，同一姓之子孫，或分爲各氏，但姓仍不變。"其舉姬姓之周原爲氏名，代殷後成爲國名；周初分封姬姓子弟如魯、晉、鄭等爲國，亦爲氏；魯又命公子、公孫別立爲氏如季氏、孟氏等。氏一變再變而姓則不變。[1] 方氏描述姓、氏分衍之結構皆以《左傳》爲中心，關於血緣，謂其爲"姓"之標識，無疑是説姬姓分封出去之子弟血緣相同，而未言建國立氏後此國之血緣是否相同。

黃文新承接楊希枚"姓族"一説，但認爲姓、氏一脈，"氏族爲姓族的分支，即姓爲本，氏爲支。兩者俱爲血緣世系親屬集團，所不同者只有範圍之廣狹及作用有縱橫之別而已"，"姓族與氏族皆係血緣組織，姓與氏在含義上並無甚別"。其所謂"縱"與"橫"，即"姓族的連繫是屬於橫的方面"，"而氏族則屬於縱的連繫"。[2] 意謂中國古代的血族是在以氏爲經，以姓爲緯的組織下達到高度的完整體而成爲社會組織的核心。姓是維繫血族的根本，永遠不變；氏亦是維繫同一屬族的血緣關係，但却會受到時空限制而消長存廢。

朱鳳瀚著重分析卜辭、銘文之族氏，認爲："姓、氏之共同點是：二者皆是血緣親屬組織，以外婚制爲正常屬性，且均是一種單系的繼嗣群。"而姓與氏之區別則是：

（一）姓因存立久遠親屬分支龐大，故難以追溯共同明確的祖先，而氏則一般有明確的可追溯到一個人的始祖。

（二）對於同姓人員而言，其姓是固定的，而氏則是來源多樣而不固定。

---

① 方炫琛《左傳人物名號研究》，臺灣政治大學博士論文，1972 年，第 7 頁。
② 黃文新《中國姓氏研究及黃姓探源》，臺灣文史哲出版社，1984 年，第 20 頁。

（三）姓是統一的，即姓族本身未有層次區別，而氏却可以是多層次的。①

但他强調："凡是低於姓族的在組織上相對獨立且有自己獨特名號的血緣親屬組織皆可稱氏，而不受規模大小的約束。"② 朱氏不區別姓爲純血緣而氏爲非純血緣亦即姓與氏之血緣純粹程度，認爲兩者都是血緣親屬組織，顯示出其與楊氏在認識上之差異。

雁俠總結姓、氏並存之原因云："姓與氏的根本聯繫在於前者是血緣性組織，後者以血緣性組織爲核心，成員間有一定的血緣聯繫。二者的區別在於姓族是純血緣組織，氏則偏重指一族的經濟利益和政治權利。"氏偏重經濟與政治，未言其血緣之純粹與否，然云其成員間"有一定的血緣聯繫"，則似並不純粹。故作者在"氏的産生時代"一節則明言"氏不是純血緣性的組織，是建立在血緣關係的基礎之上，具有經濟的和政治的功能的組織"，③ 可見作者接受楊氏觀點將"氏"視作非純粹血緣組織。

籍秀琴認爲姓是母系氏族的産物，並不區分姓族和氏族。云："氏族是以女子爲中心形成的有共同始祖母的人群，血緣親族是維繫氏族的紐帶。爲了區別不同的血緣關係的這個或那個母系氏族，每個氏族都有自己的族號。""姓的作用是辨別不同血緣的氏族的後代便於不同氏族間的通婚，即異姓方可婚配。"又云："氏是我國進入階級社會後的産物。"④ 籍氏所説氏族即姓族，都是母系社會的産物，皆有血緣關係。

張淑一追尋三代姓氏之別而云："姓是氏族的血緣標志符號，

① 朱鳳瀚《商周家族形態研究》，第 26－27 頁。
② 朱鳳瀚《商周家族形態研究》，第 513 頁。
③ 雁俠《中國早期姓氏制度研究》，天津古籍出版社，1996 年，第 69、66 頁。
④ 籍秀琴《中國姓氏源流史》，臺灣文津出版社，1998 年，第 7、10 頁。

氏是氏族内家族的血緣標志符號，由於二者各自代表著不同級別的血緣組織，而這兩種血緣組織在各自的歷史、作用、變化發展等方面又存在差異。"① 此言姓與氏是不同級別的血緣標識，雖未明言其差異，但實際表明氏可以有不同血緣的家族。故下文所述二者區別之第四點云："因爲不同血緣的家族也可能采用相同的氏名而不具有'別婚姻'的功能。" 知作者亦認爲氏之血緣並非純粹。

陳絜對有關姓氏之商周卜辭和銘文作了全面深入研究，於前人之成果也有分析、總結、借鑒和批評，他以爲："先秦時期的'姓族組織'就是由史前時期的氏族組織（gene）發展而來的。" 亦即"史前時代的氏族組織是一種純血緣的社會團體，到了等級社會則演變成了姓族組織"，② 等級社會中的姓族組織雖多少帶有政治意味，但仍帶著濃厚的氏族組織烙印，即以血緣性爲其基本特徵。他同時認爲在等級社會中的氏與宗族也應該如此理解，亦即"姓與氏都是血族組織的標志性符號，二者的區別主要在於氏是姓的分支"。③ 依照陳氏所闡述之發展模式，應是：史前時期之純血緣氏族組織——等級社會之血緣姓族組織——先秦之血緣族氏或宗族組織。從純粹的人類生息、蕃衍、分化角度思考，陳氏這種血緣氏族發展模式是可能存在的。唯其所謂"史前時期"究竟指新石器、舊石器還是其中那一段，所謂"等級社會"是指姒夏、子商抑或姬周，甚至更前，未有明確界定。

綜上所述，引入血緣概念以論古代姓氏，是摩爾根《古代社會》、戴維《先民社會》被譯成中文出版以後，氏族、血族、血

① 張淑一《先秦姓氏制度考索》，福建人民出版社，2008 年，第 37 - 40 頁。
② 陳絜《商周姓氏制度研究》，商務印書館，2007 年，第 35 頁。
③ 陳絜《商周姓氏制度研究》，第 467 頁。

親、血統氏族、母系氏族、父系氏族、姓族等等名詞波及、盛行中國史學界，才逐漸被用以解釋古代姓氏與氏族。楊希枚以人類學、考古學家身份研究姓氏，引入歐美人類學、社會學理論、概念、術語，摘取經典內容分析先秦姓氏，在傳統氏族、宗族中再標舉一"姓族"。他將姓族定位爲純血緣單位，以與非純血緣的氏族相對立，以此解釋先秦姓與氏之區別。其後臺灣潘英及八十年代以後大陸姓氏學者或多或少受到一定影響，在各自研究的論著中或引述楊氏觀點，或有意無意地用摩爾根和楊希枚的姓氏觀念概述先秦姓氏。

上古氏族有清晰的家庭親屬結構和嚴密的氏族組織結構。最初的氏族等同於親屬，稍有發展，親屬就被包含在氏族中。先民對血緣與親屬兩者的認識，是從親屬角度認同血緣，還是從血緣角度辨識親屬，現尚難言，至少不是現代意義上對血緣的認識。若以文字和生育論之，姓字從"女"，固與母系有關，然殷商尚未有此字，遑論虞、夏及以前！人類蕃衍，父精母血，母系以血孕育，則家庭、親屬以血緣傳衍，自在情理之中，然先民何時方始認識，迄今無法回答。氏之血緣純粹與否？與氏族之時代密切相關，初期家庭或宗族式氏族，其血緣無疑是純粹的，一旦到複合型氏族，血緣就不可能純粹。無論是初期家庭宗族型氏族抑或稍後複合型氏族，在西周姓氏二分以前，他們對"姓"是否有概念，是否有像武王封土賜姓時那樣清晰認識，至少筆者不敢肯定。

楊寬指出："氏是姓的分支。天子、諸侯分封給臣下土地，就必須新立一個'宗'，即所謂'致邑立宗'（《左傳》哀公四年），新立的'宗'需要有一個名稱，就是氏。"[①] 此立足於姓氏二分並

---

① 楊寬《試論西周春秋間的宗法制度和貴族組織》，《古史新探》，中華書局，1965 年，第 177 頁。

從氏族上層結構而言，所以宗和氏之血緣多純粹。但從周初分封諸侯之實際氏族結構審視，氏族內部之人員結構頗雜，血緣不可能純粹。如《左傳·定公四年》所言分魯公以殷民六族，分康叔以殷民七族，分唐叔以懷姓九宗，則魯、衛、晉三諸侯國即非純粹之姬姓血緣集團；更進而言之，伯禽率挈宗族和殷民六族赴東夷魯地，康叔率挈宗族和殷民七族赴衛地，唐叔率挈宗族及懷姓九宗赴晉地，其所組成之龐大氏族亦即魯、衛、晉三國，並非只有所率之宗族和同去之殷民，更多是當地的"庶人""國人"。諸侯再分立公子、公孫，所謂"致邑立宗"，分支命氏，往往還賜以家臣，賞以奴僕。賞賜銘文中即有很多賜臣幾家之例，如令簋"姜賞令貝十朋，臣十家"，幾父壺"易幾父僕四家"，甚至有賞賜"尸臣三百人""庶人六百又五十九夫"等。① 又孔子本是殷人，然少居魯，長居宋，是殷人，亦可稱魯人。籍貫與出生地、居住地往往並非同一。② 因此，天子、諸侯對同宗的賜姓命氏，就所命之宗族血統而言，與天子、諸侯可保持一致，至於其具體之家臣、屬員、庶民、國人，就未必與宗族同宗共支，當然血緣也就會不同。至於封賜異姓，多因其原住地域襃封，原住地域經數百年戰爭發展，分裂融合，早已結構多層，人員複雜，血緣亦不可能純粹。

由姬周而殷商，《尚書·酒誥》云："自成湯咸至於帝乙……越在外服，侯、甸、男、衛、邦、伯，越在內服，百僚、庶尹、

---

① 關於銅器銘文賞賜臣僕數量，黃然偉《殷周青銅器賞賜銘文研究》圖表二六《西周賞賜器物表》有集中之展示，可參閱。香港龍門書店，1978 年印行，第 204－206 頁。

② 諸侯、邦國之結構容易理解，大夫之家的結構可參閱趙伯雄《周代國家形態研究》第二章第四節《邦的內部構成》，湖南教育出版社，1990 年，第 71－79 頁。

惟亞、惟服、宗工，越百姓、里居，罔敢湎於酒。"此所謂外服，
論者謂是所封之諸侯，主要分佈在王畿周圍地區。卜辭有"作
册""作册吾"，晚商金文有"王賞作册般貝"（作册般甗）。且作册
地點一般在宗廟，與西周無異。卜辭有"呼從臣沚有咠三十邑"
（《合集》707 正），此乃册封給沚三十邑。殷商對方國征伐戰勝後，
也須安置戰敗的方國。卜辭："貞：呼取微伯。貞：勿取微伯。"
（《合集》6987 正）"貞：微人于潤奠。勿于潤奠。于潤。勿于潤。"
（《英藏》547 正）此乃占卜是否把微伯從原來封地改遷分封于潤地。
關於殷商爵稱之有無與多少，董作賓、[①] 胡厚宣、[②] 丁山、[③] 島邦
男、[④] 裘錫圭等考定雖有不同，[⑤] 然皆主張有爵稱。有册命，有爵
稱，有封地，更有徙封，故殷商有分封確鑿無疑。一有分封，就
會像魯公、康叔、唐叔一樣，其上層統治集團與下屬民衆分屬不
同群體，一旦分屬不同群體，其血緣絕對無法純粹。

　　楊希枚雖未研究殷商封建與爵稱，然其認爲氏族是非純血緣
親屬集團，應是基於先秦具體之諸侯國與族氏而言。如若立足於
古代戰争俘虜、流動人口思考，他推測傳説中的無懷氏、有葛

---

① 董作賓 1935 年作《五等爵在殷商》考定殷商之"公"非爵稱，唯侯、伯、子、
　男四種爲爵稱。中研院《歷史語言研究所集刊》第六本第三分，1936 年，第
　413－429 頁。
② 胡厚宣在 1925 年爲董作賓整理五等爵之不辭，後作《殷代封建制度考·八五
　等爵之來源》，與董氏所論有異，胡謂"殷之封爵，除婦、子之外，只有侯白
　男田"，其中"侯與白同，男與田通，侯田實亦無嚴格之分别"。《甲骨學商史
　論叢初集》，河北教育出版社，2002 年，第 72 頁。
③ 丁山《説多田亞任》云："殷商王朝'邦畿千里'之内，實分田、亞、任三
　服。"《甲骨文所見氏族及其制度》，中華書局，1988 年，第 45 頁。
④ 島邦男論殷封建，列侯、伯、子、帚四種，濮茅佐、顧偉良譯《殷墟卜辭研
　究》，上海古籍出版社，2006 年，第 816－902 頁。
⑤ 裘錫圭《甲骨卜辭所見"田""牧""衛"等職官的研究——兼論"侯""甸"
　"男""衛"等幾種諸侯的起源》以爲只有侯、甸、男（任）、衛四種。《文史》
　第十九輯，中華書局，1983 年，第 1－14 頁。

氏、伏羲氏、神農氏、軒轅氏等 "可以是部族、部族聯盟，或王國"，而均非純血緣親屬集團，應是符合客觀歷史。但其在 "氏族" 之外所建立的 "姓族" 及 "姓族集團" 等概念在歷史上是否有實體與其相應，亟須澄清。

　　中國典籍記載三代及以前叢聚人群社會，僅用 "氏" 一詞，後又與 "族" 聯稱爲 "氏族"；摩爾根考察印第安人和希臘、羅馬社會結構則用氏族、胞族、部落、部落聯盟四級區分。人類學上的氏族（clan）是指一個單系繼嗣群，姓族（gens）是指一個父系繼嗣群。美國人類學家原用姓族指擴大家族的一個群體，後用以指父系繼嗣群，以與代表母系群的氏族（clan）相對。而部落則是一種包含若干有共同語言、共同文化的地域群或世系群的社會組織。很明顯，中國的 "氏" 或 "氏族" 對應氏族、胞族、部落、部落聯盟四級。姑且置母系與父系而勿論，就筆者認爲的家庭式氏族若可稱爲 "姓族"，也只存在於遠古原始社會中，此時的 "姓族" 血緣純粹，或可稱 "血緣姓族"。一旦進入有貧富差距、有等級差別、有戰爭俘虜、有流動人口之部落、部落聯盟或王國時代，微小的血緣姓族早已散化爲無數個細胞，淹没在較大、很大、龐大的團體中，根本無法獨立自存。此時即使血緣姓族隨世代繁衍而逐漸龐大，也不免於不斷分裂。因此，純粹之血緣姓族雖或曾經存在過，也必然是在遥遠的過去。楊希枚所謂的 "血緣姓族集團"，即氏族發展到相當龐大階段還保持純粹血緣的群體是不可能存在的。張淑一云："原始社會末期，姓所代表的已不再是一個實體性的族人集團，而只是某種‘虛擬’的血緣組織，而氏所代表的家族組織却是一個實體性的組織。"[①] 姑不去考慮將純血緣之姓族時代定在原始社會、舊石器時代、新石器時代抑或青銅時代等任何歷史節點，至少可

---

① 張淑一《先秦姓氏制度考索》，第 39 頁。

以明白，純粹之血緣組織發展到一定階段，就難保其血統之純粹，一旦打破其純粹性，血緣便成爲一種虛擬之符號。

所以，以今人思維去理解、定義上古時代之姓族，與他們當時的認識一定存在差異，質言之，他們即使有家庭、家族的共同符號生存在社會中，也不一定用西周姓氏二分之"姓"的概念來表示，且會隨遷徙、兼併、戰爭等諸多不測因素而不斷融合消亡，即使不融合不消亡，也只能作爲一個細胞組織存在於更大的氏族部落中。因爲，血緣姓族是最原始而無限多的細胞，如果貫數千上萬年保存其"姓族"符號不變，同時留存，實在與我們今天看到的姓氏數量之比大相徑庭！

三、　姓、　氏數量及其起源先後

近代姓氏學家認爲：姓爲血緣標識，此種標識在母系社會最易辨認；氏係政治、經濟、軍事之象徵，則其自應與父系時代相適應。血緣標識早於政治、經濟、軍事象徵，應是無可否認之事實。因此，姓是母系時代產物，氏是父系時代產物之觀點，流行於二十世紀上半葉。[①] 但一涉及到母系、父系社會，便超越三代而進入新石器時代中晚期，溯而上之，便是新石器世代早期和舊石器時代的遠古。中國漫長的舊、新石器時代是否確實存在過母系社會，整個世界的發展進程是否必須由母系社會向父系社會過渡，以及母系過渡到父系之年代問題，均有待於考古學與人類學證實。不幸的是二十世紀的姓氏學研究，基本都在這樣一個框架籠罩下爭論與抉擇，因而姓的母系血統一直是無法逾越的紅線。

---

① 此種觀點是受摩爾根《古代社會》闡述印第安人社會結構的影響，曾經風行一時，詳見下文分析論述。

到周代才出現的從"女"之"姓"，從其字之構形和"誕生"時之政治意圖就與女性婚姻相聯繫，這在一定程度上框定了研究者的思維範圍，使之無法掙脱。若圍繞這一問題饒口舌，終無益於事實之揭示和問題之解決，暫且置之勿論，先就傳世和出土文獻所見姓、氏數量作一分析。

（一）　古姓數量與時代

今姓氏詞典所收姓氏已達二三萬，此雖是歷代遞增之總數，而遺佚失載當亦不少。若如傳統和時行的觀念：姓比氏古老，則傳承幾千年的姓即使不如家庭宗族型姓族是無限多，至少也有一定數量，然而遺憾的是，在幾萬個姓氏中，有一個令人百思不得其解的現象，就是古姓少得可憐。鄭樵列出二十七個，[①] 顧炎武列出二十二個，[②] 顧棟高統計爲二十一個，[③] 章太炎揭出五十二姓，但謂"皆有譜牒繫世，出於帝王"者僅三十姓，八姓"不知所出"，十四姓"史官所不載者"。[④] 張淑一經過考證，得三十四個，[⑤] 潘英統計爲三十七個。[⑥] 爲便於甄考，列表如下：

① 鄭樵《通志·氏族略一》"以姓爲氏"下所列，浙江古籍出版社，1988 年，第一册，第 442 頁中、下，第 459 - 460 頁。

② 顧炎武《日知録》卷二三"姓"條下所徵，上海古籍出版社，1985 年，中册，第 1689 - 1690 頁。

③ 顧棟高《春秋大事表·列國姓氏表·國姓》所列，中華書局，1993 年，第二册，第 1151 - 1155 頁。

④ 章太炎 1906 年著重訂本《訄書·序種姓上》云："余以姓氏分際，貞之《世本》，旁摭六藝故言，而志婚譜。蓋《堯典》言'百姓'，今可箸録者五十有二。"至 1915 年著《檢論》，將此篇修改後收入。《章太炎全集》第三卷，上海人民出版社，2018 年，第 182 - 183 頁，又第 373 - 374 頁。今僅載其有據者，"史官所不載者"，以及出於《山海經》等"疑事之不可質"者略之。

⑤ 張淑一《先秦姓氏制度考索》，福建人民出版社，2008 年，第 43 - 54 頁。

⑥ 潘英《中國上古史新探》，臺灣明文書局，1985 年，下册，第 471 頁。

諸家所列古姓簡表

古姓	國語晉語	國語鄭語	鄭樵	顧炎武	顧棟高	章太炎	張淑一	潘英	淵源	賜者
黃帝十二姓	姬		姬	姬,周姓	姬	姬	姬	姬	黃帝之後	炎帝所賜，或云帝堯賜
	西	西				酉	酉	酉		
	祁			祁	祁	祁	祁	祁		
	己	己	己	己		己	己	己		
	葳					葳	葳	葳		
	任	任	任	任		任	任	任		
	滕					滕	滕	滕		
	荀					苟	苟	荀		
	僖					僖	僖	僖		
	姞	姞(吉)	姞	姞		姞	姞	姞		
	儇					儇	儇	嬛		
	依					依	衣	依		
祝融八姓		董		董		董	董	董		
		己	己		己	巳				
		彭				彭	彭	彭		
		禿	禿			禿	禿	禿		
		妘		妘		妘	妘	妘		
		曹		曹	曹	曹	曹	曹		
		斟				斟	斟	斟		
	羋	羋	羋	羋		羋	羋	羋		

古姓	國語晉語	國語鄭語	鄭樵	顧炎武	顧棟高	章太炎	張淑一	潘英	淵源	賜者
			姚			姚	姚	姚	虞舜之後	
			嬀	嬀，虞姓	嬀	嬀	嬀	嬀	虞舜之後，劉師培認爲姚、嬀本一字。	
			姜	姜	姜	姜	姜	姜	炎帝之後	太皞所賜，或云帝堯賜
			歸	歸	歸		歸	歸	吳其昌認爲即嬀姓	
			風	風	風		風	風	太皞之後	
			嬴	嬴	嬴	嬴	嬴	嬴	少皞之後	帝舜賜之
			姓						齊人，見《漢書》	
			是							
			子	子，殷姓	子	子	子	子	殷契之後	帝舜賜之，或云帝堯賜
			姒（似）	姒，夏姓	姒	似	姒	姒	夏禹之後	皇天賜之，或云帝堯賜
			隗	隗	隗	隗	隗	隗（懷）	鬼方之後	

續 表

古姓	國語晉語	國語鄭語	鄭樵	顧炎武	顧棟高	章太炎	張淑一	潘英	淵源	賜者
			允	允	允	允	允	允		
			偃	偃	偃	偃	偃	偃	皋陶之後	帝舜賜之
			妚							
			漆	漆	漆			漆	防風氏之後	
			弋					弋		
			侯岡							
			伊祁							
			伊							
			嫪							
				曼	曼	曼	曼	曼		
				熊	熊			熊		
							庸（鄘）	庸		
							掎			
						慶	慶			
						貍		狸		
								喜		
						房①				

① 章太炎《訄書·序種姓上》云："高辛之子棄，亦爲姬姓。高辛爲房姓。"下注："《古史考》，見《御覽》七十八引。"（《章太炎全集》，上海人民出版社，1984年，第182頁）按，《御覽》卷七八無"高辛"，章説見《御覽》卷八十："《古史考》曰：高辛氏，或曰房姓，以木德王。"中華書局，1960年影印本，第一册，第372頁下。

續　表

古姓	國語晉語	國語鄭語	鄭樵	顧炎武	顧棟高	章太炎	張淑一	潘英	淵源	賜者
						緡				
						真				
						懷				

　　諸家所列總計五十一姓，所取各有來源與側重，亦有非古姓純爲誤録者。其最爲人稱道者如黃帝十二姓、祝融八姓，加之唐堯之祁，虞舜之姚、嬀，皋陶之偃；三代之時有夏之姒，商之子，周之姬，已佔去一半。另有如相傳爲炎帝之後的姜姓，太皞之後的風姓，少皞之後的嬴姓等。總而言之，二千多年相傳所謂古姓，大多爲上古三代有名望之氏族。

　　上古三代著名氏族之外，各家對其他之姓取捨不無異同。鄭樵所録幾個不見於他書之姓，多不靠譜。如姓姓下云"齊人，見《漢書注》"，師古之時，早已姓氏不分。《姓源韻譜》謂出春秋蔡公孫姓之後，則是氏非姓無疑。是姓，源於《三國志·吳志》之是儀，儀本姓氏，氏、是戰國秦漢時多通用，故爲孔融嘲改爲"是"，其非姓可知。允姓，杜預《左傳·襄公十四年注》以爲"姜姓之戎，別爲允姓"，若以血緣分脈，則仍是姜姓，若以經濟等分立，則已是氏。張淑一則舉伯田父簋之井妘爲證。[1] 甲金文從女之字是名抑或是姓氏，尚有不同説法。妊姓，謂出《纂要》，此字顯然是因女旁而歸爲姓，與下嫪姓謂"從女者姓也"，同一心理，皆望文生義。弋姓，謂出《姓纂》，云蒲州有弋氏，望出河東，亦明明爲氏而非姓。侯岡，謂爲蒼頡之姓，伊祁和伊，謂

─────────────

① 張淑一《先秦姓氏制度考索》，第50頁。

是唐堯之姓，伊祁係傳說中堯所居之地，西周封堯後爲祁姓，未聞賜伊或伊祁。熊本羋姓，不知顧氏、潘氏從何而得。掎、慶二姓，張淑一謂見於《潛夫論·志氏姓》，而《路史·國名記》指爲姓，如慶姓是"商氏後，以舊夏商封國樊爲慶姓"，既以國爲姓，必是氏。狸姓出《國語·周語》，相傳爲帝堯子丹朱之後。喜或即是"僖"。《山海經》中有十餘個姓，更恐邈焉難徵。由此而知，確見於可靠文獻所載之古姓，不過三十多個。

　　載記古姓之文獻，時代皆在春秋戰國以後，其所記年代遠在殷商以前之姓，是否可以在甲骨卜辭及商周金文中找到殘留痕跡？一百年前，王國維率先用金文來考察與檢視文獻中的姓氏。他看到金文蘇冶妊鼎、鑄公簠等作"妊"，而《詩經》《左傳》《國語》和《世本》皆作"任"，而弋姓之弋，南旁敦作"妡"，於是云："凡女姓之字，金文皆從女作。而先秦以後所寫經傳，往往省去女旁。"[1] 王氏此處僅以金文和傳世文獻對勘，未能上溯與卜辭校讎。饒宗頤繼以卜辭、銅器銘文、陶文結合《路史》《左傳》等來徵尋黃帝十二姓，但於從"女"之"姓"仍猶疑其辭，云："卜辭從女諸字，皆女子專名，或即其姓。金文有疊加女或母旁作繁形者。"[2]

　　王氏學生劉節利用卜辭與金文，對上古姓氏進行較爲深入研究。劉氏本靜安路數，著眼於"女"旁古文字，取甲金文女旁之字論姓，而不太注重其是否爲古姓。所論涉及妃、好、妊、姬、

---

[1] 王國維《鬼方昆夷玁狁考》，《觀堂集林》卷十三，《王國維全集》，浙江教育出版社、廣東教育出版社，2009年，第382頁。此篇初刊於1915年《國學叢刊》卷十，收入《集林》時有增删，見洪國樑《王國維著述編年提要》，臺灣大安出版社，1989年，第34頁。

[2] 饒宗頤《論殷代之職官、爵、姓》，陳致、王珏編《中國文化書院八秩導師文集·饒宗頤卷》，東方出版社，2017年，第271-272頁。

姜、姞、姚、嬀、嬴、匽，以及妞、姱、妃、𡢃、姝、媿等姓。
由於劉氏討論時間較早，所見甲金文有限，且各人眼光和定位不
同，其結論有可爲今日之參考者，也有不一定符合實際者。如
云："如姚姓、嬀姓，照傳說都是很早就有的姓，可是甲文就沒
有這兩個姓。但是照我們的說法，這兩個姓是晚起的，與史實相
合了。又姬姓、娀姓、嬴姓、姞姓，甲文裏也是沒有的。原來是
字形變了，因爲更姓改物的原故，事實上還是有這幾個姓的。"①
因爲劉氏著眼於女旁之字，故有時姓與氏不分，如云："甲骨文
中還有許多古姓，後來都變作不從女字偏旁而保存着。姘姓，就
是周代的邢氏，這一國散佈非常之廣。飤姓就是飤仲盨、飤生簋
的飤氏，都是從姓改作氏的例子。此外如孃姓，就是姞姓的豐
氏，豐姞簋。"② 姓與氏竟可以互相轉換派衍？是殷商王國的命賜
還是氏族自作主張？若依姬周同姓不婚之大律衡之，豈不泯滅了
氏族身份貴賤的界限，混淆了姓族血緣之親疏？所以劉氏"氏姓派
衍"之觀點既不符合歷史事實，也有悖於西周"同姓不婚"之大律。

最近趙林另起爐竈，蒐尋甲骨卜辭與銅器銘文中可與古姓互
證之字形作詳細考證。他將古姓分爲黃帝系十二古姓、祝融系八
古姓、文獻所見其他古姓、僅見於周金文之古姓四種，分別在卜
辭與商周金文中尋其來源。抽繹其所證，可以發現以下字形變化。

（1）趙氏所考四十三姓中，徵諸甲骨卜辭和商周金文：

姬姓，商周甲金文皆從女；

西姓，商周金文不從女；

祁姓，周金文有從女，甲骨文不從女；

己姓，周金文從女，甲骨文不從女；

---

①　劉節《中國古代宗族移殖史論·氏姓派衍》，第116頁。
②　劉節《中國古代宗族移殖史論·氏姓派衍》，第124頁。

任姓，商周甲金文皆有從女不從女；
姞姓，周金文從女，商甲金文不從女；
妘姓，周金文從女，商甲骨文不從女；
曹姓，周金文從女，商甲金文不從女；
斟姓，周金文從女，商甲金文缺；
芈姓，周金文作“嬭”從女，商甲金文不從女；
姜姓，周金文從女，商甲骨文有從女有不從女；
嬴姓，周金文有從女有不從女，商甲骨文不從女；
嬀姓，周金文有從女有不從女，商甲骨文不從女；
姚姓，周金文從女，甲骨文無；
姒姓，商周金文從女，甲骨文不從女；
子姓，周金文不從女，甲骨文有從女有不從女；
隗姓，周金文從女，甲骨文不從女；
允姓，周金文有從女有不從女，甲骨文不從女；
風姓，商周甲金文皆有從女；
曼姓，周金文有從女有不從女，甲骨文不從女；
偃姓，商周甲金文皆從女；
孏姓，周金文從女，甲骨文不從女；
嫘姓，周金文從女，甲骨文不從女；
妷姓，周金文從女，甲骨文缺；
妫姓，周金文從女，甲骨文不從女。

歷來以爲姓之血緣與母系女性相關，故字多從女旁。探考古姓中不從女之姓，固可致思其姓之血緣是否與母系女性有關。即就上列祁、己、姞、妘、曹、芈、姜、隗、孏、嫘、妫凡周金文從女，殷商甲金文不從女之古姓，更可確認至少在殷商時代與母系血緣無必然聯繫，而是到姬周時才將“女”旁作爲血緣標識加於原“姓”之字旁，當然這類“古姓”更應追溯其來源。

（2）趙氏將其所分析之四十三個古姓，依據文獻和銘文追溯，得出其有以下類型：

A. 以人名爲姓：酉姓、呂姓（祁姓）、睘姓、依姓、己姓、蔑姓、其姓、嫘姓。

B. 以地方爲姓：姬姓、㵒姓、妘姓。

C. 以居邑爲姓：嬀姓、姚姓、彭姓、嬴姓、曼姓、庸姓、㵒姓。

D. 以國爲姓：己姓、滕姓、妘姓、曹姓、禿姓、姒姓、庸姓、薛姓。

E. 以氏爲姓：臧姓、僖姓（來姓）、董姓、戚姓、娸姓。

F. 以民族或種族爲姓：姜姓、鬼姓、允姓、歸姓。

G. 以官或職爲姓：任姓（妊姓）。

H. 以爵或對家族之長的尊稱爲姓：子姓。

經此分析歸類，趙氏亦認爲，凡此古姓與鄭樵 32 種得氏方式相同，亦即"姓或氏的取得方式大致相同，從人、地、事相關的名稱得來，差異並不大"，他由此得出："姓、氏（作爲人或人群的專名）本來就是不分的，分而後合，所有的姓又都成了氏，所有的氏也都可以説是姓。"[1] 姓、氏不分，則最初是姓抑是氏？分而後合，其時代劃在哪裏？趙氏未明確表態。既云有分合，可見其還是認爲姓、氏是兩個大類。經校覈其所引證，黃帝十二姓，涉及以人、以地、以國、以氏、以官等，可見其得姓與得氏相同，與姬、姜以水無異。祝融八姓，涉及以居邑、以國、以氏等，亦與得氏相同。殷商族氏實行内婚還是外婚，抑或兼有内外婚，可以深入討論，[2] 但確無同姓不婚之戒律。至姬周始有同姓不婚之

---

[1]　趙林《殷契釋親》第十二章，第 364 頁。

[2]　趙林認爲："商人内婚，同姓族的血親既然相互爲婚，那就没有必要以男子稱氏，女子繫姓的方式來表明不可婚的對象。"《殷契釋親》，第 114 頁。此即從姓氏不分角度立論，可以參考。

禮，乃分出從女之姓，故見於周金文之古姓大多從女旁。①

　　追溯古姓，其在殷商時多無女旁，幾同於氏。下面再來考察氏之起源與時代。

（二）　古氏數量與時代

　　上博簡《容成氏》云："尊盧氏、赫胥氏、喬結氏、倉頡氏、軒轅氏、神農氏、𣎯｜氏、壚遷氏之有天下也，皆不授其子而授賢。"②歷數八位上古氏族首領。《莊子·胠篋》有云："子獨不知至德之世乎，昔者容成氏、大庭氏、伯皇氏、中央氏、栗陸氏、驪畜氏、軒轅氏、赫胥氏、尊盧氏、祝融氏、伏戲氏、神農氏，當是時也，民結繩而用之。"共舉十二位氏族首領，相較略有參差。梁元帝《興王篇》所舉凡十九氏，除却《莊子》與《容成氏》所舉者，又多出天皇氏、地皇氏、人皇氏、渾沌氏、昊英氏、有巢氏、朱襄氏、葛天氏、陰康氏、無懷氏十氏。並云"太昊帝庖犧氏"，"風姓也，母曰華胥"；"炎帝神農氏"，"姜姓也，母曰女登"；"黃帝有熊氏號軒轅"，"姬姓也，又姓公孫"；"少昊金天氏"，"姬姓，母曰女節"。③鄭樵據前代譜録、緯書等文獻排纂《三皇世譜》，自有巢氏至無懷氏凡十七氏，④氏數次序與《興王

① 趙林列七姓，只有"薛"不從女旁，其他六姓皆從女。見《殷契釋親》第十二章，第367頁表所列。
② 《容成氏》，《上海博物館藏楚竹書（二）》，上海古籍出版社，2002年，第253頁。按，爲排版方便，一律改爲通行字。
③ 許逸民《金樓子校箋》，中華書局，2011年，第一册，第27－58頁。
④ 按，遠古氏族之命名方式，一定有其意識貫穿其中。郭風嵐曾探討神話中的姓氏名號之含義，分爲以德、以圖騰崇拜、以地、以事等等，如有熊氏與遠古圖騰有關，有巢、燧人與遠古文明進程有關。雖只是一種推測，則亦可側面觀照其時已非純血緣的姓族。郭風嵐《中國神話中的姓氏名號及其文化意義》，《中國文化研究》，1996年秋之卷，第97－100頁。

篇》略異，亦無其姓。稍後羅泌著《路史》，《前紀》編成《初三皇紀》《九頭紀》《循蜚紀》《因提紀》《禪通紀》，列有句彊氏、譙明氏、涿光氏、空桑氏、蜀山氏、渾沌氏、豨韋氏、遂人氏、庸成氏、史皇氏、栢皇氏、大庭氏、栗陸氏、葛天氏、尊盧氏、祝誦氏（即祝融氏）、有巢氏、朱襄氏、陰康氏、無懷氏等數十氏，[①] 其所取證之文獻，有緯書、《道藏》等不經之說，亦有《莊子》《世本》、碑刻等信而有徵之傳世文獻。[②] 就中不排除有層累造成的傳說中古氏，但其所記有與公元前 400—300 年前後簡牘記載相吻合者，故亦不能否認這些古氏族在先秦即已廣播人口之事實。

《路史前紀》中句彊氏、譙明氏、涿光氏等，姑以邈焉難徵而置之不論。其《後紀》自太昊伏戲氏起，依次有女皇氏、共工氏、炎帝神農氏、黃帝有熊氏、帝鴻氏等，可與傳世文獻相印證。就《容成氏》《莊子》所記而言，《容成氏》以尊盧氏、赫胥氏在軒轅氏、神農氏之前；《莊子》以赫胥氏、尊盧氏在軒轅氏後，神農氏前。排列各有先後，殆亦所據傳說有異。由此亦可省悟，《路史》所載數十氏，並非皆先後相承，其中必有多個氏族在同一時期生息活動於中原大地，時代應在新石器中晚期，亦即在炎帝神農氏、黃帝軒轅氏之前，或在其同時或稍後。姑無論其時是母系社會抑父系社會，所可定者，此時中原大地，氏族林立，有大有小，或强或弱，時而聯合，時而戰爭。在物質遠不能滿足人類需求時代，聯合是暫時的妥協，戰爭則是永恒的手段，而戰爭的主力，非男性莫屬。經戰爭併吞、歃盟融合，較小的氏族逐漸聯成强大的部落、部族，最後結成部落聯盟。潘英對氏

---

① 羅泌著，羅苹注《路史》，四部備要本，第一冊，《前紀》一至九。
② 如倉帝氏，取於《倉頡廟碑》，見《路史前紀》卷六，第 1 頁。

族、部落、部族中血緣之純粹性與指稱，及其發展歷程有過描述。關於氏族、部落、部族之血緣與指稱，他説：

> 中國的社會由氏族時代邁進部落時代的時候，大概在傳説中五帝後期的堯舜時代。部落或部族是由一個或一個以上同血緣或不同血緣的氏族結合而成，相互間沒有必然的血緣世系關係。不過這時個人自我已經覺醒，個人已有專屬他自己的私"名"，但氏的意義却有了變化。氏不但用來表示氏族名，也用來代表部落（部族）名。在氏族裏，氏仍然表示血緣關係，仍是氏族成員的公"名"；在部落（部族）裏，氏則表示地緣關係，成爲部落（部族）成員的公"名"。稱某某氏，不但可指稱純血緣的氏族或其氏族長，也可指稱地緣的部落（部族）或其部落（部族）長。

潘氏未考慮《路史》中上古衆多氏族，也未見出土簡牘《容成氏》，故將部落、部族定在堯舜時代。筆者認爲，由氏族戰争進入到部落、部族是一個漸進的過程，它應該在新石器時代中晚期亦即《路史》所載、簡牘所示的這些氏族中就已發生，甚至更在其前。傳説中的神農氏、軒轅氏，傳至後來，派衍出各種小氏，雖説是派衍，也可能是合後再分的原本氏族。唐堯、虞舜時代已經是部落（部族）或部落聯盟時代，其所凝聚的是衆多的氏族，故其血緣不可能純粹。換言之，所謂陶唐氏、有虞氏，或稍前之伏羲氏、神農氏、軒轅氏，甚至更前的諸多未被記載的無名"氏"，其"氏"的意義早已泛化，再也不是狹小的血緣氏族。然歷史進程並非到此止步不前。潘英又進一步推論部落、部族之發展云：

> 等到夏部落同盟成立，氏的涵義再變，不但用來表示氏族、部落，也用來表示同盟，成爲政治標幟。稱某某氏，不但可表示純血緣的氏族或其氏族長，也可表示地緣的部落或

其部落長，還可表示政治組織的同盟或其同盟長。這由氏代
表的地緣及政治結合，在殷商城市國家同盟成立以後，逐漸
由邦或方替代。而表示純血緣的氏，在殷商城市國家體制
下，仍構成當時的社會單位；不過，殷邦內地的氏可能也稱
爲"族"，例如：王族、多子族、三族、五族等，但其原始共
同體的織組仍然未變。①

氏族進入到部落聯盟，再進入到國家城市，其自身的單位越顯渺
小，最終只能成爲國家社會的一個細胞。而擋不住的外婚制，使
得其血緣無法純粹。即使是偏指父系血緣，也隨時面臨瓦解、滲
透的危機。由此歷史進程可知，潘英所說純血緣氏族——即楊希
枚所謂姓族，即使存在過，也應在遙遠遙遠的過去，且爲時不會
長久，一旦融入到稍大氏族，其血緣就難保純粹。再經過不斷的
戰爭、融合——融合、戰爭，豈能保持遙遠遙遠的血緣成分？落
到實處而言，堯舜時代的大小氏族，豈能保存新石器晚期的同宗
母系血緣？豈能保存新石器時代晚期的大小氏族而不變？豈能保
存新石器時代中期的同宗母系血緣之純粹？

　　殷商由部落聯盟進入到國家階段，有文字，有禮制，族氏組
織結構完善。茲從傳世文獻與出土文獻合證之。《路史後紀》卷
一太昊伏戲氏下，謂其後裔因各種原因派衍出風氏、佩氏、用
氏、羲氏、希氏、戲氏、庖氏、炮氏、鮑氏、奧氏、顓奧氏、東
氏、東蒙氏、胸氏、須胸氏、任氏、姒氏、宿氏、罔氏、伏氏、
虙氏、宓氏、密氏、服氏，以及郝骨氏等；少典氏娶於有僑氏，
生神農氏炎帝，以姜水成而爲姜姓，其後裔因各種原因派衍出封
氏、鉅氏、巨氏、封父氏、富父氏、逢氏、釐氏、殳氏、延氏、
氏氏、齊氏、句氏、句龍氏、羌氏、羌戎氏、楊氏、符氏、氐羌

---

① 潘英《中國上古史新探》，下冊，第 472－473 頁。

氏、宇氏、申氏、申叔氏、申鮮氏、謝氏、射氏、宇文氏、大野
氏、呂氏、旅氏、呂相氏、甫氏、共氏、龔氏、丙氏、邴氏、艾
氏、隰氏、高氏、劇氏、棠氏、高堂氏、檀氏、灌檀氏、禚氏、
甗氏、崔氏、移氏、若氏、丁若氏、陸氏、大陸氏、井氏、百里
氏、西乞氏、白乙氏、佘氏、佘丘氏、蛇丘氏、閭丘氏、鉏丘
氏、籍丘氏、咸丘氏、梁丘氏、廪丘氏、蒲盧氏、盧蒲氏、汲
氏、盧氏、徯氏、柴氏、章氏、鄣氏、章仇氏、申章氏、赤章
氏、赤張氏、許氏、邪氏、叔氏、函氏、禮氏、容成氏、錫我
氏、買氏、止氏、焦氏、譙氏、岳氏、文氏、苴氏、苴人氏等。①
以上五花八門之氏，有同音近音，有不同偏旁，有單氏複氏，可
以看出族氏用字在歷史傳承中之複雜與變異，單氏複氏在不同地
域不同歷史時期的異稱。尤須說明者，諸多之氏非同時派衍，而
是歷經唐、虞、夏、商乃至西周先後而立，而尤以夏、商爲多。②
《史記·夏本紀》太史公曰：“禹爲姒姓，其後分封，用國爲姓，③
故有夏后氏、有扈氏、有男氏、斟尋氏、彤城氏、褒氏、費氏、
杞氏、繒氏、辛氏、冥氏、斟戈氏。”④ 可見夏朝確實是氏族
社會。

　　就出土文獻而言，甲骨卜辭、商周銘文中之有成百上千個族
氏，却是不争事實。卜辭有“王族”二十多條，“子族”八條，

---

① 羅泌《路史後記》卷一至卷四，四部備要本，第二冊。其他各種上古氏族所
　派衍之氏無數，大多可與《世本》所載、《春秋大事表·列國姓氏表》所列姓
　下派衍之氏相印證，文繁從略。
② 顧棟高《春秋大事表·列國姓氏表》下所列《左傳》中之氏，雖世代在春秋
　之世，而其所承繼的，很多是殷商以還的古族氏。中華書局，1993 年，第二
　冊，第 1151－1199 頁。
③ 梁玉繩云：“‘姓’當作‘氏’。”甚是，蓋《路史·國名紀四》引此即作“以
　國爲氏”。見《史記志疑》卷二，中華書局，1981 年，上冊，第 43 頁。
④ 《史記》卷二，中華書局，1959 年，第一冊，第 89 頁。

"多子族"十條，"三族"七條，"五族"四條。① 筆者曾考定殷民族之"多"，即周民族之"諸"，② 則所謂"多子族"即"諸子族"，亦即各個子族。"多子族"是虛指，"三族""五族"是實指，是集合稱謂。徵諸《左傳·定公四年》子魚所説殷民百工的六族、七族，可想見此類集合稱謂延續時間甚長，由此知殷商族氏分爲王族、子族與百工族氏幾個等級，而大部分王族、子族乃至百工之族下多應該有僕、民、臣、衆、人，以及奴、妾等，③ 儘管現今學者對其中衆人和庶人有不同認識，④ 但其在某一族氏下任職任事，也足以證明族氏上下人員血緣之不純。殷商之氏，方炫琛曾以"周代國君及其子孫普遍以國名配其名、字、行次爲稱，與後代人物冠氏爲稱之情形同，而周人又稱此國名爲國君姓

---

① 姚孝遂主編、肖丁副主編《殷墟甲骨刻辭類纂》，中華書局，1989年，中册，986-987頁。

② 虞萬里《由甲骨刻辭多字結構説到多諸之音義及其民族與時地》，《榆枋齋學術論集》，江蘇古籍出版社，2001年，第439-491頁。

③ 參見趙錫元《中國奴隸社會史述要》第四、第五章對這些屬衆的解釋，吉林文史出版社，1986年，第90-148頁。

④ 衆之身份，郭沫若、楊寬認爲是奴隸，于省吾謂是從事耕種和征戰的自由民。晁福林《補釋甲骨文"衆"字並論其社會身份的變化》分析"衆"之身份作用在殷商前期、中期、後期有變化，認爲"衆"還是屬於子姓氏族成員，所以一期卜辭記載，衆可參加王朝管理，中期轉向戍守和征伐，至末期之"衆"兩極分化。他進而考證"衆人"之"人"則屬於子姓部族以外的方國部落之人或戰俘，顯然與子姓血緣非同一族。《夏商西周史叢考》，商務印書館，2018年，第270頁。斯維至《論庶人》認爲金文中所見庶人，即甲骨卜辭之衆人——卜辭無庶人，衆與庶可能是商周之不同稱謂，無本質區別。而庶人之來源主要是被征服部族之人民，如周人克殷和東征勝利後稱殷遺爲"庶殷"，稱小邦國爲"庶邦"。見《中國古代社會文化論稿》，臺灣允晨文化實業股份有限公司，1997年，第109頁。按，甲骨文"庶"爲以火燒石而煮之意，爲煮之本字（于省吾説）。庶與衆古音皆章紐，疑與殷、周之多、諸爲同源詞，皆泛指一般衆庶。所謂"三后之姓，於今爲庶"，則是從貴族降爲平民，期間階層起落複雜，而語詞引申迅速，故很難追溯、確指。

氏之氏，則周代國君及其子孫有氏，國名即其氏”爲基點，徵諸
“唐堯”“唐叔虞”“虞舜”“虞思”“虞遂”“夏禹”“夏啓”“商
契”“商湯”“微仲”等文獻中唐虞世代的氏，更進而檢出甲骨卜
辭中“沚䧅”之各種稱謂形式，確定“沚”是氏。由同樣“某伯
某”詞例形式，確定卜辭“杞”“易”“宋”皆以國为氏。認爲：

> 卜辭中侯、伯之上所冠邦名，當是該侯、伯之氏。蓋彼
> 得以邦名冠所謂“爵”之上爲稱，即表示彼已使用該邦名爲
> 徽號。以徽號配所謂“爵”爲稱以區辨人物，與以徽號配私
> 名以區辨人物，其理相同。①

又云“殷代蓋有氏，或見氏名連言”，“或以氏配爵配名”，“或以
氏配爵爲稱”，“或僅以氏爲稱”。② 可知氏確實是殷商慣用之名。
宋鎮豪統計卜辭與銘文“子某”“某子”的實例，甲骨金文中稱
“子某”者有 156 名，稱“某子”者有 29 名，卜辭稱王族或子族
很少帶“族”字，而以“子”加族名，稱“子某”或“某子”。
王族與子族多集合稱謂，故數量僅五六十條，遠不如“子某”
“某子”多。《合集》05622：“丁未卜，𠂔鼎（貞）：令章以𡆥族尹
𠂔𡆥友。五月。”《屯》1233“族尹”，③ 蓋或指一族之長。殷商王
族與子族多有其領地，故卜辭中人地同名者有 90 例，約占總數
185 名的 49％。所謂人地同名，是地名出現場合，或爲卜受年之
地，或爲登人征集人役之地，或爲王田于、步于、往于、在于之
地。宋鎮豪云：“子名與地名的同一，有其內在的自然屬性和社
會屬性……這批子已成家立業，以其受封的各自土地相命名，由

① 方炫琛《周代姓氏二分及其起源試探》第二章，臺灣學海出版社，1988 年，
　　第 87 頁。
② 方炫琛《周代姓氏二分及其起源試探》第二章，第 91 頁。
③ 姚孝遂主編、肖丁副主編《殷墟甲骨刻辭類纂》，中華書局，1989 年，中冊，
　　第 987 頁上。

此構成分宗立族的家族標志。"① 其中子韋、子畫、子左、子行、子刀、子何等都有相應的銅器如子韋爵、子畫爵、子左爵、子行爵、子刀爵、子何爵，顯示出其族氏之經濟實力。特別是子畫，卜辭有 80 多條，有參與王室之祭祀，有被王室祭祀，② 可想見其族之勢力。人地同名之子某，不僅是 "受有一塊土地爲其生存之本"，而且還有這塊土地上原生民作爲其臣民。因爲卜辭有子戈，還有戈人；有子白，還有白人；有子正，還有正人；有子汏，還有汏人；有子亞，還有亞人。另有子屵，還有屵衆；有子行，還有行衆；有子禽，還有禽衆；等等。人與衆，當是受封地的原生地民衆。③ 無論衆多的子族是因商王分宗立族和世功官邑而受土，還是商王之外本來就是獨立的族氏，都可表明：一，殷商族氏林立，有氏而無姓；二，王族、子族分封或本來獨立的族氏，都有上層與下層之分，其族氏與遠古原始的血緣氏族已完全不同。此類族氏在内部要想保存王族、子族上層血緣的純粹性或許還有可能，其下層衆人是否需要保存能否保存都是問題，而作爲整個族氏混雜不同的血緣已是無法否認的事實。

　　殷商卜辭有大量王族、子族或族氏（包括單氏和複氏）名稱，④

---

① 宋鎮豪《夏商社會生活史》，中國社會科學出版社，1994 年，第 186 - 187 頁。按，先於宋鎮豪而對甲骨文人地同名予以關注者是饒宗頤，饒氏在《甲骨文通檢》第四册前言中已經有舉例。饒宗頤《論殷代之職官、爵、姓》，陳致、王珏編《中國文化書院八秩導師文集·饒宗頤卷》，第 275 頁。1957 年張秉權撰《甲骨文所見人地同名考》，進一步揭示與深化了這個問題。《慶祝李濟先生七十歲論文集》（下册），清華學報社，1967 年，第 774 頁。但宋鎮豪之統計與研究似有自己的進路。

② 參見韓江蘇、江林昌《殷本紀訂補與商史人物徵》，中國社會科學出版社，2010 年，第 339 - 346 頁。

③ 趙錫元曾總結學界對殷商 "衆" 和 "衆人" 的幾種説法，有奴隸、自由民、平民等等。《中國奴隸社會史述要》，第 136 - 137 頁。

④ 具體參見朱鳳瀚《商周家族形態研究》一書所述。

却無作爲血緣符號概念的"姓"字；商周青銅器中有九百零九個單一氏族符號（文字），五百三十七個復合氏族符號（文字），其中尤以殷商爲多，[1] 此與《史記·殷本紀》"契爲子姓，其後分封，以國爲姓，有殷氏、來氏、宋氏、空桐氏、稚氏、北殷氏、目夷氏"記載也相吻合。所以徐中舒認爲："殷代是徹頭徹尾的氏族組織，而周代則已是氏族組織解體後進入家族制的社會了。"[2]

（三）　姓氏數量與時代論衡

文獻所載三四十個古姓，相對於成百上千個古氏而言，[3] 實在少得不成比例。姓若産生在氏前，亦即如某些學者所説相伴母系社會而生，則其年代之悠久遠過於氏，以常理推之，其數量亦應遠多於氏，且時代越遠，越應多稱姓而少見氏。然歷史事實所呈現之反比現象，不得不使人産生諸多疑問：何以在漫長的傳説時代所遺留在文獻中的都是某某氏、某某氏而絶無某某姓？何以在大量甲骨卜辭、晚商西周前期之銅器銘文中有成百上千個族氏氏名，而找不到一個"姓"字？何以後世成爲姓的字甲骨文和早期金文多不從"女"？是否此類後世之"姓"在殷商卜辭時代仍

---

① 具體參見何景成《商周青銅器族氏銘文研究》一書附錄，齊魯書社，2009 年。按，根據王長豐統計，截至 2012 年，在一萬六千多件銘文中，有八千件有族徽，其中不同形式的族徽有 2 168 種。他以族徽龍頭字繫聯，分爲 370 多個類別，細化爲 604 個族徽字群。此較何書統計得更細，見王長豐《殷周金文族徽研究》，上海古籍出版社，2015 年，上册，第 76 頁。筆者認爲，何氏歸納的複合氏族符號和王氏所歸納的族徽類別數，可以證明當時族氏至少有數百個之多（大多爲殷商族氏），這是與殷商社會結構相吻合的。

② 徐中舒《論殷代社會的氏族組織》，《徐中舒歷史論文選》，中華書局，1998 年，下册，第 812 頁。

③ 漢王符《潛夫論·志氏姓》所載及約有五百個氏，此僅列舉而已。《世本》雖佚，清人輯其姓氏，已逾上千條。

然是"氏"？

既然"姓"早於"氏"，則"姓"在前，"氏"在後，稱"姓氏"是事理之常。然普查文獻，"姓氏"一詞至南北朝之後始多見，較早之漢或先秦文獻竟多作"氏姓"。如：

《國語・周語下》："故亡其氏姓，踣斃不振。"①

《國語・楚語下》："上下之神，氏姓之出，而心率舊典者爲之宗。"②

《左傳・昭公二十九年》："故有五行之官，是謂五官，實列受氏姓，封爲上公。"③

《穀梁傳・莊公元年》："不言氏姓，貶之也。"④

《穀梁傳・僖公八年》："言夫人必以其氏姓，言夫人而不以氏姓，非夫人也，立妾之辭也。"⑤

《儀禮・士虞禮》"明日以其班祔"鄭玄注："古文班或爲辨，辨氏姓，或然。"⑥

爲什麼先秦經史典籍多作"氏姓"而不作"姓氏"？再徵諸姓氏書，東漢末應劭《風俗通義》有"姓氏篇"，已佚。張澍輯本題作"風俗通姓氏篇"，而裴駰《史記・秦本紀集解》《孟子荀卿列傳集解》引作"氏姓注"，《周本紀集解》引作"氏姓譜"，《老莊申韓列傳集解》引作"風俗通氏姓注"，可見距應劭年代最近之裴駰所見《風俗通》原作"氏姓"。稍前王符《潛夫論》有《志氏姓》一篇，專論姓與氏，亦不作"志姓氏"。戰國時《世本》

---

① 《國語》卷三，上海古籍出版社，1978年，上冊，第107頁。

② 《國語》卷十八，下冊，第560頁。按，四庫全書本作"上下之神祇，氏姓之所出，而心率舊典者爲之宗"，文字小異，意思全同。

③ 楊伯峻《春秋左傳注》，中華書局，1996年，第四冊，第1502頁。

④ 鍾文烝《春秋穀梁經傳補注》卷五，中華書局，1996年，第135頁。

⑤ 鍾文烝《春秋穀梁經傳補注》卷十，第178頁。

⑥ 賈公彥《儀禮注疏》卷四三，北京大學出版社，2000年，第961頁上。

有《氏姓》一篇，譜寫上古至春秋姓氏，文已散佚，清人多有輯本，皆題作"氏姓篇"。① 其所據是《左傳·隱公十一年》"寡人若朝于薛，不敢與諸任齒"孔疏："《世本·氏姓篇》云：'任姓，謝、章、薛、舒、呂、祝、終、泉、畢、過。'言此十國皆任姓也。"蓋孔穎達尚見《世本·氏姓篇》也。謂《世本》載姓氏亦作"氏姓"，猶須澄清其記載形式。清代注家輯録《氏姓篇》，多條繫排列，唯秦嘉謨據《史記·五帝本紀》裴駰《集解》引鄭玄《駁五經異義》説，謂《世本·氏姓篇》"言姓則在上，言氏則在下"，② 遂乃列上下兩欄，上欄列姓，下欄列氏。③ 鄭玄對《氏姓篇》此種排列之解釋是："姓者，所以統繫百世，使不別也。氏者所以別子孫之所出。"依鄭説，似姓先而氏後，然細讀鄭此條駁議，是針對"天子建德，因生以賜姓，胙之土而命之氏"而發，乃是循衆仲述説周禮先姓後氏前提下之詮釋。與之相反，據先秦兩漢古書體式，多小題在上，大題在下，故知戰國之世，猶知氏早於姓，姓爲特殊歷史產物，故以姓上氏下劃分。元史伯旋云："蓋姓不可考，故但虛其姓於氏之上，而實其氏於下。"④ 殆得其實。⑤ 文獻與姓氏書不作"姓氏"而皆作"氏姓"，以氏在

---

① 參見《世本八種》中之孫馮翼輯本，第 12 頁。陳其榮增訂本，第 9 頁。秦嘉謨輯本，第 177 頁。張澍稡集補注本，第 45 頁。雷學淇輯本，第 45 頁。茆泮林輯本，第 57 頁。中華書局，2008 年。

② 《史記·五帝本紀》，中華書局，1959 年，第 46 頁。按，《史記·高祖本紀》司馬貞《索隱》及《一切經音義·妙法蓮華經》亦引之，可見確係《世本·氏姓篇》之體式。

③ 秦嘉謨《世本輯補本》，《世本八種》，中華書局，2008 年，第 177 頁。

④ 顧棟高《春秋大事表·列國姓氏表叙》引，中華書局，1993 年，第二冊，第 1149 頁。

⑤ 劉節針對《世本》姓上氏下格式曾説："這大概是一種表格式，這種方法如能保留下來，在氏姓學上必定有很多可寶貴的資料。"但未曾深入分析。《中國古代宗族移殖史論》，第 142 頁。

前，與傳說新石器時代中晚期以來之容成氏、大庭氏、柏皇氏、中央氏等相應，是先秦兩漢之人猶知氏在姓前也。

再從人類生理上言之，人之所以成人，是由父精母血孕育化成，且由母親十月懷胎而生，故血緣、血統容易與母系相聯繫。西周以後之“姓”又從“女”，於是“姓”與“血緣”似乎與“母系”結成天然聯盟，不僅不可分割，且亦百世不變。而氏却一直以經濟、軍事實力爲主，所以貌似不以血緣爲重。

姓之血緣標識雖百世而不變，然其却呈隱性，因爲無人會在額頭貼上某某血緣的標籤。唯其呈隱性，故五世、七世、十世之後，除顯赫之姓族會被傳承外，一般多難尋其血緣標識。尤其在上古，先民爲生存導致頻繁戰爭，因戰爭頻繁而流離失所，形成鰥寡孤獨，一旦老小失養，必隨寓依附，以求一食而苟延殘喘，何以能夠銘記並再傳自己的血緣？即使長勝的古老姓族血緣，也會因世遞時移而逐漸模糊甚或消失，而新的氏族中之血緣關係亦在隨時形成並傳承。即使新的血緣關係形成，却改變不了其呈隱性的性質。氏最初也有一定的血緣關係，由於其主要是以政治、經濟、軍事爲核心，必須聯合其他有利於壯大氏族的力量，故整體的血緣就會不純粹。氏之政治、經濟、軍事等強弱乃至整個氏族雖可不斷變更，然其却呈顯性，唯其呈顯性，雖戰爭頻仍，爭奪不斷，生生世世迭經興衰變更，除中小型之氏族會因經濟、軍事之屠弱而消亡無痕外，著名顯赫之氏族一般總有踪迹可以辨識。認識姓與氏此種特性，有助於理解上博簡《容成氏》和《莊子》《乾坤鑿度》《金樓子·興王篇》《氏族略》《路史》等書所述三代以前之氏族部落先後興替以及個別血緣之姓的傳承，亦即姓與氏之興替與相互間之關係。

古姓之稀有而難徵，與古氏之量多而可信，適形成鮮明之對照。經與商周古文字校覈，更證古姓並不一定與女性相聯繫，而像古氏一樣，得之於人名、地名、居邑名、族名、職官名等。緣此，即使不云姓幻而氏真，至少可證明姓隱而氏顯之特徵，從而使筆者思考並質疑：實際存在却隱而不彰之姓在傳説時代到夏商之際是否真實地與氏二分對立，是否確實像西周、春秋時期所記的那麼重要而普遍？

四、 賜姓命氏之時代性

賜姓命氏是姓氏研究中最爲複雜之問題。首先因爲它並未被《周禮》《禮記》之類文獻所記録，僅存《左傳》衆仲的一番叙述；其次因爲婦人稱姓，見之於銅器銘文和《左傳》《國語》等文獻，孔子與七十子後學又遞相述説，使人理所當然地認爲姓與婦人緊密聯繫；再次，賜姓命氏實例之時代多邈焉難徵，信與不信，各從其所理解，遂至言人人殊。要澄清此一制度，須嚴格從時代性入手考證，方能理出頭緒。

（一） 婦人稱姓之時代

自鄭樵云"三代之前，姓氏分而爲二，男子稱氏，婦人稱姓"以來，因其與西周、春秋文獻相吻，故廣爲人所接受並傳播。顧炎武即曾沿襲鄭説謂"女子稱姓……姓千萬年而不變"，並進而云："考之於《傳》二百五十五年之間，有男子而稱姓者乎？無有也，女子則稱姓。"① 此後二三百年直至章太炎皆視爲不二之律。② 驗之《春秋三傳》及《國語》，固少例外。如方炫琛歸納《左傳》婦人稱謂四十二例，除簡單無須稱姓的"夫人氏"

① 顧炎武《原姓》，《亭林文集》卷一，《四部叢刊》本，第五葉。
② 章太炎著、徐復詳注《訄書詳注》，上海古籍出版社，2000年，第252頁。

"穆后""君夫人"等十二例外,其他三十例均是綴母家姓於後之稱謂,茲簡括後迻録於下:

1. "大"配母家姓:大姒、大姬;

2. "子"配行次配母家姓:子叔姬;

3. 己謚配母家姓:敬嬴、齊媯、厲媯;

4. 己謚配行次配母家姓:穆孟姬、聲孟子;

5. "夫人"配"王"配母家姓:夫人王姬;

6. "夫人"配母家姓配"氏":夫人姜氏;

7. 夫家氏配夫謚配母家姓:趙莊姬;

8. 夫家氏配母家姓:夏姬、趙姬、欒祁;

9. 夫家氏配行次配母家姓:孔伯姬、蕩伯姬;

10. 夫家國配己謚配母家姓:宋景曹;

11. 夫家國配夫謚配母家姓:宋共姬、秦穆姬;

12. 夫家國配母家姓:江芊、息媯;

13. 夫家國配行次配母家姓:宋伯姬、杞伯姬、紀伯姬;

14. 夫謚配母家姓:武姜、穆姬、懷嬴;

15. "少"配母家姓:少姜;

16. "王"配母家姓:王姚、王姬;

17. 母家氏配己謚配母家姓:顔懿姬、鬷聲姬;

18. 母家氏配母家姓:國姜、東郭姜、雍姞;

19. 母家氏配行次配母家姓:狐季姬;

20. 母家姓:姬、姜、祁;

21. 母家姓配"氏":姜氏、姬氏、媯氏;

22. 母家國配己謚配母家姓:衛共姬;

23. 母家國配母家氏配母家姓:宋華子;大戎狐姬;

24. 母家國配母家姓:徐嬴、齊姜、鄭姬;

25. 母家國配行次配母家姓:紀季姜;

26. 行次配母家姓：伯姬、季隗；

27. 行次配母家姓配名或字：季芈畀我；

28. "君"配母家姓配"氏"：君姬氏；

29. "長""少"配母家國配母家姓：長衛姬、少衛姬；

30. 號配母家姓：出姜、哀姜。①

方氏綜括《左傳》稱謂，其時限自在春秋範圍内。張淑一增加《國語》，製成《春秋經傳女名列表》，列126個女名，絶大部分都是綴姓於後爲稱。② 由此上溯，可知西周女子稱謂基本如此。然此僅能對應春秋、西周時代之女子稱謂規律，此三千年不變之規律，是否可據以推至四千年、五千年乃至一萬年？王國維曾綜論過女子稱姓之時代性：

> 男女之別，周亦較前代爲嚴。男子稱氏，女子稱姓，此周之通制也。上古女無稱姓者。有之，惟一姜嫄。姜嫄者，周之妣，而其名出於周人之口者也。傳言黄帝之子爲十二姓，祝融之後爲八姓，又言虞爲姚姓，夏爲姒姓，商爲子姓。凡此紀録，皆出周世。據殷人文字，則帝王之妣與母皆以日名，與先王同；諸侯以下之妣亦然。傳世商人彝器多有妣甲、妣乙諸文。雖不敢謂殷以前無女姓之制，然女子不以姓稱，固事實也。《晉語》殷辛伐有蘇氏，有蘇氏以妲己女焉。案蘇國，己姓，其女稱妲己，似已爲女子之稱姓之始，然恐亦周人追名之。而周則大姜、大任、大姒、邑姜，皆以姓著。自是訖於春秋之末，無不稱姓之女子。《大傳》曰："四世而緦，服之窮也；五世袒免，殺同姓也；六世親屬竭矣；其庶姓別于上而戚單于下，婚姻可以通乎？"又曰："繫

---

① 方炫琛《左傳人物名號研究》第二章第二節《女子名號條例》，第88-89頁。

② 張淑一《先秦姓氏制度考索》，第153-160頁。

　　之以姓而弗別，綴之以食而弗殊，雖百世而婚姻不通者，周
　　道然也。"然則商人六世以後或可通婚，而同姓不婚之制實
　　自周始。女子稱姓，亦自周人始矣。①

王國維著文之時，甲骨卜辭搜集、公布有限，妣母多帶日名，尚
未見大量諸婦稱謂。其所謂女子稱姓自周人始之説，殆比較少量
卜辭而得。殷商女子稱姓稱氏情況如何？猶當討論。

　　郭沫若研究骨臼刻辭，刻辭有"帚某"，其先辨證"帚"非
羅振玉所釋之"歸"，應是"婦"字，進而提出"帚某乃殷王之
妃嬪、世婦之屬，……婦不稱甲乙，僅著其姓字"。②此所謂"姓
字"是"姓"與"字"，還是"姓"抑或"字"，未見闡説。至胡
厚宣深入分析商王妻妾，針對王説而提出"殷代女子婦某之類，
皆其名，亦即姓也"。③名與姓不同，則"名亦即姓"之説亦含混
不清。此一既是姓又是名的舉棋不定觀點，一直延續在學人思想
和著述中，④反映出"婦某"之"某"的不確定性。陳夢家受王
國維"某母"爲女字説影響，⑤並引帚姬可母（蔡大師鼎）、孟嬀妦

---

① 王國維《殷周制度論》，《觀堂集林》卷十，上海古籍書店，1983 年影印本，
　　第二册，第十二葉。
② 郭沫若《骨臼刻辭之一考察》，《殷契餘論》，《郭沫若全集·考古編》（一），
　　科學出版社，1982 年，第 430 頁。
③ 胡厚宣《殷代婚姻家庭宗法生育制度考》，《甲骨學商史論叢初集》，河北教育
　　出版社，2002 年，第 133 頁。
④ 直至 1985 年鍾柏生撰《帚妌卜辭及其相關問題的探討》，因爲考察到"婦某"
　　之"某"有與方國地名、人名、爵名相應之例，無法分清姓與氏之時界限，
　　故仍持這種觀點，謂"筆者在没有找到確定證據之前，亦如同于氏（引按，
　　指于省吾）一樣，不敢肯定婦下一字都是代表'姓'"。臺灣"中研院"《歷
　　史語言研究所集刊》第 56 本第 1 分，第 116 - 117 頁。
⑤ 王國維《女字説》謂周代金文中凡母室爲其女作媵器稱其女，或女子自作器、
　　爲他人作器而自稱，其"某母"之"某"皆是字。女子稱"某母"猶男子稱
　　"某父"。《觀堂集林》卷三，《王國維全集》第八卷，浙江教育出版社、廣東
　　教育出版社，2009 年，第 98 頁。

母（陳伯元匜）、中姞義母（中姞匜）、季姬牙（魯大宰原父簋）、叔姬霝（叔姬簠）等爲證，謂卜辭"龍母""娵冥""皁母"等是私名。他又舉出卜辭有帚好、帚姘、帚妊與金文好姓、姜姓、妊姓可對應，似可認爲是姓，但"卜辭中有 60 個以上的'帚某'，與姓相合的很少。若是帚某是姓，婦好乃是子姓，便是殷的同姓"。所以他最後"還以爲帚下一字是名不是姓"。① 李學勤曾先確定"帚"是"子婦"，他不同意陳夢家所持"帚"后一字爲名字，而"主張是女氏"。其理由是，婦姘、婦娘之類，卜辭有省去女旁作井、良者，更有加人旁者。所以，"卜辭中的'婦某'和《左傳》的婦姜同例，第二個字是她的族氏（女姓）"。② 三十年后，李氏觀點有所改變，認爲若指定爲姓，有三點不易解釋：一、如果是姓，卜辭近百例婦名應當有不少重複；二、如果是姓，應該有一部分與文獻所見女姓相合；三、如果是姓，且各王世都有，應該在各時期卜辭中反復出現。而現有的近百例"帚某"都無法滿足以上三點，所以改變看法，認爲這些"都是女子的名"。③ 差不多與李氏後文相先後，趙誠對卜辭中諸婦進行探索，也提出"婦某之某是這些人的私名，因其爲女性，所以加女旁"；④ 陳建敏以爲"婦名是以國族名之本，再加些女性符號"。⑤

　　以上諸家所論，多名和字不分，姓和氏亦混同。審辨而言，郭、胡之所以提出與"姓"有關想法，殆出於《左傳》女子綴姓稱謂之傳統思維。然據統計，卜辭"帚某"有近一百二

---

① 陳夢家《殷墟卜辭綜述》，科學出版社，1956 年，第 491–493 頁。

② 李學勤《論殷代親族制度》，《文史哲》，1957 年第 11 期，第 34 頁。

③ 李學勤《考古發現與古代姓氏制度》，《考古》1987 年第 3 期，第 254–255 頁。

④ 趙誠《諸婦探索》，《古文字研究》第十二輯，中華書局，1986 年，第 100–105 頁。

⑤ 陳建敏《卜辭諸婦的身份及其相關問題》，《史林》1986 年第 2 期。

十例，① 而先秦可考之古姓不過三四十個，雖說“帚某”並非都是顯赫之氏族，而爲周人記載之姓多係著姓，不必互相一一對應，然畢竟數量相差懸殊。趙林從卜辭字形、文例、稱謂等方面細緻地研究卜辭女子稱謂，更比較周代稱姓女名，指出：

> 商人男女之名並無姓氏之分，商人人地同名，男女尚可用同一地名作人名的一部分，呈現男女同名現象，而女性使用此一地名表示自己私名之時，可以將該地名女化，即加一女字在地名字旁以與男性區隔，而這些被女化的字看來像古姓，因爲許多古姓亦具女化字的特色。②

他將前賢所關注而眾說紛紜的“帚某”之“某”分爲三類，一表此婦家世背景，二爲此婦私名，三是此婦生稱日名。③ 一與二之區別在於，表家世背景之字多與地名相同，有示其出生來源作用；表私名之字無與地名相對應者。他認爲表家世背景之“帚某”與周代女子稱姓形式一致，但卜辭無“姓”，故此類字但表其“氏”。陳絜也全面統計卜辭“帚某”詞例，認爲：“他們都是以所自出之國名或族氏之名號（也即父族之名號）爲稱的，此類族氏名號儘管與兩周時期‘姓、氏二分’體系下的‘姓’有著本質的區別，但所起的作用或有相通之處。”④ 嚴志斌統計商代銅器銘文資料，發現“婦某”或“某婦”共四十三個，其所涉及之冬、鳥、聿、未、姑、竹、羊等字形符號在其他銘文中不止一

---

① 陳絜《商周姓氏制度研究》第一章附表一《卜辭婦名表》列九十四例（第 112 - 114 頁），宋鎮豪《夏商社會生活史》第三章《婚姻》表列“某婦”與“婦某”共一百五十五例，其中“某婦”二十八例，“A 婦”與“婦 A”同者有八例，單“婦某”者有一百十九例。（中國社會科學出版社，1994 年，第 148 - 152 頁。）搜集與統計標準略有不同。

② 趙林《殷契釋親》，上海古籍出版社，2011 年，第 335 頁。

③ 趙林《殷契釋親》，第 339 頁。

④ 陳絜《商周姓氏制度研究》，第 111 頁。

見，且與甲骨卜辭中人名、地名、國名等多相合，皆銅器銘文常見氏族名，故其認爲商代青銅器明文中“婦某”與“某婦”之“某”性質與卜辭相同，也是族氏名。[1]　筆者更從陳絜所製《卜辭所見婦名、男子名或地名、族名、國名重合事例表》中看出，卜辭男女共用同一字三十七例，男、女和地、族、國共用一字三例，男、女、地、族共用一字五例，男、女、地共用一字八例，女子和地、方國共用一字三例，女子和方國共用一字五例，女子和地共用一字三例，[2]　趙、陳兩位從男、女同名去認識卜辭“帚某”之“某”爲族氏之“氏”號，嚴氏歸納殷商銅器銘文意見與之相同，[3]　然若更進一步作全方位思考，既然有女、男、地、族、國共用一字之現象，就可以推測，所有僅男、女同名，男、女、地同名，男、女、地、族同名，女、地、國同名，女、國同名，女、地同名之例，只是其他幾項要素在歷史記録時不需要，或已記録而卜辭散失而已，它其實表明一個更重要的信息，即殷商成百上千個族氏，其族氏名稱部分或相當一部分皆以地（國）爲名，其中某些成爲方國的龐大族氏或許以國爲名，形成族、地、國三位一“名”。此種命名法與上古諸多氏族名號一脈相承。更爲重要者，是所有本族氏或方國無論男、女，若與異族異國人交往時相互稱謂，多冠以本族氏之名號，亦即無論男女，一律稱“氏”，此與銅器銘文、《左傳》《國語》等先秦典籍中所載兩周男子稱氏一脈相承而無所差異。卜辭“帚某”之所以有“某”字加“女”旁者，如好、姤、妣、妌、娘、婷、

---

①　嚴志斌《商代青銅器銘文研究》，上海古籍出版社，2017年，第245頁。

②　具體數據參見陳絜《商周姓氏制度研究》第一章附表二《卜辭所見婦名、男子名或地名、族名、國名重合事例表》，第115-116頁。

③　嚴志斌在43個婦名表中所列婦某之“某”與出現之族氏符號不同者，可考慮從婚姻角度予以解釋。見《商代青銅器銘文研究》第241-242頁表格。

妹、妗、姃、姓、妸、媡、姃、妊、嬻、姝等，當屬表明是該族氏之女子，故在族氏名號上加標"女"旁，以與男子相別。"女"旁本屬可加可不加，由此產生有"女"無"女"之各種異文。

卜辭帚某之名有一百多例，其字各不相同，它只是成百上千族氏反映在卜辭中的一小部分。降及西周，姓氏二分，且有同姓不婚之律，女子必須繫姓以示所出，故所繫之姓大多加"女"旁。經統計，《春秋》《左傳》《國語》共出現氏族六百七十餘個，而繫姓之女子有一百二十六個，基本不相重複。① 其繫姓女子所涉之古姓有：子、姜、姬、嫣、曼、妘、姚、任、風、嬴、羋、隗、祁、己、姒、歸、曹、妵等十八姓，② 此十八姓全部在前文考證黃帝十二姓、祝融八姓、三恪二王等姓之範圍內，質言之，即周代繫姓女子所繫之姓，皆係周初賜姓命氏之古代著名氏族、部落和方國。且此十八古姓與卜辭婦名僅婦好之"子"與婦妊之"妊"二字重複：子係殷商國氏，武王封賜爲子姓；《左傳·莊公三十二年》之"孟任"是黃帝十二姓之"任"抑是太皞風姓之"任"，頗難考證。③ 周代女子所繫之姓不與卜辭女子所繫之氏相

---

① 個別如祁、荀等氏皆春秋以地爲氏，與古姓無關。

② 具體數據見張淑一《春秋經傳女名列表》，《先秦姓氏制度考索》附録一，第162-230頁。

③ 《左傳》之"孟任"，《史記·魯世家》作"孟女"，杜注以爲"黨氏之女"，並引賈逵說云"魯大夫，任姓"。司馬貞索隱以爲"孟，長；任，字也，非姓"。劉文淇贊同賈說。梁玉繩《志疑》謂《襄公二十九年》有黨叔，殆其後，故責小司馬爲誤。參見劉文淇《春秋左氏傳舊注疏證》，科學出版社，1959年，第216頁。春秋時任國，陳槃以爲即仍、有仍，古仍國。據《左傳·僖公二十一年》"任、宿、須句、顓臾，風姓也，實司太皞與有濟之祀"，是則風姓國。地處今山東濟寧縣，在戰國時屬齊。齊魯相近，不無可能，志此備考。參見陳槃《春秋大事表列國爵姓及存滅表譔異》，上海古籍出版社，2009年，上冊，第596頁，中冊，第1254頁。

重，證明二點：一、周代諸侯、卿大夫所娶多係周初獲賜姓命氏之"名門望族"，此與其以同姓不婚爲大法而行政治聯姻鞏固政權爲目的之策略相吻。二、卜辭帚某所綴之"某"的族氏，到周代已經或被消滅，或自行消亡，或淪爲奴隸貧民，或被驅遣之族氏，不可能嫁給姬姓諸侯大夫而出現在典籍中。所以，殷商女子稱氏，姬周女子稱姓，只是歸納商周歷史文獻的客觀情況。就其本質而言，殷商之"氏"與姬周之"姓"性質相同，都是女子出生的氏族、方國之名，殷商無"姓"，故以"氏"稱；姬周姓氏二分，男稱氏，女稱姓，故以"姓"稱，而此"姓"就性質而言即是"氏"，只是此"氏"是經過周初武王、周公、成王先後封賜的名門望族之"氏"，易名爲"姓"，身份地位高於一般氏族之"氏"號。

（二）　賜姓命氏之時代

先秦文獻中有關賜姓命氏資料有二類，一是賜姓命氏法則，一是賜姓實例。賜姓法則見於《左傳》，隱公八年（前 715），無駭卒，羽父請諡與族。公問族於衆仲，衆仲對曰：

> 天子建德，因生以賜姓，胙之土而命之氏，諸侯以字爲諡，因以爲族。官有世功，則有官族，邑亦如之。[①]

衆仲所言是一則春秋時代賜姓命氏的公認法則。韋昭注《國語·周語》"司商協民姓"云："司商，掌賜族受姓之官。"[②] 若韋注有所本，則周代有此官必有此禮制，其職能即賜某族以姓。關於"因生以賜姓"之涵義，傳統解釋有"因其感生形態"而賜姓和

---

① 孔穎達《春秋左傳注疏》卷四，北京大學出版社，2000 年，第一册，第 129 頁。
② 《國語》卷一，上海古籍出版社，1978 年，上册，第 24 頁。

“因其所生地域”而賜姓。① 近世于鬯有所謂“性德説”，即將“姓”解爲“性”以表性德，以同德即同姓，異德則異姓作解。② 楊希枚因在《姓字古義析證》中論證“姓”字在先秦只作“子或子嗣”“族或族屬”和“民或屬民”諸義，遂將賜姓之“姓”解爲“族屬或人民”，③ 此説一直未得到學界認同。辛立則將“因”解爲“姻”，“生”解爲“發生”，謂發生婚姻關係並賜給天子同姓的女子，④ 純屬離奇之想。現在大多數學者均將“賜姓”之“姓”解爲姓、族名或姓族。馬雍曰：“然則所謂‘賜姓’似指周朝天子對其所分封之異姓諸侯原有的‘姓’重加賜命。因爲‘姓’是貴族的標志，加以賜命即表示政治上予以承認。”⑤ 張淑一承馬説而認爲：“所謂‘因生以賜姓’，可能就是因被賜貴族的所出生之族。”⑥ 此族實即族名。雁俠則以爲“周初賜姓是使受賜者沿用各處祖先姓族名”。⑦ 陳絜雖亦認爲“‘賜姓’之‘姓’，就是‘族名’的意思”，但又云：“具體而言，它是指兩周文獻中及金文材料中常見的諸如‘姬’‘姜’‘子’‘任’之類的古姓之共名，並不是一個泛指的概念。而所謂‘賜姓’，就是賜予某一血緣團體（或擬血緣團體）一個具體的諸如‘姬’‘姜’‘子’‘任’

---

① 前者如王充《論衡·詰術》所云：“古者因生以賜姓，因其所生賜之姓也。若夏吞薏苡而生，則姓苡氏；商吞燕子而生，則姓爲子氏；周履大人跡則姬氏。”後者如杜預注云：“因其所由生以賜姓，謂若舜由媯汭，故陳爲媯姓。”後鄭樵亦云：“姜之得賜，居於姜水故也。”
② 于鬯《香草校書》卷三七，中華書局，1984 年，下册，第 746 頁。
③ 參見楊希枚《〈左傳〉“因生以賜姓”解與“無駭卒”故事的分析》，《先秦文化史論集》，第 74－105 頁。
④ 辛立《周代的“賜姓”制度》，《文博》1988 年第 5 期。
⑤ 馬雍《中國姓氏制度的沿革》，《中國文化研究集刊》第二輯，復旦大學出版社，1985 年，第 166 頁。
⑥ 張淑一《先秦姓氏制度研究》，第 32 頁。
⑦ 雁俠《中國早期姓氏制度研究》，第 154 頁。

之類的族群名號。"① 馬用"姓"而不作解釋，張則指爲"族名"，雁俠含混地説是"姓族"，陳氏釋爲"族名"却又將之限於"姬""姜"之類的古姓。説"姓"是姓族、族名、古姓而不解作"氏"，似是因爲《左傳》後文有"命之氏"，不可重複。但也有以新舊"氏""氏族"來區分者，駱光華云："'天子建德，因生以賜姓'，表明由於人口增殖、裂變、別封的新的氏族，因爲生於那個氏族，便賦予其原先祖先的稱號（即姓），保留下來作其族號，新形成的許多支系均稱爲氏。"② 稱"氏""氏族"但又攪和著"姓"。

　　姓氏專家對"賜姓"之推測多是得其一隅而最終未達一間，推究其之所以如此含混與猶疑，主要是抱定姓自古即有、姓早於氏這樣的信念而無法釋懷，對商周氏與姓之性質、界限及商周賜姓命氏制度異同之認識不够清晰，甚至視而不見。關於商周氏與姓問題，前文已有叙述，即殷商卜辭有大量族與氏却無姓或姓族，周代有姓有氏有族，其異同必須先予辨明。

　　先言殷商之族與氏，卜辭有王族、子族、多子族、三族、五族、左族、右族等，更有諸多"氏"字，其社會組織由族、氏爲主要結構已爲學界所公認。筆者分析何景成所列商周青銅器中一千多例族氏銘文符號，③ 發現大多爲殷墟一二三四期，即晚商和西周初年之物，可以想見殷商數以千計甚至萬計的族、氏，此消彼長，綿延相續，一直到西周初期甚至西周中晚期還存在。藉此可以佐助對《左傳·定公四年》子魚所説族、氏之理解：

　　　　昔武王克商，成王定之，選建明德，以蕃屏周。故周公

---

① 陳絜《商周姓氏制度研究》，第 241 頁。
② 駱光華《先秦姓氏制度初探》，《中國古代史論叢》第八輯，福建人民出版社，1983 年，第 208 頁。
③ 何景成《商周青銅器族氏銘文研究》，齊魯書社，2009 年，第 311－700 頁。

相王室，以尹天下，於周爲睦。分魯公以大路、大旂、夏后
氏之璜、封父之繁弱，殷民六族：條氏、徐氏、蕭氏、索氏、
長勺氏、尾勺氏，使帥其宗氏，輯其分族，將其類醜，以法
則周公。用即命于周。是使之職事于魯，以昭周公之明德。
分之土田、陪敦、祝、宗、卜、史，備物、典策，官司、彝
器，因商奄之民，命以《伯禽》，而封於少皞之虛。分康叔
以大路、少帛、綪茷、旃旌、大呂，殷民七族：陶氏、施氏、
繁氏、錡氏、樊氏、饑氏、終葵氏。封畛土略，自武父以
南，及圃田之北竟，取於有閻之土，以共王職。取於相土之
東都，以會王之東蒐。聃季授土，陶叔授民，命以《康誥》，
而封於殷虛。皆啓以商政，疆以周索。分唐叔以大路，密須
之鼓、闕鞏、沽洗，懷姓九宗，職官五正，命以《唐誥》，
而封於夏虛。啓以夏政，疆以戎索。①

子魚之言，是對周初分封狀況的真切描述。分封之前提是"選建
明德，以蕃屏周"，其目的則是"相王室""尹天下"，而所謂
"於周爲睦"，乃是西周統治者"通過錫命禮的倫理定位與價值操
演"以獲得"整個社會的心理認同與精神信仰"。②周初大封同
姓，則周公、康叔、唐叔自在當封之列。子魚以條氏、徐氏等六
氏對"殷民六族"，以陶氏、施氏等七氏對"殷民七族"。據研
究，索氏或爲繩索之工，長勺氏、尾勺氏爲酒器之工，陶氏爲陶
工，施氏爲旌旂之工，繁氏爲馬纓之工，錡氏爲銼刀之工，樊氏
爲籬笆之工，終葵氏爲錐工，③可見皆是百工之族，屬於汪寧生

---

① 孔穎達《春秋左傳注疏》卷五四，北京大學出版社，2000年，第四冊，第
　1779－1782頁。
② 惠翔宇、彭邦本《錫命制度與周王"正統"及"天子"信仰》，《西南民族大
　學學報（哲學社會科學版）》2016年第4期，第222－229頁。
③ 楊伯峻《春秋左傳注》，中華書局，1990年，第四冊，第1536－1538頁。

所歸納的各種武器、工具和器皿之第三與人形和物件結合之第四兩類。① 結合卜辭的三族、五族、王族、子族等稱思考，是否合稱曰"族"，單稱曰"氏"，是殷商族氏的稱謂大略？② 合稱之族，是否即兩個或兩個以上的複合族徽？ 如子魚所説，六族、七族各有一個複合族徽，而其中索氏、施氏又各有自己單一族徽。今《左傳》雖未給出具體族徽符號，但却可以啓發我們對殷商上千個單一族徽和三四百複合族名的思考和研究。

次言最重要的問題，殷商族氏名號與姓有無關係。林澐經研究後云：

> 我國商周時代以父系血緣關係爲紐帶的社會集團，在文獻中稱謂不一，或稱"族"，或稱"氏"。……當時還有一個從更古老的母系氏族社會遺留下來的表示血緣關係的概念，即"姓"。它和"氏"（"族"）是有本質差别的。早期銅器銘文中已可考定的族徽已經不少，但和文獻及周代金文中所見到的"姓"尚找不出聯繫。因此，我們認爲"族徽"不是由"姓"構成的，而是表示氏（族）名的。③

以父系血緣爲紐帶之社會集團，在周代固無異詞，林氏肯定商代已進入父系血緣爲紐帶之社會集團，是深研甲骨商史而與二十世紀上半葉某些古史學家不同之處，然其以父系、母系套論三代歷史，仍承認有一"母系氏族血緣之姓"遺留在殷商社會中，似猶

---

① 汪寧生《從原始記事到文字發明》，《汪寧生論著萃編·民族學考古論集》，雲南民族出版社，2001年，上卷，第65-67頁。
② 至於"懷姓九宗"，杜預以爲是唐國原來之餘民，而王國維謂懷姓即隗國，即晉西北諸族，春秋隗姓諸狄之祖。原其國姓之名，皆出於古之鬼方。（王國維《鬼方昆夷玁狁考》，《觀堂集林》卷十三，《王國維全集》第八册，第377-392頁）鬼方自成一國，是否與殷商族氏有别而稱"懷姓"，猶待深考。
③ 林澐《對早期銅器銘文的幾點看法》，《林澐學術文集》，中國大百科全書出版社，1998年，第65頁。

未擺脱摩爾根理論之影響。但他將金文族徽與周代之"姓"對勘而排斥之，謂族徽是表示殷商族氏名稱，與"姓"無關，爲以後的族徽研究奠定了基調。因爲殷商有"氏"無"姓"，致使某些學者對《左傳》衆仲之説産生別解，黄文新説：

> 按《左傳》無駭故事，係屬於請族、問族、賜族，亦即請氏、問氏、命氏。衆仲之言針對此而發。其第一段爲言諸侯得氏之由來，第二段爲明公族之得氏，第三言世官之得氏，第四段爲卿大夫之得氏。是表明周代賜氏制度的話。其所謂"因生以賜姓"一段，似乎僅屬於附帶性的溯上古而臆度之言，似不足爲姓源説的根據。[①]

黄氏體味衆仲針對羽父之請、隱公之問皆在"氏"，且隱公最後所賜也是"展氏"，因而認爲"因生以賜姓"是附帶的臆度之詞，言下之意是周代無賜姓制度。其體味衆仲之言雖細，仍未得衆仲欲表述西周分封制度之實質。

西周分封，分土賜族，並賜有大路、大旂、典策之類，然其分封名號仍是魯、衛、唐之國，其姓亦仍是姬；其分封異姓，亦有頒土命氏賜物。[②] 殷商之族氏如何命名？由於卜辭限於占卜，晚商吉金文字簡略，很難看到其分封細節。陳絜曾取卜辭和晚商吉金探尋殷商族氏名號及其族氏命名制度，得其族氏組織獲取族氏名號之大致途徑：一是以所居住之地名或土田爲稱，略與周代"以邑爲氏"相近；二是繼承古老的族氏命名方式，以先祖名號爲族氏名號；三是以職官名號爲族氏名號。[③] 以居住地或地名爲族氏名，於卜辭大量人、族、地同名中可徵知。以職官名爲族氏

---

① 黄文新《中國姓氏研究及黄姓探源》第一篇《姓氏考》，第 69 - 70 頁。
② 西周分封之實質留待後文剖析。
③ 陳絜《商周姓氏制度研究》第二章《殷商時期的族氏名號與族氏命名制度》，第 179 - 180 頁。

名雖少，却也已出現，此與殷商職官系統不若西周完善有關。而以先祖命名的古老命名方式，則與《容成氏》《莊子》《金樓子》《路史》等所記完全相吻。凡此透露出殷商數百年之歷史中，其族氏的命名與傳說中的古老族氏命名一致。如：

蜀山氏，號蜀山氏，蓋作于蜀。

有巢氏，有聖人者教之巢居，冬則營窟，夏則居曾巢。……而人說之，使王天下。號曰有巢氏。

神農氏，長于姜水，成爲姜姓。教民以耕種桑麻。耕不彊者亡以養其身，織不力者莫以蓋其形，有餘不足，各歸其身。

炎帝柱，神農子也。七歲有聖德，佐神農氏歷浴原，銘百藥，……以從事於疇，殖百疏，區百穀，別其疏邀，深耕聖作以興歲，天均時而地均財，于是神農之功廣而天下殷賑矣。

陶唐氏，先居陶，後居唐，號陶唐氏。

有虞氏，其先國于虞，始爲虞氏。杜預云：虞爲舜之先世。

唐虞之世，與殷商相去不遠，即軒轅、神農，亦得相望，而得氏之法，竟如出一轍，可見命氏之塗，心理悠同矣。由此可見，殷商族氏以百千數，固是上古氏族一脈相承之社會形態。再以十餘萬片甲骨四千多個文字中無一"姓"字，說殷商無姓，雖是默證，而結合上古諸多氏族和殷商百千族氏而思之，似乎確實已可將"姓"排斥在歷史進程之外。

殷商以前無姓，而傳說却有太皞賜姓、炎帝賜姓、虞舜賜姓等說，且看以下數條賜姓命氏資料：

鄭玄《駁五經異義》云："炎帝姓姜，太皞之所賜也；黄帝姓姬，炎帝之所賜也；故堯賜伯夷姓曰姜，賜禹姓曰姒，賜契姓曰子，賜稷姓曰姬，著在書傳。"[1]

---

[1] 皮錫瑞《駁五經異義疏證》卷十，中華書局，2014年，第601頁。

康成所駁，許慎《異義》缺，然其《説文·女部》"姜"字下云："神農居姜水，以爲姓。" "姬"字下云："黄帝居姬水，以爲姓。"① 是許慎《異義》亦當如此。許以姬姜因地而名姓，猶命氏然。許氏之説乃本之《國語》，《晉語四》云："昔少典取于有蟜氏，生黄帝、炎帝。黄帝以姬水成，炎帝以姜水成。成而異德，故黄帝爲姬，炎帝爲姜。"② 康成以爲是太皥、炎帝所賜，故駁之。《禮記·大傳》孔穎達疏云："如鄭此言，是天子賜姓也。"③ 太皥、炎帝、唐堯皆古之氏族酋領，遠在殷商之前，其賜姓之事亦邈而難徵。且《晉語》、許氏所説，兩帝之得姓皆自水名，與氏名無異，殷商既已無"姓"字，炎黄時或許連"姓"之語音亦無，則所謂皇天、聖王賜姓姬、姜，至多也只是賜氏爲姜爲姬。康成帝堯賜姓之説，殆源於緯書。鄭氏《毛詩商頌譜》云："商者，契所封之地。有娀氏之女名簡狄者，吞鳦卵而生契。堯之末年，舜舉爲司徒，有五教之功，乃賜姓而封之。"孔穎達疏引緯書以證：

> 《中候握河紀》云："堯曰：'嗟，朕無德，欽奉丕圖，賜示二三子。'斯封稷、契、皋陶，賜姓號。"注云："封三臣、賜姓號者，契爲子，稷爲姬，皋陶未聞。"

> 又《契握》湯説契云："賜姓子氏，以題朕躬。"注云："題，名也。躬，身也。"

---

① 許慎《説文·女部》，中華書局，2013 年，第 259 頁。按，許氏女部之字多有以居爲姓氏者，如"姚"下云："虞舜居姚墟，因以爲姓。""媯"下云："虞舜居媯汭，因以爲氏。"相傳姚、媯皆爲虞舜之姓，而劉師培以爲兩字乃一字之譌。亦有不以劉説爲然者。而許氏於此則姓與氏不分。

② 《國語·晉語四》，下冊，第 356 頁。按，吕思勉有《神農與炎帝、大庭》《炎黄之争考》諸文，可參閱，《吕思勉讀史札記》，上海古籍出版社，1982 年，第 35－46 頁。

③ 孔穎達《禮記正義》卷四四，上海古籍出版社，2005 年，中冊，第 1356 頁。

又引《孝經援神契》曰："堯知天命，賜契子氏。"①

緯書恒本先秦古書中之奇幻記載敷衍成文，多不可靠，偶亦不乏有史實影子。康成信讖緯，注《禮》箋《詩》，時或引用，遂有此說，故孔氏徵緯書以實康成之說。然由於史料之歧出矛盾，孔氏亦不免進退失據而無所適從，因云：

> 天下之廣，兆民之衆，非君所賜而皆有族者，人君之賜姓賜族，爲此姓此族之始祖耳；其不賜者，各從父之姓族，非復人人賜也。《晉語》稱"黃帝之子二十五人，其得姓者十二人"。天子之子尚不得姓，況餘人哉！固當從其父耳。黃帝之子，兄弟異姓，周之子孫皆姬姓者，古今不同，質文代革。周代尚文，欲令子孫相親，故不使別姓。其賜姓者亦少，唯外姓媧滿之徒耳！②

古者帝王若皆如《左傳》《國語》之賜姓，則殷商卜辭中絕不至古姓寥寥，③且亦必當有"姓氏"之"姓"。其舉黃帝之子二十五人，得姓僅十二者，以見天子之子尚不得皆受賜以姓。其實黃帝十二子之姓受賜與否，本已飄渺難徵。《晉語》云黃帝之子二十五人，分別爲四母所出，而得姓者十四人共十二姓，分別爲：姬、西、祁、己、葴、任、滕、荀、僖、姞、儇、依。若從前人所謂從母系姓者，當爲三姓（其中方雷氏和彤魚氏爲姬姓）而非十二姓。所以衍爲十二姓，顯爲依地依水，或受封，或自立所致，則十二姓猶十二氏也。是黃帝時代仍無姓可言。

《左傳·昭公二十九年》：秋，龍見於絳郊。魏獻子問于

---

① 孔穎達《毛詩正義》卷二十之三，北京大學出版社，第三冊，第1679頁。
② 孔穎達《春秋左傳注疏》卷三"胙之土而命之氏"疏，北京大學出版社，2000年，第130頁上。
③ 參見前引趙林取卜辭所證之四十餘個與西周相同之姓的字形，其實應是殷商之"氏"，此姑稱之爲姓。

蔡墨曰："吾聞之，蟲莫知於龍，以其不生得也。謂之知，信乎？"對曰："人實不知，非龍實知。古者畜龍，故國有豢龍氏，有御龍氏。"獻子曰："是二氏者，吾亦聞之，而不知其故，是何謂也？"對曰："昔有飂叔安，有裔子曰董父，實甚好龍，能求其耆欲以飲食之，龍多歸之。乃擾畜龍，以服事帝舜。帝賜之姓曰董，氏曰豢龍。封諸鬷川，鬷夷氏其後也。故帝舜氏世有畜龍。及有夏孔甲，擾於有帝，帝賜之乘龍，河、漢各二，各有雌雄。孔甲不能食，而未獲豢龍氏。有陶唐氏既衰，其後有劉累，學擾龍於豢龍氏，以事孔甲，能飲食之。夏后嘉之，賜氏曰御龍，以更豕韋之後。①

完整引録此段文字，可見前後所涉，都在論龍，因爲能畜龍，所以古國有豢龍氏、御龍氏，此古國即氏，以氏名國，猶以氏名族也。豢龍之名，得之虞舜之賜，豢龍氏封地在鬷川，故後有鬷夷氏，以技以地名氏，與殷商命氏之法同。豢龍氏、御龍氏在唐虞夏后之世，後世定陶縣有故三鬷國，又豢龍城在汝州寶豐縣東五十里，是皆與以氏名地、以地得氏之俗相應。傳横出一句"帝賜之姓曰董"，與當時歷史不符。《左傳·襄公二十四年》范宣子自述其身世云："昔匄之祖，自虞以上爲陶唐氏，在夏爲御龍氏，在商爲豕韋氏，在周爲唐杜氏，晉主夏盟爲范氏。"②豢龍氏、御龍氏本陶唐氏後，只是至有夏孔甲時已衰。陶唐氏後世爲祁姓，何以可爲董姓？再從後文劉累之姓參證。《史記集解》引服虔曰："後劉累之爲諸侯者，夏時賜之姓。"此服虔望《左傳》之文而生姓。劉本爲氏，劉累爲陶唐氏後，當亦祁姓。既然姓以血緣相傳而萬年不變，何得遽然賜姓曰董曰劉？[①] 同理，董本祝融八姓之一，與豢龍氏無關。古者連“父”而稱多爲字，蔡墨或以其曰“董父”，遂牽涉董姓曰“賜之姓曰董”。春秋之時，史家記述傳承古事，已不免有傳聞失實之處，此其一也。

　　《國語・周語下》：帥象禹之功，度之于軌儀，莫非嘉績，克厭帝心。皇天嘉之，祚以天下，賜姓曰“姒”，氏曰“有夏”，謂其能以嘉祉殷富生物也。祚四嶽國，命以侯伯，賜姓曰“姜”，氏曰“有吕”，謂其能爲禹股肱心膂，以養物豐民人也。[②]

　　《禹貢》：錫土姓，祇台德先，不距朕行。[③]

《禹貢》與《國語》述皇天嘉禹而“錫土賜姓”互文足義。《禹貢》文簡，且有“祇台德先，不距朕行”一句在“賜姓命氏”後的勉勵套語，可見其或有所本。《國語》則是後人複述之語。《國語》謂皇天嘉夏禹與四岳之功而賜姓命氏，夏爲姒，三代國姓。[④]四岳爲姜，以其爲炎帝之後。炎帝以姜水成，則“賜姓曰姜”，是將其祖先之氏姓賜之。殷商以前無“姓”字，而云夏初錫姓，

---

① 張肇麟《姓氏與宗社考證》有“一氏兩姓與兩分組織”一章，引述《新唐書・宰相世系表》“劉氏出自祁姓。帝堯陶唐氏子孫生子有文在手曰‘劉累’，因以爲名。能擾龍，事夏后御龍氏”文，雖知“劉”爲氏，仍歸爲“陶唐氏的兩姓”，似有混姓氏爲一之嫌。然其後文論述劉氏之淵源，頗有參考之價值。第 57 - 64 頁。

② 《國語》卷三，上册，第 104 頁。

③ 孔穎達《尚書正義》卷六，北京大學出版社，2000 年，第一册，第 199 頁上。

④ 劉起釪認爲《國語・周語》叙禹“封崇九山……合同四海”後所取得“天無伏陰，地無散陽，水無沉氣，火無災燀，神無閒行，民無淫心，時無逆數，物害無生”大功績之後，皇天嘉之，才“祚以天下，賜姓曰姒，氏曰有夏”，其實就是《左傳》“天子建德，因生以賜姓，祚之土而命之氏”。《禹貢》歸納爲“錫土姓”三字，這是“無意中保存了一句神話原文（只是語句有省略）。舊釋多違原義，以爲禹賜臣下以土、姓，實誤”。將其説歸之爲神話。《尚書校釋譯論》，中華書局，2005 年，第二册，第 813 - 814 頁。

更爲情理所無。尤其第二條云“皇天嘉之”而賜姓，天命觀念，必待姬周時方始形成。三條資料之年代均在有虞氏帝舜之時，董父、禹、四岳皆因有功被賜。史載氏族之名，遠起於虞舜之前，設若當時因有功而褒賜或表彰其氏族或部族，既在情理之中，亦與卜辭所呈現之百千族氏相應。或周人因其舊事，增飾新詞，因自己重視血緣之“姓”，遂將褒旌“氏”名敷衍爲賜“姓”，造成後世之迷亂。

其實衆仲所謂“天子建德，因生以賜姓”，云“天子”曰“建德”，皆是西周之意識和制度。一旦牽混於《國語》《緯書》等記述帝舜和皇天賜姓史料，遂衍生出各種理解，其信與不信及相信其産生之時代各有差異。王國維據殷周女子稱姓與否，提出“同姓不婚之制，實自周始；女子稱姓，亦自周人始矣”，意賜姓亦周制也。孫曜對先秦文獻所載之皇天、聖王賜姓之有無深表懷疑，云：“大抵於初民得姓之始，無法推求，遂假之於皇天或聖王所賜。”又云：“賜姓之説，既決不可信；賜氏之法，亦行之未久，紛亂雜糅，並無精密之系統。”[①] 蓋皆不信唐虞及其以前有賜姓制度。

楊希枚是姓氏研究名家，其有自己獨特看法。他云：“就基本史料説，先秦稱姓不僅是封建制度的要素之一，且其制度迄於周初也顯仍存在。因此，周初封侯建國的時候，自應賜諸侯以姓氏。”所謂“迄於周初”，意謂周以前就有。故其文章結論之第四點即云：“就政治組織而論，賜姓、祚土、命氏的封建制度應至

---

① 孫曜《春秋時代之世族》，中華書局，1936年，《民國叢書》第三編，第19、26頁。後來趙伯雄亦以爲賜姓是戰國時人看到氏有賴於賜，“遂以爲姓亦有賴於‘賜’”，所以他説：“《左傳》中所談的種種古制，每每令人難以深信。”《周代國家形態研究》，第68頁。

少是殷周以來先秦社會的一種重要特徵。"① 馬雍也説："殷代的姓氏制度大概與夏代基本相近，或者説是沿襲舊制。"故其認爲"將正規的姓氏制度溯源於夏代是可信的"。② 籍秀琴更信《禹貢》所説，將賜姓制度提前到夏初。③ 雁俠因對稟仲、太子晉、蔡墨等人之信任，故認爲帝舜賜姓命氏亦允可相信。④ 據此可知，不信與信其爲殷商、夏甚至帝舜時代者皆有。

　　筆者認爲，據現有史料而論，殷商或殷商以前無"姓"字，固亦不可能有賜姓之事。卜辭、銘文有成百上千之族氏，其族氏固然可依世系遠近、人員多寡自然分化，或消或長，或生或滅。⑤然據研究，殷商已實行分封，且已有侯、伯、子、甸、男等爵稱，分爲内外服制。商代分封須經過册封、奠置和建立封邑三個環節，册封後之侯、伯、子等爵雖擁有自己之軍隊和較爲獨立之經濟收入，但其與商王朝是臣屬關係，有責任入朝爲官任事，爲王朝戍邊、貢納。⑥卜辭和銘文有"乍册"之文，銅器銘文亦有數十例"册"之單、複族徽，⑦論者推測殷商有"册祝"之禮，

---

① 楊希枚《先秦稱姓制度立論的商榷》，《先秦文化史論集》，第 108 – 109、153 頁。
② 馬雍《中國姓氏制度的沿革》，《中國文化研究集刊》第二輯，第 164、162 頁。
③ 籍秀琴認爲《禹貢》"錫土姓"就是"封土、賜姓"，"是大禹褒獎與其治水有功之人，封其土地，賜其姓氏"，故其謂"夏代初年，已有了對建德立功的貴族賜姓的制度"。"賜姓目的是褒獎功德，賜姓形式須分土封爵"。《中國姓氏源流史》，第 195 – 196 頁。
④ 雁俠《中國早期姓氏制度研究》，第 88 – 106 頁。
⑤ 王暉認爲："殷王封建子弟之制與周代封建制有本質的不同。殷代的分封子弟之制不過是方國部族内部的自然分化方式……分化出來的支族另居一地，並依其地命氏命族。"《商周文化比較研究》第四章，中華書局，2000 年，第 323 頁。
⑥ 詳細參見李雪山《商代分封制度研究》一書所述，中國社會科學出版社，2004 年。
⑦ 參見王長豐《殷周金文族徽研究》第四章《殷周金文族徽統計、整理與分類研究》，上册，第 80 頁。

因有乍册之官。[1] 有乍册之官，必有乍册之事。其事雖可以是命官、賞賜，却也不能排斥或許也蘊有褒賜族氏名之内涵。然當時即使有命"氏"之事，亦必無賜"姓"之制，故尚不能以"姓氏"一詞來概括。同理，即使殷商有命氏之事承自夏代，此在相傳衆多的上古氏族時代或許存在，也只能説虞舜、夏禹時有"命氏"之事而不能説有"賜姓"之制。今所見"賜姓"一詞見於東周以後文獻，必欲上溯其制，亦只能是起源於西周。故方炫琛云·"知今日尚難確定殷人有姓氏二分組織，而周代則明確有姓氏二分之制。"[2] 無姓氏二分，賜姓無從談起，有姓氏二分，方始可言賜姓命氏。

五、 西周封建、 册命與賜姓命氏

武王克殷，周公東征，成康經略，册命封建。命氏應是前有所承，賜姓則因西周封建屏障和禮敬三恪二王以及顯赫氏族而創設；分封雖或是夏殷遺俗，而在周初，則既爲一不得已之舉措，隨即成爲一種制度而常設。

（一） 西周封建册命同姓

文王居爲西伯，能執柔順之道，仁愛其民，故傳稱三分天下有其二。然此僅謂商紂統治下之屬國歸順西伯，非周之地廣人衆。以周族之人數轄區而言，仍屬蕞爾小邦，故周公自稱"小邦周"（《大誥》）、"我小國"（《多士》）。牧野一戰，天邑商潰亡，周

---

① 參見李雪山《商代分封制度研究》及黄然偉《殷周青銅器賞賜銘文研究》第四章《殷代之賞賜》，第100頁。

② 方炫琛《周代姓氏二分及其起源試探》第三章《姓氏起源試探》，臺灣學海出版社，1988年，第137頁。

所占據者僅商王朝中心地區。匆促之際，武王無法以有限兵力迅速、全面控御殷商王畿及其商屬舊邦，故先使管、蔡、霍三叔監管武庚，即所謂三監。事實證明，監管策略有欠周全。相傳與周公有關之《常棣》一詩，即與周公痛三監之亂、憂新朝之基有關：

> 常棣之華，鄂不韡韡。凡今之人，莫如兄弟。
> 死喪之威，兄弟孔懷。原隰裒矣，兄弟求矣。
> 脊令在原，兄弟急難。每有良朋，況也永歎。
> 兄弟鬩于牆，外禦其務。每有良朋，烝也無戎。

克殷之後，小邦周如何迅速掌控大邦殷，是橫貫在周公面前極為嚴峻之政治形勢。時雖政權在握，而仍舊邦林立，除却兄弟同心同德，共同築成鞏固政權之屏障，似別無他途。故周公東征告捷，決定採用分封同姓姻戚建置屏障，遣散殷遺舊邦勢力，建立起以周人為統治之核心，結合並控御殷人舊邦及其他土著居民之政治、經濟、軍事實體。《史記·周本紀》："封尚父於營丘，曰齊；封弟周公旦於曲阜，曰魯；封召公奭於燕；封弟叔鮮於管；弟叔度於蔡；餘各以次受封。"[1]

分封見之於誥命者，如《微子之命》有"率由典常，以蕃王室"一語，此封微子於宋，欲以蕃屏；又《蔡仲之命》亦有"懋乃攸績，睦乃四鄰，以蕃王室"語，此蔡叔歿，成王命蔡仲為諸侯，欲勉蔡仲作王室之屏障。[2]其他廣封兄弟子孫之國，如《逸周書·祭公》所載：

〔祭〕公曰：天子，自三公上下，辟于文武。文武之子

---

[1] 《史記·周本紀》，中華書局，1959年，第一冊，第127頁。
[2] 按《微子之命》和《蔡仲之命》皆古文二十五篇文，論者以為此句乃本之《左傳·襄公二十九年》"堅事晉楚，以蕃王室也"，文雖相同，甲乙難徵。唯此頗符合當時成王周公之心理。

孫，大開方封于下土。天之所錫武王時疆土，丕維周之基，丕維后稷之受命，是永宅之。維我後嗣，旁建宗子，丕維周之始并。嗚呼！天子，三公監于夏商之既敗，丕則無遺後難，至于萬億年，守序終之。①

祭公乃周公之裔孫，其所叙述，可與《常棣》詩旨相參悟。考周初分封之同姓，據《左傳·昭公二十八年》記成鱄曰：

> 昔武王克商，光有天下，其兄弟之國者十有五人，姬姓之國者四十人，皆舉親也。②

《荀子·儒效》亦云：周公"兼制天下，立七十一國，姬姓獨居五十三人"。③ 據富辰所説："管、蔡、郕、霍、魯、衛、毛、聃、郜、雍、曹、滕、畢、原、酆、郇，文之昭也；邘、晉、應、韓，武之穆也；凡、蔣、邢、茅、胙、祭，周公之胤也。"④ 蓋文王之子有十六人得封。楊寬謂魯國名義上封給周公，由伯禽代受其封，故成鱄謂"十五國"。⑤ 以此計分封文王子十六，武王子四，周公子六，文、武、周公之子已二十有六，其數近半，其他當然還有成王、康王之子及同姓之親如召公之類。用如此衆多之兄弟子孫，來共同築成衛護新政之天然屏障，此爲周公深謀遠慮之舉措，亦是西周至春秋時人之共識：

> 《左傳·僖公二十四年》富辰曰："臣聞之太上以德撫

---

① 黃懷信等撰《逸周書彙校集注》卷八，上海古籍出版社，1995 年，下册，第 996 - 997 頁。按文中"基丕維"三字原闕，據趙曦明校補。
② 孔穎達《春秋左傳注疏》卷五二，北京大學出版社，2000 年，第四册，第 1721 頁。
③ 郝懿行校以《左傳》，遂謂《儒效》"'三'當爲'五'。或'三''五'字形易於混淆，故轉寫致誤耳"。（《荀子補注》，《郝懿行集》，齊魯書社，2010 年，第六册，第 4577 頁。）久保愛據太史公云"武王、成、康所封數百，而同姓五十五"，而謂"蓋各傳聞之異而已"。
④ 孔穎達《春秋左傳注疏》卷一五，第二册，第 480 - 481 頁。
⑤ 楊寬《西周史》第三編第四章，上海人民出版社，1999 年，第 389 頁。

民，其次親親，以相及也。昔周公弔二叔之不咸，故封建親戚，以蕃屏周。"①

杜預注"以德撫民"爲"無親疏也"，"親親相及"爲"先親以及疏，推恩以行義"。周人崇德，三叔監管武庚事或可比之。而新政伊始，恩德難行，不得已而求其次，遂親親以封建。親親是希冀後世眷念血緣親情而相互救助，《昭公九年》周大夫詹桓伯曾道其心曲云：

> 文、武、成、康之建母弟，以蕃屏周，亦其廢隊是爲。

杜預注："爲後世廢隊，兄弟之國當救濟之。"②《昭公二十六年》王子朝告諸侯亦云：

> 昔武王克殷，成王靖四方，康王息民，並建母弟，以蕃屏周。亦曰：吾無專享文、武之功。且爲後人之迷敗傾覆而溺入于難，則振救之。③

周人此種告白，要比司馬遷"愛之欲其富，親之欲其貴。故王者壇土建國，封立子弟，所以褒親親，序骨肉，尊先祖，貴支體，廣同姓於天下也"之認識更爲切實深刻，④ 其分封政策也確實在以後歷史中收到效果。數百年之後，"祖遷於上，宗易於下"，血緣已疏，宗親已遠，其親親而互相拯救之信念則牢牢印記在兄弟之國中。如《國語・晉語四》載重耳過曹國，曹伯不禮，負羈對曹伯曰："臣聞之：愛親明賢，政之幹也；禮賓矜窮，禮之宗也；禮以紀政，國之常也；失常不立，君所知也。國君無親，國以爲親。先君叔振，出自文王，晉祖唐叔，出自武王，文、武之功，

---

① 孔穎達《春秋左傳注疏》卷一五，第二冊，第480頁。
② 孔穎達《春秋左傳注疏》卷四五，第四冊，第1460頁。
③ 孔穎達《春秋左傳注疏》卷五二，第四冊，第1695頁。
④ 司馬遷《史記・三王世家》，第六冊，第2557頁。

實建諸姬。故二王之嗣，世不廢親。今君棄之，是不愛親也。"①
又魯僖公二十四年，鄭人伐滑，王使游孫伯請滑。鄭人執之，王
怒，將以翟伐鄭。富辰諫曰："不可。古人有言曰：兄弟讒鬩，侮
人百里。周文公之詩曰：兄弟鬩于牆，外禦其侮。若是則鬩乃內
侮，而雖鬩不敗親也。鄭在天子，兄弟也。鄭武、莊有大勳力於
平、桓，我周之東遷，晉、鄭是依。子穨之亂，又鄭之緣定。今
以小忿棄之，是以小怨置大德也，無乃不可乎！且夫兄弟之怨，
不徵於他，徵於他，利乃外矣。"②《左傳·僖公二十八年》筮史
對晉侯說："齊桓公爲會而封異姓，今君爲會而滅同姓。曹叔振
鐸，文之昭也；先君唐叔，武之穆也。且合諸侯而滅兄弟，非禮
也。"③《公羊》《穀梁》二傳亦多譏伐同姓。雖歷史發展合久必
分，然春秋時所體現出來的同姓相助之精神，不得不說是周公策
略之成功。

　　西周分封諸侯，皆須經隆重之冊命儀式。《周禮·春官·內
史》："凡命諸侯及孤卿大夫，則策命之。"④ 冊命儀式必須在祖廟
進行，《大宗伯》"王命諸侯，則儐"鄭玄注："王將出命，假祖
廟，立依前南鄉。儐者進當命者，延之命使登。內史由王右以策
命之。降，再拜稽首，登，受策以出。"⑤ 冊命之日，祖廟之陳設
亦極講究。《春官·司几筵》："凡大朝覲、大饗射，凡封國、命
諸侯，王位設黼依，依前南鄉，設莞筵紛純，加繅席畫純，加次

① 《國語》卷十，下冊，第 347 頁。
② 《國語》卷二，上冊，第 45 頁。又《左傳·僖公二十四年》亦記此事，較富辰
　語簡略。
③ 孔穎達《春秋左傳注疏》卷一六，第二冊，第 527 頁。
④ 孫詒讓《周禮正義》卷五二，中華書局，第八冊，第 2130 頁。
⑤ 孫詒讓《周禮正義》卷三五，第五冊，第 1412 頁。

席黼純，左右玉几。"① 不僅陳設講究，還必須延請衆人參加儀式，以昭慎重。《禮記‧禮器》："是故昔先王尚有德，尊有道，任有能，舉賢而置之，聚衆而誓之。"鄭注："古者將有大事，必選賢誓衆，重事也。"② 誓，命也。聚衆而命之，亦廣而告之之意。策命諸侯見於文獻之實例如《雒誥》：

> 王命作册逸祝册，惟告周公其後。王賓，殺、禋，咸格。王入太室，祼。王命周公後，作册逸誥，在十有二月，惟周公誕保文武受命，惟七年。③

孫詒讓謂此乃成王命尹逸策命魯公伯禽之事。然誥文言其事而不言具體內容，《魯頌‧閟宮》："王曰叔父，建爾元子，俾侯于魯，大啓爾宇，爲周室輔。"下文又云"乃命魯公，俾侯于東，錫之山川，土田附庸"。④ 此皆隱括策命原文，必參之《左傳‧定公四年》追記受封時之情形："分魯公以大路、大旂、夏后氏之璜、封父之繁弱。"方可復原當時策命之全部內容。又如《左傳‧僖公二十八年》周襄王策命晉文公之儀式：

> 王命尹氏及王子虎、內史叔興父策命晉侯爲侯伯。賜之大輅之服、戎輅之服，彤弓一、彤矢百，玈弓矢千，秬鬯一卣，虎賁三百人。曰：王謂叔父，"敬服王命，以綏四國，糾逖王慝"。晉侯三辭，從命，曰："重耳敢再拜稽首，奉揚天子之丕顯休命。"受策以出，出入三覲。⑤

《左傳》所記亦是策命之簡略形式，其與《周語上》合觀，更覺全面：

---

① 孫詒讓《周禮正義》卷三八，第六册，第 1542 頁。
② 孔穎達《禮記正義》卷二四，北京大學出版社，2000 年，第二册，第 876 頁。
③ 孔穎達《尚書正義》卷一五，北京大學出版社，2000 年，第二册，第 494 頁。
④ 孔穎達《毛詩正義》卷二十，北京大學出版社，2000 年，第三册，第 1661 頁。
⑤ 孔穎達《春秋左傳注疏》，第二册，第 516－518 頁。

　　　　襄王使大宰文公及内史興賜晉文公命，上卿逆於境。晉
侯郊勞，館諸宗廟，饋九牢，設庭燎。及期，命于武宮。設
桑主，布几筵。大宰蒞之，晉侯端委以入，大宰以王命命冕
服，内史贊之，三命而後即冕服。既畢，賓饗贈餞如公命侯
伯之禮，而加之以宴好。①

策魯公者爲成王，在西周；策晉文公者爲襄王，在東周。前者魯
公在王室，是初命；後者太宰、内史赴晉太廟，是襲命。

（二）　西周封建册命異姓

　　周初文、武、周公、成王自以爲是黄帝裔孫，故牧野一戰、
揮師克殷之後，首先固然要追尊祖先，②但隨即就安撫天下，其
"命召公釋箕子之囚。命畢公釋百姓之囚，表商容之閭。命南宫
适散鹿臺之財，發鉅橋之粟，以振貧弱萌隸。命南宫适、史佚展
九鼎保玉。命閎夭封比干之墓。命宗祝享祠于軍。乃罷兵西歸"，
稍後又"營周居于雒邑而後去。縱馬於華山之陽，放牛於桃林之
虚；偃干戈，振兵釋旅：示天下不復用也"，③此僅僅是示天下以
寬厚仁義的一種姿態，藉此以平復人心。但是對亡國之殷，對二
代以及二代以前之古帝名族，就非僅僅示以散財、放馬、釋兵可
撫，必須給予更高規格之優容，於是在釋箕子之囚後，分封同姓
之前，即對異姓二王三恪等先聖王予以褒封，體現出其高超之政
治策略。《禮記・樂記》：

　　　　武王克殷反商，未及下車而封黄帝之後於薊，封帝堯之

----

① 《國語》卷一，上册，第 40 - 41 頁。
② 《禮記・大傳》云："牧之野，武王之大事也。既事而退，柴於上帝，祈於社，
　　設奠於牧室，遂率天下諸侯直豆籩，逡奔走，追王大王亶父、王季歷、文王
　　昌，不以卑臨尊也。"追王是一國最首要之大事，自當在分封之先。
③ 《史記・周本紀》，中華書局，1959 年，第一册，第 126、129 頁。

後於祝，封帝舜之後於陳；下車而封夏后氏之後於杞，投殷
之後於宋，封王子比干之墓，釋箕子之囚，使之行商容而復
其位，庶民弛政，庶士倍祿。①

《樂記》爲七十子後學所記，其傳聞固自夫子也。《史記·周本
紀》云："武王追思先聖王，乃褒封神農之後於焦，黄帝之後於
祝，帝堯之後於薊，帝舜之後於陳，大禹之後於杞。"② 太史公謂
封黄帝後於祝、堯後於薊，與七十子後學所記不同。③ 然云"武
王追思先聖王，乃褒封"，則道出武王當時安撫天下之心態。而
多一神農之封，裴駰《集解》謂："《地理志》弘農縣有焦城，故
焦國也。"有學者謂弘農焦國後封姬姓，以《左傳·襄公二十九
年》"虞、虢、焦、滑、霍、楊、韓、魏皆姬姓也"，而另據《山
東通志》卷三十五《古蹟二》"俗傳周武王封神農之後於焦"，謂
姜姓之焦後遷往山東嘉祥縣。④

　　馬驌云："封建肇於三皇，至五帝而制備，歷夏洎商，爰周
郅隆，其法尤密矣。……褒録前帝苗裔，立有虞、夏、商之後，
以備三恪。其制則列爵惟五，分土惟三。其宗盟則同姓爲先，異
姓爲後。强幹弱枝，犬牙交錯，至矣哉，周詳長慮，誠久安之模
已。"⑤ 封建是否肇自三皇，備於五帝，固可暫置不論。三恪之
説，始見於《左傳》，據襄公二十五年所述，虞閼父爲帝舜之後，
當周初爲武王之陶正。周武王以其乃神明之後，又利其器用，乃

---

① 孔穎達《禮記正義》卷三九，北京大學出版社，第三册，第1322頁。按，"投
　殷之後於宋"，投，《史記·樂書》《韓詩外傳》卷三皆作"封"。
② 《史記·周本紀》，中華書局，1959年，第一册，第127頁。
③ 此處瀧川資言《考證》不辨，王叔岷《史記斠證》卷四引梁玉繩《史記志疑》
　曰："豈以堯祖黄帝，可通言之歟？抑當依《樂記》爲是？"亦猶疑其詞，王
　氏亦未明斷。見《史記斠證》，中華書局，2007年，第一册，第131頁。
④ 葉達雄《西周政治史研究》，臺灣明文書局，1982年，第54頁。
⑤ 馬驌《繹史》卷十一，中華書局，2002年，第一册，第343－344頁。

以元女嫁閼父之子滿，"而封諸陳，以備三恪"。恪者，敬也。三恪，謂有三種可敬之人（或族）。杜預以爲夏、殷和虞舜之後。然《古春秋左氏》說與此不同，許慎《五經異義》"存二王之後"條云：

> 《公羊》說：存二王之後，所以通夫三統之義。引《禮郊特牲》云："天子存二代之後，猶尊賢也。尊賢不過二代。"《古春秋左氏》說："周家封夏、殷二王之後以爲上公，封黃帝、堯、舜之後謂之三恪。"

> 謹案：治《魯詩》丞相韋玄成、治《易》施讐等說，引《外傳》曰："三王之樂，可得觀乎?"知王者所封，三代而已，不與《左氏說》同。

蓋《古春秋左氏》以爲黃帝、堯、舜爲三恪，夏、殷爲二王。而今文《魯詩》與《易》皆僅以舜後胡公滿並夏、殷爲三王，即杜預所本。鄭玄《駁五經異義》云：

> 言所存二王之後者，命使郊天，以天子禮祭其始祖，受命之王自行其正朔服色，此之謂通天三統。三恪，尊於諸侯，卑於二王之後。恪者，敬也。敬其先聖而封其後，與諸侯無殊異，何得比夏、殷之後?[1]

儘管三恪二王之說，古今文經說所指有不同，然從武王實際所封而言，確有黃帝、堯、舜和夏、殷五代。依康成之意，備三恪即是對黃帝、堯、舜三個先聖氏族的禮敬，且其禮敬程度高於一般諸侯，而遜於夏、商二王。因爲夏、商二王是姬周直承之前朝，而三恪僅是遠古之先聖。此猶周代宗廟之祭祀，越近越隆而漸遠漸疏。

---

[1] 皮錫瑞《駁五經異義疏證》卷八，《五經異義疏證、駁五經異義疏證》，中華書局，2014年，第533頁。

因爲姬周追尊三恪二王，故分析分封異姓，自當從黃帝始。要追溯黃帝世系，筆者首先想到爲什麼太史公《史記》亦適從黃帝開始敘述，作《五帝本紀》？是否姬周追溯古史和追尊三恪，特重黃帝以還氏族部落之史，而使之留下很多傳說？太史公說"《尚書》獨載堯以來，而百家言黃帝，其文不雅馴，薦紳先生難言之"，然他還是"擇其言尤雅者，故著爲本紀"。所謂"言尤雅者"，蓋是記載之稍稍可信可靠者，荒誕不經者已爲其刊落。《五帝本紀》與《世本》《古史考》《帝王世紀》所記各有出入，先不勘同求證，姑以一位史學家別擇後之記錄——《五帝本紀》《夏本紀》《殷本紀》《周本紀》，來分析西周追尊之三恪二王世系。

黃帝爲少典之子，姓公孫，名軒轅，有土德之瑞，故號黃帝。黃帝二十五子，其得姓者十四人。娶西陵之女名嫘祖，生玄囂與昌意，玄囂居江水，昌意居若水。[1]

昌意娶蜀山氏女，生高陽。黃帝崩，孫高陽立，即爲顓頊帝。玄囂生蟜極，蟜極生帝嚳高辛。帝嚳爲顓頊之族子。顓頊崩，帝嚳立。

帝嚳娶陳鋒氏女，生唐堯放勛；娶娵訾氏女生摯。帝嚳崩，摯代立，是爲帝摯，帝摯崩，弟放勛立，是爲帝堯。據《堯典》，帝堯之後，虞舜即位。

帝舜是高陽顓頊帝六世孫，其世系是高陽生窮蟬，窮蟬生敬康，敬康生句望，句望生橋牛，橋牛生瞽叟，瞽叟生重華帝舜。

武王克殷，先封黃帝之後於薊，封帝堯之後於祝，封帝舜之後於陳，後世儒家所謂備三恪，今溯其世系，則帝堯爲黃帝——青陽玄囂——蟜極——帝嚳高辛一系，而帝舜則是黃帝——昌

---

① 黃帝名號問題，可參見王暉《古史傳說時代新探》第一章《出土文字資料與五帝新證》，科學出版社，2009年，第3-12頁。

意——高陽顓頊以下六世一系，其皆宗祖於黃帝，故必須追溯到黃帝。熊安生曾云："周之三恪，越少昊、高辛遠存黃帝者，取其制作之人。故《易·繫辭》云：'神農氏沒，黃帝、堯、舜氏作。'義當然也。"[1] 熊固知黃帝與姬周同姓，姬周以黃帝爲始祖也。所謂"取其制作"者，蓋以古史記載吾土吾民日用發明多有與黃帝相關者。由此知《繫辭》不管誰何而作，亦反映文、武、周公之意識。[2]

再論二王世系。《夏本紀》載，顓頊之子爲鯀，鯀之子即禹，是禹爲顓頊之孫。以顓頊之孫即顓頊另一系六世孫虞舜之位，似有違常識。王逸注《楚辭·離騷》云："鯀，堯臣也。《帝繫》曰：顓頊後五世而生鯀。"[3] 如此則禹是顓頊六代孫，與帝舜世次相同。《殷本紀》載，帝嚳高辛氏娶有娀氏女簡狄，吞玄鳥之卵而生契。契爲帝舜司徒，封於商，賜姓子氏。契之後，經昭明——相土——昌若——曹圉——冥——振，然後下接甲骨卜辭上甲微以下世系。可見二王世系同爲黃帝之後而分屬玄囂青陽和顓頊高陽二系子孫。

如《容成氏》《莊子》等所載，上古氏族若此之多，姬周何以獨獨追尊黃帝以下之堯舜？此亦與其自身世系有關。《周本紀》載，帝嚳高辛氏娶有邰氏女姜嫄，履大人之跡而生棄，棄好耕種，號曰后稷，別姓姬氏。其後經不窋、鞠、公劉，以至古公亶父。可見姬周亦是玄囂青陽一系，與唐堯近而與昌意——顓頊之

---

[1] 孔穎達《禮記正義》卷二五，北京大學出版社，2000年，第三册，第914頁。

[2] 呂思勉有《三恪解》，可參見。見《呂思勉讀史札記》，上海古籍出版社，1982年，第149頁。

[3] 《楚辭補注》，中華書局，1983年，第19頁。按，《漢書·律曆志》引《帝繫》亦云"顓頊五世而生鯀"，是班固、王逸所見《帝繫》文相同。今《大戴禮·帝繫》云"顓頊產鯀，鯀生文命，是爲禹"，疑已脫漏。

裔虞舜、夏禹遠。如欲追尊夏禹，乃至虞舜，則必須上溯到昌意與青陽，最終歸之於軒轅黄帝。以此觀之，黄帝爲遠祖，唐虞夏商爲四代，此猶姬周宗廟追尊五祖——不祧之祖和二昭二穆。在草昧洪荒，氏族林立、群雄角逐時代，太史公在不雅馴的傳說中擇取尤雅者記之，然此所謂尤雅者是否爲姬周一統後匯集傳說，經過取去而編織的一套古史系統？對勘《世本》《古史考》《帝王世紀》等不同記載，在百十個上古氏族中，獨詳於炎黄及堯舜，則此種可能性完全存在。如若認爲黄帝、堯、舜傳說之多，記載之詳係後人遞相傳述層累造成，也至少證明周初褒封三恪二王是產生此類傳說之基礎。如若三皇五帝系統係周人編織後遞相傳承而成，則須質問：上古著名氏族、著名部落或云古帝王多矣，周人何以選擇黄帝爲始祖？“帝”字早見於卜辭，是殷人所相信的“天上存在着這樣一個具有人格和意志的至上神”，這一具有人格和意志之至上神，至少是武丁時期已產生的宗教信仰。[1] 而完全可能是在武丁以前甚至殷商以前氏族部落已有的原始信仰概念。黄帝不是五行出現以後所具有的含義，軒轅氏所以稱黄帝，黄是璜佩的象形字，是貴族重要的服飾，[2] 傳說黄帝制冠冕、垂衣裳、作黼黻而天下治，與此互爲名實表裏。穿衣裳是人類文明的象徵，與周代提倡“文”“文明”相合。果若如此，從太史公開始以至我們，都被“郁郁乎文哉”之周文化所籠罩。雖其中歷史夾

---

① 胡厚宣《殷卜辭中的上帝和王帝》（上），《歷史研究》1957 年第 9 期，第 24 - 25 頁。

② 許進雄《黄帝命名根由的推測》，《中國文字》新三期，第 182 - 183 頁。按有關黄帝命名及其在中華民族源頭上所起的作用之研究，實在無法盡列。王仲孚有《試論黄帝傳說中的幾個問題》《黄帝制器傳說的再探討》，《中國上古史論文集（二）》，蘭臺出版社，2004 年。常金倉有《五帝名號考辨》，《二十世紀古史研究反思錄》，中國社會科學出版社，2005 年，第 58 - 77 頁。王暉有《出土文字資料與五帝新證》，《古史傳說時代新探》，科學出版社，2009 年。

雜傳說，却不妨我們理解三恪二王和賜姓命氏。

追尊賜姓溯自黃帝，太史公云"黃帝二十五子，其得姓者十四人"，云"得姓"而不云"賜姓"。《國語》於黃帝二十五子得姓故事有詳細記述。《晉語四》司空季子曰：

> 同姓爲兄弟。黃帝之子二十五人，其同姓者二人而已，唯青陽與夷鼓皆爲己姓。青陽，方雷氏之甥也；夷鼓，彤魚氏之甥也。其同生而異姓者，四母之子別爲十二姓。凡黃帝之子二十五宗，其得姓者十四人，爲十二姓：姬、酉、祁、己、滕、葳、任、荀、僖、姞、儇、依是也。唯青陽與倉林氏同於黃帝，故皆爲姬姓。同德之難也如是。[①]

司空季子之言，係有關黃帝子孫姓氏最完整最重要之史料，其云"得姓"而不云"賜姓"，可見與《史記》同出一源。此段史料，研究姓氏者無不引用，然解釋多有不同。楊希枚爲此曾先後撰寫過數萬字長論，[②] 其在《〈國語〉黃帝二十五子得姓傳説的分析》下篇中對上篇之觀點總結爲三條：

1. 黃帝四妃共二十五子，分衍爲十二姓；其中僅方雷氏子青陽和彤魚氏子夷鼓（即蒼林）與黃帝同姓而爲姬姓族屬。餘者同父異母各兄弟則都屬異姓。

2. 黃帝之子二十五宗，但其中僅十四人得嗣傳宗，而分衍爲十二姓；餘者十一人都絕後乏嗣。其得嗣十四人中，僅青陽、蒼林（即夷鼓）二子與黃帝同族因同屬姬姓；餘者則都屬異姓。

---

① 《國語·晉語四》，下册，第 356 頁。
② 楊希枚先撰《〈國語〉黃帝二十五子得姓傳説的分析（上）》（1962 年臺灣"中研院"《歷史語言研究所集刊》第三十四本），隨之撰寫《論晉語黃帝傳説與秦晉聯姻故事》（1963 年《大陸雜志》第二十六卷第 6 期），十餘年之後又撰《〈國語〉黃帝二十五子得姓傳説的分析（下）》（1976 年《清華學報紀念李濟先生七十歲誕辰論文集》），總五萬餘字。

3. 黄帝二十五子傳說內容簡單，要不過是關於"一個一夫數妻家族中的子嗣或與父族同姓或異姓"的簡短故事而已。①

楊氏行文頗顯冗雜。② 其第二條已隱含在第一條中。且其由第一條之"同父異母"而得異姓，遂從劉節、李宗侗、呂振羽、翦伯贊諸氏之說，與母系社會相聯繫，於是生出各種似是而非之論。

雖然青陽和夷鼓與黄帝同姓姬，但楊氏要將之置於母系社會，所以只能解釋青陽和夷鼓生母方雷氏和彤魚氏也是姬姓，亦即青陽和夷鼓是從母姓。餘子既非姬姓，則推知另外二母亦非姬姓。於是黄帝四妃——即二十五子之四母變成有三姓——姬、祁、酉（按，祁、酉係楊氏抽取十二姓中二姓的假設之姓）。因黄帝二十五子僅十四人得十二姓，故只能假設其他十一人或夭折，或婚後死亡無嗣。又因四母只有三姓，所以只能假設其他各子又與異姓女子爲婚，而後衍生以足十二姓之數——然此已是黄帝孫子、後裔有十二姓，而與子十二姓矛盾。楊氏認爲與黄帝同姓二子是從母姓，不得不謂方雷氏與彤魚氏也是姬姓；既然方雷氏、彤魚氏與黄帝同是姬姓，不得不解釋黄帝是同姓內婚；既然假設姬姓黄帝與姬姓方雷氏和彤魚氏成婚是內婚制，而與另外非姬姓二妃成婚是外婚制，故不得不謂"姬姓却是兼行外婚和內婚制的"。③ 如若姬姓黄帝兼行內外婚制，是多偶婚，這就涉及到黄

---

① 見楊希枚《〈國語〉黄帝二十五子得姓傳說的分析（下）》所總括，文字有簡縮。《先秦文化史論集》，中國社會科學出版社，1995 年，第 242 頁。

② 楊氏《得姓傳說》二篇長文有很精闢者，也不免有重複累贅不切事理人情者，似當另文專論，恕不在此展開討論。

③ 楊希枚《〈國語〉黄帝二十五子得姓傳說的分析（下）》，《先秦文化史論集》，第 250 頁。按，楊氏考慮到黄帝如果兼行內婚外婚制，那麼當時其他姓族是實行何種婚制，無法解釋，就說"其他姓族究否也兼行內婚制，遂無有確論，但就譜表及所以別姓的解釋來說，則大抵應是行外婚制"。

帝到底與方雷氏和彤魚氏長期共居一地，還是定期要到另外二妃氏族部落中去居住一段時間？同樣得姓之十餘子是多偶婚還是單偶婚，如何居住與生活？凡此種種均無法合理解釋，故楊氏只能說"黃帝和他的兒子婚後究居妻族抑在本族，也不能確論"。尋究此中無法解釋之窘境，是其將基點落在母系社會外婚制，所以自己設套，自己解釋彌縫，最終仍無法自圓其說。姑不論此與歷史事實不符，若姬姓氏族兼行內外婚制，則本身就是一種荒唐行徑和荒唐設想。

且看皇甫謐《帝王世紀》所載黃帝及其成爲氏族首領裔孫之母家：黃帝有熊氏，少典之子，姬姓也。母曰附寶，其先即炎帝，母家有蟜氏之女。黃帝生於壽丘，長於姬水。[1] 黃帝母家祖先是炎帝（姑不論此有不同傳說），母家氏族是有蟜氏。黃帝之姬姓是得之於生長之姬水（姑如《國語》所言），而非得之於其有蟜氏母姓。子青陽代立，是爲少皞帝，名摯，字青陽，姬姓也，母曰女節。青陽之母曰女節，或許就是《史記》所說方雷氏。[2] 顓頊高陽氏，母曰昌僕，蜀山氏之女，謂之女樞。帝嚳高辛氏，姬姓也，其母名不見（或作"不覺"）。諸母皆不言其姓，僅志其氏族，且少皞、顓頊、帝嚳皆從黃帝姬姓，總不至於數代子孫所娶都是內婚姬姓。如果有內外婚制，如果有從母姓這一至關重要的姓氏制，何以不留母姓痕跡？可見當時只有氏族之分而本無所謂姓。

唯有帝堯之祁姓，看似符合楊說從母居從母姓。《太平御覽》

---

① 以下引述皇甫謐《帝王世紀》文，見孔穎達《周易正義》、《小學紺珠》卷五和《路史後紀》卷八等所引，而所據爲徐宗元《帝王世紀輯存·自皇古至五帝第一》整理之文，中華書局，1964年，第14頁。

② 徐宗元整理《帝王世紀》有一條云："次妃方雷氏女，曰女節。"多一"女"字，可見其名女節，而其族則方雷氏也。見徐書第25頁。

卷八十引《帝王世紀》云：“帝堯陶唐氏，祁姓也。母曰慶都，孕十四月而生堯於丹陵，名曰放勛。或從母姓伊祁氏。”《史記·五帝本紀》索隱引皇甫謐云：“堯初生時，其母在三阿之南，寄於伊長孺之家，故從母所居爲姓也。”[①]唐宋文獻所引多非原文，故只能合觀而分析其義。堯與帝摯同父異母，按理與摯同姓姬，因爲從母居，故姓伊祁。然進一步思考，因爲在父系父子相承時代，從父姓父氏是經是常，從母姓母氏是權是變，所以有此特別傳說。假如是母系制，從母居從母姓是天經地義，則絕不會出現此類傳說。當然皇甫氏所記，或許正是太史公認爲不雅馴的一些傳說，所以擯斥在《五帝本紀》之外。

回到《晉語》司空季子之論，季子主要論點在於同姓則同德，異姓則異德上。作爲一位受周文化熏陶之姬姓國名臣，不可能將自己遠祖説成是一位兼行内外婚者。如果黄帝實行内婚從母姓，季子也應該説與方雷氏、彤魚氏同爲姬姓。方雷氏、彤魚氏皆氏族，本無所謂姓。司空季子後文説：“黄帝以姬水成，炎帝以姜水成，成而異德，故黄帝爲姬，炎帝爲姜。二帝用師以相濟也，異德之故也。”姬、姜水名，人類以水爲生命之源，靠水而居，是生息之本。因水得氏得名，本事理之常，且諸書多記之。由此言之，姬、姜皆黄帝時氏族名，及至西周賜姓，乃升格爲姓。青陽和夷鼓與黄帝同姓，很可能二子與黄帝同德同心，在黄帝姬族中，與父親一起主持氏族部落政務。而其他十二人，或是各有能力，足以能在本部族之外分别開宗立派，立氏名族，組成酉、祁、己、滕、葴、任、荀、僖、姞、儇、依等氏族。逮及西周賜姓，因

---

① 司馬遷《史記》，中華書局，2006年，第一册，第18頁。另，《姓氏急就篇》引皇甫謐云“堯初生，寄於伊長孺之家”，其他所引文字亦多有異同，參見徐宗元《帝王世紀輯存》第32–39頁。

黃帝世系之故，成爲姬周旁系祖先，也被封賜爲姓，於是有十二姓之説。至於另外默默無聞的十一人，應是無甚能力，不能自立門戶，或早夭，或絶嗣，於是也就銷聲匿跡——不必一定如楊氏所説或夭折、或婚後死亡無嗣。此與司空季子感歎"同德之難也如是"旨意相應。尤須强調者，黃帝時代，及其前後之各氏族時代，已在新石器晚期，落在龍山文化時代，考古學上無法徵實發掘所得實物有母系社會痕跡，故不可能有從妻居從母姓之事。

人史公説黃帝"姓公孫，名曰軒轅"，又説"黃帝居軒轅之丘"，皇甫謐《帝王世紀》曰："黃帝……姬姓也，生壽丘，長于姬水，龍顔，有聖德。受國於有熊，居軒轅之丘，故因以爲號。"① 上古氏族因地因水因居而名，故名、號與氏多有混同者，此在文獻中所見之古氏族，可謂比比皆是，不足怪異。黃帝可以姓公孫，但因其居姬水而成名，則姬亦其氏。西周因爲自己姓姬，編織古來傳説，將黃帝奉爲遠祖，所以武王未下車，就"封黃帝之後於薊"，援據西周銅器分封實例，在册命、封土之時，賜姓爲"姬"，應該就在此時。因爲姬姓直承黃帝，故有關黃帝之子十四子姬姓之外十一姓酉、祁、己、滕、葴、任、荀、僖、姞、儇、依也應在此時分封，蓋其皆姬周族祖也。

帝堯佐帝摯，受封於唐，故云陶唐氏。氏族因地而名，乃是常理。其封爲祁姓，論者必謂其從母姓。然祁姓實是黃帝十二姓之一，堯母即使將堯寄居伊祁氏，亦是與堯同宗的黃帝十二姓氏族中。如若傳説有據，亦是曾寄居在同宗支族，故西周分封其爲支族之姓，原在情理之中。另有伊祁氏、伊氏姓之説，皆傳聞異辭，不足信。

---

① 徐宗元《帝王世紀輯存》，第 15 頁。原文見《藝文類聚》卷十一、《太平寰宇記》卷二十一等。

帝舜本高陽顓頊之後，若黄帝姬姓，則亦姬姓之後。母曰握登，生舜於姚墟，故姓姚。姚墟未必是握登之氏族，則此純是因地而封爲姓。皇甫謐又云舜“都乎咸陽，或營蒲坂嬀汭，嬪于虞，故因號爲虞氏”，① 於是又有嬀姓一説。疑其在周初以前，皆屬因地而名之“氏”，封賜胡公，遂以嬀爲姓。

西周之封三恪，有其歷史淵源。《史記・五帝本紀》：“舜乃豫薦禹於天，十七年而崩。三年喪畢，禹亦乃讓舜子如舜讓堯子，諸侯歸之，然後禹踐天子位。堯子丹朱、舜子商均皆有疆土，以奉先祀。”裴駰集解引譙周曰：“以唐封堯之子，以虞封舜之子。”司馬貞索隱引《漢書・律曆志》云：“封堯子朱於丹淵爲諸侯，商均封虞，在梁國，今虞城縣也。”② 太史公所見史料有大禹封唐、虞之地事而無賜姓之事，推想武王因傳説中夏禹賜氏之制，再封唐、虞，遂因其地而賜之姓。

太史公曰“禹爲姒姓”，皇甫謐云“鯀納有莘氏曰志，是爲修己”，“修己山行，見流星貫昴，意感慄然，又吞神珠薏苡，胸坼而生禹”。③ 不經之説，雖史公所不取，然“薏苡”與夏姓之“姒”，是因“苡”去艸而從“女”。太史公曰契母簡狄吞玄鳥之卵而孕生契，後帝舜遂封契于商，賜姓子氏，是因鳥卵而得。可見二王之姓，皆與其所吞神物有關。

三恪二王，已涉及古姓中黄帝十二姓、唐堯祁姓，虞舜姚姓、嬀姓，夏禹姒姓，商契子姓。若祁姓歸在十二姓中，也有十六姓。

另有一相傳久遠之姓族大宗，即祝融八姓。《鄭語》云：“夫

① 徐宗元《帝王世紀輯存》，第39頁。原文見《太平御覽》卷八十一引。
② 司馬遷《史記》，中華書局，2013年，第一册，第52-53頁。
③ 徐宗元《帝王世紀輯存》，第48頁。按，文見《三國志・蜀志・秦宓傳》裴松之注、《初學記》卷九引。

黎爲高辛氏火正，以淳燿敦大，天明地德，光昭四海，故命之曰
祝融。"①《大戴禮‧帝繫》云：

> 顓頊娶于滕奔氏，滕奔氏之子謂之女祿氏，産老童。老
> 童娶于竭水氏，竭水氏之子謂之高緺氏，産重黎及吳回。吳
> 回氏産陸終。陸終氏娶于鬼方氏，鬼方氏之妹謂之女隤氏，
> 産六子，孕而不粥三年，啓其左脅，六人出焉。其一曰樊，
> 是爲昆吾；其二曰惠連，是爲參胡；其三曰籛，是爲彭祖；
> 其四曰萊言，是爲云鄶人；其五曰安，是爲曹姓；其六曰季
> 連，是爲羋姓。……昆吾者，衞氏也；參胡者，韓氏也；彭
> 祖者，彭氏也；云鄶人者，鄭氏也；曹姓者，邾氏也；季連
> 者，楚氏也。②

依《帝繫》所載世系爲：顓頊——老童——重黎、吳回——陸終
（吳回産）。吳回即祝融，其遠祖可溯自顓頊，亦黃帝之孫所從
出。《帝繫》言六人，姓與氏不甚分別。《國語》則云八人八姓，
甚爲分明：

> 其後八姓於周未有侯伯。佐制物於前代者，昆吾爲夏伯
> 矣，大彭、豕韋爲商伯矣。當周未有。己姓，昆吾、蘇、
> 顧、温、董。董姓，鬷夷、豢龍，則夏滅之矣。彭姓，彭
> 祖、豕韋、諸稽，則商滅之矣。禿姓，舟人，則周滅之矣。
> 妘姓，鄔、鄶、路、偪陽；曹姓，鄒、莒，皆爲采衞，或在
> 王室，或在夷翟，莫之數也。而又無令聞，必不興矣。斟姓
> 無後。融之興者，其在羋姓乎！羋姓夔、越，不足命也。蠻
> 羋，蠻矣；唯荆實有昭德，若周衰，其必興矣。③

---

① 《國語》卷十六，下册，第510頁。
② 方向東《大戴禮記彙校集解》，中華書局，2008年，下册，第737頁。
③ 《國語》卷十六，下册，第511頁。

史伯之言，固在爲鄭桓公分析形勢利弊，而無意中將周初祝融八姓流衍興衰叙出。己、董、彭、禿、妘、曹、斟、芊八姓，連同與之相關各氏之興滅，應該是西周真實歷史狀況。李宗侗云："商之滅夏，同時亦滅祝融團，這是南北兩集團的決戰。祝融團中有一部分被商人所征服，所以衛尚餘有己姓，鄶尚餘有員姓，曹邾尚有曹姓。其餘則紛紛南竄。"①八姓原自顓頊，故屈原《離騷》云"帝高陽之苗裔兮，朕皇考曰伯庸"，蓋屈、昭、景三姓爲熊楚王室，故屈原亦自稱顓頊後裔。史伯云"融之興者，其在芊姓乎"，芊姓之後夔、越、蠻芊皆不足興，唯楚有昭德可興。韋昭注"夫黎爲高辛氏火正"云："吳回産陸終，陸終生六子，其季曰連，爲芊姓，楚之先祖也。季連之後曰鬻熊，事周文王。其曾孫熊繹，當成王時封爲楚子。"②祝融既爲顓頊後裔，自是姬周同宗，且其後裔鬻熊事文王，③熊繹事成王。以此觀之，説周初武王分封表彰八姓，雖在情理中，但與史伯所云"八姓於周未有侯伯"相左。成王時天下已定，封熊繹於楚爲楚子，時周文化意識逐漸鞏固，八姓同爲顓頊之後，因重申芊姓而牽連以及其他諸姓，則較近情理。鬻熊之曾孫熊繹，明顯是以王父字爲氏，若熊爲姓，應是成王時所賜。由氏升格爲姓，可以窺見周代賜姓之法，多將原有之氏經一種莊嚴、隆重的儀式確認，易稱爲姓。

　　商末周初著名氏族林立，武王爲安撫天下，使各得其所，各

---

① 李宗侗《中國古代社會史》（一），臺灣中華文化出版事業委員會，1954 年，第 23 頁。

② 《國語》卷十六，下册，第 510 - 511 頁。

③ 《史記·五帝本紀》"黄帝者，少典之子也"譙周曰："黄帝，有熊國君少典之子也。"少典固是部落名，有熊也是他們氏號。後皇甫謐《帝王世紀》、王嘉《拾遺記》皆謂黄帝出於有熊之國。由此知八姓與顓頊之關係。

安其居，既封異姓，絕不會僅此而已。若炎帝與黃帝，無論其世代同時或先後，都是赫赫名族。皇甫謐云："炎帝神農氏，母有喬氏女登，爲少典妃。遊華陽，感神而生炎帝。長於姜水，因以氏焉。"① 司馬貞《補三皇本紀》："炎帝神農氏，姜姓。母曰女登，有媧氏之女，爲少典妃，感神龍而生炎帝。人身牛首，長於姜水，因以爲姓。"② 皇甫謐云因以爲氏，司馬貞云因以爲姓，如兩氏皆據古代文獻而録，則透露出姜姓即氏，姜氏即姓。因氏族居水而爲氏，因周初分封而爲姓，乃事理當然之則。皇甫謐又云：

> 大皞帝包犧氏，風姓也，母曰華胥。燧人之世，有大人跡出於雷澤，華胥履之而生包犧。長於成紀，蛇身人首，有聖德。取犧牲以充庖廚，故號曰包犧氏。後世音謬，故或謂之伏犧，或謂之虙犧。一號皇雄氏，在位一百一十年。包犧氏没，女媧氏代立爲女皇，亦風姓也。女媧氏没，次有大庭氏、柏黄氏、中央氏、栗陸氏、驪連氏、赫胥氏、尊盧氏、混沌氏、皞英氏、有巢氏、朱襄氏、葛天氏、陰康氏、無懷氏，凡十五世，皆習包犧氏之號也。③

皇甫謂太皞帝之世系，由太皞、女媧以至以後十五世相繼，亦可謂隆矣。傳説姜姓爲太皞所賜，《左傳》屢屢提及其部族以龍紀、龍師而龍名，可見其在上古之影響力。據學者對考古學文化之研究，太皞與少皞係傳説時期東方海岱系文化的兩大分支。兩大部落有共同之崇鳥習俗，應是同源之兩支，其年代落在大汶口文化

① 徐宗元《帝王世紀輯存》，第 13 頁。
② 司馬遷《史記》，第十册，第 4024 頁。按，"有媧氏"之"媧"，與"有蟜之"之"蟜"，必是傳聞異辭，今莫能辨其正字。
③ 孔穎達《周易正義》卷八引皇甫謐《帝王世紀》，北京大學出版社，第 351－352 頁。按，習者，當從浦鏜所校爲"襲"。

中晚期，地處蘇北和魯東南，後向西遷徙。① 太皞風姓，女媧亦風姓。② 後世相繼之十五世，依理亦風姓，而竟不謂其姓風。《左傳・僖公二十一年》云任、宿、須句、須臾，風姓也，③ 宿氏，鄭樵《氏族略二》："風姓，伏羲之後。武王封之，使主太昊與濟水之祀。"雖有其封地，仍承太皞之姓。宿國屢有銅器出土，且有"風"姓記號，可見宿氏一度興隆，或確曾爲武王所封。④ 是後裔襲姓再封，亦當時册命之一途。皇甫謐所言大庭氏、柏黃氏等十五氏，"皆習（襲）包犧氏之號"，似謂因襲其包犧氏統御部落聯盟政策或策略，並非同一氏族或部落，武王亦未一一分封，故各從其原有氏名。

古姓有"偃"，皇甫謐《帝王世紀》云："皋陶生於曲阜。曲阜偃地，故帝因之而以賜姓曰偃。堯禪舜，命之作士。舜禪禹，禹即帝位，以咎陶最賢，薦之於天，將有禪之意。未及禪，會皋陶卒。"⑤ 皇甫謐此説原無法徵其實，今已有出土簡牘作證。清華簡《四告》之一爲周公祈告皋繇，希望得到皋繇的庇佑，⑥ 可見皋繇在商周人意識中的地位。上博簡《容成氏》云："型……乃立咎（皋）塗（陶）以爲李（李），咎（皋）塗（陶）既已受命，乃支（辨）佘（陰）易（陽）之嚚（氣），而聖（聽）其訟獄，三年而天下之人亡訟獄者。……型（禹）又（有）子五人，不以

---

① 欒豐實《太昊和少昊傳説的考古學研究》，《中國史研究》2000 年第 2 期。

② 《三墳》有云："伏羲氏，燧人子也，因風而生，故風姓。"言其得姓之由，因《三墳》或爲後世之書，謹録此備考。

③ 《左傳》謂宿風姓，《後漢書・郡國志》東平國無鹽下謂宿國是任姓，疑下有任城國之故。

④ 陳槃《春秋大事表列國爵姓及存滅表譔異》，上海古籍出版社，2009 年，上册，第 254 頁。

⑤ 張守節《史記・夏本紀正義》引，中華書局，1959 年，第一册，第 83 頁。

⑥ 李學勤主編《清華大學藏戰國楚竹書》(拾)，中西書局，2020，第 110－111 頁。

其子爲後，見咎（皋）咎（陶）之臤（賢）也，而欲以爲後。咎（皋）秀（陶）乃戁（讓）以天下之臤（賢）者，述（遂）再（稱）疾不出而死。"① 《容成氏》所載較《帝王世紀》更詳細形象。故禹以皋陶卒，封其後於英、六，應在情理之中。司馬貞《索隱》引《地理志》云："六安國六縣，咎繇後偃姓所封國。"② 皋陶賢臣，且本可繼禹位爲帝。禹既封其後於偃，或武王因之再命，因其封地而賜姓偃，③ 亦在情理之中。

太史公云，秦之先是帝顓項之苗裔孫，曰女修。亦謂其吞玄鳥卵而生大業，顯是神話。其後裔大費因贊禹功，故虞舜妻以姚姓之玉女，而賜姓嬴。④ 然若爲顓項之後，自當爲姬姓，若信從母系理論者觀點，其嫁娶姚姓之女，後世當爲姚姓，何以舜賜姓嬴？許慎《説文》云嬴乃少皞之姓，《左傳‧昭公元年》"周有徐、奄"杜預注："二國皆嬴姓。"徐、奄於殷周時爲東夷土著，係少皞後裔，即《左傳‧定公四年》子魚所謂"因商奄之民，命以伯禽，而封於少皞之虚"也。秦襄公稱侯，居西垂，立即作西畤而祀少皞。蓋秦爲大費之後，大費即伯益，亦作伯翳。⑤ 伯翳

① 《上海博物館藏戰國楚竹書》（二）《容成氏》，上海古籍出版社年，第 273 - 276 頁。
② 司馬遷《史記》，第一册，第 83 頁。
③ 按，《白虎通‧姓名》引緯書《刑德放》云："堯知命，表稷、契，賜姓子、姬。皋陶典刑，不表姓，言天任德遠刑。"《詩‧秦譜》孔疏引《中候握河紀》云："堯曰：'嗟，朕無德，欽奉丕圖，賜示二三子。斯封稷、契、皋陶，皆賜姓號。'"注云："斯此封二臣賜姓號者，契爲子，稷爲姬，皋陶未聞。"是緯書言皋陶是否受賜偃姓有異説。孫作雲作《説皋陶》徵引《括地志》等，以爲皋陶確實受賜偃姓。唯其謂皋陶乃鳳鳥圖騰，此孫氏研究神話之中心，另當别論。《中國古代神話傳説研究》（下），《孫作雲文集》，河南大學出版社，2003 年，第 659 頁。
④ 司馬遷《史記》，第一册，第 173 頁。
⑤ 參見毛奇齡《經問補》卷三，《文淵閣四庫全書》，臺灣商務印書館，1986 年影印本，第 191 册，第 242 頁下。

虞舜時爲官。是秦之嬴姓，從少皥也。① 少皥、太皥皆東夷首領，武王封太皥，故亦封少皥。商周之徐、奄當即少皥之後裔。此亦可證唐虞之際絕非從母姓之母系時代。

隗姓源自殷代鬼方，亦作媿。西周時有復公子簋，銘文有復公子白舍姑鄧孟媿，是直至周時猶有勢力。鬼方即鬼侯，鬼侯即九侯。蓋鬼方爲殷商時强大氏族，卜辭記載多次征伐。而《史記·殷本紀》又載紂王與九侯聯姻，九侯曾貢女於紂，因不慣紂之荒淫被殺，則九侯與商紂之冤讎已深。九侯與鄂侯及西伯姬昌爲紂之三公。可見鬼侯是與文王鼎足而三的强大諸侯。九侯在武王伐紂時有否助力，今不得而知，但武王對此父輩同僚、殷紂讎家賜姓封氏，既有懲惡揚善之意，亦有安撫父摯之誼。

又漆姓，《國語》謂防風氏之後汪芒氏之姓。禹會諸侯，防風氏後至遭誅。孔子叙其後云："汪芒氏之君也，守封嵎之山者也，爲漆姓。在虞、夏、商爲汪芒氏，於周爲長狄。"② 既然汪芒氏之君守封嵎之山，其封亦必在夏，或禹誅其君而封其後。武王安撫之，復分封賜姓。然此有須揭示者，風姓防風氏之後受封，未必一定因襲先祖之名號——風姓，而可以因地因事，另起名號。

以黄帝、堯、舜三恪十六姓，加之祝融八姓與熊姓，炎帝以下六姓等，已三十一姓。其他各家所記不同之諸姓，或爲異文，或可合併。綜觀以上所證，已占學者考證所得全部古姓之絕大部分。溯其姓主，無論三代夏商周，基本都是黄帝裔孫。因爲炎帝更在黄帝前之大部落，故後世自稱炎黄子孫。如此一張上古氏族大網，是否客觀即是否符合氏族發展融合實際是一事，而將諸多

① 欒豐實《太昊和少昊傳説的考古學研究》，《中國史研究》2000年第2期。
② 《國語·魯語下》，上册，第213頁。

上古氏族通過各種聯繫編織成一個龐大譜系，此又一事。總之，所有古姓在周初，無論再命襲封，抑是新命初封，都是在郁郁乎文哉的周代文化籠罩下與姬周王族有千絲萬縷聯繫的氏族。

（三）　賜姓册命文獻舉證

西周册命同姓，但須封土立國稱氏，無需賜姓。蓋其宗祖黄帝，則姬姓爲諸昭穆胤裔所同也。所謂"管、蔡、郕、霍、魯、衛、毛、聃、郜、雍、曹、滕、畢、原、酆、郇，文之昭也；邢、晉、應、韓，武之穆也；凡、蔣、邢、茅、胙、祭，周公之胤"者，① 固皆姬姓之侯國也。

商周鼎革之時，姬屬同姓得封之際，上古及夏商著名氏族多已淪爲庶民。《左傳·昭公三十二年》史墨云："三后之姓，於今爲庶。"② 蓋爲虞夏商三代後裔之實況。故欲興滅繼絕，以昭聖德，以示姬周應天命而布明德於天下也，乃有分封異姓舉措。異姓册封文獻，傳世者唯《左傳》一例。《襄公二十五年》載子產言："昔虞閼父爲周陶正，以服事我先王。當周之興，閼父爲武王陶正。我先王賴其利器用也，與其神明之後也，庸以元女大姬配胡公。而封諸陳，以備三恪。"③ 子產所言，首先是虞閼父爲陶正，使文武先王可以賴其器用，然有利於周，配元女與胡公已可示以恩惠，未必須封。胡公受封，主因仍爲其乃虞舜之後，爲武王必須式敬之"神明之後"。太史公講述所據，必有出《左傳》之外者：

> 陳胡公滿者，虞帝舜之後也。昔舜爲庶人時，堯妻之二

---

① 孔穎達《春秋左傳正義》卷一五，第二册，第 480–481 頁。
② 孔穎達《春秋左傳正義》卷五三，第四册，第 1759 頁。
③ 孔穎達《春秋左傳注疏》卷三六，第三册，第 1174 頁。

女，居于嬀汭，其後因爲氏姓，姓嬀氏。舜已崩，傳禹天下，而舜子商均爲封國。夏后之時，或失或續，至于周武王克殷紂，乃復求舜後，得嬀滿，封之於陳，以奉帝舜祀，是爲胡公。①

《五帝本紀》云“後禹踐天子位，堯子丹朱、舜子商均皆有疆土，以奉先祀”，此云“或得或失”，蓋太史公必有所據也。② 裴駰《集解》：“譙周曰：‘以唐封堯之子，以虞封舜之子。’《漢書·律曆志》云：‘封堯子朱於丹淵，爲諸侯；商均封虞，在梁國，今虞城縣也。’”③ 虞城距胡公滿所封陳國淮陽百餘里，當時所封非原地，殆另有原因。《左傳·昭公八年》：“舜重之以明德，寘德於遂，遂世守之。及胡公不淫，故周賜之姓，使祀虞帝。”杜注云：“胡公滿，遂之後也，事周武王，賜姓曰嬀，封諸陳，紹舜後。”④ 鄭玄注“因生以賜姓”云：“因其所由生以賜姓，謂若舜由嬀汭，故陳爲嬀姓。”此以舜居嬀汭，故賜姓嬀。然舜後又有姚姓一説。《帝王世紀》：“舜，姚姓也……〔瞽瞍〕妻曰握登，見大虹意感，而生舜於姚墟，故姓姚，名重華，字都君。”⑤ 一人而兩姓，論者疑之。劉師培謂兆、化（劉謂古代爲、化同字，即譌與訛同字之比）篆文形近，姚、嬀兩字乃形近而譌，是原即嬀字也。⑥ 楊希

① 司馬遷《史記》卷三六，第五册，第 1575 頁。
② 司馬貞《史記索隱》云：“夏代猶封虞思、虞遂是也。”以思、遂世系在夏。杜預注《左傳》云：“遂，舜後，蓋殷之興，存舜之後而封遂，言舜德乃至於遂。”是以遂爲殷時人也。《哀公元年》：“〔少康〕逃奔有虞，爲之庖正，以除其害。虞思於是妻之以二姚。”則虞思於夏初人。蓋一受封於夏，一受封於殷也。
③ 司馬遷《史記》卷一，第一册，第 45 頁。
④ 孔穎達《春秋左傳正義》，第四册，第 1455 頁。
⑤ 《太平御覽》卷八一一引《帝王世紀》，中華書局，1960 年影印本，第一册，第 376 頁上。握，他書多作“握”。
⑥ 劉師培《氏姓學發微》，《左盦外集》卷十，《劉申叔遺書》，江蘇古籍出版社，1997 年，下册，第 1567 頁下。

枚更牽於《史記》舜爲黃帝和顓頊之後，甲骨卜辭顯示舜即帝俊，感覺舜有姬、子、姚、媯諸姓，滋生疑惑。乃云：

> 顓頊、舜和胡公究竟分屬姬、媯、姚、子四姓抑同屬其中一姓，這裏固不容斷言，甚至聯帶的五帝族系及其子孫後裔的族籍也都成問題了！然則問題的癥結何在？作者認爲這倒不在於史料可靠性的差異，而顯然在於先秦社會組織——即構成那些大小氏族集團的各姓族的父或母系的屬性以及其演變的時代問題。①

楊氏之出發點是，姓爲母系氏族社會所固有，其在母系轉爲父系社會之際，產生種種異相，這是一人多姓之癥結所在。他由帝舜一人四姓之不確定，連帶懷疑五帝族系之不確定。其實他並未去深究什麼是“姓”，姓是怎麼產生這一問題的根源。關於帝舜及其後有姚、媯兩姓問題，孔穎達曾有一較爲合理之解釋：

> 《陳世家》云：陳胡公滿者，虞帝舜之後也，昔舜爲庶人時，居于媯汭，其後因爲氏姓，姓媯氏。武王克殷得媯滿，封之於陳，是舜由媯汭，故陳爲媯姓也。案，《世本》帝舜姚姓。哀元年《傳》稱：虞思妻少康以二姚，是自舜以下猶姓姚也。昭八年《傳》曰：及胡公不淫，故周賜之姓，是胡公始姓媯耳。《史記》以爲胡公之前已姓媯，非也。②

孔氏是將姚、媯看作先後不同時所封所賜。舜果若生於姚墟，其踐帝位可以名姚氏，亦可能夏禹封商均時賜爲姚氏，若“虞思妻少康以二姚”是實錄，則少康時似已有“姚”氏，上溯似當爲商均時所得。無論如何，夏時封土舜後，曾賜“姚”爲族氏名——是否名爲賜“姓”，今無法徵實。但舜生於姚墟而有德，符合眾

---

① 楊希枚《先秦賜姓制度理論的商榷》，《先秦文化論集》，第123頁。
② 孔穎達《春秋左傳正義》卷四四，第四冊，第1455頁。

仲所説"天子建德，因生以賜姓"之原則。

　　衆仲既云"天子建德，因生以賜姓，胙之土而命之氏"，命氏要胙土，賜姓更應胙土。禹封商均於虞城，武王封胡公滿於陳，都是胙土。既要使聖賢、名族之後得以延續，不僅讓其擁有一塊土地得以生存，還須讓其在所賜地域中奉其先祖神靈宗廟以祀之。所謂"賜山川土田，于周受命，自召祖命"（《詩·大雅·江漢》）。

　　黃然偉曾對銅器銘文中賜土田有過研究，云：

　　　　古有封建之制，天子可以土地田畝、臣僕賜其貴族。殷器無賞賜土田奴僕之記載，而兩周有之。銘文稱"賜土"，或曰"賜田"。稱"賜土"者爲西周初期之器，中晚期之銘文皆稱"賜田"。[1]

姑不論殷器有無胙土之實例，[2] 僅就西周初期稱"賜土"，中晚期稱"賜田"而言，雖土、田同義，或許西周初期"賜土"更大程度上是伴隨"賜姓命氏"，而中晚期"賜田"局限於一般賞賜。如康王時之宜侯夨簋云：

　　　　隹（唯）三（四）月，辰才（在）丁未，王眚（省）珷（武）王、成王伐商圖，征（誕）眚（省）東或（域）圖。王立（涖）于宜，入土（社），南卿（嚮）。王令虞侯夨曰："遷侯于宜，易██鬯一卣，商（賞）（瓚）一□、彤弓一、彤矢百、旅弓十、旅矢千；易（賜）土：乓（厥）川三百□、乓（厥）□百又廿、乓（厥）宅邑卅又五、乓（厥）□百又卌，易（錫）才（在）宜王人十又七生（姓），易（錫）奠

---

① 黃然偉《殷周青銅器賞賜銘文研究》，香港龍門書店，1978 年，第 190 頁。
② 嚴志斌統計殷商銅器銘文也只有賞賜"户"，未見土田。《商代青銅器銘文研究》，上海古籍出版社，2017 年，第 341 頁。

　　（旬）七白（伯），乒（厥）盧□又五十夫，易（錫）宜庶人

　　六百又□六夫。宜侯矢揚王休，乍（作）虞公父丁尊彝。①

此簋是賞賜銘文中賞賜最多者之一。觀其賞賜之物，有酒、瓚、
弓矢、土地、宅邑、族衆、庶人等，且數量之大，可以想見當時
册命之隆重。而賜土之多者如昭王時的召卣二：

　　佳（唯）十又二月初吉丁卯，醫（召）肇進事，旋徙
　　（走）事皇辟君，休。王自穀事（使）賞畢土，方五十里。
　　醫（召）弗敢䰩（忘）王休異（翼），用乍🔲宮旅彝。②

此器馬承源置於昭王，以爲與召尊同時，而陳夢家則將召尊置於
成王，蓋以其器形、花紋與成王銅器近同，是典型的西周尊和卣
形製。③以賞賜土方五十里而言，也只有周初可能性爲大，然召
之身份不明，此次賜土是否命氏賜姓，亦未能明瞭。孝王時之
🔲侯伯晨鼎：

　　佳（唯）王八月，辰才（在）丙午，王命🔲侯白
　　（伯）晨曰："訇（嗣）乃且（祖）考侯于🔲。易（錫）女
　　（汝）……用夙夜事，勿灋（廢）朕令（命）。"晨拜稽首，
　　敢對揚王休，用乍（作）朕文考瀕公宮尊鼎。子子孫孫，
　　甘（其）萬年，永寶用。

伯晨原爲王臣，任師氏，其父🔲侯卒，王策命襲封。④宜侯矢
簋是初命，🔲侯伯晨鼎是襲命。召卣受賜，亦當有功于王，賜
土在周公畢地旁，亦是一人物。

　　周初封建必須策命，策命有命辭。徵諸傳世及出土銅器銘

---

①　《宜侯矢簋》文字根據吳鎮鋒《金文通鑒》電子版，並參據馬承源《商周青銅
　　器銘文選》（三）而定。文物出版社，1988年，第34頁。

②　馬承源主編《商周青銅器銘文選》（三），第72頁。

③　陳夢家《西周銅器斷代》，中華書局，2004年，上册，第33頁。

④　參見馬承源主編《商周青銅器銘文選》（三），第226-227頁。

文，雖命辭有缺省，然所有命辭均無姓氏學家所謂"賜姓"或
"命氏"之辭。"命氏"一詞雖不出現，只要整篇銘文中有采邑、
領地或封地等，即可揣度其人因該采邑、領地或封地而得氏。如
四十二年逨鼎甲有文曰：

> 王若曰：逨，……余佳（唯）𨳑（狎）乃先且（祖）考
> 有庸于周邦，肆余（汝）▢詢。余肇建長父侯于▢，余
> 令（命）女（汝）奠長父，休，女（汝）克奠于𠥂（厥）自
> （師）。①

王"肇建長父于楊"，即封長父於楊地，爲楊氏。亦即王賜長父
采邑於楊爲楊氏。又散氏之封地，散氏盤記作：

> 弄（封）于單道，弄（封）于原道，弄（封）于周道；
> 以東，弄（封）于▢東彊；右還，弄（封）于履道；以南，
> （封）于䐗逨道。以西，至于堆莫。②

銘文記散氏封地四周邊界，即可從其四周邊界復原其采地，亦可
想見其封地命氏之意。新出清華簡《命許之訓》也是一篇與分封
有關之訓辭。呂丁不僅能夠"㝗（肇）橐（規）玟（文王），誐
（悉）光𠥂（厥）刺（烈）"，③ 而且又"幹（扞）楠（輔）珷
（武王），攺（䎽）敦殷受（紂）。咸成商邑"，所以成王親政，分
封呂丁，"命女（汝）侯于鄦（許）"，希望呂丁"佳臧（臧）耆

---

① 《逨鼎甲》銘文録文見劉君懷、辛怡華、劉棟《四十二年、四十三年逨鼎銘文
試釋》，《文物》，2003 年第 6 期，第 85 頁。按，吳鎮鋒《金文通鑒系統》
"楊"作"采"。李建生、王金平《周伐玁狁與"長父侯于楊"相關問題》對
楊地有所考證，《中原文物》2012 年第 1 期。
② 馬承源主編《商周青銅器銘文選》（三），第 298 頁。
③ 《清華簡》（伍）原文括注"右"，今從賈連翔《淺談竹書形製現象對文字釋讀
的影響》一文所考作"規"字。《半部學術史，一位李先生——李學勤先生學
術成就與學術思想國際研討會論文集》，清華大學出版社，2021 年，下冊，第
659－660 頁。

尔猷，虔（虞）血（恤）王家，柬（簡）胯（乂）三方不娀（賓），以堇（勤）余一人"。伴隨分封儀式，除了劃分侯于許的土地，還有很多賞賜之物，成王封呂丁於許，同時賞賜車馬、玉器等許多物品。而最重要的是後面的勉勵之辭，亦即訓辭：

> 王曰："於（嗚）唐（乎），丁，戒才（哉）！余既監于殷之不若，囦童才（兹）恖（憂），林（靡）念非尚（常）。女亦佳豪（淑）章尔虘（慮），祗敬尔猷，以永厚周邦，勿瀘（廢）朕命，經嗣某㫄（享）。"[①]

呂丁爲姜姓，亦即姜氏。銅器銘文和簡牘命訓雖未見"命氏"一詞而確實是分封同姓異姓諸侯之事，就儀式内容到賞賜物以及訓辭，應該已具封地命氏之法律效果。至於不見"賜姓"一詞，原因如下：

1. 姬周封文武成康及周公之子雖有五十餘國，但皆同姓，無須在銘文中用"賜姓"二字。

2. 典籍所記分封異姓多在周初武王之時，至成康時所封主要是同姓，而傳世和出土之周王封異姓之銅器尤少，故亦難見其辭。

總之，西周分封同姓和異姓，都經過册命儀式。無論初命分封和襲命再封，都會有册命。初封多有封地，或賜氏族，襲命是否益地益族，容有不同。唯同姓無須賜姓，而異姓，尤其是三恪二王和上古著名氏族，則應有賜姓號一項内容。[②] 即如武王封胡

---

① 李學勤主編《清華大學藏戰國竹簡》（伍），中西書局，2015 年，第 118 頁。

② 宜侯矢簋"易才宜王人十又七生（姓），易奠（甸）七白（伯），乎盧□又五十夫，易宜庶人六百又□六夫"一語，有"宜王人"和"宜庶人"之別，且"王人"稱"生"而"庶人"稱"夫"，量詞亦不同。"易才宜王人十又七生（姓）"是周王賜宜侯矢在宜地的王人十又七生。"生"字馬承源等釋爲"姓"，至確。復又解釋："宜，國名。商末有宜子鼎，宜侯所封疑即此地。（轉下頁）

公滿於陳，雖未有册命文字留存，伴隨其封地、分物、分族同時，必有賜姓號一項儀式和内涵。因爲唯有賜予異姓一姓號，方可旌表三恪二王以及所有被封的顯赫氏族，方可顯示奠定天下以仁義爲懷的浩蕩恩德，方可分別同姓異姓以施行親親尊尊之儀禮。

六、 周代禮制、 禮俗所見同姓、 異姓之等級與待遇

從卜辭僅有"氏"到《左傳》所記之賜姓命氏，顯示出商周之際在姓氏制度上一個質的變化。據方炫琛研究，"周人姓氏制度最重要之特色爲'姓氏二分'，'姓氏二分'，指西周至春秋時代，人物稱謂中之姓與氏有別"。"姓是周代族類名"，"氏是周代國名（含天子之天下及諸侯之國）、家名（卿大夫等之家）"。[①]因爲周代姓氏二分，故而産生賜姓命氏之事之説，然此即與周初分封同姓之政治舉措密切相關。賜姓、命氏之制雖未在西周、春秋文獻中被明確記載、保存下來，然在周代禮制、禮俗中却無處

（接上頁）或以爲此簋出土的地點丹徒即宜侯的封地，實無證，古宜有數處，確切地望待考。"宜爲商末之侯國，今周王以宜地之王人"十又七生"賜矢。宜地王人當是宜地貴族，亦即殷商管轄下族氏，今將其稱爲"十又七生（姓）"，是即將殷商族氏分姓而稱，此與《左傳》所稱"殷民六族""殷民七族"相同而改"族"爲"姓"。一字之改，不僅將"族"與"姓"之同義定點在西周，其次是"生"在西周時已有"姓"之涵義，更重要的是因爲"易生"即是"賜姓"，與楊希枚《先秦賜姓制度理論的商榷》一文費盡筆墨欲證成"賜姓"就是賜民、賜族屬之觀點相合。儘管如此，筆者還是認爲，分封同姓與異姓，仍然是周初一項大政策，而且分封異姓是前有所承，亦即夏商時都有，這是《世本》《史記》《古史考》等多有記述之史實，只是分封時是賜"氏"號還是賜"姓"號，未能明確，而這正是需要我們研討的關鍵。

① 方炫琛《周代姓氏二分及其起源試探》叙論，第 1-2 頁。

不顯露出周人對待同姓、異姓有親疏、内外、厚薄之差異。姬周雖是君統與宗統合一之社會，然很多場景下都以親親爲先。首先是《周禮·天官·太宰》説王馭萬民之八法，第一親親，第二敬故。鄭玄云："親親，若堯親九族也。敬故，不慢舊也。"① 即此親親、敬故，已奠定周代禮制之基調，而可以爲分封同姓和異姓政策作理論指導。當然親親在前，敬故在後，也是周代鞏固政權之核心。親親與治國之因果，《大傳》作如此表述："自仁率親，等而上之至于祖，自義率祖，順而卜之至于禰，是故人道親親也。親親故尊祖，尊祖故敬宗，敬宗故收族，收族故宗廟嚴，宗廟嚴故重社稷，重社稷故愛百姓，愛百姓故刑罰中，刑罰中故庶民安，庶民安故財用足，財用足故百志成，百志成故禮俗刑，禮俗刑然後樂。"② 是始於親親，終於國治而民樂。禮家認爲周代之禮，即從親親所生，《中庸》曰："仁者，人也，親親爲大；義者，宜也，尊賢爲大。親親之殺，尊賢之等，禮所生也。"③ 並且聲稱"親親也，尊尊也，長長也，男女有別，此其不可得與民變革者也"④（《大傳》）。一代之大禮如此，故其貫徹、滲透到朝聘盟誓、作揖親疏、車旗服飾、政策謀劃、同姓蕃屏、外婚聯姻、喪祭臨弔、重罪輕刑等各個方面，無不有同姓、異姓之差別，以下分別舉例來展示其差異性。

（一）　朝聘盟誓

朝聘、覲遇、盟誓等各種儀式，都是同姓優先或站立尊位。《儀禮·覲禮》："諸侯前朝，皆受舍于朝。同姓西面北上，異姓

---

① 賈公彦《周禮注疏》卷二，北京大學出版社，2000年，第一册，第37-38頁。
② 孔穎達《禮記正義》卷三四，北京大學出版社，2000年，第三册，第1178頁。
③ 孔穎達《禮記正義》卷五二，第四册，第1683頁。
④ 孔穎達《禮記正義》卷三四，第三册，第1166頁。

東面北上。"鄭玄注："言諸侯者，明來朝者衆矣。顧其入覲，不
得並耳，……分別同姓異姓，受之將有先後也。《春秋傳》曰
'寡人若朝于薛，不敢與諸任齒'，則周禮先同姓。"① 因來朝者
衆，入覲必須有先後，則同姓在先，異姓在後。鄭所引《春秋
傳》文見《左傳·隱公十一年》：

> 春，滕侯、薛侯來朝，爭長。薛侯曰："我先封。"滕侯
> 曰："我周之卜正也。薛，庶姓也。我不可以後之。"公使羽
> 父請於薛侯曰："君與滕君，辱在寡人。周諺有之曰：'山有
> 木，工則度之。賓有禮，主則擇之。'周之宗盟，異姓爲後。
> 寡人若朝于薛，不敢與諸任齒。君若辱貺寡人，則願以滕君
> 爲請。"薛侯許之，乃長滕侯。②

薛，任姓，夏奚仲之後。滕，文王子之後。"三后之姓，於今爲
庶"，故滕侯云薛爲庶姓。降及春秋，朝聘之儀、盟誓之會，情
況複雜。魯用周禮，其宗盟以同姓爲先。定公四年《左傳》祝佗
稱踐土之盟，盟書云：晉重、魯申、蔡甲午、鄭捷、齊潘。鄭小
國，卻是厲、宣之裔；齊大國，則乃太公姜姓之後，故鄭前齊
後。是知西周之禮同姓爲先。春秋之時，禮樂崩壞，其他盟會，
亦有大國在先者，已未必遵循周禮。據鄭注、孔疏，朝覲是以爵
同而同位，然同位之中，仍先同姓而後異姓。若王官之伯臨諸侯
之盟，亦常先同姓。

又《禮記·文王世子》云："公族朝于內朝，內親也。雖有
貴者以齒，明父子也。外朝以官，體異姓也。"③ 亦從側面表明當
時諸侯處理國內公私政務之同姓異姓區別。

---

① 賈公彥《儀禮注疏》卷二六下，北京大學出版社，2000 年，第二冊，第
590 頁。
② 孔穎達《春秋左傳注疏》卷四，第一冊，第 140-141 頁。
③ 孔穎達《禮記正義》卷二〇，第二冊，第 755 頁。

（二）　作揖親疏

周禮雖尚尊尚爵尚齒，然就中亦時時有親疏内外之異。如周王與諸侯相見作揖，即有同姓、異姓之别。《周禮·秋官·司儀》："〔司儀〕詔王儀，南嚮見諸侯，土揖庶姓，時揖異姓，天揖同姓。"[①] 庶姓即衆姓，指無親者，異姓指婚姻之親。土揖、時揖、天揖三種作揖之動作，孫詒讓引江永説釋解云："古人之揖，如今人之拱手而推之，高則爲天揖，平則爲時揖，低則爲土揖。"黄以周釋三種作揖姿勢云："拱手當心曰時揖，時揖平衡也。拱手少舉曰天揖，天揖上衡也。拱手少下曰土揖，土揖下衡也。"[②] 所謂拱手就是斂手。王對庶姓，只是斂手稍稍向下，示意一下而已；對異姓則拱手當心，平衡地推手來回，稍示尊敬；對同姓則是拱手小舉向上，表示尊敬。《大戴禮記·朝事》篇解釋王對庶姓、異姓、同姓三種不同之作揖動作，是"所以别親疏外内也"。[③]

（三）　車旗服飾

車旗服飾在等級森嚴、朝聘祭祀繁瑣之周代規定甚爲嚴格。即以乘車而論，車分五等：玉路、金路、象路、革路、木路。天子平時乘玉路，然其出弔，則降而乘金路。其他上公、侯伯皆然。其他四路裝飾、用途見《周禮》，《春官·巾車》："金路，鈎，樊纓九就，建大旂，以賓，同姓以封；象路，朱，樊纓七就，建大赤，以朝，異姓以封；革路，龍勒，條纓五就，建大

---

① 孫詒讓《周禮正義》卷七二，第十二册，第 3013 頁。
② 黄以周《禮書通故》卷二一，中華書局，2007 年，第三册，第 971 頁。
③ 方向東《大戴禮記匯校集解》，中華書局，2008 年，下册，第 1202 頁。

白，以即戎，以封四衛；木路，前樊鵠纓，建大麾，以田，以封蕃國。"金路封同姓，鄭玄云："謂王子母弟率以功德出封。雖爲侯伯，其畫服猶如上公，若魯、衛之屬。"[①] 故杜預注《左傳・定公四年》成王分魯公、康叔、唐叔以大路之"大路"爲"金路"。所謂上公，殆指周初所封異姓夏、殷之後的杞、宋二國或功業蓋世的姜太公。依爵位，侯伯降公一等，而其車旂服飾相等者，即以同姓、異姓親疏之故也。鄭注"異姓"指"甥舅"，亦即指先王及時王姻親之國，如陳國等。[②] 異姓乘象路，然同姓子男亦乘象路。總之，同姓之子孫可以與高一級爵位之異姓同其車旂服飾，顯出其制訂制度時對同姓之優渥。

（四）　政策謀劃

《太平御覽》卷四百五十引《尚書大傳》曰："周公先謀於同姓，同姓從，然後謀於朋友，朋友從，然後謀於天下，天下從，然後加之菁龜。是以君子聖人謀義不謀不義，故謀必成；卜義不卜不義，故卜必吉；以義擊不義，故戰必勝。是以君子聖人謀則成，戰則勝。"[③] 此雖伏生之言，或乃前有所本。同姓乃宗親兄弟，朋友則異姓。不管是克殷之前抑或其後，都可看出周公之行事風格和內心思想。

（五）　同姓蕃屏

周初大封同姓兄弟，其本意是冀望兄弟子孫共爲蕃屏，捍衛

---

① 孫詒讓《周禮正義》卷五二，第八冊，第 2151－2158 頁。
② 賈疏："謂先王及今王有舅甥之親，若陳國、杞國，則別於庶姓。"孫詒讓據《覲禮疏》謂杞爲二王之後，當如上公乘金路，謂賈疏不當。見《巾車》下案語。《周禮正義》卷五二，第八冊，第 2155 頁。
③ 《太平御覽》卷四五〇，中華書局，1960 年影印本，第二冊，第 2069 頁上。

王室；後世眷念同姓血緣之情，共保社稷。數百年之後，世遠情疏，各國爲利益所趨，爭奪國土，遂有不念同姓者。但"詢爾仇方，同爾兄弟"之意識固已深入人心，故凡不救甚或伐兄弟之國者，多遭到諫諍駁議。至於出兵滅同姓之國，則當時後世共譏之。《左傳》載滅同姓之國者三，如《春秋·僖公二十五年》："正月丙午，衛侯燬滅邢。"《左傳》云："同姓也，故名。"① 《公羊傳》云："衛侯燬何以名？絕。曷爲絕之？滅同姓也。"② 而《穀梁傳》云："燬之名，何也？不正其伐本而滅同姓也。"③《左傳》較爲平和，而《公》《穀》皆直抉其過，至何休注《公羊》曰："絕先祖支體尤重，故名以甚之。"更爲直接顯露。僖公二十八年春，晉侯侵曹伐衛。三月入曹執曹伯，至冬晉侯有疾，曹伯之豎子侯獳賄賂卜筮之官，使之向晉侯云："齊桓公爲會而封異姓，今君爲會而滅同姓。曹叔振鐸，文之昭也；先君唐叔，武之穆也。且合諸侯而滅兄弟，非禮也；與衛偕命，而不與偕復，非信也；同罪異罰，非刑也。禮以行義，信以守禮，刑以正邪。舍此三者，君將若之何？"④ 晉侯覺得有理，遂復曹伯。卜官所説，皆兄弟之情，蕃屏之意，信義之禮，晉侯聞而釋曹伯，可知兄弟相親，同捍共保之信念仍有其心理基礎。至於名與不名，歷代經師各有異説，如謂春秋晉滅虢、滅虞，齊滅紀，楚滅夔，是皆滅同姓，皆不名。⑤ 其實具體之春秋之禮、史官之筆如何且可擱置

① 孔穎達《春秋左傳注疏》卷一六，第二册，第488頁。
② 徐彦《春秋公羊傳注疏》卷十二，北京大學出版社，2000年，第一册，第290-291頁。
③ 徐彦《春秋公羊傳注疏》卷九，第167頁。
④ 孔穎達《春秋左傳注疏》卷一六，北京大學出版社2000年，第二册，第527頁。
⑤ 各家異同之説，可參見陳槃《左氏春秋義例辨》卷二《名例》所集（上海古籍出版社，2010年影印本，第258-261頁）。然筆者以爲宋蕭楚《春秋辨疑》卷四《書滅辨》上下兩篇所論甚正，可參閱。

一邊，《禮記‧曲禮下》記："天子不言出，諸侯不生名，君子不親惡。諸侯失地，名；滅同姓，名。"① 至少可以確定孔門子弟聞之於夫子者如此，夫子即使有自己的義例，然其義確與周初分封旨意相合。

（六）　外婚聯姻

婚娶之禮，人倫之大禮。周初大封兄弟子孫，並嚴格實行外婚制，目的是想通過聯姻方式，將已經築起的姬姓屏障通過外婚聯姻而不斷擴大，最終造成普天之下，非我兄弟，即我子孫，非我姬姓，即我姻親之大一統格局。如若僅從同姓相娶，其殖不蕃之生育觀著眼，一般五世、六世服盡親疏甚至十世之後，同姓婚姻，未必不蕃。而《禮記‧大傳》載：

> 四世而緦，服之窮也；五世袒免，殺同姓也；六世，親屬竭矣。其庶姓別於上而戚單於下，昏姻可以通乎？繫之以姓而弗別，綴之以食而弗殊，雖百世而昏姻不通者，周道然也。②

同姓之人，雖疏遠至百世，仍然不能互通婚姻，這是周道之原則，亦即周禮之法規。《大傳》此文，似本乎孔子之言。《家語‧曲禮子貢問》載衛公使其大夫求婚於季氏，桓子問禮於孔子，孔子認爲"同姓爲宗，有合族之義"，即答以"故繫之以姓而弗別"云云。桓子又問："魯衛之先，雖寡兄弟，今已絕遠矣，可乎？"孔子曰："固非禮也。夫上治祖禰，以尊尊之，下治子孫，以親親之，旁治昆弟，所以敦睦也。此先王不易之教也。"③ "周道然

---

① 孔穎達《禮記正義》卷五，北京大學出版社，2000 年，第一冊，第 174 頁。
② 孔穎達《禮記正義》卷三四，第四冊，第 1171 頁。
③ 陳士珂《孔子家語疏證》卷十，《國學基本叢書》，商務印書館，1932－1947 年，第 272 頁。

也""不易之教也",皆説明此乃周禮規定必須恪守之婚律。有違此禮,必人所共譏。《春秋·哀公十二年》載:

> 夏五月甲辰,孟子卒。杜預注:"魯人諱娶同姓,謂之孟子。《春秋》不改,所以順時。"

《左傳》云:"夏五月,昭夫人孟子卒。昭公娶于吳,故不書姓。死不赴,故不稱夫人。不反哭,故不言葬小君。"杜預注:"諱娶同姓,故謂之孟子。"[①] 周代女子稱姓,吳亦姬姓,則夫人當稱"孟姬"或"吳姬"。若連"姬"而稱,必遭人譏笑唾棄,故只能書"孟子"。[②] 上升到周代之人倫,甚至被稱爲禽獸之行。[③] 但這一爲尊者隱諱之舉,帶來後果甚爲嚴重。首先是不能訃告諸侯,因訃告必依禮稱姓,不稱夫人;其次不反哭於祖廟,故史官不能言"葬小君"。其事近於隱公三年其母聲子之卒,只書"君氏卒",亦不赴不反哭,不稱夫人不言葬。更有甚者,因爲魯、吳同姓,昭公無法上報天子,天子亦不頒賜其"夫人"名號及相應之命服、命玉。故《雜記下》云:"夫人之不命於天子,自魯昭公始也。"[④] 由此諸侯夫人稱謂一事,還使孔子招致陳司敗苛刻評論。《論語·述而》載:陳司敗知昭公此事而問孔子:"昭公知禮乎?"子曰:"知禮。"陳司敗即向巫馬期云:"吾聞君子不黨,君子亦黨乎。"孔子聞之曰:"丘也幸,苟有過,人必知之。"[⑤] 其實孔子並非不知昭公違禮,在與弟子對答時即曾云:"取妻不取同姓,以厚別也。故買妾不知其姓則卜之。以此坊民,《魯春秋》猶去夫

---

① 孔穎達《春秋左傳注疏》卷五九,第四册,第 1916 頁。
② 此事《公羊》《穀梁》及《論語·述而》《禮記·坊記》等都有涉及并予譏彈。
③ 許慎《五經異義》云:"《易》曰:'同人于宗,吝。'言同姓相娶,吝道也。即犯誅絶之罪,言五屬之内禽獸行,乃當絶。"見《通典》卷六十引。陳壽祺《五經異義疏證》卷中,清嘉慶十八年刻本,第七十七葉 b。
④ 孔穎達《禮記正義》卷四三,第三册,第 1338 頁。
⑤ 邢昺《論語注疏》卷七,北京大學出版社,2000 年,第 106 頁。

人之姓曰吳，其死曰‘孟子卒’。”① 對陳之問，只是爲尊者諱而
已。將“知禮”“不知禮”，與“周道然也”“不易之教”“以厚別
也”以及“男女辨姓，禮之大司也”②（《左傳·昭公元年》子產
語）等相參悟，可確信同姓不婚乃周代所定根本之大禮大法。此
一大禮大法，在周代具體實行得如何？先從周王室看，其所娶絕
大多數爲姜姓女，其次爲姒姓、祁姓、妊姓、姞姓、嬀姓、隗姓。
魯國在西周和春秋早中期，國君所娶多爲周邊姜姓、子姓、嬀姓、
歸姓、風姓、嬴姓、熊姓、己姓、姒姓女子，恪守同姓不婚大律。
春秋晚期所娶亦多爲歸姓、姒姓女子，其娶同姓吳孟子，實爲當
時吳、楚爭霸政治形勢下之舉措。齊國在西周時，主要與姬周王
室和畿內貴族如井氏、周氏、晉國、虢國等聯姻，春秋時則與周
圍宋子、魯姬聯姻較多；其女子出嫁與娶入相應，西周多嫁與王
室，春秋則聯姻魯、衛、晉、陳、吳、楚、鄭、燕諸國。放眼秦、
楚、宋、衛、陳、蔡、鄭、燕、吳諸國，其嫁娶亦多爲異姓。③ 兩
周婚姻現象表明，上自王室牧伯，下至諸侯各國，基本恪守同姓
不婚大律，偶有同姓嫁娶，亦有特殊原因。尤可關注的一點是，
王室與大國嫁娶，多集中在武王、周公、成王先後封賜的異姓，
尤其是姜姓，充分證明王室與諸侯國君共同遵守、推行武王、周
公所定國策，與三恪二王以及顯赫氏族、邦國聯姻，以形成諸侯
各國之上層，非我同姓，即爲姻親，冀保姬姓統治延綿無窮。

（七）喪祭臨弔

姬周親同姓，重喪祭，故其喪祭禮儀中多同姓、異姓之別。

① 孔穎達《禮記正義》卷五一，第四册，第 1657 頁。
② 孔穎達《春秋左傳注疏》卷四一，第三册，第 1039 頁。
③ 西周王室和諸侯嫁娶情況，詳參劉麗《兩周時期諸侯國婚姻關係研究》一書
　彙總諸國嫁娶對象所列諸表。上海古籍出版社，2019 年。

《禮記・檀弓上》："唯天子之喪，有別姓而哭。"《欽定禮記義疏》："周之宗盟，異姓爲後，故哭，同姓先、異姓後，庶姓則尤後也。"① 不僅哭分先後，其臨弔場所亦有講究。《左傳・襄公十二年》：

> 吳子壽夢卒，臨於周廟，禮也。凡諸侯之喪，異姓臨於外，同姓於宗廟，同宗於祖廟，同族於禰廟。是故魯爲諸姬，臨於周廟；爲邢凡蔣茅胙祭，臨於周公之廟。②

此處所謂"凡"，乃西周之常禮。不僅分別同姓、異姓，即同姓之中，亦有世系之不同，最足見周禮同姓、異姓及親疏之差別。天子、諸侯如此，民衆亦不例外。《孔叢子・雜訓》："魯人有同姓死而弗弔者，人曰：'在禮當免，不免當弔，不弔有司罰之，如之何子之無弔也。'答曰：'吾以其疏遠也。'子思聞之曰：'無恩之甚也。昔者季孫季康子問於夫子曰："百世之宗，有絕道乎？"子曰："繼之以姓，義無絕也。"故同姓爲宗，合族爲屬，雖國子之尊，不廢其親，所以崇愛也。'"③ 孔子以爲同姓相弔，雖疏遠而不廢，殆亦"吾從周"之周禮。他如喪祭之男主與尸，如無嫡子嫡孫，亦必請同姓之人充任，皆反映出周人重同姓之禮俗。

（八）重罪輕刑

人多侈談"刑不上大夫"之是非，而尠論及同姓獲罪行刑之特別。周代於君王和姬姓諸侯及同姓者，無論有爵無爵或爵之高低，其犯罪行刑，不與異姓同在市朝。《周禮・天官・甸師》：

---

① 《欽定禮記義疏》卷十一《檀弓上三》，光緒十四年（1888）上海鴻文書局石印本，第七葉 a。
② 孔穎達《春秋左傳注疏》卷三一，第三册，第 1039 頁。
③ 《孔叢子》卷上，《百子全書》本，浙江古籍出版社，1984 年影印掃葉山房本，第一册，第七葉 b。

"王之同姓有辠，則死刑焉。"鄭玄注："鄭司農云：王同姓有罪當
刑者，斷其獄於甸師之官也。"與王同姓，即姬姓。賈疏云："周
姓姬，言同姓者，絶服之外同姓姬者。有辠者，謂凡五刑，則刑
殺不於市朝，於此死刑焉，謂死及肉刑在甸師氏。必在甸師氏
者，甸師氏在疆埸多有屋舍，以爲隱處，故就而刑焉。"① 甸師在
郊野專掌王之藉田，郊野有屋舍，市朝之人罕至，於此行刑王族
同姓，不易爲國人所知。《禮記·文王世子》亦曰：

> 公族其有死罪，則罄于甸人。其刑罪，則纖剸，亦告于
> 甸人。公族無宮刑。獄成，有司讞于公。其死罪，則曰"某
> 之罪在大辟"。其刑罪，則曰"某之罪在小辟"。公曰"宥
> 之"。有司又曰"在辟"。公又曰"宥之"，有司又曰"在
> 辟"。及三宥，不對，走出，致刑于甸人。公又使人追之，
> 曰"雖然，必赦之"。有司對曰"無及也"。反命于公。公素
> 服，不舉，爲之變。如其倫之喪，無服。親哭之。②

又解釋其原因云：

> 公族之罪，雖親，不以犯有司，正術也，所以體百姓
> 也。刑于隱者，不與國人慮兄弟也。弗弔，弗爲服，哭于異
> 姓之廟，爲忝祖，遠之也。素服居外，不聽樂，私喪之也，
> 骨肉之親無絶也。公族無宮刑，不翦其類也。③

既要考慮國法，又要顧及親情，進退之際，曲盡人情。而其將
同姓罪人送至郊野甸師屋舍行刑，畢竟與異姓和庶民不同。尤
其是對同姓不行宮刑，謂其原因是"不翦其類"，可謂意味
深長。

---

① 賈公彥《周禮注疏》卷四，北京大學出版社，2000年，第一冊，第118頁。
② 孔穎達《禮記正義》卷二〇，第二冊，第751－752頁。標點根據語意有改動。
③ 孔穎達《禮記正義》卷二〇，第二冊，第757頁。

七、 姓氏起源研究之反思

清以前之姓氏研究，多著重於世系追溯、姓氏尋源、姓氏更改和數量彙總，二十世紀以還，學者雖仍不乏繼承以往作業，而隨考古學之興起，疑古思潮之蔓延，西學理論之傳入，遂轉而開啓春秋以前姓氏起源、姓氏區別、姓氏與社會歷史關係與發展等課題。由於當時對甲骨認識有限，商史研究膚淺，不顧中華民族發展獨特性，生搬硬套西方理論，將姓氏與母系血緣氏族硬性綑綁，片面解讀，以致歪曲史實，顧此失彼，曲爲彌縫，自相矛盾。兹就二十世紀姓氏研究中涉及之問題，予以檢討反思。

（一） 氏族、 世族血緣之認定

“氏族”一詞，後世已成爲一個專名。然考之《詩》《書》，竟無其詞，驗之三傳，雖多氏族，而皆稱氏稱族，無有連言之者。杜預、何休、范寧之注，亦皆盡可能揭明何氏之族。如《左傳・閔公二年》“晉侯使大子申生伐東山皋落氏”杜預注：“赤狄別種也。皋落，其氏族。”① 此言皋落氏爲赤狄別種之氏族。《襄公二十三年》 “或以戟鉤之，斷肘而死。欒鮒傷，欒盈奔曲沃”杜預注：“鮒，欒氏族。”② 欒鮒固爲欒氏之族，是與欒氏有血緣關係者。《定公五年》“冬十月丁亥，殺公何藐”杜預注：“藐，季氏族。”③ 季氏族，即季氏之族人，藐是否與季氏有血緣關係，則無可徵。《成公十六年》“鄭子罕伐宋，宋將鉏、樂懼敗諸汋

① 孔穎達《春秋左傳注疏》卷一一，第二冊，第358頁。
② 孔穎達《春秋左傳注疏》卷三五，第三冊，第1137頁。
③ 孔穎達《春秋左傳注疏》卷五五，第四冊，第1798頁。

波"杜預注:"將鉏,樂氏族。"楊伯峻注:"杜注謂將鉏爲樂氏之族,孔疏云'不知所出'。"① 其有無依據是一事,而將鉏是否與樂氏同姓是另一事。杜預爲釋《春秋》氏族書法而解"氏族"一詞云:

> 別而稱之謂之氏,合而言之謂之族。子孫繁衍,枝布葉分,始承其本,末取其別,故其流至于百姓、萬姓。②

原始要終,族乃一群叢居之人的總稱,後因各種原因需要分別,乃以"氏"來分別甲乙,由此枝布葉分,一樹千花,成爲百姓萬姓。但氏族之派衍,就血緣人數而言,是自然的形成,若是公子公孫卿大夫之名氏立族,須得天子、諸侯賜封,方始成立。《左傳·隱公八年》衆仲所謂"天子建德,因生以賜姓,胙之土而命之氏。諸侯以字爲氏,因以爲族。官有世功,則有官族,邑亦如之"之賜姓命氏規則表明:賜姓乃天子之事,諸侯不得與。諸侯只能命氏,云以字爲氏,主要是命公族;而各國卿大夫以功業而得諸侯之封,則爲官族。當然公族亦可有功業,卿大夫亦可本爲公子公孫。又因各種公族、官族都得有一個名號或徽號,即所謂"某氏"。如公子公孫後用王父之字,官族則以官名或邑名等等。無論如何,凡立一族,都須由諸侯命賜,故羽父向隱公求請。羽父爲無駭請族,隱公命以爲展氏,說明族與氏是一體之兩面,族是其實,氏是其號。由於西周以還之公族、官族多爲世襲,因而也稱世族。魯國之三桓、鄭國之七穆、齊之國高皆是公族,晉國之趙氏、士蔿是官族。孫曜云:"吾國春秋時代,各國大夫皆世襲守土,謂之世族,爲當時各國實力之所寄,時代之重心也。"③

---

① 楊伯峻《春秋左傳注》,中華書局,1990年,第二冊,第879頁。
② 杜預《春秋釋例》卷二,《叢書集成初編》,商務印書館,1935年,第3628冊,第32-33頁。
③ 孫曜《春秋時代之世族》,《民國叢書》第三編,第63冊,第1頁。

世族一名在乎世襲之意義，氏族一名在乎一族群之名號。世族必有一立足於世之名號，有名號之氏族大多都是世族。諸侯是世族，卿大夫亦是世族，諸侯之下卿大夫有同姓有異姓，卿大夫之下家臣亦有同姓有異姓，諸侯與卿大夫下皆有國人和民，童書業解釋"民"字指人民，亦專指士、農、工、商，而"國人"則指國都之內及近郊之人。① 西周、春秋世族或世族結構如此，其血緣絕對不可能純粹。

　　西周氏族或世族應是前有所承。《左傳》所說殷民六族、七族，六族有條氏、徐氏、蕭氏、索氏、長勺氏、尾勺氏，七族有陶氏、施氏、繁氏、錡氏、樊氏、饑氏、終葵氏。楊伯峻謂索氏爲繩索之工，長勺、尾勺爲酒器之工，陶氏爲陶工，施氏爲旌旗之工，繁氏爲馬纓之工，錡氏爲銼刀工或釜工，樊氏或爲籬笆工，② 是皆殷商百工之族。無論這些氏族是否確爲此類手工家族，《左傳》以族與氏互言，且云"帥其宗氏，輯其分族"，其皆爲確確實實之族氏無可疑義。此類殷商族氏，正可與甲骨卜辭中成百上千之族氏印證，當時的族氏，不僅有族，且各有氏名徽號。更且卜辭有三族、五族之稱，如《合集補》10519 甲之武乙卜辭有：己亥歷鼎（貞），三族王其令追召方及于 [龍]；《合集補》08982 康丁卜辭：五族其雉（失）王衆。可見周初之六族、七族稱謂，實乃承繼殷商三族五族之慣例習稱，由此知殷商族氏多合族叢居，甚至群起群止。西周、春秋之氏族與殷商在性質上差異不大，或者大同小異，唯其命賜之標準、過程、方法，以及一族內之階層等等，今尚缺乏深入研究。

　　殷商族氏命賜過程及内部階層無確切文獻可徵，而學者就

_____

① 童書業《春秋左傳研究》，中華書局，2008 年，第 440－441 頁。
② 楊伯峻《春秋左傳注》，第四册，第 1536－1538 頁。

《左傳》"帥其宗氏，輯其分族"一語有過討論。孔穎達謂"宗氏"即"當宗同氏"，指各自率領其同宗同氏之人的各族之長。[1]童書業謂"'宗氏'者，宗族也，由'大宗'率領。分族者，宗族之分支，蓋由'側室''小宗'等之長率領，與'大宗'相和輯，受'大宗'管轄"。[2]陳夢家則將之分爲姓、宗、族三個層次，並與《左傳》喪祭臨弔"同姓於宗廟，同宗於祖廟，同族於禰廟"相對應。[3]此三家皆以六族七族是同姓之人，實是受西周姓氏二分之影響。朱鳳瀚評述三家之説，總結出四點：一、商人的家族是以宗氏、分族多層次的親屬集團；二、這種宗氏亦即宗族，源於同一父系祖先，派衍爲分族；三、這種親屬結構非常牢固；四、他們一直按照此種結構聚族而居。[4]殷墟墓葬表明，都城之內的居民基本是"聚族而居，合族而葬"，反映出當時的生活實情。殷商族氏之初固是同血緣組織，但隨著族之經濟地位上升，在殷商社會中地位、作用之越來越重要，其組織結構也不斷發生變化。經濟發展，需要更多人力，故平民會不斷加入；加之戰爭俘虜成爲奴隸，人員漸至龐雜，使之整個族氏血緣也變得不純粹。《左傳》説"輯其分族，將其類醜"，杜預謂"醜"即衆，"衆"是"被排除在宗族組織之外的"、被剥削被統治的貧民。而楊升南認爲"'類醜'應即由同一族來的戰俘而轉化成的奴隸"。[5]無論是貧民還是戰俘，其血緣當然與族人不同。再若著眼於墓葬中的人殉，更不會與族人同血緣。所以，"商代的族已經不再是單純的血緣團體，而是出現了階層分化和貧富差別，已經有宗

① 孔穎達《春秋左傳注疏》卷五四，第四冊，第 1779 頁。
② 童書業《春秋左傳研究》，第 457 頁。
③ 陳夢家《殷虛卜辭綜述》，科學出版社，1957 年，第 615 頁。
④ 朱鳳瀚《商周家族形態研究》，天津古籍出版社，1990 年，第 94 頁。
⑤ 楊升南《商代人牲身份的再考察》，《中國史研究》1988 年第 1 期。

族、分族之別，族長由血緣首領發展爲管理者，具有了一級行政機構的特徵"。① 如果族氏確實成爲社會行政機構，其成員繁雜，血緣不純則是無可避免的。

更溯而上之，《容成氏》《莊子》《世本》《帝王世紀》等所載上古倉頡氏、軒轅氏、神農氏等著名氏族，其結構階層更難以指實。上古食物匱乏，戰爭頻繁，若黃帝戰蚩尤等部落大規模戰爭不斷，有戰爭必有俘虜，有俘虜則其氏族、部落之結構必非單純，故其血緣亦必非純粹，前文已有詳述。由上古直至西周、春秋之氏族血緣既非純粹，則以血緣純粹性爲要素之姓或姓族即須重新檢驗。

（二）　血緣姓氏與母系氏族社會再檢討

據文獻所載，西周姓氏二分，僅以同姓不婚爲婚姻大法，並未涉及姓與氏之血緣問題。秦漢以下凡言姓氏者如王符、應劭、何承天、林寶、鄭樵、鄧名世、陳夢雷、張澍等，亦皆不言血緣。將血緣與姓氏以及母系社會緊密結合在一起討論，是二十世紀姓氏研究新動向，而此動向係受考古學興起、西方人類學著作譯介和馬、恩思想著作傳入之影響而形成。

1. 西學傳入與史學趨新之反思

摩爾根《古代社會》於 1877 年出版，其實與此書相先後面世的人類學名著還有英國泰勒（Edward Burnett Tylor 1832 - 1917）的《原始文化》《人類學》、弗雷澤（James George Frazer 1854 - 1941）的《金枝》等。只因《古代社會》被馬克思閱讀後

---

① 宋鎮豪主編，王宇信、徐義華著《商代國家與社會》第六章，《商代史》卷四，中國社會科學出版社，2011 年，第 377 頁。

不僅有"十分詳細的摘錄"，更有許多重要的批語，① 準備運用到自己的唯物史觀中去。之後恩格斯循馬克思意圖，寫成名著《家庭、私有制和國家的起源》。隨著馬、恩思想傳入中國，李漢俊據摩爾根書編譯過一本《婦女之過去與將來》，其第二章《原始社會底男女關係》，專門介紹摩爾根《古代社會》中母系社會形態，以及母系如何向父系轉變。② 郭沫若則率先運用於中國古代史研究，於 1929 年寫出《中國古代社會研究》，嗤黜傳統國故研究者云："談'國故'的夫子們喲，你們除了飽讀戴東原、王念孫、章學誠之外，也應該知道還有馬克思、恩格斯的著作，沒有辯證唯物論的觀念，連'國故'都不好讓你們輕談。"③ 他在 1928 年秋冬起草至 1929 年九月寫成的《卜辭中的古代社會》第二章《上層建築的社會組織》一文中，將《呂氏春秋‧恃君》篇所記"昔太古嘗無君矣，其民聚生群處，知母不知父，無親戚兄弟夫妻男女之別"一語，與摩爾根彭那魯亞（Punaluan）型的母系社會群婚氏族相聯繫，一方面將傳說中有巢氏、燧人氏、伏羲氏、共工氏、神農氏歸爲"完全是人造"的系統，將黃帝以後五帝三王是一家的傳說也歸爲是"中國統一的前後（即嬴秦前後）爲消除各種氏族的畛域起見所生出的大一統的要求"。④ 並參據當時有限的甲骨卜辭考釋成就，認定"商代末年實顯然猶有亞血族群婚制存在"，更以卜辭中有對先妣＋特祭、帝王稱"毓"、兄終弟及等信息，斷定"卜辭中多母權中心制痕跡"，凡此"均係以母性爲中心的氏族社會制現象或其孑遺"。⑤ 郭沫若將殷商社會性質定爲

<hr />

① 《马克思恩格斯书信选集》，人民出版社，1962 年，第 408 頁。
② 李漢俊《婦女之過去與將來》，商務印書館，1926 年，第 7 – 66 頁。
③ 郭沫若《中國古代社會研究》自序，第 5 頁。
④ 郭沫若《中國古代社會研究》，第 246 頁。
⑤ 郭沫若《中國古代社會研究》，第 254、259 頁。

母系氏族社會，影響甚巨，姑不論其後引起長達五十年的古代史分期討論，也無論殷商究竟是奴隸社會還是封建社會，[①] 僅就郭氏將 "氏族" 和 "母系社會" 這些概念引入古代史研究，便已影響波及到先秦姓氏研究。1930 年，楊東蓴、張栗原合譯摩爾根《古代社會》一書由上海崑崙書店印行，1935 年轉由商務印書館出版，伴隨馬、恩著作的運用與實踐，使印第安人氏族與母系形態在中國學界進一步擴散，並爲更多學者援引與利用。

　　摩爾根所用 "氏族"，拉丁語是 gens，希臘語是 genos，本具有親屬、血親之義（kin）。所以氏族本義是："每一個氏族的成員都是屬於共通的直接世系的意義。所以一個氏族組織，就是以有共通的祖先、以氏族名稱相區分、以血緣關係相結合而成的一個血族團體。"[②] 就此意義而言，用漢語 "氏族" 對譯 clan，在字面上可謂極其貼切，然其具體內涵與外延是否完全一致，延伸出一些重大社會性質問題。

　　摩爾根以澳大利亞的級別制和夏威夷的群婚制爲坐標參數，認爲氏族制發生時期是在野蠻時代。夏威夷氏族群婚萌芽於女子一支——即同胞和旁系姐妹，共同享有一群 "丈夫"。"這些姊妹與其子女，以及女系的後裔，便是一個原始形態氏族中的合適的成員。世系必然是由女系追溯，因爲子女的父親在當時是不能準確地確定的。這種特殊的婚姻形態在一團體中一經成爲確定的制度時，作爲一個氏族的基礎也就隨之而出現了"。但據摩爾根調

---

① 此後各家的觀點詳見林甘泉、田人隆、李祖德《中國古代史分期討論五十年》一書所述，本文不作展述。上海人民出版社，1982 年。

② 摩爾根著，楊東蓴、張栗原、馮漢驥譯，《古代社會》，商務印書館，1971 年，第 98 頁。關於 "世族" "胞族" "部落" "部落聯盟" 之形態和性質，摩爾根在《印第安人的房屋建築與家室生活》一書第一章《社會和政治組織》中又有詳細闡釋，可參看。秦學聖、汪季琦、顧憲成譯，文物出版社，1992 年。

查，夏威夷這種團體人員雖然只限於一群母親和他們的子女及其女系的子孫，還"没有提升到氏族的概念"，儘管如此，他還是認爲："氏族的起源恰恰不能不歸諸這種以母親的姊妹關係爲基礎的團體，或同樣結合原則爲基礎的相類的澳大利亞的團體。"①對於女性世系的形成與性質，他只是從理論上推想説："在他們遠祖的以前的某一時期之中，其以女系爲本位必須是一種事實。"此種事實是：

> 原始時代的氏族，是由一名假想的女性祖先和她的子女，加上她的女兒的子女以及由她而來的女系後裔，永遠由女系相傳而成立的。至於她的兒子的子女以及由她而來的男系後裔的子女，則是被排除於她的氏族之外的。②

相反，男子世系也是如此。儘管他説以女系爲本位是"遠祖的以前的某一時期"，但云"氏族的起源恰恰不能不歸諸這種以母親的姊妹關係爲基礎的團體"，這就無疑是斷定一切氏族是由母系社會萌芽並由此展開、發展的。支撐這種思想意識的是，在知母不知父的時代，血緣本來從屬於母親，於是血緣與母系社會就緊密聯繫在一起。

由氏族而關涉氏族名號，由氏族名號聯繫到現代人的姓氏。摩爾根説："現在在我們之中的姓氏，即是世系以男性爲本位及同樣傳遞的古代氏族名稱的一種遺留。近代的家族，有如其姓氏所表示者，是一種没有組織的氏族；親屬的紐帶已被破壞，它的成員亦廣泛地散布於各地，有如其姓氏所散布的一樣。"③姓氏由氏族名號蜕變而成，於是將姓氏與母系血緣聯繫起來。抑不僅

---

① 摩爾根著，楊東蓴、張栗原、馮漢驥譯，《古代社會》，第 744–745 頁。
② 摩爾根著，楊東蓴、張栗原、馮漢驥譯，《古代社會》，第 590–591 頁。
③ 摩爾根著，楊東蓴、張栗原、馮漢驥譯，《古代社會》，第 99 頁。

此，摩爾根企圖將其所調查、歸納而形成的理論推廣到世界所有角落，"從野蠻時代的後期至開化時代的全部，人類一般地都組織成爲氏族、胞族及部落。這些制度流行於全部古代世界的各大陸之中，是古代社會由之而組織和結合的工具"。[①] 書中亦論及"中國的九族"，則中國當然被納入母系氏族範圍内。故中國學者在接受西方新思想新學説時，更是理所當然地將先秦氏族、姓氏與易洛魁氏族、姓氏相聯繫，於是論古代社會組織與性質，在古史辨思潮目空夏朝與三皇五帝傳説之視野下，正好以"母系社會""血緣氏族"填空，再結合社會學所謂奴隸社會、封建社會劃分，成爲一種學術時髦。爲證明二十世紀上半葉古史研究中思潮與傾向，姑摘録幾家學説，以見姓氏研究所受摩爾根母系血緣氏族與姓氏從母之影響。

吕振羽接受摩爾根之理論，又受當時古史辨思潮的影響，謂《尚書》中虞、夏書及《商書》《周書》部分皆係僞造，虞、夏書既不可信，則唐堯、虞舜、大禹三位都是"神化的人物"，是母系社會，只是到了夏代啓以後，社會變革，進入男系本位的氏族社會。[②] 他認爲"母系制度的主要特徵，子女屬於母的氏族，以母的氏姓爲氏姓；是男子出嫁，女子娶夫"，[③] 並將許多傳説時代的神話作爲史實佐證。

衛聚賢以獨立的研究考據著稱，曾撰有《中國的母系時代》，

---

① 摩爾根著，楊東蓴、張栗原、馮漢驥譯，《古代社會》序言，第 3 頁。摩爾根將古代社會的組織分成氏族、胞族、部落和部落聯盟四個級次。其具體劃定的内涵是：氏族，即具有共通氏族名稱的血族團體；胞族，即由親屬關係的幾個氏族爲某種共通的目的而結合的一種較高級的集團；部落，即氏族的集合，通常組織成胞族，其成員都操同一方言；部落聯盟，其成員都操同一語言的各種方言。見該書第 103 頁。
② 吕振羽《史前期中國社會研究》，北平人文書店，1934 年，第 135–195 頁。
③ 吕振羽《史前期中國社會研究》，第 136 頁。

以動物中蜂蟻尚爲母系、神話中帝王多有母無父、崇拜女性爲神，以及卜辭中留有母系時代的痕跡等，認定夏朝是母系氏族制，殷商是父系制而留有母系痕跡的社會。[①]

李宗侗是史學大家，曾翻譯古朗士《希臘羅馬古代社會史》，故竭力將希臘羅馬古邦與東周列國社會相比較，用彼圖騰制度來證明中國史前亦曾有過圖騰社會，而姓即中國史前之圖騰，姬姜以前皆母系社會。[②] 他將圖騰看作母系社會繼承的標識，謂"史前時代母系的圖騰社會恰是後來宗法社會的相反，姓氏皆由女子以傳，男人毫無足輕重：恰如宗法社會之繼承由於男子，女子亦無足輕重者"。[③] 李氏對古朗士（N. D. Fustel de Coulanges）、杜爾幹（Emile Durkheim）、摩爾根等理論頗爲熟悉，對麥因（Sir Henry Maine）、馬克勒昂（T. F. Mclennan）、摩爾根、齊羅德隆（A. Giraud-Teulon）等關於母系和父系之爭論也頗爲清楚，故屬於一位認真援用國外民族學、人類學理論研究先秦史之學者，非一般輕率套用某一理論以炫燿者可比。

吳澤著《中國原始社會史》，也採用摩爾根理論，謂"神農氏、堯、舜、禹時代是屬於母系氏族社會或對偶家族的"，更提出一種荒誕奇怪的看法，云："男子在幼年時從母姓，成年出嫁別氏後，便把母姓取消，而從妻所姓。"[④] 在此種觀念指導下，解讀黃帝二十五子，十四子得十二姓，認爲是"出嫁的十四位兄弟中，有二位是嫁在同一氏族内的。其餘的十一位未得姓者，疑即

---

① 衛聚賢《中國的母系時代》，《古史研究》第三集，商務印書館，1934 年，第 165－210 頁。

② 李宗侗《中國古代社會新研》，開明書店，1948 年，第 38 頁。按，李氏《新研》諸文著於 1938 年前。

③ 李宗侗《中國古代社會史》（一），中華文化出版事業委員會出版，1954 年，第 83 頁。按，引文中"恰是"文氣拗口，作"恰與"更順，未知是否筆者筆誤。

④ 吳澤《中國原始社會史》第三章，文化供應社，1943 年，第 65 頁。

未出嫁的兒子。同樣舜的子孫分十二姓，祝融之子也分八姓。據《古史考》知舜本從母姓姚氏（因爲舜母生於姚墟），及出嫁了，便改姓有虞氏，象嫁於有唐氏族（《帝王紀》稱有鼻氏）"。① 雖云別出心裁，却是自我作古，毫無根據。

陶希聖曾區別古代氏族云："原始的人群，是族。族的組織，或爲雙系（patrilaeral），或爲單系（unilateral），而單系，或爲母系（matrilateral），或爲父系（patrillateral）。"② 亦是借鑒《古代社會》理論以演述中國古代社會。

秦史專家馬非百著《秦史綱要》，立《母系社會與回勝制度》一節，以爲"秦民族之發展歷史，亦與一般民族相同，也是最先經過母系社會階段的"。③

鄭子田《中國原始社會研究》下編《氏族社會》立"母系氏族時代"一節，引述恩格斯觀點，認爲"中國之有氏族社會，且有母系氏族社會，從古代的傳説中可以看得出來"，在殷墟卜辭中也可以看得出來。他誤將卜辭之多姚解釋爲彭那魯亞的血緣群婚現象，説此種群婚在卜辭之前曾經存在過。④

受摩爾根理論影響之特殊例子，法學家陳顧遠在1923年著《中國古代婚姻史》，徵引《商君書》"民知其母而不知其父"、《吕氏春秋》"知母不知父"時云："足以證明他們認爲在野蠻底社會狀況上，就沒有婚姻制度；而民智已開底社會裏，就不能不讓他存在的。"⑤ 並未從母系、父系立論。1928年梅生在《母系

① 吴澤《中國原始社會史》第三章，第65－66頁。
② 陶希聖《中國政治思想史》第一編，南方印書館，1944年，第5頁。
③ 馬非百《秦史綱要》，大道出版社，1945年，第3頁。
④ 鄭子田《中國原始社會研究》下編《氏族社會》，永祥印書館，1947年，第48－50頁。
⑤ 陳顧遠《中國古代婚姻史》，《國學小叢書》，商務印書館，1924年，第4頁。

家庭底研究》一文中，説巴浩芬和摩爾根等社會學家曾發現上古人類的母系社會，母系社會中男子因知識非常薄弱，女性則天賦靈敏，知識程度超越男子，所以那時社會上的重要位置都被她們把持。由此下結論説："由人種學家和社會學家考察而得的各種證據，斷定最古的人類，確是由母系家庭而進爲父系家庭的。"① 明確表述已接受母系氏族理論。故陳顧遠 1936 年改寫成《中國婚姻史》時，謂《商君書》《吕覽》二書所記："皆有太古之民，獸居群處，未有夫婦匹配之合，當此之時也，民知其母而不知其父……一類之言，不啻間接承認曾有母系社會，且爲血族内婚也。"② 即此轉變，足以概見母系氏族理論在中國傳播之快之廣。

以上諸家多受摩爾根影響，用母系社會理論來研究、解釋中國上古歷史，甚至解釋三代姓氏。唯范文瀾《中國通史簡編》直據文獻，客觀叙述，不多引外來學説，可謂卓爾不群，③ 然其對當時運用母系氏族解釋中國歷史之傾向，似亦未置可否。④ 荆三林著《史前中國》一書，對郭沫若、吕振羽、任達榮、鍾道銘執殷代爲母系社會和存在母系姓族等觀點直接予以駁斥，⑤ 明確提出中國古代無母系中心社會。可見在當時，對生搬硬套引用新理論來研究史前史並非没有不同聲音。五十年代以後，由於學術路向和政治因素，仍有多種古代史著作繼承母系社會理論，謂中國

① 梅生《女性問題研究集》，新文化書社，1928 年，第三册，第 51 頁。
② 陳顧遠《中國婚姻史》，《中國文化史叢書》，商務印書館，1936 年，第 22 頁。
③ 范文瀾《中國通史簡編》第一編，題"中國歷史研究會編"，新華書店，1943 年。
④ 范文瀾在 1940 年延安出版的《中國文化》第一卷第三期發表的《關於上古歷史階段的商榷》一文中對郭沫若的殷代氏族社會稍有涉及，而未具體針對"氏族社會"進行討論。該文被收入《范文瀾全集》第十卷，河北教育出版社，2002 年，第 32－43 頁。
⑤ 荆三林《史前中國》第五篇《中國古代社會中心是男系乎？女系乎？》，西北大學，1947 年，第 149－156 頁。

上古曾經歷過母系氏族階段。如王玉哲以知母不知父、族外婚、舅姑稱謂、父子不相續相處、古帝王稱"毓""后"、圖騰痕跡和姓的性質七點來證明"中國在遠古時代，曾經有過一個母系氏族社會階段"，其轉入父系社會，"大概是開始于虞夏以前，而正式完成于虞夏之際"。① 岑家梧受教於胡體乾，於摩爾根、恩格斯著作深有研究，故謂新石器時代婦女發明農業，"在經濟生產上佔著重要的地位，他們是生產的主人"，時尚處群婚時代，所以是母系氏族制。② 由郭沫若主編的《中國史稿》，將距今五千年左右的龍山文化爲界，以前是母系氏族公社，此後是父系氏族公社。③ 直至三代考古有了實質性進展，甲骨卜辭研究進入到一個全新的階段，殷商或商周爲母系氏族之觀念才被抛棄。④

---

① 王玉哲《中國上古史綱》，上海人民出版社，1958年，第46頁。

② 岑家梧《中國原始社會史稿》，民族出版社，1984年，第60頁。按，岑氏此書初稿寫成於1958年，1966年去世。

③ 郭沫若主編《中國史稿》第一冊，人民出版社，1976年，第二、第三章，第15-78頁。

④ 可參見張光直《對中國先秦史新結構的一個建議》，杜正勝、黃進興編《中國考古學與歷史學之整合研究》，臺北"中央研究院"歷史語言研究所會議論文集之四，1997年，上册，第1-12頁。當然在個別深信摩爾根理論的學者如李衡眉，在研究古代婚姻史時，仍用普納路亞婚來詮釋先秦婚姻形態，也將禹、契、棄、大費等無父而生都看作與母系制有關，見《禹的兩種出生説試釋》，《齊魯學刊》1985年第4期；《我國原始社會婚姻形態研究》，《歷史研究》1986年第2期。皆收入《中國古代婚姻史論集》，吉林文史出版社，1992年，第1-26頁。研究民族史者如江應樑，雖亦承認大汶口文化已進入父系氏族公社階段，但也是用摩爾根理論來解釋母權制向父權制的轉化。《中國民族史》（上），民族出版社，1990年，第34-37頁。即使並不關注社會史及其理論的先秦史研究者中，仍時有這種意識。如王貴民《先秦文化史》第五章附論姓氏制度云："姓產生於母系氏族社會，故字從女旁；氏產生于父系家族而開始有分族的時代，故其字作從上向下分支之形。"所以"姓最古老，在原始社會，氏族、胞族等血緣單位，就用某種自然物如動植物或山水之名爲姓"，"故有姓爲圖騰之説"。上海書店出版社，2013年，第75、76頁。

2. 摩爾根母系血緣氏族理論之反思

二十世紀上半葉譯介國外考古學、人類學和社會學的著作，較早有吳敬恒所譯《荒古原人史》、陶孟和所譯《社會進化史》，張東蓴等所譯摩爾根《古代社會》也是較早譯著，但其影響却爲其他國外翻譯著作難以企及。

(1) 摩爾根母系血緣氏族理論之是與非

美國人類學家摩爾根（Lewis Henry Morgan 1818－1881）於1840年開始調查研究印第安人生活，寫出風靡一時的《古代社會》，作爲一本人類學、社會學名著，該書較早向學術界提供其觀察、研究數十年的心得，功績不可磨滅，其所開創的領域、建立的構架也一直誘導學者繼續循此進發和深入。然摩爾根所蒐尋的世界各地氏族資料是否全面，建立之理論是否能放之四海而皆準，則又當別論。不妨提示一句，摩爾根聲稱其所研究的印第安人親屬制度是"流行於全部古代世界的各大陸之中"的普遍法則，也是承繼蘇格蘭史學家、傳教士勞伯森（William robertson）的想法。勞伯森曾在其所著《美國史》一書中云：地球上每個地方的人類的演化都幾乎是一樣的，我們可以從簡單的野蠻人生活溯源人類的演化，直到發展出工業、藝術和燦爛文明的社會。所以摩爾根也認爲，世界各地野蠻人的演化方式不會有很大差異。這種無視文化之高度變異性，看似科學的直系演化推理掩蓋了另一種實際存在現象。《古代社會》一書出版二十多年後，以鮑亞斯（F. Boas）爲首的美國人類學派，對摩爾根等的直系演化主義理論提出強烈抨擊。鮑亞斯學派注重實地田野調查，發現越來越多直系演化主義的方案漏洞與理論缺陷。鮑亞斯學生羅維（Robtert. Heinrich. Lowie）著《初民社會》，即是對摩爾根直系演化主義或者說《古代社會》最直接之否定。

《初民社會》是全方位抨擊直系演化理論，其第六章則直接針對摩爾根的氏族理論進行駁斥。首先他據調查所得而認爲，氏族一詞的名詞運用界限不清，因而重新界定：氏族，依菲爾白立克（Philbrick）所定用古英語 sib 表示：美國人類學家包括摩爾根所用的 clan，他用 mother-sib，來表示母系氏族；摩爾根等所用的 gens，他用 father-sib，來表示父系氏族。因爲氏族最簡短的定義是單方親屬群，而家族則是雙方的，雙方就有母系和父系，就涉及子女從母或從父的姓，所以分別母系氏族和父系氏族很有必要。

羅維用譜系法來考察氏族祖先，往往無從證明氏族中所有分子全出於一個祖宗——儘管個別有可能忘却。而在調查荷匹族人口時，發現有幾個很小的母系氏族，竟是來自不同的母系群，其血統並不相同，只是一種互相認同而已。[①] 按照羅維之定義，家族是雙方的，氏族是單方的。一個家族子女承認父母雙方都是親屬，而氏族則只承認母方（母系）或父方（父系）而蔑視另一方，姓也就只從單方而無顧另一方。但隨之而來的問題是，如果雙方性的家族是普遍存在，如何能容忍單方的氏族存在，以及如何與家族共存？而事實上現實中就是承認與忽視的融合，即既繼承認父母雙方，而姓氏則又從父而傳遞。

摩爾根在直系進化觀驅使下，認爲世界上所有氏族制度都出於一源，並由此一源而向世界各地傳播。羅維所調查氏族之多，遠遠超過摩爾根，故其對無數大小氏族發生、發展等認識也遠比摩爾根豐富深刻。他所看到的氏族制度有高級有低級，氏族內部外婚內婚、從父姓從母姓等無一定規律，氏名與動植物之關聯也多有不可思議的現象，兩部合併或一部分散而其風俗制度却或異或同，凡此種種，均無可辯駁地顯示出其多源性，完全打破摩爾根直系進化發展之形態。

---

① 羅維著，呂叔湘譯《初民社會》第六章，商務印書館，1935 年，第 137 頁。

　　摩爾根堅持氏族是先導集團，家族是後起的産物，其轉捩樞紐即是外婚制，因擺脫血緣親屬通婚而獲得生物學上有益結果。但羅維則認爲這是最無根據的理論，首先内婚結果並非一定有害，現代生物學尚無作出内婚不良的鑒定。其次，原始部族全無氏族組織，"必待園藝活動或畜牧活動已經部分地或全部代替了射獵做經濟生活的基礎的時候氏族方才出現"。所以，他"斷定家族的時代先於氏族"，[①]"氏族從更古的家族中蜕變出來"。[②]

　　由氏族而引出一最關鍵的兩個概念——母系氏族與父系氏族，這一對名詞概念曾是指導我國歷史學者研究上古社會史之管鑰。從抽象邏輯而言，可以是母系氏族出於父系氏族，或父系氏族出於母系氏族，亦可以一先一後各有來源，甚至亦可毫無先後。摩爾根等設定一個企圖推之世界各地都須適應的先後順序，是基於遠古無單偶婚姻，民知有母不知有父，所以最古的氏族必定是母系氏族，一切父系氏族皆從母系蜕變而來。

　　即便摩爾根理論是建立在調查所得實例之上，但羅維調查更多氏族，發現單偶婚在較簡陋、原始的氏族中並非缺如且很普遍，即使在文化低下的氏族中仍不乏"義夫貞婦"。進而言之，生物學上之父親資格與社會學上父親資格是並行的兩碼事，在一妻多夫的托達人中，對生物學上的父子關係並不去究心，而却毅然承擔起社會學上的父親責任。在澳洲諸多部族中，並不知道性交與懷孕生子的關係，但却無礙其是從父系嗣氏族。[③] 基此，《吕覽》作者是用單偶婚固定上千年後的意識來追叙，且其所指是其之前幾千年抑是上萬年或更久的歷史形態，今亦無法確定。至於

---

① 羅維著，吕叔湘譯《初民社會》第七章，第 177 頁。
② 羅維著，吕叔湘譯《初民社會》第七章，第 197 頁。
③ 羅維著，吕叔湘譯《初民社會》第七章，第 199 頁。

甥舅關係即舅父權與母系氏族之關聯程度，亦即兩者之間是否有必然性，據羅維調查，有些母系部族没有舅父權，有些父系部族却有舅父權這個習俗。這種習俗第一可能來自傳播，第二則是源於姑舅表婚——亦即不是來自外甥和舅父關係，而是來自岳婿關係，所以他説：

> 不能够把父系社會中的舅父權習俗當作先前的母系階段的憑證，因爲這種習俗的存在是可以有另外的來源的。反之，舅父權往往在母系部族中付之闕如，這是一個事實。從母系嗣的澳洲人没有典型的舅父權，顯明的母系部族如克洛及西達查等族中也找不到牠的痕跡。最后分析的結果也許是除從母系嗣以外還要附加條件纔可以產生舅父權之俗。[①]

歸結到母系和父系之先後，就當時十九世紀所存在的氏族而言，具備父系條件即有可能從父模式的氏族，却演化出母系，相反，有些没有從母系嗣萌芽的氏族，却孕育出母系氏族制度，而一些從無氏族狀態的先民，由於受到外來勢力影響，或蜕演成母系氏族，或蜕演成父系氏族，"不必先有父系而後有母系，也不必先有母系而後有父系。一個民族的社會組織的歷史將視其部族關係而爲變異"。[②] 所以他總結：

> 從母系嗣和從父系嗣没有一定的繼次；無氏族組織的部族可以直接變入母系狀態，也可以直接變入父系狀態；最高等的文化誠然偏重家族的父方，許多最低等的文化亦復如此。某一民族的社會史的恢復，不能憑任何一般地真實的演化方案，却要看牠和鄰族之間的已知的及概然的文化關係。[③]

---

① 羅維著，吕叔湘譯《初民社會》第七章，第 206 - 207 頁。
② 羅維著，吕叔湘譯《初民社會》第七章，第 210 頁。
③ 羅維著，吕叔湘譯《初民社會》第七章，第 221 頁。

在摩爾根《古代社會》風行二十多年後的二十世紀初，鮑亞斯學派已經對之進行駁斥抨擊。之後不久，摩爾根直系演化理論隨著馬克思《札記》和恩格斯《家庭私有制》一書傳入而被我國學者廣泛接受並解釋中國歷史，而此時全面駁斥其進化論的羅維《初民社會》已經出版。歐美人類學、社會學家普遍認爲摩爾根理論有悖歷史而遭到擯棄。[①] 正當楊東蓴、張栗原合譯出版《古代社會》的 1930 年，德國民族學家施密特（Wilhelm Schmidt）已聲稱："在整個民族學領域中，舊的進化論派已經破產。進化論派率爾建立的幾條文化發展綫已爲新文化史學派的批評所擊碎。"[②] 如若國外學者聲音一時無法聽到，即在同年，由王斐蓀翻譯的巴恩斯（Harry Elmer Barnes）《社會進化論》一書也由上海新生命書局出版，巴恩斯很具體地指出：

> 舊派的人類學家，相信以母系爲基礎的氏族，在以父系爲基礎的宗族發生之先。所以他們相信這社會組織後期的形式的宗族，以物質文化較高階段爲特徵。而由氏族向宗族的過渡，認爲是先受了原始人類略奪婦女的影響，後來又受了購買婦女的影響，這種略奪婦女和購買婦女，遂使男子取得整個社會的統制。但是後來的人類學家較爲徹底地考究，發見了下列的事實：氏族的普遍的較先存在及其依物質文化之進展而必然轉化爲宗族的論定，没有證據來維持。有些在人類文化最低階段的群團有氏族組織，反之，有些最進步的原始民衆却組織爲宗族。在半原始的亞美利堅文化中，有許多母系種族，

---

① 如英國拉德克利夫・布朗在《社會人類學方法》中說："老的進化論一直被絕大多數人認爲是有問題的，並遭到完全拒絕。"夏建中譯本，山東人民出版社，1988 年。

② ［德］W・施密特著，蕭師毅、陳祥春譯《原始宗教與神話》，上海文藝出版社，1987 年。

在文化上比父系種族要進步得多，但是除非在最少的場合，很
少實例去證明由氏族到宗族的獨立的變化的學說。①

巴恩斯述説亦是建立在調查基礎之上，用調查所得材料宣告摩爾
根理論之破産：

摩爾根諸人，假説原始社會一致地和不可避免地要從氏
族變化到宗族，他們根據這個觀點成立了很動人心目的社會
進化底綱領，可是這個綱領現在已全被一切有研究的和批評
的人類學家所擯棄了，原始時代似乎還有個雙系制度發生在
氏族和宗族之前。②

巴恩斯所謂雙系制度發生在氏族和宗族之前，可證羅維調查所得
已爲歐美人類學、民族學和社會學家所接受。就在《古代社會》
和《社會進化論》二書出版後五年，呂叔湘也將羅維《初民社
會》翻譯出版。就上世紀三十年代對西來人類學、民族學和社會
學之接受史而言，直系進化論原應徹底揚棄，然由於《古代社
會》的特殊背景，其理論仍然風行而不斷被我國學者運用演述。
上世紀五十年代，前蘇聯學者已對摩爾根理論持反對意見並有修
正，③由於翻譯滯後和信息不對稱，至八十年代仍有歷史著作以
母系、父系氏族社會理論來演述中國上古史者。④當然學術復興
之後，眼界開闊的學者已深刻認識到摩爾根理論對我國原始社會

① 巴恩斯著，王斐蓀譯，陶希聖校《社會進化論》第三章，新生命書局，1930
年，第 66–67 頁。
② 巴恩斯著，王斐蓀譯，陶希聖校《社會進化論》第三章，第 67 頁。
③ 參見楊堃《原始社會發展史》第一章第三節二《對摩爾根分期法的評介》、五
《蘇聯學者的分期法》，北京師範大學出版社，1986 年，第 13–23 頁。
④ 1983 年文物出版社出版的杜耀西、黎家芳、宋兆麟所著《中國原始社會史》在原
始群和血緣公社後立"母系氏族初期的經濟""母系氏族社會""母系氏族發展時
期的經濟""母系氏族的高度發展""母系制向父權制的過度""父系社會生産的發
展""父權制和階級的產生"等章節，仍以母系、父系來描述上古歷史發展。

研究的誤導，童恩正吸取近百年西方人類學成果，從技術決定論、親屬稱謂制與婚姻制度關係、男女雜交、母系氏族社會、原始社會家庭形式和進化程序、家庭演化原因等方面對摩爾根理論予以分析駁正，並以仰韶文化爲例，指出受《古代社會》影響所帶來的思想束縛與研究偏向。[①] 一九九一年，汪寧生赴加拿大訪問兩個易洛魁部落保留地作實地考察，隨即著文揭示：“新的研究表明易洛魁人最早實行的並不是母系，而可能是兩系，後來才發展爲母系，甚至是在與歐洲人接觸以後才逐步加強的。”“今天由更多新的材料表明，這一原始社會發展模式本身，即人類從母系到父系的發展，已需要重新考慮。”[②] 我國經過近幾十年大面積考古發掘，新石器、甚至舊石器時代的人群婚姻與生活已逐步顯現其粗淺輪廓。考古學家也針對摩爾根的“普那路亞”婚姻提出質疑，舊石器時代並不存在獨立生存的“原始群”，中國上古氏族社會的形成與婚姻、家庭形態的變化無關，諸多考古學遺址證明，中原大地上的古老人群早就有“族外婚”的特點。[③] 因此，要在長達一萬年以上的外婚制發展過程中，一直保持血緣的純粹是一種不切實際的奇想。

　　儘管學術隨歷史足跡永遠在進步，觀點、理論也隨研究之深入而不斷修正、完善。但回顧學術史，當某種觀點、某種理論因某種原因在某種範圍被傳播之後，會在一段時間甚至相當長的一段歷史時限中被經典化運用，教條化套用，甚至擴大化濫用。而

① 童恩正《摩爾根模式與中國的原始社會史研究》，《中國社會科學》1988 年第 3 期。
② 汪寧生《易洛魁人的今昔》，《汪寧生論著萃編》，下冊，第 796－797 頁。原載《社會科學戰線》，1994 年第 1 期。
③ 裴安平《中國的家庭、私有制、文明、國家和城市起源》第一章，上海古籍出版社，2019 年，第 13－42 頁。

當該觀點、理論已被修正、完善乃至揚棄，由於地緣暌隔、信息滯後、學科錯位等因素，陳舊而不完善甚至錯誤之觀點、理論仍會被一再複述演繹，日用不知，導致學術研究在理據充足的光鮮表象下陷於一種不切實際的、紛亂矛盾的境地。中國古代史與姓氏學即曾走過這樣的彎路。

（2）中國上古氏族、部落之血緣與姓氏

姓氏研究之所以不能盲目套用外來理論，是因爲研究先秦氏族的"氏"與"姓"，必須先定一個中華民族發展史上的起點，即從中華上古民族哪一段歷史節點開始可討論姓氏。中華大地上生息之古人類已有百餘萬年歷史，即使腦容量與現代人接近已達1 300—1 500毫升之柳江人與山頂洞人，其具體生活方式根本無從細緻描述，遑論其姓與氏之名號以及姓氏名號的語音，其與姓氏相關者必須到氏族分化、部落聯盟，有族徽符號或氏族名稱的五帝時代，而此時已進入到新石器時代晚期。

在討論殷商以前上古氏族時，當先明確本書之論述基點，即在氏族與姓氏關係上研究氏族。因爲二十世紀中國古史在研究先秦史時，曾一度醉心於五種社會形態中前三種原始社會、奴隸社會、封建社會的爭論。近數十年來，有古史研究者摒棄了上古的"奴隸社會"，但又轉向氏族的"村社封建制""部落封建制"[①]"氏族封建"等研討，[②] 這些氏族形態和性質與姓氏之命名雖有關係卻不很密切，故暫且擱置而不予展開，[③] 而專論氏族之年代和

---

① 張廣志《奴隸社會並非人類歷史發展必經階段研究》前言，青海人民出版社，1988年。
② 晁福林《探討有中國特色的社會形態理論》，《歷史研究》2000年第2期。
③ 各家之專著和論文具在，可參見周書燦《"氏族封建"説與先秦社會形態再思考》所述。《史學理論研究》，2012年第3期，收入作者《學步集》，蘇州大學出版社，2014年，第145-160頁。

父系、母系問題。

自上世紀末已有學者將考古學文化序列與五帝年代對接，但各申己見，差異不小。近年王震中對三皇五帝傳說進行梳理後與考古學文化關聯，將炎帝、黃帝劃歸爲公元前 5000 至 3000 年前新石器晚期之仰韶時代，時已脫離氏族而進入部落、部族時期；顓頊、帝嚳劃歸爲公元前 3000 至 2500 年之龍山文化前期，時已草創邦國；堯、舜和三代之夏禹划歸爲公元前 2500 至 2000 年之龍山文化後期，時已爲邦國形態。以上三期農業、畜牧業和手工業都已出現並有一定發展。① 許順湛長期致力於上古史、史前史研究，最早提出仰韶文化爲父系說，他晚年著文考定五帝年代爲：前五帝時代下限爲公元前 4420 年，相當於考古學文化的裴李崗、仰韶早期、大地灣一期、河姆渡、興隆洼、紅山文化時期；黃帝時代下限爲公元前 2900 年，相當於考古學文化的仰韶中晚期、廟底溝、洛陽王灣、大汶口文化、大溪文化、松澤文化、良渚早期文化、紅山文化晚期；顓頊、帝嚳、堯、舜時代下限爲公元前 2100 年，相當於考古學文化的中原龍山文化、廟底溝二期、後崗二期、屈家嶺文化、良渚文化中晚期等。② 最近十年，韓建業更是致力於將古史傳說和考古學文化作對應研究，提出一種新的可能性，即仰韶前期的半坡類型、廟底溝類型分別爲華夏集團的炎黃文化，仰韶文化後崗類型爲苗蠻集團的蚩尤系文化，北辛文化和大汶口文化早期爲東夷集團少昊族系文化。到了仰韶後期，進入顓頊、帝嚳時期，而共工和祝融與之同時。降至龍山文

① 王震中《三皇五帝的時代與考古學上的年代》，《炎帝、姜炎文化與民生》會議論文集，2009 年，第 17－26 頁。
② 許順湛《五帝時代與考古學文化》，《重慶文理學院學報》，2011 年第 1 期，第 20 頁。按，許氏這種觀點在其《中原遠古文化》一書中已有表述，河南人民出版社，1984 年，第 221 頁。

化前期，就是堯舜时代。下接夏代，正是龍山後期和二里頭時期文化，此時先商、先周文化都已出現。及湯武革命，進入二里崗文化。① 由於考古學文化年代跨度長而模糊，故而各家對應容有差異甚至不同。但有一點很明確，無論仰韶文化是否爲父系氏族，其中晚期下至龍山文化時期爲父系是無可否認的事實，此與先秦兩漢文獻記載流傳之古氏族基本都是男性執掌之部落或部落聯盟，絕無女性當政之部落完全一致。②

　　進入新石器時代中期，黄河中游的裴李崗、大地灣、北辛文化，雖已有房屋遺址、粟類糧食遺物，以及漁獵、手工等作業，可以推知已進入農業定居時代，然因絕無文字與傳説，即使已有氏族或氏族雛形，亦無法論其姓氏。③ 姓氏研究至少建立在文字與言語基礎上。文字可追溯到殷商，但殷商却無“姓”字；言語相傳即傳説，傳説可追溯到五帝，但五帝之社會性質必須定性。後世瞭解黄帝、顓頊、嚳、堯、舜五帝傳説以太史公《五帝本

---

① 韓建業《早期中國與古史傳説》，《早期中國：中國文化圈的形成和發展》，上海古籍出版社，2020 年，第 231－255 頁。

② 按，女媧氏與共工氏同時，《路史》彙集古説，未言女媧氏是女性，仍屬諸多有名古氏族之一者也。而且林惠祥曾説即使如波斯特（Post）、馬克勒昂（Mclennan）、摩爾根等主張原始家庭是亂婚的母權制，家族中以母爲領袖，而社會由她們統治，“但真的母權即女性統治却從不在任何社會中發現過”，“母系即女性世系非不普通，但這應當和母權分别”。《文化人類學》第四篇，商務印書館，2011 年，第 218 頁。

③ 氏族起源何時，這是一個頗不易確證的問題。俞偉超討論圖騰，以爲人類一旦脱離群婚而進入對偶婚時期，就需要用圖騰來標識自己的圖騰團，只有標識了自己的圖騰團，才可以實行對偶婚。而一旦實行對偶婚，“體質便能優化，智力也將迅速發展”，基於這樣認識，他把實行族外婚制和圖騰制的時代定在早期智人階段。早期智人一般是定在距今十萬年到二十萬年前。這只是俞氏對氏族制、對偶婚制和圖騰制三位一體的一種推測，即使可以表明氏族起源的悠久，仍無法説明姓氏起源的悠久。俞偉超、湯惠生《圖騰制與人類歷史的起點》，《古史的考古學探索》，文物出版社，2002 年，第 22－23 頁。

紀》爲基本史料，[①] 其前有荀子爲之引子，[②] 荀説若歸爲儒家學説，則更有《國語》展禽爲之前導，[③] 可見五帝傳説很可能是周人文化輻射圈内容。在古文獻中，與五帝相先後者尚有《莊子》《容成子》所載氏族古氏，更有《吕氏春秋・古樂》之朱襄氏、葛天氏、陰康氏，《商君書》之昊英氏等。蒙文通將上古民族分爲江漢民族、河洛民族和海岱民族，共工、三苗爲江漢民族，黄帝、顓頊爲河洛民族，伏羲、太皞、少皞爲海岱民族。[④] 徐旭生將當時邦國林立的古氏族分爲以黄帝、炎帝爲首之華夏集團，以太皞、少皞爲首之東夷集團和以三苗、伏羲、女媧爲首之苗蠻集團，謂三大集團既互相争鬥，又和平融合，最後同化爲漢族。[⑤] 王樹民認爲："遠古時期有帝王名號流傳於後世的，都屬於五帝時期。"當時有些部族名號與帝王名號合一，所以五帝是一段很長的歷史時期。他將五帝時期分爲前中後三期，黄帝、炎帝、蚩尤屬前期，烈山、共工、太皞、少皞、顓頊屬中期，帝嚳、虞幕、祝融、檮杌屬後期。[⑥] 蒙、徐、王三氏所據多爲傳世文獻所載，

---

① 五帝有多種説法：流行最廣、影響最大的即是《大戴禮記・五帝德》和《帝繫》所説黄帝、顓頊、帝嚳、堯、舜，後爲《吕氏春秋》和《史記》所繼承。其他如《戰國策・趙策》和《易・繫辭》有庖羲、神農、黄帝、堯、舜五帝，《吕氏春秋・十二紀》和《禮記・月令》有太皞、炎帝、黄帝、少皞、顓頊五帝，此當是秦漢以前之説。西漢以後又有其他説法，已不足採信。

② 《荀子・大略》云："諸誓不及五帝，盟詛不及三王，交質子不及五伯。"已有"五帝"一詞。中華書局，1988 年，下册，第 519 頁。

③ 《國語》卷四《魯語》載海鳥止於魯東門之外三日，臧文仲使國人祭之。展禽歷數歷山氏以下黄帝、顓頊、帝嚳、堯、舜、鯀、禹等事跡。展禽，魯大夫柳下惠，所述當是姬周習聞熟典。

④ 蒙文通《古史甄微》四一六，《蒙文通文集》第五卷，巴蜀書社，1999 年，第 42 - 62 頁。

⑤ 徐旭生《中國古史的傳説時代》，文物出版社，1985 年。

⑥ 王樹民《五帝時期的歷史探秘》，《曙庵文史續録》，中華書局，2004 年，第 84 -103 頁。

加以整比分析，蒙氏之功在於文獻之匯集梳理排比，徐氏不僅有自己踏勘考察之經驗，更關注傳説中地理之考察。[①] 蒙、徐從空間上去劃分，王氏從時間上劃分。可以説，以上所劃定之氏族、部落和區間時段是研究、討論姓與氏之文獻學視角的基點。[②]

　　近百年之考古發掘實物，有可與文獻印證者。鄒衡將先秦文獻中古史傳説和已發掘所得的北方龍山文化進行比較研究，發現蒙、徐二氏劃分與考古學文化無法對應，比如華夏集團，從概念上最容易為人接受，但按徐氏劃分所及，就把整個冀州甚至整個雍州都划歸華夏地域。"這樣不僅把居于晉陝隴的鬼方、燕京之戎、土方、舌方、羌族、諸戎族和居于長城内外的肅慎、燕亳等等都歸入華夏族，而且把夏、商、周的起源也混成了一團；以此上推，勢必把河南龍山文化、河北龍山文化、陝西龍山文化甚至齊家文化混成一團，而却把山東龍山文化和南方地區的龍山文化撇在另一邊"。所以他主張重新考慮用傳統的東夷、北狄、西戎、南蠻和華夏的五分法，同時也認為應該注意《禹貢》九州的九分法。[③] 稍後邵望平即以《禹貢》所載九州與已發掘的考古學文化作對應研究，指出中華文明是多元的，但却以兩河流域為基地，以中原為中心。《禹貢》是在三代文明視角下的一種記録。[④] 蘇秉

---

① 徐旭生關注傳説地理位置，可參見其與蘇秉琦合寫的《試論傳説材料的整理與傳説時代的研究》，《史學集刊》（國立北平研究院）第 5 期，1947 年，第 23 頁。

② 關於夏代有無及三皇五帝之是否在中國大地上曾經存在過，即使考古學發展到今天這樣的地步，仍有不同的看法，在這點上，筆者比較認同孫慶偉觀點，相信五帝的存在，"黃帝及其部落的誕生代表了華夏文明的最初自覺，標志著'中國'觀念的萌芽，是真正意義上的'最早中國'"（見《傳説時代與最早中國》，《遺產》第一輯，第 191‒194 頁）。立足於此，才可以討論先秦的姓氏問題。

③ 鄒衡《關於夏商時期北方地區諸鄰境文化的初步探討》，《夏商周考古學論文集》，文物出版社，1980 年，第 293 頁。

④ 邵望平《禹貢"九州"的考古學研究》，《考古學文化論集（二）》，文物出版社，1989 年，第 28 頁。

琦在八十年代據六千多處新石器時代遺址，分爲陝豫晉鄰境、山東及鄰省、湖北及周邊、長江下游、鄱陽湖-珠江三角洲周邊、長城爲中心的周邊等六大考古學文化。[①] 筆者認爲，上古氏族集團（或云民族）與考古學文化之不對稱，在物質文化有互相影響傳播之前提下，也證明五帝與三代氏族集團之遷徙頻繁。無論是物質文化的互相影響和遷徙的頻繁，都證明氏族、部落、部落聯盟乃至方國間的交流融合和戰爭兼併之事實。交流融合、戰爭兼併的客觀歷史不僅破壞了部落聯盟、部落原有組織的血緣純粹度，更進而會影響氏族的血緣純粹度。所以，要在長達幾千年，廣袤數千里的多元文化前提下保持所謂的血緣純粹度，那只是人類學、姓氏學家的理想形態，而不是中華民族的客觀歷史。

總之，夏商以前之五帝時期，雖然會有像禹合諸侯於塗山一樣，"執玉帛者萬國"，甚至較夏禹時更多，但已進入部落聯盟階段，五帝是一種盟主形式。在萬邦林立中，公推一位實力強大的部落首長，其統治權限雖仍在本部族、部落、方國內，但爲各部族、部落、方國所擁戴，成爲萬邦共主，[②]《尚書·堯典》"協和萬邦"、《益稷》"萬邦作乂"、《微子之命》"萬邦作式"等等，都應是相應時代習用成語。田昌五分析堯、舜、禹之間的禪讓或因放，認爲他們就是三個不同部落聯盟之間的鬥爭與妥協，[③] 應該比較接近歷史。此時中小氏族經戰爭兼併，或滅亡，或已淪爲組成部落、部落聯盟之細胞。純粹的血緣不僅只限於家庭、宗族範

---

① 蘇秉琦《關於考古學文化的區系類型問題》，《蘇秉琦考古學論述選集》，文物出版社，1984年，第225-234頁。作者聲明這是就現有資料所作的探索，並非總的概括。

② 王樹民《五帝時期是正式朝代建立前的歷史時代之稱》，《曙庵文史續録》，第33頁。

③ 田昌五《華夏文明的起源》，中國書籍出版社，2015年，第118-130頁。

圍的數世之內，而且隨社會變動，原有血緣關係逐漸消散，新的血緣關係又隨之形成，形成數世之後又消散，整個部落、部落聯盟之中小氏族始終處於這種循環過程中。認清這一客觀歷史事實，可以肯定前五帝時期和五帝時期，有血緣家庭和小型血緣氏族，但却處於不斷變動之中。隨著手工業發達和商業化形成，純粹血緣氏族更加不易長存久安。只有在由氏族到部落，由部落到部落聯盟以至方國的戰爭、併吞、融合過程中有經濟、軍事能力，居於不敗之地，能成爲盟主或同盟者的顯赫"氏族"，才有能力保存自己核心血緣的相對純粹，才願意將自己的卓著功勳和輝煌聲名傳遞、儲存在世代記憶中。即使他們的後裔處於"三后之姓，於今爲庶"之境地，仍會將其祖先功勳及其血緣標識保存、印刻在記憶中。因爲此種血緣記憶既可使其自我意識得到滿足，也可顯示自己高貴身份，同時也是一枚收族立氏的有效木鐸，在特定歷史階段還會有意想不到的政治效用，故會被作爲一種無形榮譽和有形丹券口口相傳，代代銘記。但進一步思考，此類少數值得記憶其血緣優越的部落，既然能併吞、戰敗其他氏族、部落，其必有極強大之經濟、軍事能力和政治影響力，此豈尋常純血緣家族、宗族、氏族所能做到？此中純血緣只能是强大部落的上層核心，而不可能是上下內外整個部落。而大部分，尤其是被併吞、戰敗而無力雪恥，散入各地、歸到其他部落之氏族、部落即使有一定範圍的血緣小團體，姑不論其主觀上是否願意保存其血緣記憶，至少客觀上也很難以保存這種印記。所以，在部落、部落聯盟走向文明國家形態過程中，不會有很多純血緣的大型氏族，即使顯赫的氏族、部落，其血緣也不可能純粹。所謂氏族名號之"氏"，尤其多是因山因地因水之氏族名，不過就是近親遠親和其他各色人等叢聚共守的一個名號。此時尚無文字，即使有如後世之血緣意識，也不可能有"姓"與"姓族"概念。

就近百年來人類學家調查世界各大洲處於狩獵採集階段的原

始民族，有相當一部分生存手段停留在石器時代，但竟不見有無限制雜交的所謂群婚或母系氏族部落。① 我國學者傾心於摩爾根直系演化的母系血緣氏族理論，見《呂氏春秋》有"其民聚生群處，知母不知父"、② 《商君書》有"天地設而民生之，當此之時也，民知其母而不知其父"等記載，③ 可與摩爾根理論相印證，於是理所當然地將上古某一歷史階段定性爲母系氏族社會，且由母系而轉入父系。因母系關涉血緣，適漢字"姓"從"女"旁，很多古姓亦從"女"旁，於是又順理成章地認爲上古之姓與母系氏族血緣緊密聯繫。楊希枚亦基於此而提出其"姓族"一說。又因漢語有所謂甥舅關係，也被古史和姓氏學者理解爲上古三代母系氏族之特徵。殊不知商君所言"天地設而民生之"之時，乃天地開闢洪荒時代，如何可與數萬年甚至數十萬年、數百萬年後文明曙光照耀下之氏族、部落聯盟和方國混爲一談！

　　由於史前時代是一段短則數千年、長則數萬甚至數十萬年的歷史，而中華大地幅員遼闊，中華民族東西南北異態紛呈，其演進之悠久，其發展之多元，在考古發掘、研究未臻可以正確解釋史前先民生活細節之前，將"母系氏族""父系氏族""血緣""姓"與"氏"不加時空區隔，納入一種已被補充、修正和部分揚棄的社會直系演化理論框架下，本身就值得質疑與反思。

　　筆者認爲：研討中國姓氏，只能以三代以前五帝時期，或稍予放寬以達前五帝時期爲限，④ 以男性氏族爲對象而不是以女性

① 參見童恩正《摩爾根模式與中國的原始社會史研究》，《中國社會科學》1988年第3期。
② 陳奇猷《呂氏春秋校釋》卷二十，學林出版社，1984年，下冊，第1321頁。
③ 高亨《商君書注釋》，中華書局，1974年，第73頁。
④ 王樹民將五帝以前的上古史落實到有巢氏、燧人氏、伏羲氏時代，此可以討論。見《五帝時期是正式朝代建立前的歷史時代之稱》，《曙庵文史續錄》，第33頁。

血緣爲考量，此乃中國社會發展形態和甲骨卜辭、銅器銘文、傳世文獻共同指向的焦點，不管此前是否有過以血緣爲主的群婚式或家庭式母系氏族。立足於此，摩爾根母系血緣氏族理論無論其是否從實際調查而得，也無論其在歐美調查歸納是否窮盡，它至少不適合討論中國上古氏族姓氏。具體言之，在有年代限制的先秦歷史中研究氏族姓氏，應該擱置“母系氏族”而不論，因爲迄今爲止考古學與文獻記載相對應的氏族社會是五帝或前五帝時代，而此時已是父系氏族社會；同時應該排斥“母系氏族”的血緣之“姓”，因爲事實上姓氏學家所説之“姓”絕非夏商以前所有；應該有限度地保留氏族“血緣”，因爲氏族“血緣”是隱性印記，它在交流融合、戰爭兼併的社會中不斷生成又不斷消散，在動盪不定的歷史進程中，只有顯赫氏族、部落會被長期保留、傳稱，更多的中小氏族血緣會隨著氏族、部落兼併而消失泯滅。

3. 楊希枚“姓族”概念與姓氏研究方法之反思

　　由於近代古史研究受西方歷史學、人類學、民族學、社會學理論和國內古史辨思潮之影響，導致姓氏研究亦受此種學術環境桎梏。上述古史研究者呂振羽、吳澤、陶希聖等亦無不以母系血緣解釋上古姓氏。五十年代以後，古史學者和姓氏學者仍然繼續循此研究上古史和姓氏。張肇麟也援用摩爾根理論，認爲“姓即指人之發生，（指）〔與〕血緣相關聯”，指唐堯“從母居爲姓爲母系制的遺跡”。① 古史學者唐嘉弘也利用莫氏理論解釋女子稱姓和男子稱氏：

　　　　周代常説的“女子稱姓，男子稱氏”，恰好反映了“姓”是由母系氏族制度所伴生。既然婦女已經稱姓，男子當不再

---

①　張肇麟《姓氏與宗社考證》，第 12 - 15 頁。

以此爲標志。進入父系氏族制度以後，對於這個以男方計算世系的人們共同體，因其早先已有婦女稱姓的"姓"，他本身就是由母系氏族孕育産生，作爲殘餘，大量遺存下來，故只能以"氏"去進行區分和標志。①

爲什麼母系氏族婦女已稱姓，到父系氏族男子就不能再稱姓？既然男子都是母系氏族孕育産生而遺存的殘餘，那應該仍然稱姓以示與母系之聯繫，何以一定要"區分"，僅僅是爲了立異？由此上推，是否母系氏族應該稱母系姓族，以與父系氏族相對？原始的先民們絶對沒有文字，是否他們的言語中已有"姓"與"氏"的區别？用理性的思考，替古人著想，當然不可能，但却也有學者確實提出"姓族"概念。

上世紀將姓氏與人類學、社會學結合而作專門研究，並取得矚目成就者，不得不推楊希枚爲大家。楊氏以研究安陽殷墟頭骨著名，有深厚的人類學學術背景。其研究姓氏，應與執役人類學不無關係。楊氏熟稔摩爾根理論，其最要者莫如譯"gens"爲"姓族"，原由是：

> 莫氏所説的"gens"，其組織恰相當於中國古代的姓族。尤其就中文"姓"字和西文"gens"一詞含義的演變而論，可説完全一致，兩者都是由"生"之義衍爲子嗣族屬，更由子嗣族屬之義而衍爲社會集團的統稱。……因此，"gens"或"clan"在國人論著上雖素譯爲"氏族"，但作者却改譯爲"姓族"。事實上，中國古代不但原有姓族、氏族的分别，素來"氏族"的譯名在分析古代社會史時容易陷於混淆不辨，而且無論就中國史實和"gens"之定義而論，姓族或"gens"也絶非氏族。氏族只是姓族中的分族，而且由於封建賜民的

---

① 唐嘉弘《釋祝融八姓》，《江漢論壇》1981 年第 3 期，第 106 頁。

結果，氏族也非必皆屬同一姓族的族屬。①

楊氏之所以將 "gens" 和 "clan" 譯成 "姓族"，是基於他對先秦氏族與衆不同的認識，他認爲：

> 先秦文獻的氏字古義之一係指 "氏族"，即包括某一姓族所統治的同姓、異姓和與統治者無親系的庶民所組成的王朝、諸侯國和卿大夫采邑之類的大小政治區域集團（politicocalgroup）。王朝（或王國）、諸侯國和卿大夫采邑除有土地大小、人民衆寡、權力義枌和隸屬關係之別以外，基本組織並無不同，只是猶如姓族中有宗族、家族，而大型氏族中可包括小型氏族，故均可稱爲氏族，且各有不同氏號。②

先秦氏族是某一姓族之下，有各大小不同的政治區域集團和無親屬關係的庶民。而先秦之姓族，在楊氏意識中是：

> 先秦社會所謂同姓、異姓的姓字，依家族、宗族、氏族、部族、民族的詞例，應可稱爲姓族；是同出一祖的單系（父或母系）外婚親族集團，一種包括若干宗族及各宗若干家族的大型家族（extended family），相當於現代人類學所謂的 "gens, clan, or sib"，因父系母系之別，而可分爲父系姓族（Patrilineal clan）和母系姓族（matrilineal clan）。③

楊氏要在先秦時代揭出 "姓族" 之本意，不僅是摩爾根的 "gens" 內涵所促成，還有其他幾位文化人類學家，如 E. A. Hoebel 論宗族云："宗族是源於一個真實祖先或始祖的族屬所組成的大型單系（父或母系）親屬集團，通常不過五世或六世人居住在一處。"④ M.

---

① 楊希枚《姓字古義析證》，《先秦文化史論集》，第 50 - 51 頁。
② 楊希枚《論先秦姓族和氏族》，《先秦文化史論集》，第 210 頁。
③ 楊希枚《論先秦姓族和氏族》，《先秦文化史論集》，第 205 頁。
④ E. A. Hoebel *Man in the Primitice World*，1958，p. 343. 見楊希枚引述，第 202 頁。

J. Herskovit 論姓族與外婚制云："同一姓族的人不得與可以從世系上推知的人通婚……除非四世以上的人。"[1] 諸此論點促成其斷然劃分先秦的姓族和氏族。進而批評姓氏學界，謂 "今一般所謂氏族（clan or gens）實爲先秦姓族的誤用，而非先秦氏族之義"。[2] 楊氏這樣劃分之後，在其一系列與姓氏相關之論文中一再強調，反復闡述。他對其劃分姓族和氏族之界限極其自信，並時時抱怨學界未採納此意見。

　　楊希枚創立與氏族相對立之 "姓族" 一詞，主要是想揭示先秦有純血緣的宗族集團存在。因爲姓族是純血緣的，故其必與母系血緣有關，由此生出一系列與母系社會相關的推論。首先從 "姓" 之字形結構論：

　　　　就造字而言，姓和甥字原應是同一個字，且實際上也正是初由生或往字分衍的。因此，我們說姓字的形義是基於因而也反映先秦母系姓族的觀念。[3]

既然 "姓" "甥" 反映先秦母系姓族觀念，就有必要落實到具體時代，所以指出：

　　　　周代，主要證諸同代文獻，是以姓族和氏族組織爲其基本社會結構，且顯示相當濃重母系姓族色彩的封建氏族社會。[4]

將母系血緣姓氏先落實到周代，又更進而下推到漢代：

　　　　至於母系姓族演變的時代，正如姓、甥形義的演變一樣，也是複雜而難以肯定解答的問題，但可以初步指出的，即有些跡象似多少說明周代以來，甚或降至漢代社會，仍顯

---

[1]　M. J. Herskovit *Man and his works*，1947，p. 299. 見楊希枚引述，第202頁。
[2]　楊希枚《論先秦姓族和氏族》，《先秦文化史論集》，第198頁。
[3]　楊希枚《論先秦所謂姓及其相關問題》，《先秦文化史論集》，第175-176頁。
[4]　楊希枚《論先秦所謂姓及其相關問題》，《先秦文化史論集》，第195頁。

示母系姓族或至少從母方認定親系和從母姓的制度。①

楊氏解釋依據是《左傳·昭公十一年》所載"葬齊歸，而昭公（齊歸所生）不戚"，史趙所說"歸姓也！不思親，祖不歸也"一事。謂魯爲姬姓，而云"歸姓"，遂指爲母系之姓，即姓歸。其實此"歸姓"之"姓"明屬楊氏自己所解"姓"之本義"生"，是子嗣，史趙所云意爲"齊歸所生""齊歸之子息"，周代女子是綴姓於國名、夫名之後，絶無在姓後綴"姓"字者。如若此是單指姓，則後文"不思親"就無所承。如此解釋，實自亂其例。他由此無限推衍，云：

> 先秦唯女子稱姓，這不僅説明先秦姓族初必爲母系姓族，也可以説明女子稱姓實以分辨其所生子姓的族系。②

更由此斷定："僅周代唯女子稱姓且其造字多從女旁一事，無論從哪方面解釋，也都是與母系姓族相關的，因而應證殷周之際尤其周王朝姬姓很可能是母系姓族。"③ 若上溯其所論黃帝二十五子中十四子得十二姓記載，正好與母系社會連成一個系列。抑不僅上推先秦，其下推秦漢之證據是，《史記·五宗世家》有"孝景皇帝子凡十三人爲王，而母五人，同母者爲宗親"一語，楊氏取以比照《晉語》黃帝二十五子得姓十四人傳說，更牽合栗姬所生的景帝之子河間閔王稱栗太子，竇后所生的文帝之女館陶公主稱竇主，史良娣所生的武帝之孫稱史皇孫，以及《漢書》云夏侯嬰曾尚主而隨外家姓孫，來證明"從母姓的母系從姓制顯然係西漢王侯貴族習見的制度"，當然面對西漢皇朝的男性社會，他不得不說"母系襲世制及從姓制應非漢代唯一之制，且實際上並存着

---

① 楊希枚《論先秦所謂姓及其相關問題》，《先秦文化史論集》，第 175－176 頁。
② 楊希枚《論先秦所謂姓及其相關問題》，《先秦文化史論集》，第 176 頁。
③ 楊希枚《論先秦所謂姓及其相關問題》，《先秦文化史論集》，第 182 頁。

更流行的父系宗親和從父姓制"。① 既然有更流行的父系宗親和從父姓制存在，怎能將偶見的特例也作爲一種制度來説事？爲何不從更符合情理之角度思考：因爲是在父系宗親和從父姓制之社會中，所以對栗太子、竇主、史皇孫等偶見例外需要特著史筆！若更進而究其原因，或因妻妾嬪妃衆多，子女成群，甲乙難辨，才從母而稱，或嬪妃得寵，冠姓施恩。② 至夏侯嬰尚主從外家姓，正證明外家勢力之大，只得屈從。

　　在清理摩爾根母系氏族血緣理論與歷史事實脱節不符之後，重新反思楊氏據摩氏理論研究而得的所謂"殷周之際尤其周王朝姬姓很可能是母系姓族""從母姓的母系從姓制顯然係西漢王侯貴族習見的制度"等論點，③ 讓筆者深感驚詫的是，當我們面對殷商三十多位男性帝王父子兄弟以"子"姓相傳，面對兩周三十多位男性帝王父子以"姬"姓相傳，面對甲骨卜辭、銅器銘文、《左傳》《國語》中無數父子相傳的大小諸侯、卿大夫氏族的歷史事實，④ 何以竟憑個別漢字古姓之從"女"旁，竟憑六七十年前甲骨卜辭中一些未有定論的"女姓"——且今以被揚棄的零星卜辭，即隨便推論得出殷周是母系姓族？如果殷周是母系姓族，將置一千多年以父系帝王之姓代代相傳的史實於何地？

　　回到楊氏所創之"姓族"概念而論，姓族既然是以血緣爲標

---

① 楊希枚《論先秦所謂姓及其相關問題》，《先秦文化史論集》，第179頁。

② 按，此類特稱，皆有特殊原因可尋。漢景帝有十四子，分別爲六位嬪妃所生，河間閔王劉榮爲皇長子，係栗后所生，栗頗得寵；文帝館陶公主係竇后所生，竇亦頗得文帝寵愛；此皆有内在原因。史皇孫是戾太子劉據之子，史良娣所生，從巫蠱之禍，到宣帝即位追贈，期間之姓名稱謂，亦必有特殊之意義。

③ 按，前文（"賜姓命氏之時代"一節中）引述張肇麟、潘英等多認爲姓與母系社會之血緣有關，即承認上古曾有母系氏族時代，可參見，兹不一一列出。

④ 春秋時期諸侯、卿大夫世系傳承可參見顧棟高《春秋大事表》、孫曜《春秋時代之世族》、程發軔《春秋人譜》（臺灣商務印書館，1995年）等。

記，"是同出一祖的單系（父或母系）外婚親族集團，一種包括
若干宗族及各宗若干家族的大型家族"，而氏族是"包括某一姓
族所統治的同姓、異姓和與統治者無親系的庶民所組成的王朝、
諸侯國和卿大夫采邑之類的大小政治區域集團"。換言之，氏族
包容姓族，姓族只是氏族中的同姓"統治者"和異姓"同盟者"
"被統治者"，則姓族只能作爲方國、部落聯盟、部落、氏族之細
胞而存在。尤應指出的是，姓族既以血緣爲標記，只能是隱性
的，因而不可能與氏族、部落、部落聯盟、方國在社會上並立。

楊氏"姓族"一詞當然是建立在母系血緣之上，其實例是三
代聖人之母皆無夫感生，且多從母居。當然，在浩瀚紛雜的文獻
中摘取個別從母姓或從母居例子來印證摩爾根母系血緣通例，不
僅有楊氏或其他姓氏研究者如張肇麟、潘英等，更有許多移植母
系氏族理論的史學家。早在《古代社會》翻譯出版之際，呂振羽
就摘出神話傳說中諸多實例作爲依據，但荆三林認爲"只以此種
材料所編著的史前史是不可靠的，所以説呂氏的這部著作只是舊
神話的演義"。[1] 其實，對三代聖人無父感生而傳姓的神話涵義，
古人並非沒有質疑與反思，東漢王充即曾云：

> 儒者稱聖人之生，不因人氣，更禀精於天。禹母吞薏苡
> 而生禹，故夏姓曰姒；契母吞燕卵而生卨，故殷姓曰子；后
> 稷母履大人跡而生后稷，故周姓曰姬。……此或時見三家之
> 姓曰姒氏、子氏、姬氏，則因依放，空生怪説，猶見鼎湖之
> 地，而著黃帝升天之説矣。失道之意，還反其字。蒼頡作
> 書，與字相連。姜原履大人跡，跡者基也，姓當爲"其"下
> "土"，乃爲"女"旁"臣"，非基跡之字，不合本事，疑非
> 實也。以周姬況夏殷，亦知子之與姒，非燕子、薏苡也。或

---

[1]　荆三林《史前中國》，西北大學出版，1947年，第27頁。

時禹、契、后稷之母適欲懷姙，遭吞薏苡、燕卵、履大人跡
也。世好奇怪，古今同情，不見奇怪，謂德不異，故因以爲
姓。世間誠信，因以爲然，聖人重疑，因不復定；世士淺
論，因不復辨。①

王充對夏商周三代之姓的來歷充滿疑惑，大膽質疑。他據以指責
之史料皆出於緯書，緯書出於西漢哀、平之際，然其所本，多秦
漢、戰國乃至更前之傳説，故《史記》《白虎通》等皆祖述之。
神話與姓氏結合，則多後人附會。王充推測"或時禹、契、后稷
之母適欲懷姙，遭吞薏苡、燕卵、履大人跡也"，雖亦不無可能，
却與姓無關。蓋周人自稱爲黃帝之後，黃帝以姬水成，應即是姬
氏氏族部落，則周人姓姬，自與黃帝有關。《史記·三代世表》
謂后稷，"堯知其賢才，立以爲大農，姓之曰姬氏。姬者，本
也"，② 姬字，《説文》仍以爲是黃帝居姬水之名，太史公言"姬
者，本也"，推測其有二層意思，一是后稷植穀爲生民之本，一
是姬姓所本爲黃帝。故"本也"一詞很可能透露出西周之意識。
以姬周推夏、殷，很可能先有其"姒"氏、"子"氏，而後附會
出神話。由此觀之，三代之姓，完全與母系氏族、母系血緣無
關。仔細體味此類神話傳説，是要強調"聖人之生，不因人氣，
更禀精於天"，其禀氣與衆人不同，旨在神化禹、契、稷而造作
其母孕育之離奇神聖，而不在於凸顯其母之世系和母系血緣。同
理，緯書《詩含神霧》有：

大跡出雷澤，華胥履之生宓犧；大電光繞北斗，樞星照
郊野，感附寶而生黃帝；瑶光如蜺，貫月正白，感女樞，生
顓頊；慶都以赤龍合昏，生赤帝伊祁堯也；握登見大虹，意

---

① 王充著、黃暉校釋《論衡校釋》，中華書局，1990年，第一册，第156－164頁。
② 司馬遷《史記》卷十三，第二册，第505頁。

> 感而生舜於姚墟；大禹之興，黑風會紀；玄鳥翔水遺卵流
> 娥，簡狄吞之，生契，商封。①

所言三代之前的氏族部落神聖大人之出生，其母皆感靈異而生，
要其旨，都在神化宓犧、黄帝、顓頊、唐堯、虞舜、夏禹、商
契，而非凸顯其母之世系和母系血緣。以神化爲要旨而衍生出生
在母家、姓從母姓云云，與傳説中遂人氏、庸成氏、史皇氏、栢
皇氏、大庭氏、栗陸氏、葛天氏、尊盧氏、祝融氏、有巢氏、朱
襄氏、陰康氏、無懷氏等數十個男性氏族首領並世而存或遞相繼
承之氏族社會不相符合。就傳説而言，三代之前，有氏無姓；就
有文字之殷商而言，殷商亦僅有氏而無姓。前五帝以還之氏，皆
男性爲主，其氏其號，多因德因徵因地因事而名。服虔云：

> 自少皞以上，天子之號以其德，百官之號以其徵；自顓頊以
> 來，天子之號以其地，百官之紀以其事。則伏犧、神農、黄帝、
> 少皞，皆以德爲號也。高陽、高辛、唐、虞，皆以地爲號也。雖
> 以地爲號，兼有德號，則帝嚳、顓頊、堯、舜是其德號。②

歷觀上古數十氏族之號，基本都在服虔所説範圍之内。由此知一
切造作殷商以前之姓，其實質皆在"氏"之範圍内。儘管筆者並
不抹煞氏族中有隱性血緣存在，但這隱性血緣絶對無法改變氏族、
部落、部落聯盟乃至方國之社會組織結構。所以，楊希枚見周代
姓氏二分，誤信商周及商周以前實有其姓而造作"姓族"一詞，③

---

① 明孫穀《古微書》卷二三，《叢書集成初編》，商務印書館，1935 年，第 692
　號，第 443 - 444 頁。
② 孔穎達《禮記正義》卷一四"其帝太皞，其神句芒"下引，第二册，第 521 頁。
③ 楊希枚《論先秦姓族和氏族》有云："子姓之族固然應名正言順地稱爲子姓族
　或子姓姓族（即 clan, gens, or sib）而不宜稱爲子姓氏族，且氏族一詞也顯
　然不適於先秦社會史的研究，因先秦社會姓、氏有別，即有姓族、氏族之分，
　既不能言夏后氏之類的族爲夏后氏姓族，也不能言子姓之類的族爲子姓氏
　族。"《先秦文化史論集》，第 200 頁。

以賅上古氏族社會，純屬多此一舉。

　　楊希枚另一重要理論，即否認先秦有賜"姓族"符號之"姓"的制度。早在上世紀五十年代初，楊氏撰《先秦賜姓制度理論的商榷》（1955）長文，論證先秦無賜姓制度。《商榷》之基礎是作者前四年所撰《姓字古義析證》（1951）和前一年所撰《〈左傳〉"因生以賜姓"解與"無駭卒"故事的分析》（1954）兩文。姓爲先秦氏族、家族符號，此概念已流傳二三千年，人所共知。作者分析"姓"字古義，謂其本義爲子或子嗣，引申指族或族屬、民或屬民，"姓"之古義既然無氏族符號性質，於是將《左傳》所載無駭卒，羽父爲請族，衆仲所講周代賜姓命氏制度的"因生以賜姓，胙之土而命之氏"一句解爲"分賜族屬人民及土地而封建其國"，謂"分民、裂土、建國則是先秦分封制度的三項重要措施"。[①] 當然，要論證、確定此一結論，還得對先秦經典中與賜姓有關史料作一番論證排斥，方始成立，《商榷》一文即著重於此。《商榷》重要之觀點是：

　　　　先秦賜姓不僅是封建制度的要素之一，且其制度迄於周初也顯仍存在。因此，周初封侯建國的時候，自應賜諸侯以姓氏。但史實却説明封國八百年的周代封建社會除異姓陳胡公賜姓一例外，姬周的王公子弟却無一因封建而賜姓的。這説明傳統的封建賜姓制度的理論與封建的史實不符。[②]

筆者上文已分析，西周封賜同姓異姓，其分封同姓王公子弟無需出現賜"姓"一詞，分封異姓數量不多，且多在周初，故後世轉録文獻中言及賜姓者便少。楊希枚爲證成其觀點，引據文獻中涉

---

① 楊希枚《〈左傳〉"因生以賜姓"解與"無駭卒"故事的分析》，《先秦文化史論集》，第 104 頁。

② 楊希枚《先秦賜姓制度理論的商榷》，《先秦文化史論集》，第 109 頁。

及"賜姓"之資料予以考證，以申其說。下面引録文獻及楊氏詮
釋，並附己見申辯是非。

一、《國語·楚語下》："民之徹官百，王公之子弟之質能言能
聽徹其官者，而物賜之姓，以監其官，是爲百姓。"韋昭注：
"物，事也。以功事賜之姓。官有世功，則有官族，若太史、司
馬之屬。"[1] 韋注係據《左傳》衆仲之語而解。楊氏解釋云：

> 聽治監管人民的官吏是能言而能聽理其官守的王公子
> 弟。王公權衡子弟的才質，而分別賜以治下的屬民，使其分
> 負監督人民的職守。這些被監管的人民已非屬一族一姓，故
> 泛稱之爲王公的百姓。[2]

將賜之姓，解爲賜族屬人民，此從"姓"之引申義而言，無可非
議。然若聯繫《國語》前後文，"物"作何解？是如楊氏作"分
別"？釋"以監其官"爲"使其分負監督人民的職守"，監是監
督，官爲"職守"，則"人民"何來？似有增字解經之嫌。且
"監督……職守"，自己監督自己的職守？皆所不通。此文確實難
解。此處觀射父之言，要與前節合觀。《楚語下》第一節昭王問
觀射父"《周書》所謂重、黎寔使天地不通者何也？若無然，民
將能登天乎"，於是引出觀射父一番宏論。觀射父謂非如昭王所
理解，《吕刑》"絶地天通"之義，是上古民神不雜，民能"齊肅
衷正"，故神亦下降覡巫，不僅"使先聖之後有光烈，而能知山
川之號、高祖之事"等等，[3] 更能：

> 使名姓之後，能知四時之生，犧牲之物，玉帛之類，采
> 服之儀，彝器之量，次主之度，屏攝之位，壇場之所，上下

---

① 《國語》卷十八，第570頁。
② 楊希枚《先秦賜姓制度理論的商榷》，《先秦文化史論集》，第111頁。
③ 《國語》卷十八，第559頁。按，以下所引文字，皆在此之後，不復重注。

之神，氏姓之出，而心率舊典者爲之宗。於是乎有天地神民
類物之官，是謂五官，各司其序，不相亂也。民是以能有忠
心，神是以能有明德。

因爲"民神異業，敬而不瀆"，所以"神降之嘉生，民以物享，
禍災不至，求用不匱"。但陰陽燮理時代轉瞬過去，"及少皞之衰
也，九黎亂德，民神雜糅，不可方物。……顓頊受之，乃命南正
重司天以屬神，命火正黎司地以屬民，使復舊常，無相侵瀆，是
謂絕地天通"。而後有此節子期以牛祭平王，引出昭王問觀射父
祀牲之事。

　　以上"名姓"一詞，韋昭注："謂舊族，若伯夷、炎帝之後，
爲堯秩宗。""上下之神，氏姓之出，而心率舊典者爲之宗"，徐
元誥集解據《周禮·春官序官》賈疏補成"上下之神祇，氏姓之
所出"，並引賈疏云："孔氏曰：既非先聖之後，又非名姓之後，
但姓氏所出之後子孫，而心常能循舊典者，則爲大宗。"[①] 觀照前
後二節，皆以少皞、唐堯以及夏、商之時爲背景，此文前亦云
"聖王正端冕，以其不違心"，是皆從有權力地位可賜姓者立場出
發，故"物賜之姓，以監其官，是爲百姓"當如韋昭所注，是堯
舜禹湯等聖王以事功賜先聖舊族（若伯夷、炎帝之後爲堯秩宗
者）即能言能聽者以"姓"，獨居一方，使其監督其下之"百
官"，亦即"百姓、千品、萬官、億醜、兆民"者，與屬民之義
無涉。當然，堯舜禹湯所賜，必是"氏"而非"姓"，此處"名
姓"，是周文化籠罩下的習用語。

　　二、《國語·周語下》：

　　　　帥象禹之功，度之于軌儀，莫非嘉績，克厭帝心。皇天
　　嘉之，祚以天下，賜姓曰"姒"，氏曰"有夏"，謂其能以嘉

① 徐元誥《國語集解》卷十八，中華書局，2002年，第514頁。

祉殷富生物也。祚四嶽國，命以侯伯，賜姓曰"姜"，氏曰"有呂"，謂其能爲禹股肱心膂，以養物豐民人也。①

周靈王二十二年（前550），洛水、穀水互相激盪，靈王欲壅防洛水使改道，故太子晉引大禹治水事規諫之。韋昭注"賜姓曰'姒'"謂"堯賜禹姓曰'姒'，封之於夏"，是"其能以善福殷富天下，生育萬物也"。注"賜姓曰'姜'"云："堯以四嶽佐禹有功，封之於呂，命爲侯伯，使長諸侯也。"太子晉言唐堯賜姓，似無可爭辯。又《左傳·昭公二十九年》載晉大夫蔡墨之言云：

> 古者畜龍，故國有豢龍氏，有御龍氏。昔有飂叔安，有裔子曰董父，實甚好龍，能求其耆欲以飲食之，龍多歸之。乃擾畜龍，以服事帝舜。帝賜之姓曰"董"，氏曰"豢龍"，封諸鬷川，鬷夷氏其後也。故帝舜氏世有畜龍。及有夏孔甲，擾于有帝，帝賜之乘龍，河、漢各二，各有雌雄。孔甲不能食，而未獲豢龍氏。有陶唐氏既衰，其後有劉累，學擾龍于豢龍氏，以事孔甲，能飲食之。夏后嘉之，賜氏曰"御龍"。②

蔡墨講述豢龍氏、御龍氏之來歷。杜注"氏曰豢龍"云："官名，官有世功，則以官氏。"亦用衆仲所説賜姓制度解之。《國語》《左傳》二條，原文爲：賜姓曰"姒"、賜姓曰"姜"、賜之姓曰"董"，而且與氏曰"有夏"、氏曰"有呂"、氏曰"豢龍"、賜氏曰"御龍"文句一式，可證千百年來絕無舛誤。楊希枚於此無法依原文作解，乃云：

> 首先就四嶽而論，作者的解釋自認係指帝堯分賜四嶽以姜姓族屬，而封爵爲呂氏族或呂國侯伯的意思。……其次，

---

① 《國語》卷三，第104頁。按，以下所引同此，不重複注。
② 孔穎達《春秋左傳注疏》卷五三，第四冊，第1730－1731頁。

關於禹和董父的賜姓傳説，自然可以如前例一樣的加以解釋。這種解釋既順理成章，合於現有的封建實例，同時也顯然没有傳統解釋上那種背於史實的現象。①

依楊氏解"姓"爲族屬人民，則賜姓曰"姒"，語意當爲賜族屬人民爲"姒"姓；賜姓曰"姜"，語意當爲賜族屬人民爲"姜"姓；賜之姓曰"董"，語意當爲賜族屬人民曰"董"姓：如此解釋，方始符合漢語語序規則。然如此作解，變成賜族屬人民之"姓"而非賜夏禹、四嶽、董父之"姓"，顯然荒唐。楊希枚無法依句式直譯，乃作此婉轉解釋。試問如此作解是否"順理成章"？再聯繫前後文義考論，禹與四嶽所以被賜"姓"，是因爲禹"能以嘉祉殷富生物也"，四嶽"能爲禹股肱心膂，以養物豐民人也"，禹與四嶽能殷富生物、養物豐民在先，故受賜，則先前所豐之"民"是禹之民，是吕之民？還是堯所統率的天下之民？帝堯如果將天下之民賜禹，則等於禪讓，何以又禪位於舜？其賜四嶽之民是天下之民，當然更不可能，是四嶽原來統屬之民，又何須賜？更重要者是蔡墨繼賜姓命氏之後又云：

> 此一王四伯，豈緊多寵？皆亡王之後也。唯能釐舉嘉義，以有胤在下，守祀不替其典。有夏雖衰，杞、鄫猶在；申、吕雖衰，齊、許猶在。唯有嘉功，以命姓受氏，② 迄于

---

① 楊希枚《先秦賜姓制度理論的商榷》，《先秦文化史論集》，第 124 - 125 頁。

② 按，"受氏"之"氏"原作"祀"，韋昭注云"祀，或爲氏"。王念孫曰："作'氏'者是也。上文曰：'皇天嘉之，祚以天下，賜姓曰姒，氏曰有夏。'即此所云'命姓受氏，迄於天下'。又曰：'祚四嶽國，命以侯伯，賜姓曰姜，氏曰有吕。'下文曰：'亡其氏姓。'又曰：'命姓受氏，而附之以令名。'皆其明證也。隱八年《左傳》曰：'天子建德，因生以賜姓，胙之土而命之氏。'襄二十四年《傳》曰：'保姓受氏，以守宗祊。''氏'與'祀'聲相近，又因上下文有'祀'字，故'氏'誤作'祀'耳。韋注謂'受命而祀社稷山川'，則曲爲之説也。"王引之《經義述聞》卷二十，上海古籍出版社，2016 年，第三册，第 1185 頁。

天下。及其失之也，必有惛淫之心間之。故亡其氏姓，踣斃不振；絕後無主，湮替隸圉。夫亡者豈繄無寵？皆黃、炎之後也。唯不帥天地之度，不順四時之序，不度民神之義，不儀生物之則，以殄滅無胤，至于今不祀。及其得之也，必有忠信之心間之。度於天地而順於時動，和於民神而儀於物則，故高朗令終，顯融昭明，命姓受氏，而附之以令名。若啓先王之遺訓，省其典圖刑法，而觀其廢興者，皆可知也。其興者，必有夏、呂之功焉；其廢者，必有共、鯀之敗焉。今吾執政無乃實有所避。①

蔡墨用正反兩個方面來闡釋禹與四嶽之被賜姓，他們並非有特崇，只爲有嘉功；他們都是炎黃之後，但鯀因有過，故而殄滅。禹有嘉功，故能"命姓受氏，迄于天下"，能够"高朗令終，顯融昭明，命姓受氏，而附之以令名"。毫無疑問，後兩句"命姓受氏"完全是承接前文賜姓曰"姒"、賜姓曰"姜"、賜之姓曰"董"而言，試問："命姓"之"姓"是否亦指"族屬人民"，解釋爲：命族屬人民？反之，若如傳統解釋爲：賜夏禹、四嶽、董父姓曰姒、姜、董，有何"背於史實"之處？

楊氏在此文最后總結八點，主要是推翻"賜姓"的傳統解釋。今約爲二點表述如下：

一、先秦文獻上所謂"賜姓"制度，據漢以來學者的傳統解釋，係義指賜族名（Bestowing a surname，or Family-name on a person）；與漢以來帝王賜功臣以族名的賜姓氏制度同一意義。但此種解釋係立論於漢以後的"姓氏"觀念、漢以後的賜姓制度，及誤解的史料；且除'賜姓'一語的解釋以外，誤説紛紜，並無明確一致的制度理論，故其説不能

---

① 《國語》卷三，107－108頁。

成立，且不能據以測論其他古代社會制度。

　　二、根據姓字古義及《楚語》史料，先秦賜姓制度在理論及史實上，證明應義指賜民分民或授民，且與先秦所謂"胙土、命氏"並屬封建制度的三要素，即所謂分民裂土建國的分封制度。[①]

經以上分析，可以清晰知道，賜姓是賜氏族名稱符號，還是賜族屬人民？是傳統解釋誤說，還是楊氏理解經史文義有偏差？楊氏解釋"姓"字古義有子嗣、族屬義，此清儒如二王父子等都有引證，固然符合字義，但其由此引申推進到大部分先秦出現的"姓"字，生搬硬套一律作"族屬"解釋，從而去否定賜姓命氏的封建制度，終至導出與史實完全不符的結論。

　　由於地緣暌隔、信息滯後、學科錯位等因素，國內外考古學、民族學、人類學和史學家雖已對摩爾根母系血緣氏族理論早有批評修正，而姓氏學界仍因襲成見，祖述母系，憲章血緣。如前所述，幾乎所有研究姓氏者，包括某些先秦史研究者在解讀古姓、論證先秦姓氏時，或有意或無意，或明確或模糊，或正面述說或側面附帶，皆未能擺脫母系氏族血緣理論之影響，而楊希枚則是傾全力以此作爲理論基石來展開研究論證之人。

（三）《左傳》所記賜姓命氏求實

　　在"賜姓命氏之時代"一節，已較爲詳盡地列出各家對《左傳》衆仲所說賜姓命氏法之意見。由於各人對三代以及三代以前之社會性質即有無母系氏族血緣階段認識不同，對西周分封制度認識不足，對卜辭、銘文中氏族、族徽認識不清，對傳說中神話與史實真假辨析不一，因而各自爲說而言人人殊。在梳理、辨證

---

① 楊希枚《先秦賜姓制度理論的商榷》，《先秦文化史論集》，第152-153頁。

對西周封建、册命同姓異姓以及周禮分別同姓異姓等級待遇後，
應該清楚西周爲鞏固新生政權，安撫舊邦，確實在分封同姓同
時，分封過夏商及三代以前著名古氏族，並在禮制中規定同姓異
姓之不同待遇。在對姓氏研究中引入母系氏族理論進行反思之
後，應該清楚社會發展之多樣與不平衡，不必像摩爾根所説都須
經過血緣的母系氏族社會而進入父系氏族社會，中國古籍所載上
古數十個氏族延及夏商乃至姬周，一直由男性爲主的氏族首領主
持，所有涉及女性的絕大多數是聖人之母，記載目的純爲凸顯男
性聖人而非女性聖母——認清此類記載的主次非常重要。明於史
實，再來重新討論《左傳》衆仲賜姓命氏之説，就會客觀理性。
《左傳·隱公八年》：

> 無駭卒，羽父請謚與族。公問族於衆仲，衆仲對曰：
> "天子建德，因生以賜姓，胙之土而命之氏。諸侯以字爲謚，
> 因以爲族。官有世功，則有官族，邑亦如之。"公命以字爲
> 展氏。①

欲明衆仲所言，須知無駭身份。《春秋經》云："冬，十有二月，
無駭卒。"周禮，大夫曰卒，經云"無駭卒"，則其爲大夫無疑。
《御覽》卷五六二引舊注云："無駭始爲卿，未賜族也。"② 隱公二
年傳云"司空無駭入極"，知無駭爲公族之卿。按理卿大夫應書

---

① 孔穎達《春秋左傳注疏》卷四，第一册，第129頁上。
② 《太平御覽》卷五六二，中華書局，1960年影印本，第三册，第2538頁上。
關於無駭在賜族制度下可否被賜之資格條件，孔穎達在《春秋左傳正義》"羽
父請謚與族"下有解云："此無駭是卿，羽父爲之請族，蓋爲卿乃賜族，大夫
以下或不賜也。諸侯之臣，卿爲其極。既登極位，理合建家。若其父祖微賤，
此人新升爲卿，以其位絕等倫，其族不復因，故身未被賜，無族可稱。魯挾、
鄭宛，皆未賜族，故單稱名也。或身以才舉者升卿位，功德猶薄，未足立家，
則雖爲卿，竟不賜族。羽父爲無駭請族，知其皆由特命，非例得之也。"（第
130頁。）此雖是經學家推論而得，亦可備一説，唯此於賜姓命氏無直接關係，
錄此備參。

其氏，因生前未賜族無氏，故不書氏。① 其生前所以未獲諸侯賜氏，據《公羊》《穀梁》所説是滅同姓或冒功。② 因生前未賜族無氏，故羽父爲請於隱公。故若針對無駭之賜氏，衆仲僅需云"諸侯以字爲謚（氏），因以爲族"即可，不必云"天子建德"和"官有世功"二條。因前者係指天子賜姓，後者指異姓受封。③ 今衆仲既兼三者而言之，可見其就無駭賜族而統論周代封建同姓異姓之制度，爲後世留下一則周代賜姓命氏制度之綱要。

（1）衆仲論述周代賜姓命氏制度第一句："天子建德，因生以賜姓，胙之土而命之氏。"楊希枚因將"姓"解釋爲"子嗣"或"族屬"，故謂是"賜族屬或人民"。④ 且將"因生"之"生"解釋爲"生前"，否定舊解"所生之地"。於是此句句意爲：

天子選建明德，都是因其生而封賜；死後並不追賜。言外的意思是説：無駭已死，羽父替他請族的事是於例不合的。⑤

若依楊説將"姓"解釋爲"族屬和人民"，語義上固然也通順，然就整段文意而言，已不免被扭曲：一、整段文意，第一句講天子所賜，第二句講諸侯所賜，無駭是公族大夫，尚無資格受天子之賜；羽父爲請，也只是請於隱公而非請於周天子。二、如若第一句天子也是賜族，則天子與諸侯之職責已混淆，此在封建等級

① 杜預注云："卒而後賜族，故不書氏。"孔穎達《春秋左傳注疏》卷四，第一冊，第126頁上。
② 杜預《左傳集解》謂是率師如境內附庸小國，孔穎達疏又謂此役是費伯之功。三傳認識有異同，無關賜氏，故不辨析。
③ 按杜注"官有世功"云："謂取其舊官舊邑之稱以爲族，皆禀之時君。"孔疏謂此兼同姓異姓而言，而服虔"止謂異姓"。孔穎達《春秋左傳注疏》卷四，第一冊，第132頁下。
④ 楊希枚《姓氏古義析證》，《先秦文化史論集》，第29-73頁。
⑤ 楊希枚《〈左傳〉"因生以賜姓"解與"無駭卒"故事的分析》，《先秦文化史論集》，第94頁。

制度下決不允許。三、若如楊氏所解，衆仲所要表達的姬周賜姓命氏禮制僅剩一"氏"，而"姓"已被無端消解。賜姓命氏制度中若無賜"姓"一項，則二王三恪之姓從何而來？周代姓氏二分豈非成爲殘缺不全之空話？解釋經典，既要考證字義，也要照顧前後文語義語境，更要考慮歷史背景。從"姓"字字義角度考慮，筆者承認楊希枚對"姓"字古義之考證符合"姓"之本義與引申義，然隱公二年衆仲所説既是統論姬周賜姓命氏制度，且將天子賜姓置於第一，諸侯賜氏賜族置於第二，次序井然不紊，可見"姓"即"姓氏"之"姓"，絕非他義。抹煞天子賜姓，即是無視於周初武王封賜三恪二王之歷史事實。①

天子賜姓與天子建德互有關聯，謂天子奪取天下，平一宇内後，必須建立自己恩德，施恩布德於天下。武王克紂之後，"未及下車而封黃帝之後於薊，封帝堯之後於祝，封帝舜之後於陳；下車而封夏后氏之後於杞，投殷之後於宋"，② 此已備三恪二王之敬；又"褒封神農之後於焦"。③ 其具體之分封可以胡公滿爲例，胡公滿是帝舜後裔，又且其父遏父爲武王時陶正，武王以元女配虞胡公而封之陳，以備三恪。武王所封，皆有其"姓"，神農和三恪二王之古姓如下：

炎帝——姜姓

黃帝——姬姓

唐堯——祁姓

虞舜——姚姓

---

① 其他學者如馬雍、張淑一、雁俠、陳絜對此句之解釋，皆因牽引"原有的姓""族名""血緣團體族群名號"等而未達一間，詳見前文所徵引，不再一一引述辯證。

② 孔穎達《禮記正義》卷三九，第三册，第1322頁。

③ 《史記·周本紀》，第一册，第127頁。

　　夏禹——姒姓

　　商湯——子姓

將《禮記》《史記》所載賜封與古姓勘合，可知神農和三恪二王
之姓必是武王所封所賜。炎帝神農氏本在黃帝之前，或云同時，
是上古顯赫氏族，與黃帝關係密切；姜姓後裔姜嫄又是生育姬周
祖先后稷之聖母；其在商末周初，姜姓呂尚佐助文武伐紂有功；
故武王於炎帝不得不封、不得不賜其姓。相傳姜姓爲太皞所賜。
黃帝是周人始祖，姬姓或云是炎帝所賜。堯、舜同出黃帝姬姓一
族。夏、商二王之姒、子二姓，或云帝舜所賜，或云帝堯所賜，
或云皇天所賜。傳說邈遠難徵，姑不論太皞、皇天爲誰，也無論
姜、姬古姓是否爲太皞、炎帝所賜，如果相信傳說有史實影子，
其賜者皆爲當時“最高領導”固可無疑。由此可知，神農、三恪
二王之姓，都是當時最高領導，即相當於後世天子所賜。三恪二
王和神農皆顯赫名族，黃帝是周人始祖，堯、舜、禹、湯，皆一
時領袖，對其後裔分封賜姓，自然只有“天子”得行此權利，諸
侯豈能行使，也豈敢行使？杜預曾說“諸侯位卑，不得賜姓”，[1]
蓋得周代賜姓命氏之例也。所以依楊說取消“天子賜姓”，實即
抹煞周初武王急於安撫天下而封賜之歷史事實。

　　武王如何賜姓？換言之，依據什麼賜姓？杜預在“因生以賜
姓”下注云：“因其所由生以賜姓，若舜由嬀汭，故陳爲嬀姓。”[2]
《尚書・禹貢》：“錫土姓，祇台德先，不距朕行。”孔傳云：“天
子建德，因生以賜姓，謂有德之人生此也，以此地名賜之姓以顯
之。王者常自以敬我德爲先，則天下無距違我行者。”[3] 合觀孔

---

① 杜預在“諸侯以字”下注，孔穎達《春秋左傳注疏》卷四，第一冊，第131頁上。
② 杜預集解，孔穎達疏《春秋左傳注疏》卷四，第一冊，第129頁上。
③ 孔穎達《尚書正義》卷六，第一冊，第199頁上。

傳、杜注，知當時分封賜異姓，多取其氏族、邦國所居之地爲姓。此"地"包容甚廣，可以是具體之地域，也可以是山或水。推知"姜"姓是炎帝以姜水成，"姬"姓是黃帝以"姬水"成，堯曾居於"伊祁氏"，舜居嬀汭，故有姜、姬、祁、嬀四姓。賜姓以"地"之外，也有因其族自己的神話而賜，如禹之姓"姒"，湯之姓"子"，皆與吞薏苡、燕卵神話有關。何以要錫土賜姓，《禹貢》説是爲"祗台德先，不距朕行"，亦即是自己祗敬有德之先人——有名邦國或血族，可以使天下無距違我行者。體諒小邦周一舉而滅大商邑，當時邦國、氏族林立，如何服衆，是一個極其嚴峻的問題。先安撫名族與聖王後裔，博取暫時安穩，以爲後續之征伐殖民、封建分封把控政局贏得時間，是武王未下車先封黃帝、堯、舜之後，既下車即封夏、殷之後的深意。

伴隨"賜姓"，則必須"胙之土而命之氏"，亦即"錫土姓"中之"錫土"。武王克商，率土之濱已莫非王土，如果賜其姓而不予其地，則其族無法生存。武王分封同姓時，遣散殷遺，使六族、七族跟隨魯、衛而去，但仍封殷之後於宋，亦即予殷後以土地使生存之。俾其像胡公滿一樣"以奉帝舜祀"。所予土地，大多以其族所居原地爲宜，於是又需因其地而"命之氏"。"命之氏"之"氏"，多依傍現居地或所封之國，而"賜姓"之"姓"，則多是該氏族古老之氏族名。上古氏族遷徙頻繁，故三恪二王之姓與氏多不相同，文獻所載所傳亦往往有多個"氏"名或"姓"名。舜本姚姓，又曾居嬀汭，武王封胡公滿，取"嬀"爲姓，既封於陳，乃以陳爲氏。[①] 又"封微子於宋，以奉殷祀"，則子爲其

---

① 就《左傳·襄公二十五年》子產云"庸以元女大姬配胡公而封之陳，以備三恪"，似以胡公爲始封。然《大戴禮·少閒》孔子云："禹卒受命，乃遷邑姚姓于陳。"《世家》司馬貞《索隱》引宋忠云："殷湯封遂于陳以祀舜。"似夏與商皆曾封舜後，則武王封胡公滿係襲封亦未可知。

姓，宋爲其氏。凡此大舉措，均只有周"天子"有權封賜。

由神農和三恪二王的姜、姬、祁、嬀、姒、子六姓，推而廣之，有限的古姓中還有黃帝十二姓中除却姬、祁外之其他十姓，祝融八姓，太皞風姓，防風氏漆姓，皋陶偃姓，秦始祖嬴姓，鬼方隗姓等二十三姓，合神農、三恪二王六姓計二十九姓，已佔現存古姓之絕大多數。祝融八姓無疑是顯赫悠久的氏族；太皞、皋陶等也是著名氏族；防風氏相傳雖爲禹所殺，據考證，其氏族在堯、舜時代立足於太湖西南岸，今良渚中晚期文化即其遺址。該古國有都城，有自己的統治系統，絕對是擁有實力的氏族。[1] 這些氏族相對於神農、三恪二王而言，政治地位不免稍遜，但都是各霸一方的邦國。可以想見武王未下車、已下車所封者，都是足以安撫天下的最重要邦國氏族。既然最重要的邦國氏族需要急封以安撫天下，則稍稍安定之後，在大封同姓之前、之際或之後，必會進一步擴大範圍賜封異姓，上述其他一二十個異姓很可能是彼時所封。既然所封皆是有名氏族，則其自當由武王、周公或成王親自來賜姓，因爲同姓諸侯位卑資淺，或方受封，或未受封，地位既不相稱，時間亦不相及，無權也無機會來封賜顯赫榮耀氏族。《禹貢》之"台"是禹，猶衆仲所説之"天子"；《禹貢》"祗台德先"，亦即衆仲所説"天子建德"。這應是衆仲所説"天子建德，因生以賜姓"之諦義。

（2）衆仲論述周代賜姓命氏制度第二句是："諸侯以字爲謚，因以爲族。""以字爲謚"之"謚"有異文，鄭玄《駁五經異義》引此文作"以字爲氏"，顧炎武、惠棟、洪亮吉等皆以爲作"謚"誤。[2]

---

① 參見夏星南《試説防風氏國與良渚文化的關係》，《史前研究》2000年，三秦出版社，2000年，第558-566頁。

② 參見劉文淇《春秋左氏傳舊注疏證》，科學出版社，1959年，第48頁。

"以字爲氏"是兩周公族命氏命族之通例，各國諸侯之子稱公子，公子之子稱公孫，公孫之子，多以王父之字爲氏。杜預注："無駭，公子展之孫，故爲展氏。"① 前文徵引殷民六族、七族時，有條氏、徐氏、蕭氏、陶氏、施氏、繁氏等等，足證"氏"與"族"在晚商與西周本屬同義，故前言"以字爲氏"，後接"因以爲族"，蓋公族唯得諸侯之賜氏，始得爲族，其未得賜氏，則"無族可稱，魯挾、鄭宛，皆未賜族，故單稱名也"，② 其理可與衆仲之言印證。

（3）衆仲論述周代賜姓命氏制度第三句是："官有世功，則有官族，邑亦如之。"此句依服虔説，主要是指諸侯對異姓卿大夫之封賜。而孔穎達引經據典，則認爲"蓋兼同姓異姓言之"。又三傳、五經之經師亦各有異説，③ 以無關賜姓，姑不詳論。

由衆仲所説，姓爲天子所賜，天子賜姓同時亦胙土命氏；同姓、異姓氏、族爲諸侯所賜，諸侯不得賜姓。故孔穎達云："姓則受之於天子，族則禀之於時君。"④ 姓與氏之確立或得到社會承認需由天子或諸侯封賜，衆仲與孔穎達所説固是西周制度，但西周以前之姓氏狀況已被古史學家和姓氏學家各本私見描述得五花八門，引發筆者一連串值得反複思考的問題：茫茫中原大地、遼闊邊陲四裔，遠古氏族之多，林立難數，此乃不爭之事實。

如若夏商及夏商以前先民氏族皆以母系爲中心，以血緣姓族叢聚，並以血緣之"姓"爲標識，以血緣之"姓"互相稱謂，爲何見諸文獻之上百個遠古氏族除女皇氏外皆爲男性首領，⑤ 並皆

① 孔穎達《春秋左傳注疏》卷四，第一册，第132頁下。
② 孔穎達《春秋左傳注疏》卷四，第一册，第130頁下。
③ 詳見劉文淇《春秋左氏傳舊注疏證》，第49頁。
④ 孔穎達《春秋左傳注疏》卷四，第一册，第130頁上。
⑤ 據《路史後紀二》，女皇氏爲太昊氏女弟，或云伏羲之妹。謂其"生而神靈，亡景亡響，少佐太昊，禱于神祇，而爲女婦正姓氏、職昏因、通行媒，以重萬民之判，是曰神媒"，實亦傳説中人。

以"氏"爲標識，以"氏"互相稱謂，而無一以"姓"傳稱者？[①]

如若姬周以前是母系血緣姓族社會，爲何十餘萬片甲骨卜辭找不到一個"姓"字，而却有成百上千個氏族族徽標識？

如若古姓字形多像東周以後所見從"女"旁之形，與女姓血緣聯繫緊密，爲何西周金文和殷商甲骨文字形多不從"女"旁？

如若姬周以前始終如周代姓氏二分，始終如楊希枚所説存在以血緣爲標識之"姓族"，爲何有限之古姓僅偏限於上古三代顯耀之邦國、氏族中？尤其所謂"古姓"又大多落在武王分封範圍之内？

如若西周無賜姓命氏制度即武王不曾施行封賜，是否會有古"姓"存在？

如若血緣之姓族是悠久、封閉、牢固的團體，爲何隨著姓氏二分的姬周衰微、滅亡而退出歷史舞臺？又爲何退出姓氏二分之歷史後所留存者是"氏"而非"姓"？

以上諸多疑問長期困擾筆者，經對古姓、古氏之字形仔細分析，對文獻材料和上古歷史深入研討，對西來史學思潮反思明辨之後，對此問題逐漸形成一個迥異於前人之新認識。茲將自己思維過程剖析於下。

棄仲所説"天子"，絕對是指周天子。殷商稱天爲上帝，卜辭多"上帝"一詞，而商王自稱、他稱皆稱"王"。[②]至西周銘文始稱最高統治者周王爲"天子"，[③]《禮記·曲禮》云："君天下曰

---

① 參見《莊子》《金樓子》以及羅泌撰、羅苹注《路史》等文獻所載。按，儘管《路史》所叢聚之氏族雜有後世造作之名稱，但即使排除，其數量也很可觀。上百個氏族中附載其姓者，在留存之古姓範圍之外少之又少。

② 參見宋鎮豪主編《商代史》第四卷王宇信、徐義華著《商代國家與社會》、第八卷常玉芝著《商代宗教祭祀》有關章節。中國社會科學出版社，2011年、2010年。

③ 如西周早期銅器銘文《伯姜鼎》："天子萬年埾（世）孫子受埀屯（純）魯。白（伯）姜日受天子魯休。"《靜方鼎》："靜揚天子休。"《獻簋》："朕辟天子。"等等，卜辭和晚商銘文不見此詞。

天子。"故衆仲所説"天子建德，因生以賜姓"必是西周之制。
殷商允有分封，可以分封各種大小氏族及其土地，因甲骨文無
"姓"字，故亦不可能有賜姓之制。把握此一關鍵性樞紐，很多
問題可以迎刃而解。

　　要分辨生息於中國大地之先民是從母居抑或從父居，至少必
須從穴居進入有建築庇身時代談起。仰韶文化始有村落佈局和房
屋建築，半坡、姜寨類型時期已有大小房屋的分割。[1] 此一時代
落在新石器時代晚期，約公元前 3500 年前後。時尚無文字，更
無從談姓説氏。即使嬰幼兒因需哺乳而從母居，亦與姓、氏無
關。銅石併用時代晚期亦即龍山文化和龍山時代下限，年代適與
夏文化相銜接，約在公元前 2000 年前後。[2] 此時房屋結構已有很
大改進，埋葬習俗亦呈階級分化現象，出現卜骨和占卜風俗，有
簡單刻畫符號和圖畫文字，應已進入成熟的氏族時代，且正與典
籍所載大量上古氏族時代相銜相合。此時男性墓葬中隨葬石鉞與
玉鉞、玉琮與玉璧，顯示宗教祭祀和軍事戰爭已非常頻繁。龍山
時代氏族是以男性爲主、男性領導的氏族集團，與傳説中有巢
氏、朱襄氏、葛天氏、陰康氏、無懷氏等以男性爲主的氏族一
致，由此基本可排除新石器時代晚期有母系血緣氏族存在。若將
母系血緣氏族排除在龍山文化以還的歷史進程之外，則從母居之
母系氏族和以母系血緣爲主之"姓"皆是輕信摩爾根氏族理論並
將之移植到中國古史研究中的臆説，而楊希枚所創之"姓族"一

---

① 參見鞏啓明、嚴文明《從姜寨早期村落佈局探討其居民的社會組織結構》，
　《考古與文物》1981 年第 1 期；中國科學院考古研究所等《西安半坡》，文物
　出版社，1963 年，第 40－42 頁。
② 龍山文化在公元前 2600—2000 年，而《夏商周斷代工程》將夏代定於公元前
　2070—1600 年。《夏商周斷代工程——1996—2000 年階段成果報告》，世界圖
　書出版公司，2000 年。

詞也成爲一個無實質内涵的詞彙。更從此一時期墓葬外之亂葬坑
看，每一坑窟中有數人至十數人不等，就骨骼考察，有體呈傷痕
者，有作掙扎狀者，更有身首異處者。專家推測是戰俘或奴隸，
可見其時氏族之血緣已非純粹。此種人員結構與歷夏經殷，直至
姬周的氏族組織一脈相承，無甚差別，其氏族形成、組織結構、
運作活動等可從殷商氏族中略窺一斑。

　　此一時期男性主宰的氏族血緣已不純粹，且文字亦在有無之
間，可以想見母系血緣特點的“姓”即使存在於先民之意識中，
也不可能有文字標識。這一客觀現實與稍後殷商甲骨卜辭所現只
有表示“氏”的字形和族徽，而無表示女姓血緣之“姓”相一
致。緣此推知，在大小氏族星羅棋布地徧布整個中原大地、邊陲
四裔的殷商及殷商以前，決然是有氏無姓，其有封賜制度，也決
然是賜氏錫土，如對應《禹貢》“錫土姓”之夏代，一定是封土
賜氏，其“姓”字是後人轉録文字時以後世觀念替代前代意識。

　　許慎釋“姓”云：“人所生也。古之神聖母感天而生子，古稱天
子。从女，从生，生亦聲。《春秋傳》曰：天子因生以賜姓。”[①]　此一

----

① 許慎《説文解字》第十二下，中華書局，2013 年影印本，第 259 頁上。按，
　許慎此解“古之神聖母感天而生子，故稱天子”一句，頗有爭論。段玉裁引
　許慎《五經異義》云：“《詩》齊、魯、韓，《春秋公羊》説聖人皆無父，感天
　而生。《左傳》説聖人皆有父。謹案：《堯典》：‘以親九族。’即堯母慶都感赤
　龍而生，安得九族而親之？《禮讖》云：唐五廟。知不感天而生。”乃云：“許
　作《異義》時，從《左氏》説聖人皆有父，造《説文》則云神聖之母感天而
　生，不言聖人無父，則與鄭説同矣。”（段玉裁注、許維賢整理本《説文解字
　注》，鳳凰出版社，2007 年，第 1064 頁）段氏別其異，却未對《説文》原文
　有疑義。楊希枚則據此而云：“可證許慎顯然是絶然反對古帝感生説的。”“可
　證許慎既反對感生説，也反對因感生而爲姓或賜姓説，從而絶不應借天帝感
　生或賜姓説以解釋姓字。”（《先秦文化史論集》，第 173－174 頁）所以他認爲
　《説文》“感生”文字絶非許慎原文。其實，姓字既是伴隨姬周感生神話而産
　生，許慎解字，與其所執持之經説是兩碼事，不當混爲一談。

釋文，幾如出於周人之口。首先，《詩·大雅·生民》："厥初生民，時維姜嫄。……履帝武敏歆，攸介攸止。載震載夙，載生載育，時維后稷。"① 姜嫄履天帝之足印感而生后稷，是典型的感生神話。因爲是履天帝足印而生之子，故稱"天子"。應該説，姬周帝王稱天子與此神話有莫大關係。許慎後文又引《春秋左傳》衆仲之語一證，可以説整條"姓"字釋義與西周歷史和神話背景極爲吻合。"姓"字形即使不産生於西周，其概念、思想甚至具體制度亦當在西周産生並實施。

文、武、周公乃至成王在周初大封同姓異姓，應有一整套政策和策略。推原文、武所處時代之形勢，面對中原殷商及其四夷邊陲，儘管從官職而言有侯、田、男、衛及諸多方國，而其組織則都是大小氏族部落。作爲一個瞬間打敗"大商邑"且同樣是氏族結構的"小邦周"，如何在星羅棋布的氏族部落中建立穩固政權，確實是極其棘手而頗費籌措之事。方其克商之後，用氏族分化手段，在殷商王畿分封邶、鄘、衛而設置三監，又封召公、畢公、榮伯等人以采邑，既冀監督殷遺動向，又使本氏族擴大疆土、控御多方。及至三監叛亂，又大封兄弟子姪同姓之國，分化遣散殷遺使之隨分封之同姓諸侯而去，成爲封國之"國人"。此一系列政策皆屬因時因勢而不得不爾，然此僅其一方面。另一方面如前所述，即追封二王三恪以及其他顯耀氏族，此則涉及一"姓"字。殷商王國既是由星羅棋布之氏族組成，其時即使有血緣之模糊意識，也無明確之"姓"的文字概念。要從氏族中凸顯血緣概念，就得用新的文字予以表述。《國語·晉語》司空季子論黃帝二十五子十二姓一段話，隱隱透露出西周初期武王、周公的思想意識：

① 孔穎達《毛詩注疏》卷十七，上海古籍出版社，2013年，下册，第1523頁。

> 司空季子曰：同姓爲兄弟。……異姓則異德，異德則異
> 類，異類雖近，男女相及，以生民也。同姓則同德，同德則
> 同心，同心則同志，同志雖遠，男女不相及，畏黷敬也。黷
> 則生怨，怨亂毓災，災毓滅姓，是故取妻避其同姓，畏亂災
> 也。故異德合姓，同德合義，義以導利，利以阜姓，姓利相
> 更，成而不遷，乃能攝固，保其土房。①

如許慎所說，姓是“人所生”，則司空季子說“同姓爲兄弟”就
是同生爲兄弟。上古氏族之上層核心人員固是同生，與下層外圍
人員有區別。季子所說異姓、異德、異類和同姓、同德、同心、
同志，雖是就婚姻相生而言，但最后仍落實到“異德合姓，同德
合義，義以導利，利以阜姓，姓利相更，成而不遷，乃能攝固，
保其土房”，即通過婚姻手段，以達到生利、厚生，互不離散，
互相鞏固，共同保守疆土而安居樂業。將這種理念作爲周初武
王、周公應對時勢所思所慮，極爲切合，或許季子之言，即是周
初政策之演述亦未可知。

因爲同生，所以同姓，乃能同德同心同志，所以大封兄弟子
姪同姓爲諸侯到各地掌控，在他們意識中是天經地義的當然之
策。但小邦周氏族相對於大商邑乃至星羅棋布之氏族，有再多的
同姓兄弟子姪，也不可能全面掌控，因爲更多的是“非我族類”
的異生即異姓。同姓異姓就在同生異生亦即同氏族異氏族之抉擇
中凸顯，成爲同德異德同心異心判別之標準，最后上升爲分封之
標識——姓。然姓即是生，是最基本標識，對於大小各氏族，都
必須有不同標識，於是尋找各氏族不同之標識。

先從自身尋找，周氏族直系可追溯到后稷，后稷之生，相傳
是姜嫄履大人之跡有感而生。《詩·大雅·生民》：“厥初生民，

_____

① 《國語》卷十，下冊，第356頁。

時維姜嫄，生民如何？克禋克祀，以弗無子。履帝武敏歆，攸介
攸止，載震載夙，載生載育，時維后稷。"鄭玄箋"帝"爲"上
帝"，即天帝。云："祀郊禖之時，時則有大神之跡，姜嫄履之，
足不能滿，履其拇指之處，心體歆歆然，其左右所止住，如有人
道感己者也，於是遂有身。"①《詩》云履帝跡，康成云履上帝大
神跡，孔穎達則謂履大人跡。因鄭箋云是"祀郊禖之時"，故聞
一多曾"疑履跡爲祭禮中一種象徵的舞蹈，其所象者殆亦即耕種
之事矣"。②郊禖之具體形式姑可勿論，其所謂上帝即天帝，后稷
既爲姜嫄履天帝之跡感而生，是即天帝之子。周代帝王自稱"天
子"，當即緣此。③后稷爲天帝之子，則不窋、公劉、古公亶父、
王季、文王等皆是天孫、天裔，是代代相傳之天子。如果爲周氏
族立一"姓"，亦即其族所生，自當取於姜嫄履天帝之跡感生傳
說爲宜。姬字甲骨文作𗆧、𗇋，用爲女性的人牲之名和神靈之
名，與姬周之"姬"無涉。④金文姬字字形甚多，匽侯鬲作𗈀，
作姬簋作𗉀，旅姬鬲作𗊀，絕大部分字形相同，皆一女在大足

---

① 孔穎達《毛詩正義》卷十七，北京大學出版社，2000 年，第三冊，第 1240
頁。按，鄭箋句讀與標點本有異。

② 聞一多《姜嫄履大人跡考》，《神話與詩》，《聞一多全集》，生活、讀書、新知
三聯書店，1978 年，第一冊，第 75 頁。聞一多從神話角度解釋姜嫄履跡，謂
"詩所紀既爲祭時所奏之象徵舞，其間情節，去其本事之真相已遠，自不待
言。以意逆之，當是實情。袛是耕時與人野合而有身，後人諱言野合，則曰
履人之跡，更欲神異其事，乃曰履帝跡耳"。第 76 頁。

③ 殷人稱王，周人稱天子。天子之稱源於周民族姜嫄生后稷之感生神話，故
"天子"一詞西周以下頻見。如西周早期作文父宗祀鼎已有"天子"出現，伯
姜鼎"天子萬年""白姜對匀天子休""天子昇賞白姜"，静方鼎"静揚天子
休"，獻簋"朕辟天子"，𥃝作周公簋"朕臣天子"，更有天子俾觚等。中期以
後，更爲常見。《尚書·洪範》有"以近天子之光""天子作民父母"，可見武
王與箕子對話時已有之，可與金文印證。

④ 于省吾釋爲女俘，見《甲骨文字詁林》第一冊，第 502 頁。此從趙林《殷契釋
親》第十三章《古姓的商代來源》，第 341 頁。

之旁，足印中之一點，疑爲指事，蓋指一女之足履之也。《説文》從女，臣聲。臣字形金文㲋伯盤作：𦥑，而《汗簡》有作𦥑形，亦像一足履大人足印而不滿。漢代經師對此解釋，如《白虎通·姓名篇》云："周姓姬氏，祖以履大人跡生也。"① 《論衡·奇怪篇》亦云："后稷母履大人跡而生后稷，故周姓姬。"② 王充之意是因履"跡"故而姓"姬"，儘管其怪而闕之，③ 聞一多却相信"姬從臣猶從止，是姬姓猶言足跡所生矣"，故云："姬之爲言蹟也，蹟蹟跡一字，故履跡而生即得姬姓。"④ 孫作雲著眼於圖騰予以解釋，謂：

> 前言姜嫄履大人之跡而生子，即履熊跡而生子，——此"大人"即熊，即周族的圖騰；而此言姬姓之得姓，由於姜嫄履大人之跡，則此姬姓之得姓，出於圖騰信仰，殆無疑問。⑤

商周之有無圖騰，涉及古史進化諸多問題，此姑置之不論，姬姓原於周族自稱履大人跡作爲其姓之標識，從"姬"字形體、從周人自道之《生民》一詩，從"姓"本義爲"人所生"，尤其是從自以爲是天之子且已伐紂得勝諸方面綜合考察，與漢以前傳説一

---

① 陳立《白虎通疏證》卷九，中華書局，1994 年，下册，第 405 頁。
② 黃暉《論衡校釋》卷第三，中華書局，1990 年，第一册，第 157 頁。
③ 黃暉謂："'跡'古音在支部，'姬'古音在之部，絶不相通。漢文之、支不分，故仲任得附會之，謂'姬'之音出於'跡'矣。"（第 157 頁）按，黃暉信段玉裁之、支、脂三分之説，遂出此言。實質段説未爲的論，而上古語音絶無後世畫清晰儼然。神話傳説，本多附會，周民族與殷民族音系亦有不同。仲任著文，必取之於傳説，而非以漢代語音爲衡量標準也。此一傳説，黃暉亦謂本於緯書，則由來久矣。
④ 聞一多《姜嫄履大人跡考》，《神話與詩》，《聞一多全集》，第一册，第 77 - 78 頁。
⑤ 孫作雲《周先祖以熊爲圖騰考》，《詩經與周代社會研究》，中華書局，1966 年，第 20 頁。

致，與聞、孫二氏詮釋亦相合，似已無庸置疑。甲骨文無"姓"字，周人以"姓"爲"人所生"，而自己祖先后稷是姜嫄履大人之跡所生，因創造出一"姓"字，確實既合人情亦符事理。

　　姓亦即生既是區別同德異德不同氏族之標識，故當以此分封不同氏族部落。姬周承夏商二王，夏與商各有感生神話，《白虎通·姓名》云："禹姓姒氏，祖昌意以薏苡生。殷姓子氏，祖以玄鳥子生也。"[①]《論衡》説同，雖皆取諸緯書，而殷商神話自有《玄鳥》爲證，故武王封之以姒姓和子姓，是三代之姓皆取諸神話。三恪之賜姓命氏，因世異時隔，年代久遠，且古氏族部落多而散，既不可能一一賜封，乃不得不有所選擇與組織。綜合《史記》之《五帝本紀》《夏本紀》《殷本紀》《周本紀》《秦本紀》等，可聯成一張黃帝以來之世系圖，此一世系將堯、舜、禹、湯等諸多見之於傳世文獻之著名古氏族全部囊括無遺，亦即三恪二王一脈相承，本是一樹枝幹，先後開花。太史公云黃帝姓公孫，名軒轅。而《國語》司空季子説黃帝與周族同姓姬，既然姓爲血緣標識傳百世而不改，何以會有不同之姓？上古没有文字，世系全憑口傳，在生態惡劣、食物匱乏、戰爭頻仍、氏族分合無常之時代，純粹之血緣世系不斷在分裂、泯滅、重生，如此脈絡清晰之世系是否符合客觀歷史，允許各人有各人之理解認識，筆者不作評判，但却可從其中互相矛盾之處來印證"姓"之起源和性質。

　　黃帝之姓即使非太史公所説之"公孫"而是季子所説與周同姓姬，若姓爲血緣標識，則其二十五子就不可能是十二姓，而必是一色姓姬或姓公孫。今既有十二姓，乃引出楊希枚母系血緣姓族從母姓説。前已論證楊説左右彌縫而仍支離破碎，難以成立。

---

①　陳立《白虎通疏證》卷九，下册，第405頁。

即使如楊説從母姓，黄帝有四妃，則得姓十四子必在四姓之内，何以會衍成十二姓？而且黄帝本身姓姬，二妃方雷氏子青陽、彤魚氏子夷鼓又與黄帝同姓，姑不論姬周所謂"同姓不婚"，即使黄帝時可與同姓——姬姓（假設方雷氏與彤魚氏皆姬姓）結婚，十四子也只能是三姓，怎可能是十二姓？孔穎達對此曾作推測，謂："黄帝之子，兄弟異姓，周之子孫皆姓姬者，古今不同，質文代革。周代尚文，欲令子孫相親，故不使別姓。"① 一句"質文代革"，烏足以飾其紛亂矛盾？何以質家之姓五花八門，而文家之姓却單一一色。更可疑者，爲什麼黄帝二十五子僅十四子得十二姓，另十一子何以得不到姓，是吳澤所説因"未出嫁"緣故，抑楊氏所説是夭折或婚後死亡無嗣？此皆移植一種不契合中國文化之理論所杜撰而成之荒唐話題。依筆者之認識，黄帝時代毫無疑問是由男性執掌之氏族部落時代，其二十五子中，青陽和夷鼓長成後仍在黄帝部落中任事，有能力之十二子各自率族開宗立派，獨立於黄帝部落之外。② 另十一子信息，因各種原因未留存於口頭與文獻。

武王伐紂勝利，仍然面對無數"非我族類"的大小氏族部落，此時編織一張大一統之世系網絡，選擇有影響有聯繫有必要的氏族部落予以分封安撫，有助於控御動盪紛亂局面，因而是一項有益的政治策略。至其所編織之世系網絡所據材料真實性，亦即世系網絡與客觀歷史重合程度之多少，相對於周初時勢之緊張和政策之緊要

---

① 孔穎達《春秋左傳注疏》卷四，第一册，第130頁上。
② 按，徐復觀云："黄帝之子二十五人，只有十四人得到了部落統治權；而其他十一人没有得到，所以僅十四人有姓。其中兩人分治黄帝的姬水部落，故得同爲姬姓。此外的酉、祁等十一姓，乃由統治着不同聚落所聚居的不同地名而來。"《兩漢思想史》，第一卷，第179頁。徐説與鄙見有相合的地方，特表揭於此。

而言，已可忽略不計。但將黃帝、堯、舜、禹、湯納入同一系統，而却又各姓其姓，在所謂百世不變的血緣之姓上顯出矛盾。

依血緣姓族之特點，既將黃帝、堯、舜、禹、湯直至姬周文、武納入同一系統，則應相承一脈皆爲姬姓。其所以將堯、舜、禹、湯揭出別姓，當是姬周上溯商湯、夏禹，年世不足千年，口傳歷史頗多，感生神話亦存，不得不遵從其客觀歷史，原其感生神話賜姓爲姒與子。堯、舜即使非如儒家所頌讚得那麼神聖光鮮，但其在歷史上一定有過值得記憶的輝煌業績與作用——也正因爲有值得歷史記憶的功勳，才被姬周保存，編織到一統圖中，爲儒家傳頌（孔子是"郁郁乎文哉，吾從周"者）。既有特殊勳業，自有諸多傳説，也無法篡改其特有氏族名稱，乃又因地因水而賜姓祁與嬀。再上溯到黃帝，就必須牽合姜姓炎帝。炎黃二帝是在中國新石器時代晚期到銅石併用時代之間確實存在並且影響極大的兩大部落，相傳或爲同時，或有先後。[1] 姬周既然自

---

[1] 文獻所記上古帝王部落之年代，多帶有傳説甚至神話成分：一是個人之年齡特長壽，二是氏族名號之年代跨度更長。然若從氏族部落甚或部落聯盟之興衰和名號之襲用上去理解，可依稀得其仿佛。印順在所著《中國古代民族神話與文化之研究》第一章《序論》中提出古代氏族如伏羲氏、神農氏、軒轅氏、少皞氏、高陽氏，乃至《左傳》中所説的八元、八愷等，都只能代表一個民族，而不能作看作個人。他舉緯書所言炎帝五百二十歲，黃帝千五百二十歲，都是傳八世、十世，云其"所説的多少世、多少年，當然未必可信，然對軒轅、少昊、顓頊等，作爲氏族去解説，却是絕對正確的"（臺灣正聞出版社，1975 年印行，第 18 頁）。參據馬驌《繹史》卷四引《帝王世紀》："炎帝神農氏在位百二十年崩，葬長沙。凡八世，帝承、帝臨、帝明、帝直、帝來、帝哀、帝楡罔。"更引《外紀》實八帝年歲云："神農在位百四十年，帝臨魁八十年，帝承六十年，帝明四十九年，帝宜四十五年，帝來四十八年，帝裏四十二年，帝楡罔五十五年。《前編》因之。《春秋命歷序》：炎帝號曰大庭氏，傳八世合五百二十歲。"（馬驌《繹史》卷四，第 30 頁）具體年歲固然可以忽略，此將由考古年代學來證實，而作爲氏族的名號與世代而言，確實可以從虛夸神話中得到較爲確切之認識。由此來認識炎帝、黃帝之先後或同時，就不足驚怪了。

認爲出自黃帝，故有必要將黃帝貼上自己的"姬"姓標識，以示血緣之繼承性；既然自認爲出自黃帝，則后稷之母姜嫄來自姜姓炎帝，故炎帝姜姓亦自應分封。炎、黃之結合，很可能源於姜嫄履大人之跡而生后稷這則對周人來説至關重要的神話——儘管炎、黃氏族確實是實際存在，確實是曾經在姜水和姬水流域生存的兩大部落聯盟。由周初帶有政治性的編織，復經燦爛的周文化傳承，我們自然而然成爲炎黃子孫。黃帝部落既然如此强大，有如此影響，即使如姬周所溯是其千年前之祖先，則其二十五子自然應該姓姬。流傳至今，之所以十二子擁有酉、祁、己、滕、葴、任、荀、僖、姞、儇、依等十一姓，必是從黃帝後分出的十二子氏族部落實力强大，綿延相傳——此從甲骨文中有酉、祁、己、滕、僖、任等氏族名稱可以想見其興盛，及至周初，仍然聲壯勢大，頗具影響力。武王、周公等既然知道其爲黃帝後裔，在普遍是氏族部落的社會，也不可能强行用所創造之"姬"姓來强加於其部落，乃不得不因人、因氏、因官職、因方國等原來的氏族部落名稱來變"氏"爲"姓"以賜。同理，對盛傳而强大的祝融八姓——部分氏族亦已見於甲骨文，也不得不依其國、依其氏、依其居來變"氏"爲"姓"以賜。

甲骨文既然無"姓"，見於甲骨文而姬周以後成爲古姓的"姓"，無疑是殷商氏族部落名稱，亦即氏族、族徽的標識。其轉而爲姬周以後的"姓"，無疑係出於周初武王、周公、成王所封所賜，變"氏"爲"姓"。文獻所載，可與甲骨文字形約略相印證之古姓僅四十左右。即使甲骨文字形有缺失或未識，文獻所載有遺漏不周，仍可推想，武王以至周公、成王當年所封賜同姓以外之異姓確實不多，且所賜所封皆三代或三代以前顯赫氏族部落，即所封所賜，皆是在當時嚴峻形勢下有利於社會安定，有利於政權穩固之氏族、部落、方國。武王等用新造的、區別異類異

族的“姓”來賜封其必要和必須賜封的氏族、部落、方國，以達
到自己政治目的，鞏固新生政權。

今有學者統計戰國銅器銘文、璽印、簡牘、封泥、陶文等所
見姓氏共計 961 個，[①] 其中僅見己、任、滕、荀、彭、曹、姜、
子、隗、偃、弋、熊等十多個古姓，其他皆是氏。其不見於實物
古姓者有兩種可能，一是實物不全，未能進入統計數，二是這些
曾被賜封的古姓氏族已經滅亡，其姓也就不傳。

八、遠古傳“氏” 與西周創“姓”

“姓氏”之“氏”即“氏族”之“氏”，氏族是一個古老的人
群實體。它起源於何時？大多數先秦史和史前史研究者都認爲遠
在原始社會，但原始社會是一段極其漫長的歷史，起點在哪裏？
遠古氏族是否有氏號？當時氏號是否即商周以後“姓氏”之
“氏”？“氏”與“族徽”之關係如何？族徽是否即圖騰等等，至
今都是衆說紛紜、難有定論的問題。唯此雖與“氏”相關相涉却
無礙於我們討論今人意識中的“姓氏”之“氏”，故僅擇取代表
性意見略述其史。

就世界人類考古而言，圖騰相伴人類起源而存在。泰勒認
爲：“圖騰部落已經進入了氏族”，“這些圖騰氏族是實行族外婚，
不允許氏族內部成員相互結婚”。全世界依照慣例表示類似於熊、
狼、龜、鹿、兔等等的氏族名稱，“這種區分部落的制度，就叫
作圖騰制度”。[②] 俞偉超認爲泰勒所說圖騰制是爲鞏固氏族以及將

---

① 參見張冶《金石姓氏録——中華漢姓斷代統計及其考辨》所統計，河北大學
　出版社，2020 年。
② 愛德華·泰勒著、連樹聲譯《原始文化》，廣西師範大學出版社，2005 年，第
　588 頁。

氏族聯合在一起的觀點極爲深刻，於是提出"族外婚"是人類區別於原始人的標識，謂："以'族外對婚制'爲特徵的原始氏族制既是圖騰制存在的基礎，圖騰制也就是原始氏族得以維繫、擴大的一種條件。二者是雙胞胎，彼此依存，共存共亡。原始氏族制有了變化，圖騰制就會相應變化；原始氏族制一旦解體，圖騰制就要消失。"① 而圖騰制的消失與祖先崇拜的產生有關係，從全球考古範圍看，人格化的祖先崇拜要到青銅時代以後才佔據重要地位。就中國史前史範圍而言，俞氏並非一個泛圖騰論者，他反對將史前時期無法作出明確解釋的相關精神領域的活動、標識都用"圖騰"或"圖騰崇拜"來搪塞，而"只有把可以和圖騰命名制以及實行'族外婚'的氏族集團聯繫在一起的動植物説成是圖騰才是有意義的"。② 氏族制無疑早於族外婚制，它早到什麼時候，俞偉超主張早到現代智人階段，③ 這固然可以各持己見深入討論，但一定是遠在龍山文化的五帝時代、仰韶文化的前五帝時代前數萬年則毫無疑問，彼時"氏"之組織，尤其是氏與氏區別之符號以及表述此類符號之語音發聲，多是現今無從知曉之謎，無從談起，故"氏"之名稱與相應語音發聲只能從前五帝時代開始。

　　一旦落實到前五帝時代之仰韶文化和五帝時代之龍山文化，即關涉到其社會性質——母系氏族、父系氏族和氏族血緣問題。

---

① 俞偉超、湯惠生《圖騰制與人類歷史的起點》，原載《中國歷史博物館館刊》1995 年第 1 期。收入俞偉超《古史的考古學探索》，文物出版社，2002 年，第 19 頁。

② 俞偉超、湯惠生《圖騰制與人類歷史的起點》，《古史的考古學探索》，第 20 頁。

③ 俞偉超云："如把現代智人的出現視爲實現'族外婚'後的一種結果，應當是可能性最大的假設。"《圖騰制與人類歷史的起點》，《古史的考古學探索》，第 22 頁。

仰韶文化分前後二期，就生產工具、生活器用而言，後期都較前期進步；就墓葬制度和隨葬品而言，前後也有變化。緣此對其社會性質就有不同意見。蘇秉琦認爲仰韶"前期還在原始社會氏族制的盛期——上升階段，而它的後期則已經越過了這個發展階段"，但即使越過這個階段，"還看不到足以說明它業已進入父系氏族制的社會跡象，還看不到它業已具備進入父系氏族制的經濟發展水平"，所以，仰韶"後期還是母系氏族制，但是在它的胞胎內孕育着新的萌芽；而更大的變化則是在它的後期結束以後的文化階段"。[①] 與蘇氏相反，葉萬松認爲新石器時代中期即前仰韶文化時期出現了製陶、製木、製骨、織布等手工業，房屋建築也有變化，已爲向父系氏族制度過渡奠定了基礎。[②] 而仰韶文化時期，貧富分化劇烈，大型房址佈置有規律，成年男女合葬，成年男子與小孩合葬，表明一夫一妻家庭佔統治地位，[③] 尤其是姜寨一期已出現對偶婚家庭，顯示出其時已進入父系氏族階段。[④] 考古學上之年代紛爭不妨繼續，但姜寨年代已落在前五帝時代，向下緊接五帝時代，正值文獻記載有名氏族如容成氏、大庭氏、伯皇氏、中央氏、栗陸氏、驪畜氏、軒轅氏、赫胥氏、尊盧氏、祝融氏、伏戲氏、神農氏等和黃帝、顓頊、嚳、堯、舜相繼活躍在歷史舞臺上。此時不僅是部落甚至部落聯盟林立於中原大地與四裔邊陲，而且確實已由男子主政氏族與部落乃至部落聯盟之時

①　蘇秉琦《關於仰韶文化的若干問題》，《蘇秉琦文集》（二），文物出版社，2009 年，第 194 頁。
②　葉萬松《史前農業是產生父系氏族的社會經濟條件——中原地區史前父系氏族社會研究之一》，《黃河科技大學學報》2012 年第 6 期。
③　葉萬松《中原地區在仰韶文化時期進入父系氏族社會》，《三門峽職業技術學院院報》2014 年第 1 期。
④　葉萬松《姜寨一期聚落遺址是父系氏族居址——中原地區史前氏族社會研究之三》，《黃河科技大學學報》2013 年第 3 期。

代，此從後世之祭祀制度上可以證明。《國語・魯語上》展禽云：

> 故有虞氏禘黃帝而祖顓頊，郊堯而宗舜；夏后氏禘黃帝
> 而祖顓頊，郊鯀而宗禹；商人禘舜而祖契，郊冥而宗湯；周
> 人禘嚳而郊稷，祖文王而宗武王。[①]

聞之於孔子的七十子後學所記《祭法》云：

> 有虞氏禘黃帝而郊嚳，祖顓頊而宗堯。夏后氏亦禘黃帝
> 而郊鯀，祖顓頊而宗禹；殷人禘嚳而郊冥，祖契而宗湯；周
> 人禘嚳而郊稷，祖文王而宗武王。[②]

兩者禘郊對象有所差錯，當是傳聞異辭，然都是春秋以前之傳
說。此必西周以還世代相傳之禘祭，儘管錯舛，其對象却鎖定在
五帝以及鯀、禹、契、冥、湯、文王、武王範圍。假如有虞氏、
夏后氏與商、周還如楊希枚等姓氏學家所說是母系血緣氏族社
會，則四代相傳應該祭祀黃帝之妻螺母，顓頊之母蜀山氏女、帝
嚳元妃后稷之母姜嫄、次妃契之母簡狄，堯之母慶都，瞽瞍之妻
舜之母握登，禹之妻塗山氏，而無必要去配食祭祀黃帝、顓頊、
帝嚳、堯、舜以及鯀、禹、契。三代之所以要祭祀五帝、鯀、
禹、契，依展禽説法，是"黃帝能成命百物，以明民共財；顓頊
能修之；帝嚳能序三辰以固民，堯能單均刑法以儀民，舜勤民事
而野死，鯀鄣洪水而殛死，禹能以德修鯀之功"，謂其皆有功於
民。如果此時是母系氏族，是螺母、蜀山氏女、姜嫄、簡狄、慶
都、握登、塗山氏等掌權，則三代帝王都在無的放矢，祭非
其人。

　　再以氏族血緣而論，姜寨五間房屋屬於五個經濟實體，五個
家庭是否有血緣關係，是否同一個祖先，在没有用 DNA 測試以

---

①　《國語》卷四，第 166 頁。
②　孔穎達《禮記正義》卷四六，第四冊，第 1506 頁。

前不敢妄斷。但推衍到當時社會，伏羲氏等等已經是部落聯盟時代，即使姜寨居民屬於同一祖先，有同一血緣，也只是當時大氏族、大部落中一個或多個社會細胞。因爲與此相先後，氏族、部落間爲求生存而或聯合或紛爭，因戰爭而或滅亡或壯大。滅亡則純一血緣或分散或蕩盡，壯大則不同血緣或融合或並存，故一旦形成大氏族、大部落，血緣一定龐雜不純。既使原來血緣純粹之氏族，發展强大以後，也會因各種原因在適當契機分裂獨立。分裂初始血緣純粹度相對較高，再經融合與戰爭，又變得雜亂不純。此時社會中即使有無數微小的家庭式純血緣氏族，只能成爲社會細胞，其在歷史進程中，即部落、部落聯盟的政治、軍事博弈中之地位，已無足輕重而可忽略不計。

殷商甲骨卜辭所反映之上千個氏族，其組織結構大小不等，且多已與大小行政官職混合甚至合一，故血緣也已不再純粹。較爲原始的氏族自名或賜予的氏族名稱，多係因生因居因地因水而名，符合先民思維與命名習慣。上古部落或部落聯盟首領乃至夏與商國家層面是否有賜氏分族胙土之習俗或制度，今無實物可證。從文獻記載和傳說，結合從大氏族名號分出小氏族名號考察，夏以前隱約有此習俗，但未必成爲制度，至殷商似已成爲一種制度，但殷商始終沒有産生"姓"字。

既然殷商甲骨文以前尚無具有體系之文字，既然殷商甲骨文中沒有"姓氏"之"姓"字，那何來與母系女性相關的血緣之"姓"？既然先秦文獻和太史公同時記載武王分封三恪二王以"姓"，則"姓"只能是周民族虛擬的新詞。西周"姓"字形無"女"旁，其政策所謂"同姓不婚"，只是表示同氏族、同部落之人不通婚——此在番衍不盛之表層意識下蘊藏著强迫異族聯姻、團結更多氏族、方國以鞏固新生政權的深層意義。因爲子息都是女子所"生"，故而時長日久，加"女"成"姓"。周民族有炎帝氏族後裔姜嫄履天帝足跡而生先祖后稷之傳説，由此造出一女履大人足跡之“姬”字，自謂是“姬”氏族後裔。“姓”爲“女”性“生”子之形聲字，“姬”應爲姜嫄履跡而孕之會意兼形聲字，故周族自命爲姬姓，以此區別其他各種氏族。武王克商，先分封部分同姓要員把控大局，而面對異德異心的無數氏族或方國，援前代賜氏分族胙土之習俗與制度，用自創之“姓（生）”來分封夏殷二代帝王和上古著名氏族，並同時分族胙土，以安撫諸方，收羅民心，希冀穩定政局，建立自己的統治。而當三監叛亂后，又連續大封同姓，分裂遣散殷遺，以達到瓦解反抗勢力之目的。蒐羅傳世和出土文獻中所見西周初期賜封的古“姓”，今能考見者不過四十個左右，且基本局限於二王三恪、姬周姻親和有影響力的著名氏族——儘管當時所賜封者必定多於此數。西周分封時多是依據因生因居因地因水的原氏族之氏名改稱爲“姓”，並多在原有“氏”名文字上加“女”旁以示“姓”之特點。因“姓”本義爲女子所生，後人從生理學視角認識解讀，生育子女與女性血緣有關，遂指“姓”就是血緣姓族，從而創造出“姓族”一詞。更進而誤認爲姓氏二分自古而然，在清一色的上古三代氏族、部落中增添一個血緣姓族，甚至姓族集團，曲解中國姓氏發展歷史。姓既是西周爲彰顯自身神話歷史，區別上古有名氏族部落和一般中小氏族之標識，故其範圍狹小，存續時間不長，在西周向東周過渡之數百年中，絕大多數還是氏族形式的諸侯、世族把持各國政權，有姓氏族仍是少數，只是點綴，作爲一種政治光環和古老悠久的標識。隨著春秋、戰國王權衰落，標識三代和上古著名部落的“姓”亦隨之式微，走到盡頭，最終帶着受封七八百年的榮譽之“姓”回到原先洪大的“氏”流中，不再區分你“姓”我“氏”。

　　“姓”既然是西周初年武王、周公等所創，武王、周公、成王所封又僅及於五帝、三代與其後裔，並及上古有名氏族部落，結合太史公《史記》所記，五帝、三王都是黃帝一脈之派衍，不得不使我們作一種推想：將五帝三王納入一種譜系，是西周統治者之政治策略。其嚴密的裙帶關係即使非武王、周公親自繫聯制定，至少也是他們有此大一統的政治意圖，而後經歷世政治核心階層不斷演述完善而成。① 因爲從現今考古學文化而言，各地仰韶文化和龍山文化有相同共性，又各有特點，呈一種多元勢態；就先秦和秦漢文獻所載前五帝時代和五帝時代的上古氏族，亦呈現出不僅多元而且有頻繁的遷徙跡象；因而這些有名氏族決不可能是一個氏族的散佈與繁衍。以此客觀歷史跡象，返觀五帝三王大一統的譜系，亦可發現《左傳》《國語》《世本》《大戴禮》《史記》《古史考》《帝王世紀》及緯書所載世系、年代之矛盾，反映出大一統譜系之疏略與牽強。而最爲致命之癥結是，假如五帝三王確是一脈相傳，姓確是"所以統繫百世"而不變的印記，何以黃帝是姬姓而十四子分別爲十二姓？處於龍山文化時期之黃帝已

---

① 王明珂在《英雄祖先歷史與華夏意識初萌》中綜合大量的考古、歷史和傳説，詳細梳理中華大地上考古學文化的生態變遷、農耕遊牧遷徙和人文活動，認爲"商與西周皆是一種政治聯盟體，商王與周天子只是其勢力範圍内各邦國的共主"，"尚未形成一基於'共同起源信念'的群體"，亦即此時的黃帝尚未成爲華夏的共同始祖。他説"黃帝"的出現，"較可靠的時間大約在戰國時期"（王明珂《英雄祖先與弟兄民族——根基歷史的文本與情景》，臺灣允晨文化實業股份有限公司，2006 年，第 51－74 頁）。從出土文獻和傳世文獻來看，這是很謹慎的説法。但他也引用《國語》郊禘黃帝、顓頊、堯、舜和三代禹、湯、文武之文，則春秋似已有較爲一致的共同起源群體意識。一般而言，禘祭的意識比較穩固而長久，結合黃帝十四子封爲十二姓的歷史事實，這種共同起源的群體意識之形成仍可追溯到西周初年的武王分封之時。因爲現今所見無論是傳世和出土文獻，傳抄年代多落在戰國時代。我們不能要求，某種意識之存在就必須被相應時代的文獻——比如極有限的西周銅器銘文記載保存，須知群體意識的固化本身也有一個形成、發展過程。

是父系氏族，不可能如楊希枚所説是母系氏族從母姓，① 夏、商、周完全處於男子執政之王國時期，既然同爲黃帝裔孫，何以要分別姓姒姓子姓姬？以此觀之，"姓"只能是西周統治者所構建的一個政治符號。因其政治目的是安撫友邦，穩定政局，故其分封之異姓僅限於對政局穩定有影響的上古著名氏族和五帝、二王等。友邦安撫之後，政局穩定，國基牢固，就不再需要繼續無限止地分封異姓，故而留下的"古姓"也就只有所能考見的三四十個。試想，如若古姓如姓氏學家所界定的係母系血緣氏族符號之遺存，上古氏族星羅棋佈，萬邦林立，不可能留存得如此稀少；如若古姓係母系血緣氏族符號之遺存，應如《容成氏》《莊子》《吕氏春秋》以及最終如《路史》所載上古氏族一樣，氏族之大小，地位之尊卑，聲譽之高下，無所簡擇，同時沉澱，而不可能有選擇地獨留五帝、二王等顯赫氏族名號。殷商除卜辭外，留存文獻甚少，西周《詩》《書》、禮樂、典制、風俗，加之出土銅器銘文，留存不少。雖春秋王權式微，諸侯日尋干戈，仍多姬周子孫血脈，其間卿大夫所述所傳，亦多周家舊聞故事。逮及諸子争鳴，殷裔孔子猶有"從周"之擇，可見周雖監於夏商二代，成其郁郁燦爛之文化，而無意中已將周代之政治意識、文化形態、風俗習慣作最大限度之推廣普及，使春秋戰國以還二千多年中君臣百姓皆被籠罩在郁郁燦爛之周文化中，無復逃於西周政治意識、文化形態、風俗習慣之外，以致對"姓"這個西周新生概念安之如素，絶不去思考他在當時特殊政治環境中所起的特殊作用，而誤以爲是亘古如斯之氏族血緣符號。

---

① 按，即使是從母姓，黃帝四妃也無從分出十二姓，分析已見前。

貳、古代避諱之起源

　　避諱，即避名諱，指言語中不直呼，行文時不直書所要諱稱者之名，而以其他種種方式曲爲避之。其可分爲諱死者之名和諱生者之名，後者進而可分爲諱本人之名、首領之名和親屬長輩之名。避諱基於原始人類對名字的極端唯物之觀念，起源於他們對鬼魂的畏忌和對巫術詛咒的恐懼。其中諱氏族首領之名或亦含有圖騰禁忌因素。鬼魂觀念與墓葬儀式、巫術幾乎同時產生，在中國，可上溯到舊石器時代晚期，時無私名，故未有避諱。新石器時代之葬法、葬式、葬品及祭祀、哀悼的場所，充分顯示了先民圍繞對鬼魂之畏忌而表現出的種種複雜心態。新石器時代晚期，私名已產生，具備了諱死者之名的各種條件。從卜辭所反映的殷商廟祭制度和諱稱先王名諱之實例，以及文獻中對傳說時代類似宗廟記述的推測：在夏代乃至黃帝、堯、舜時代，其語言中可能已有諱名傾向或習俗。卜辭中貞人稱時王而不名，隱隱透露出殷商可能有粗略的等級諱名傾向。兩周金文中稱謂已反映出嚴格的上可名下、下不可名上之等級諱名制度。此種等級諱名制可與《詩》《書》《左傳》《國語》等文獻中之稱謂互證互補，與古禮書中之稱謂制有許多相合之處，證明禮家所記喪祭朝聘等禮儀中等級稱謂之真實性與可靠性。《春秋》有關稱謂的書法亦是源於現實社會中之等級稱謂而賦以史官獨特取舍褒貶的表述方法。西周繼承殷商，將避諱習俗加以損益，並進一步禮制化，貫徹在喪祭禮中，形成一套嚴格的廟祭避諱制。隨之又與喪服制度結合，諱及旁系之親；復與等級諱名制互相滲透，形成以宗法、等級社會爲背景的避諱制度。周人取字的堂皇禮說是表德和敬名，但蘊積在冠禮文化底層的，是先民懼怕鬼魂和巫術侵害幼年之名而損及其身，因而採取防範措施的一種原始習俗。爵稱至遲在周初已產生，並已經常在稱謂中代替人名。殷商已有美號或謚號，至周代形成一種有爵則有謚的制度。殷人重祭而不名先王，故臨祭多以日干廟號代之。這種日干廟號之所以多爲雙數，乃與商周卜葬、虞祭、祔廟之禮用柔日有關。凡此所謂"字以敬名""謚以尊名"和尊而稱爵、諱而不名等等，都是在宗法、等級社會中之避諱制度在不同場合的表現。歷來學者對兩周諱禮所作種種肯定與否定之推測，多不得要領，其原因是對諱禮未加深切體究和昧於文獻年代。經考證，兩周傳世文獻和出土金文中未見有犯諱的確證，而確有避諱之實例。

因避諱就是避生人和死者之名諱，而代之以其他種種稱謂，故研究避諱，必須從宗族親屬中長幼互稱、等級社會中上下級互稱和平輩交遊中尊重敬仰互稱的動態稱謂中去考察研究。要研究動態稱謂，不僅應從漢代校勘定型的先秦文獻中去梳理截取，更應從出土的簡牘帛書、銅器銘文和甲骨卜辭中去梳理截取，方能獲得完整的由先秦氏族、宗族漸進到社會的最真實的稱謂；明確了這種活生生的最真實的長幼、上下互稱稱謂，才能真正捕獲到避諱的本質、起源，梳理出其發展的脈絡。

一、稱謂的社會等級制

稱謂，指人在社會中因親屬關係和職別地位等不同而獲得的名稱，亦指這些名稱之總和。在一定社會中，稱謂是區別親族中長幼親疏、社會中等級尊卑之標識。《爾雅·釋親》爲稱謂專著，惜偏於九族；後《方言》《小爾雅》《廣雅》等書雖有補苴，亦過於簡略。① 北周盧辯有《稱謂》五卷，書佚無考。② 清梁章鉅撰《稱謂録》三十二卷，已多後世典制、習慣。現代所寫稱謂著作，多偏重當下現實，於古人稱謂只是溯源時例舉。③ 先秦社會之等級稱謂制，唯漢人所傳承之先秦典籍中尚有不成系統但却較爲原始的記述。尤其在相傳爲孔子所删定之《春秋》書法及三傳中亦可略窺一二。兹梳理條列於下，俾與先秦文獻中之實際稱謂相印證。

（一）　文獻中的等級稱謂制

稱謂制，乃是人在親屬和社會關係網絡中獲得與其身份相稱之名稱的有關規定，這種規定包含約定俗成和人爲强制等因素。在先秦文獻中，郊廟祭祀，家庭、宗族、國家内部交往與外交場合之稱謂都顯示出嚴格的等級制。此種禮制中所含之"周因於殷禮"成分，則亦間接地反映了殷商社會的稱謂制。

1. 喪祭中的等級稱謂

(1) 臨喪、招魂、訃告

A. 天子

　　○天子未除喪，曰予小子。生名之，死亦名之。（《禮記·曲禮下》）

---

① 詳見芮逸夫《九族制與爾雅釋親》《爾雅釋親補正》，《中國民族及其文化論稿》下集，臺灣大學人類學系出版，1972 年，第 723－745、847－874 頁。謝維揚《周代家庭形態》第三章《親屬稱謂制度》第一節，中國社會科學出版社，1990 年，第 85－97 頁。

② 見《隋書》卷三十四《經籍志三》，中華書局，1997 年，第四册，第 1007 頁。姚振宗《隋書經籍志考證》卷三十，《二十五史補編》本，中華書局，1955 年，第四册，第 5518 頁。

③ 近二十年來刊載、出版有關稱謂的文章和專著無數，無法縷述。如胡士雲《漢語親屬稱謂研究》（商務印書館，2007 年）和李樹新《漢語稱謂研究》（人民出版社，2020 年）都側重稱謂之現代性。

鄭玄注："謙，未敢稱一人。"孔疏亦謂"人子當未忍即受天王之稱"，而"稱予小子者，言我德狹小也"。[①] 孫希旦集解："愚謂在喪曰予小子，除喪曰予一人，此天子自稱之辭也。《顧命》曰'眇眇予末小子'，在喪之辭也。成王之詩曰'閔予小子'，初免喪，未欲遽稱予一人，謙辭也。"[②] 至於生名、死名，是指在喪嗣子若於喪期中死亡，則不變其稱謂。鄭玄注："生名之曰小子王，死亦曰小子王也。"元吳澄引例云："《春秋》景王崩，悼王未逾年，入於王城，不稱天王而稱王猛，所謂'生名之'也；死不稱天王崩，而曰王猛卒，所謂'死亦名之'也。"[③] "予一人"爲商周最高統治者之稱號，俯視一切，至高無上。[④] 既登位，所處無疑爲實際上的"予一人"地位，然於王考或先王喪事未除之際，仍須謙稱"予小子"[⑤] 而不得稱"予一人"，此足見等級稱謂不僅表現在現實社會中，並且體現在人天相隔之現實與虛幻世界中。生名、死名，乃史家筆法，[⑥] 見後。

---

① 《禮記注疏》卷四《曲禮下》第二，阮刻《十三經注疏》本，中華書局影印，1981 年，上冊，第 1261 頁上。

② 孫希旦《禮記集解》卷五，中華書局，1989 年，上冊，第 130 頁。

③ 吳澄《禮記纂言》卷一下，《文淵閣四庫全書》，臺灣商務印書館，1986 年，第 121 冊，第 56 頁下。

④ 見胡厚宣《釋予一人》(《歷史研究》1957 年，第 1 期，第 75 - 78 頁)；《重論予一人問題》(《古文字研究論文集》，四川大學學報叢刊，第十輯，第 13 - 31 頁)；《中國奴隸社會最高統治者的稱號問題》(《紀念顧頡剛學術論文集》，巴蜀書社，上冊，1990 年，123 - 160 頁)。

⑤ 《左傳·僖公九年》有"凡在喪，王曰小童，公侯曰子"之文，杜預注："禮稱亦不言小童，或所稱之辭各有所施，此謂王自稱之辭，非諸下所得書，故經無其事，傳通取舊典之文以事相接。"今略不論 (《春秋左傳注疏》卷十三，阮刻《十三經注疏》本，下冊，第 1800 頁中)。

⑥ 或云《禮記》之文，有雜取三代遺制約略爲説者，"予小子"與"生名""死名"各爲一義，三者有自稱，有史書之稱，固不當混爲一談。見清郭嵩燾《禮記質疑》卷二，嶽麓書社，1992 年，第 45 頁。

　　〇崩曰天王崩，復曰天子復矣。告喪，曰天王登假。
（《禮記·曲禮下》）

鄭玄注“天王崩”曰：“史書策辭。”《春秋》書周平王、桓王、惠王、匡王、定王、靈王之逝世皆曰“天王崩”，依鄭玄所說，蓋《春秋》以前、西周以還史官記述之辭如此。所以書“崩”者，孔疏云：“王者死，如從天墜下，故曰崩。”①《說文·氏部》“氏”云：“巴蜀名山岸脅之堆旁箸欲落墮者曰氏。氏崩，聲聞數百里。”②《尚書·舜典》謂堯死曰“崩”，是以名山墮落崩壞喻最高統治者之死，乃西周、春秋時常語。

　　復謂始死時招魂復魄，古者人死而復，男子呼名，女子呼字，③令魂魄聞其名字而還。然臣不可名君，且普天率土，天子一人而已，故呼“天子復”。復之義，《檀弓》謂是“盡愛之道也”，④而其形式，舉死者之衣物，⑤升登東屋，⑥北面三號而招，然後“卷衣投於前，司服受之，降自西北榮”，⑦以望其精氣返回。⑧

---

① 《禮記注疏》卷四《曲禮下》第二，阮刻《十三經注疏》本，上冊，第1260－1261頁。
② 許慎《說文解字》卷十二下，中華書局，2013年，第266頁上。參見筆者《〈說文〉“姓”“氏”義重校新釋》，《中國經學》第八輯，廣西師大出版社，2011年6月。
③ 《喪大記》曰：“復，男子稱名，婦人稱字。”王鍔點校宋余仁仲本《禮記注》，中華書局，2021年，下冊，第565頁。
④ 王鍔點校宋余仁仲本《禮記注》，上冊，第114頁。
⑤ 所舉死者衣物，《喪大記》云：“小臣復，復者朝服，君以卷，夫人以屈狄，大夫以玄赬，世婦以襢衣，士以爵弁，士妻以稅衣。”皆視對象不同而有別。
⑥ 所升方位亦視對象不同而異，鄭玄注《喪大記》“皆升自東榮”云：“升東榮者，謂卿、大夫、士也。天子、諸侯言東霤。”《禮記注》，下冊，第565頁。
⑦ 王鍔點校宋余仁仲本《禮記·喪大記》，下冊，第565頁。
⑧ 其所以欲從北面招復之義，《檀弓下》解釋云：“望反諸幽，求諸鬼神之道也。北面，求諸幽之義也。”王鍔點校宋余仁仲本《禮記注》，上冊，第114頁。

鄭玄注“登”爲“上”，“假”爲“已”，“上已”謂“若偃去云耳”。納蘭性德謂“登假”有三說，鄭玄訓“假”爲“已”莫知所據，而認同吳澄之說。吳說云：“登猶言升陟，假與遐同。尊之不敢言其死，但言其升陟於遐遠之處，猶言其登天也。”[1] 同樣是天王之死，其書策、招復、告喪之辭皆有別。

　　○卒葬曰帝。（《大戴禮記・誥志》）

　　○措之廟、立之主曰帝。（《禮記・曲禮下》）

稱帝之義，先儒因《史記》夏、殷本紀稱王皆曰帝，遂疑夏殷人祔廟稱帝（宋呂大臨說）；或牽於後世皇帝之號，遂以爲“古者帝王生死同稱”（南朝梁崔靈恩說）。今從卜辭研究所得，知殷人最先以帝爲至高無上之神祇，主宰人間一切，無所不能。因爲帝在天上，故稱“上帝”。其後以先祖死後可以配至高無上之帝，所謂“下乙賓于帝”“大甲賓于帝”，即以下乙、大甲配享上帝。既以先祖配享上帝，故亦稱先祖爲“帝”，或爲區別“上帝”而稱“王帝”。[2] 晚期卜辭多於直系先祖父廟號前加“帝”，如帝甲、文武帝乙等，即由此上帝信仰發展而成。[3] 周本蕞爾小邦，臣屬殷商，共有上帝神祇意識，若文王既薨，乃云“文王陟降，在帝左右”（《大雅・文王》）。既死作主，安置於廟，亦商周所同，故從殷俗亦可稱帝。《曲禮下》《誥志》所云“卒葬”“立主”雖不明言誰何，周禮所述，自指周天子言。儘管姬周現實中已稱“王”稱“天子”，而天子崩，作木主，使其靈魂憑依之，亦名此

────────────

[1]　吳澄《禮記纂言》卷一下，《文淵閣四庫全書》，臺灣商務印書館，1986 年，第 121 冊，第 56 頁下。

[2]　胡厚宣《殷卜辭中的上帝和王帝》（上、下），《歷史研究》1959 年第 9、10 期。

[3]　王蘊智《試論殷墟時期上帝觀念的發展》，《徐中舒百年誕辰紀念文集》，巴蜀書社，1998 年。

神所依之木主爲帝，^① 可覘周人喪祭因於殷禮者。^②《曲禮下》"措之廟、立之主曰帝"，正可作《諡志》"卒葬曰帝"之注脚。呂大臨謂"始入於廟曰帝者，同於天神，生事畢而鬼事始也……以帝名之，言其德主以配天也"，^③ 言雖是而不知其因於殷禮也。德配天地，乃古人意識中王者之象，故唯天子得稱，諸侯以下絕不與焉。

B. 諸侯（包括諸侯夫人及太子）

○其在凶服，曰適子孤。（《禮記・曲禮下》）

凶服，未除喪以前。孔疏謂此擯者告賓之辭，並據《雜記》"相者告曰'孤某須矣'"之文，謂全稱當云"適子孤某"，"彼文不云'適子'，文不備，此直云'適子孤'，不云名，亦文不具也。稱孤、稱名者，皆謂父死未葬之前也"。^④《左傳・昭公十年》："〔晉平公〕既葬，諸侯之大夫欲因見新君。叔孫昭子曰：'非禮也。'弗聽。叔向辭之曰：'大夫之事畢矣，而又命孤，孤斬焉在衰絰之中，其以嘉服見，則喪禮未除；其以喪服見，是重受弔也。大夫將若之何？'"叔向代新君晉昭公言，故自稱孤。孫希旦即謂此乃"諸侯未除喪稱於諸侯之辭"。^⑤ 孤本喪父之稱謂，乃

---

① 關於殷王稱帝，周王稱天子，以及商周帝與天之信仰轉變，可參見袁德星《上帝與上天——古代宗教信仰和古器物之關係》（一）（二）（三）（四），《故宮月刊》第 91、93、96、97 期。

② 高明《從甲骨文中所見王與帝的實質看商代社會》謂"國君去王稱帝是比較晚的事情，自秦始皇統一六國之後，才開始稱帝"。（《古文字研究》第十六輯，中華書局，1989 年。）此就實質性稱謂而言，其作爲禮制，仍存在於兩周之文獻中。

③ 宋衛湜《禮記集說》卷十一引，《通志堂經解》本，江蘇廣陵古籍刻印社，1996 年，第 12 册，第 405 頁下。

④《禮記注疏》卷五《曲禮下》，阮刻《十三經注疏》本，上册，第 1266 頁下。

⑤ 參見孫希旦《禮記集解》卷六，中華書局，1989 年，第 141 頁。

是古代喪禮所定之名稱。① 《左傳・莊公十一年》："臧文仲曰：'……列國有凶稱孤，禮也。'"孔疏："無凶則常稱寡人，有凶則稱孤也。"② 其後諸侯亦自稱曰孤，殆由特定稱謂泛稱而來。既即位爲諸侯，不自稱寡人而稱孤，是王考之神靈"赫赫在上"，不敢自尊，理與天子稱小子相似。

〇死曰薨，復曰某甫復矣。（《禮記・曲禮下》）

鄭注"薨"云："亦史書策辭。"孔疏補云："此謂諸侯死而國史策辭也。若異國史書之，則但云卒也。"③《春秋》書魯國國君死曰"薨"，書他國諸侯死皆曰"卒"。某甫，字。諸侯非只一人，不可云"諸侯復"，故稱字。呂大臨曰："某甫，字也。稱字，與卿、大夫、士異矣，臣不名君也。不稱爵，與天子異，有所降也。"④ 稱爵、稱字、稱名，乃天子、諸侯、卿大夫招復時之等級稱謂。

〇君訃於他國之君，曰寡君不禄，敢告於執事。夫人，曰寡小君不禄。大子之喪，曰寡君之適子某死。（《禮記・雜記上》）

《曲禮》有"諸侯曰薨，夫人尊，與君同"之文，今何以曰"不禄"？鄭注曰："君、夫人不稱薨，告他國君謙也。"⑤《呂氏春秋・士容》："南面稱寡。"高誘注："孤、寡，謙稱也。"⑥ 訃告君喪於鄰國之君稱寡，所以謙己以尊人。孔穎達疏謂寡君者，乃寡

① 《禮記・王制》："少而無父者謂之孤。"孫希旦《禮記集解》，第388頁。
② 《春秋左傳注疏》卷九，阮刻《十三經注疏》本，下册，第1770頁上。
③ 《禮記注疏》卷五《曲禮下》，阮刻《十三經注疏》本，上册，第1266-1267頁。
④ 見宋衛湜《禮記集説》卷十三引，《通志堂經解》本，第12册，第412頁中。
⑤ 《禮記注疏》卷四十《雜記上》第二十，阮刻《十三經注疏》本，下册，第1548頁下。
⑥ 許維遹《吕氏春秋集釋》卷第二六《士容論》第六，北京市中國書店，1985年，第1葉b。

德之君，亦屬謙稱。《論語·季氏》："邦君之妻……邦人稱之曰君夫人，稱諸異邦曰寡小君。"《曲禮下》："〔夫人〕自稱於諸侯曰寡小君。"孔疏："君之妻曰小君，而云寡者，亦從君爲謙也。"① 自稱必謙，稱人必敬，訃告不敢徑直指斥鄰國君身，故云"告於執事"，寡君、寡小君，平時及報喪皆稱之。不云寡君某、寡小君某者，臣不敢名君也。適子某，某，適子之名，所以稱名，以其未即位也。君侯在上，尊卑有別。此數條見外交尊謙之禮及身份等級之尊卑。

C. 卿大夫士

　　○凡訃於其君，曰君之臣某死。父母妻長子，曰君之臣某之某死。（《禮記·雜記上》）

　　○赴曰君之臣某死。赴母妻長子，則曰君之臣某之某死。（《儀禮·既夕禮》之記）

古文作"赴"，今文作"訃"。訃即使人至君所報喪。臣之名，固子及家人所不稱，然"君前臣名"，故必曰"君之臣某"，某者，即死臣之名。下文"某之某"，前某字爲生臣之名，後某字爲臣親屬死者之稱謂或名。《既夕禮》賈公彥疏："上某是士名，下某是母妻長子。假令長子，則云長子某甲，母妻則婦人不以名行，直云母與妻也。"② 所以冠以"君之臣"者，示"率土之濱，莫非王臣"之意。

　　○大夫訃於同國，適者，曰某不祿。訃於士，亦曰某不祿。訃於他國之君，曰君之外臣寡大夫某死。訃於適者，曰吾子之外私寡大夫某不祿，使某實。訃於士，亦曰吾子之外

---

① 《禮記注疏》卷五《曲禮下》，阮刻《十三經注疏》本，上册，第1267頁中。
② 《儀禮注疏》卷第四十《既夕禮》第十三，阮刻《十三經注疏》本，上册，第1158頁中。

私寡大夫某不禄，使某實。（《禮記・雜記上》）

適，鄭玄讀爲匹敵之敵，言“謂爵同者也”。孔疏云：“稱某者，或死者之名，或死者官號，而赴者得稱之。‘訃於至外臣’者，大夫不屬他國，故云外臣，自謙退無德，故云寡大夫某矣。”① 與他國大夫或士私有恩好，故訃告時稱“外私”，自稱亦謙抑之爲“寡大夫”，尊稱人爲“吾子”。某之或名或字或官，當與本國同。意者，同爵或稱字，於士稱官，於他國之君則稱名。是訃於同爵大夫、士與他國君臣，稱謂亦不同，其尊卑謙抑，皆取決於社會地位及内外親疏。

　　○士訃於同國大夫，曰某死。訃於士，亦曰某死。訃於他國之君，曰君之外臣某死。訃於大夫，曰吾子之外私某死。訃於士，亦曰吾子之外私某死。（《禮記・雜記上》）

孔疏：“云某死者，以其士賤，赴大夫及士皆云某死。若訃他國之君及大夫、士等皆云某死，但於他君稱外臣，於大夫、士言外私耳。”② 訃告當稱名，故於他國大夫、士曰“外私某”。士賤，其於同國大夫亦稱“賤私”，《士相見禮》“某也夫子之賤私”是也。

　　○及其死也，升屋而號，告曰皋某復。（《禮記・禮運》）

　　○復與書銘，自天子達於士，其辭一也。男子稱名，婦人書姓與伯仲，如不知姓則書氏。（《禮記・喪服小記》）

　　○凡復，男子稱名，婦人稱字，唯哭先復，復而後行死事。（《禮記・喪大記》）

　　○升自前東榮中屋，北面招以衣，曰皋某復三，降衣于前。（《儀禮・士喪禮》）

---

① 《禮記注疏》卷四十《雜記上》第二十，阮刻《十三經注疏》本，下册，第1550頁上。
② 《禮記注疏》卷四十《雜記上》第二十，阮刻《十三經注疏》本，下册，第1550頁上。

此四條明招魂與書銘之稱謂。鄭注《士喪禮》文以《喪大記》文
爲證，是"某復"之某爲名（女則稱字），《禮運》之某亦準此。
所以要呼名而不呼字，因古人認爲名是人最早最貼近肉體本質之
符號，字則僅是表本尊與名之德性，人死而希望其回歸陽間，必
須呼叫其最本質性的符號。① 所含混不明者，《喪服小記》之説似
與《喪大記》及《曲禮》"天子復""某甫復"不一。鄭注謂《喪
服小記》爲殷禮，"殷質不重名，復則臣得名君。周之禮天子崩，
復曰皋天子復；諸侯薨，復曰皋某甫復。其餘及書銘則同"。② 郭
嵩燾《禮記質疑》謂"辭同而稱名固不同"，質鄭注"似未宜假
辭爲名而據爲殷制也"。③ 孫希旦謂"其辭一者，謂復之辭與銘之
辭同也"，"若天子則曰'天子復'，書銘曰'天子之柩'，諸侯曰
'某甫復'，書銘'某甫之柩'"。④ 依郭、孫之説，則《喪服小
記》與"天子復"云云並無矛盾。鄭所謂殷禮，並無證據。至於
婦人復稱字及書姓與伯仲問題，孔穎達疏謂婦人書姓與伯仲是書
銘，復則稱字。夏炘《學禮管釋·釋婦人稱字》云："姓與伯仲
即婦人之字也……婦人少文，稱伯仲於姓上以爲字，魯伯姬、叔
姬、狄叔隗、季隗，以及季姒、季姬之類是也。蓋婦人不以名
行，既筓而稱字，死則從夫之謚……無謚者仍稱字。"⑤ 並以何休
注《公羊傳》"仲子"云"仲，字；子，姓"爲證，解經較孔氏

---

① 復，必須呼名，而弔喪哭踊時則應呼字。《禮記·檀弓上》："子蒲卒，哭者呼
'滅'。子皋曰：'若是野哉！'哭者改之。"（王鍔點校余仁仲《禮記》，第 97
頁）滅爲死者之名，哭者不知哭與復不同，哭當呼其字。孔子弟子高柴譏責
之，哭者乃改口稱死者字。

② 《禮記注疏》卷三三《喪服小記》第十三，阮刻《十三經注疏》本，下册，第
1499 頁中。

③ 郭嵩燾《禮記質疑》卷十五《喪服小記》，嶽麓書社，1992 年，第 411 頁。

④ 孫希旦《禮記集解》卷三三，中册，第 881 頁。

⑤ 夏炘《學禮管釋》卷一，《清經解續編》卷九六六，上海書店影印本，1988
年，第四册，第 445 頁上。

明晰。實則伯仲與姓乃字之簡稱，古者婦女稱字多省"某母"而簡稱排行與姓，[1] 故《喪大記》與《喪服小記》所記似異而實同。

(2) 祭祀（遷廟、卜葬附）

A. 天子

　　〇踐阼，臨祭祀，內事曰孝王某，外事曰嗣王某。（《禮記·曲禮下》）

鄭玄注："唯宗廟稱孝。天地、社稷祭之郊內。而曰嗣王，不敢同外內。"孔疏："內事，宗廟是事親，事親宜言孝，古升阼階祭廟則祝辭云孝王某，某爲天子名也。外事曰嗣王某者，外事，郊社也。天地尊遠，不敢同親云孝，故云嗣王某，言此王繼嗣前王而立也。"[2] 呂大臨曰："一人之身而名有異者，內外尊卑人神死生之際，不可以無別。此章所記皆天子之名，其所以別者以此也。"[3] 嚴吉祭、喪祭之別而異其稱謂，足見古人對稱謂之重視。

　　〇臨諸侯，畛於鬼神，曰有天王某甫。（《禮記·曲禮下》）

《爾雅·釋詁》："畛，告也。"此謂天子巡行過諸侯之國，止於諸侯之廟，使大祝告鬼神。"有天王某甫"，乃祝告之辭。鄭注："某甫，且字也。"孔疏："且以美稱（甫）配成其字。"[4] 是此處某指天子之字而非名，其稱謂所以異於"臨祭祀"者，鄭注以爲"不名者，不親往也"。孫希旦云："鬼神，謂諸侯國內山川及先

① 此簡稱楊寬已論之，見《"冠禮"新探》，《中華文史論叢》第一輯。後收入《古史新探》，中華書局，1965年，第234-255頁。詳方炫琛《左傳人物名號研究》第二章第二節《女子名號條例》，臺灣政治大學中國文學研究所1982年博士論文，第88-89頁。

② 《禮記注疏》卷四《曲禮下》第二，阮刻《十三經注疏》本，上冊，第1260頁中。

③ 衛湜《禮記集説》卷十一引，《通志堂經解》本，第12冊，405頁上。

④ 《禮記注疏》卷四《曲禮下》，阮刻《十三經注疏》本，上冊，第1260頁中。

代諸侯之有功德者。稱字而不稱名者，以其神卑，且告祭禮簡故也。"① 以天子之宗廟與諸侯之宗廟相較，似孫説爲得，所謂禮有尊卑也。清周廣業云："天子稱名及字者，惟祭祀而已。"② 天子之名最尊，平時只稱"余一人"而不名不字。其於祭祀祖先、天地、社稷之鬼神時稱名或字，且分別内、外、侯國，以加"孝王""嗣王""天王"，則敬畏之心由此可見一斑。

B. 諸侯

○臨祭祀，内事曰孝子某侯某，外事曰曾孫某侯某。（《禮記·曲禮下》）

孫希旦集解："曰'孝子'者，謂祭禰廟也。"《雜記上》："祭稱孝子孝孫。"孔疏謂："卒哭乃稱孝子也。"③ 祭祀必在卒哭之後，故稱孝。此仿天子臨祭之例，所以稱孝子，理同天子之稱孝王。曾，重也。孫希旦云："言己乃始祖之重孫，上本其得國之始而言。《武成》曰'惟有道曾孫周王發'是也。此雖爲祭外神之稱，其實内事自曾祖以上亦曰'曾孫'，言於所祭者爲重孫也。《郊特牲》曰'稱曾孫某，謂國家也'是也。"④ 某侯某，上一"某"爲侯國之代稱，下一"某"乃諸侯之名。

○孝嗣侯某，敢以嘉幣告于皇考某侯，成廟將徙，敢告。（《大戴禮記·諸侯遷廟》）

○孝嗣侯某，敢用嘉幣告于皇考某侯，今月吉日，可以徙于新廟，敢告。（《同上》）

孝嗣，猶孝子。宗廟内事，故稱孝。侯某，即《曲禮下》之"某

---

①　孫希旦《禮記集解》卷五，上册，第 142 頁。

②　周廣業《經史避名彙考》卷二，北京圖書館出版社，1999 年，第 91 頁。

③　《禮記注疏》卷四《曲禮下》第二，阮刻《十三經注疏》本，上册，第 1260 頁中。

④　孫希旦《禮記集解》卷六，上册，第 142 頁。

侯某”，某爲名。皇考某侯之“某”，乃侯國之代稱。

C. 卿大夫士

　　○〔命筮者〕命曰：哀子某，爲其父某甫筮宅。（《儀禮·士喪禮》）

　　○〔宗人〕命曰：哀子某，來日某，卜葬其父某甫，考降，無有近悔。（同上）

　　○卒辭曰：哀子某，來日某，隮祔爾于爾皇祖某甫，尚饗。（《儀禮·士虞禮》）

　　○饗辭曰：哀子某，圭爲而哀薦之饗。（同上）

哀子，《雜記》云：“喪稱哀子哀孫。”孔疏：“喪則痛慕未申，故稱哀也。故《士虞禮》稱哀子，而卒哭乃稱孝子也。”① 李如圭集釋云：“哀子，喪稱也。”② 某，胡培翬《正義》謂“主人名”，即哀子之名。親喪至卒哭之時段內，凡稱皆“哀子”加名，父前子名也。③ 饗辭，鄭注：“勸强尸之辭也……凡吉祭饗尸，曰孝子。”④ 饗辭三虞卒哭及祔練祥吉祭皆用之，鄭謂此饗尸之辭若吉祭時用之，則改哀子爲孝子。由此可見由始喪至卒哭，由卒哭至吉祭，子之稱“哀”稱“孝”者不同。某甫，鄭注云：“且字也。若言山甫、孔甫矣。”⑤ 胡培翬《正義》云：“死者之字也。”甫爲

① 《禮記注疏》卷四一《雜記上》，阮刻《十三經注疏》本，下冊，第1555頁中。
② 宋李如圭《儀禮集釋》卷二二，《叢書集成初編》，商務印書館，1935年，第1000號，第542頁。
③ 顧炎武《日知錄》卷四《諸侯在喪稱子》：“未逾年，又未葬，則稱名。先君初沒，人子之心不忍亡其父也，父前子名，故稱名。”（上海古籍出版社影印本，1985年，第338頁）顧說爲《春秋》書法，而亦當時禮儀如此。此諸侯禮與士禮同，故稱“哀子某”。
④ 《儀禮注疏》卷四三《士虞禮》第十四，阮刻《十三經注疏》本，上冊，第1175頁下。
⑤ 《儀禮注疏》卷三七《士喪禮》第十二，阮刻《十三經注疏》本，上冊，第1142頁下。

男子之美稱，某則其字。是稱死者以字加美稱。至於皇祖某甫之
稱，蔡邕謂爲鬼號，[①] 周廣業以爲未必然，引《左傳·哀公二年》
"〔衛大子禱曰〕曾孫蒯聵敢昭告皇祖文王、烈祖康叔、文祖襄
公"文云："於三祖皆稱謚，然則稱字者士之禮，諸侯大夫皆稱
謚也。"[②] 士禮稱字，諸侯大夫禮稱謚，至確；疑蔡説爲非，則未
必然。皇祖某、皇考某諸稱，彝器銘文多用之，皆作器者享孝於
已亡祖父之稱。《少牢饋食禮》"皇尸未實侑"，言尸而加"皇"，
即其證。人死爲鬼，死號猶鬼號，蔡説當有所本。

　　關於人死招魂儀式"復"之起源，禮書與經師皆未言及。花
東卜辭有"乙亥卜，貞，子雍友救又复，弗死？一"（21.1）一
條，[③] 救爲子雍之友，占辭"弗死"是問句，其所以有此問，是
前面所説"又复"。西周士人之復，多是哀子或家人爲之，殷商
時由誰人爲之，今無可考，故此條卜辭可有兩種理解：1. 子雍之
友救剛死，親友爲之招魂，即爲之舉行"復"儀式，故占問其是
否可以還魂不死。2. 子雍剛死，其友救爲之做"復"的儀式以招
其魂，占問子雍是否會復生。無論是子雍還是救死亡，爲死者招
魂而有"復"之儀式，似乎殷商已確確實實存在。《合集》20315
"乙卯卜，余乎复"，乎，即呼，是否與某人已死呼復有關，無從
裁斷。但由此猜度，周人喪禮中之"復"，很可能是承襲殷禮
而來。

　　○孝孫某，來日丁亥，用薦歲事于皇祖伯某，以某妃配
某氏，敢宿。（《儀禮·少牢饋食禮》）

---

① 蔡邕《獨斷》卷上"六號之別名"云："鬼號若曰皇祖伯某也。"《叢書集成初
　編》，第 811 號，第 12 頁。
② 周廣業《經史避名彙考》卷二，第 145 頁。
③ 朱歧祥《殷墟花園莊東地甲骨校釋》標點與《釋文》有異，並將救釋爲外邦
　名，故與筆者看法不同。臺灣東海大學中文系，2006 年，第 964 頁。

〇孝孫某，敢用柔毛……用薦歲事于皇祖伯某，以某妃
配某氏，尚饗。（同上）

〇來女孝孫，使女受祿于天，宜稼于田，眉壽萬年，勿
替引之。（同上）

孝孫稱謂形式與孝子同。卒哭稱孝，對祖言孫。皇祖伯某，《士
虞禮》言"皇祖某甫"，互文見義，即稱"皇祖伯某甫"。皇者，
已亡人之美號。伯某甫，表字。某妃，某妻，此指祖之妻。此孫
稱祖父母之稱謂。而尸之稱孫，亦曰"孝孫某"，某則其名。

〇祝告稱婦之姓，曰某氏來婦，敢奠嘉菜于皇舅某子。
（《儀禮・士昏禮》）

〇某氏來婦，敢告于皇姑某氏，奠菜于席，如初禮。
（同上）

某氏，某，婦人之姓。皇，已亡人之美號。加於舅、姑之上，明
其已死。某子，敖繼公云："某，謚也，猶言文子、武子矣，此
蓋指其爲大夫者也，假設言之，以著其廟見之禮。"[1] 胡培翬從
之，並云："若舅爲士，則當稱其字曰伯某甫。"[2] 皇姑某氏之某，
亦姑之姓。此舅姑沒，婦廟見時之稱謂。宗廟之敬，著於"皇"
字，此鄭注所謂"尊神異於人也"。

〇祭王父曰皇祖考，王母曰皇祖妣；父曰皇考，母曰皇
妣，夫曰皇辟。（《禮記・曲禮下》）

鄭玄注："更設稱號，尊神異於人也。"[3] 此生死稱謂之不同。

---

[1]　敖繼公《儀禮集説》卷二，《通志堂經解》本，第 14 册，第 48 頁下。

[2]　胡培翬《儀禮正義》卷三，江蘇古籍出版社，1993 年，上册，第 202 頁。《欽
定儀禮義疏》云："婦於舅稱某子，尊尊之義也。士固無謚，即大夫亦不必盡
有謚，則稱謚之説不可以爲通禮矣。"而謂此當是稱舅之姓。與敖、胡二氏説
不同（《文淵閣四庫全書》，臺灣商務印書館，1986 年，第 106 册，第 166
頁上）。

[3]　《禮記注疏》卷五《曲禮下》，阮刻《十三經注疏》本，上册，第 1269 頁下。

2. 其他場合中的等級稱謂

(3) 天子

A. 自稱

　　○凡自稱，天子曰予一人。（《禮記·玉藻》）

　　○朝諸侯，分職授政任功曰予一人。（《禮記·曲禮下》）

予一人亦作余一人，鄭注《曲禮下》引《覲禮》曰"伯父實來，余一人嘉之"，[①] 並云："余、予古今字。"[②] 甲金文多稱"余一人""予一人"，偶亦有作"我一人"者。《尚書》中《商書》與《周書》皆有王自稱"予一人"，知此稱謂自商及周一脈相承，孔傳《湯誥》云"天子自稱曰予一人，古今同義"是也。其所以稱者，《白虎通·號》云："或稱一人，王者自謂一人者，謙也。欲言己材能當一人耳⋯⋯臣下謂之一人何？亦所以尊王者也。以天下之大，四海之內，所共尊者一人耳。"陳立疏證："是余一人者，謙詞，亦猶孤、寡諸稱也。""若人臣稱之，則亦言一人，言四海之內，惟一人，乃爲尊稱也。"[③] 是知此稱有兩義，天子自稱，乃謙辭；臣下稱之，則由尊義。[④]

---

① 今本《儀禮·覲禮》作"予一人"。鄭注三禮於古文、今文、古字、今字多所揭櫫，今《覲禮》下不言，知亦有所略，或後人鈔脫。參閱虞萬里《三禮漢讀異文及其古音系統》，《語言研究》1997 年 2 期，收入《榆枋齋學術論集》，江蘇古籍出版社，2001 年，第 105 - 213 頁。

② 《禮記注疏》卷四《曲禮下》第二，阮刻《十三經注疏》本，上冊，第 1260 頁上。

③ 陳立《白虎通疏證》卷二，《清經解續編》，上海書店，1988 年，第五冊，第 504 頁中。

④ 胡厚宣最先有《釋"余一人"》（《歷史研究》1957 年 2 期，第 75 - 78 頁），復有《重論"余一人"》（《古文字研究》第六輯，1981 年 11 月，第 15 - 33 頁），皆以爲"余一人"是"天子一人爲至高無上，惟我獨尊。這便充分代表了這種專制暴君的獨裁口吻"，最後胡先生在《中國奴隸社會最高統治者的稱號問題》重申此觀點（《紀念顧頡剛學術論文集》上冊，巴蜀書社，（轉下頁）

B. 他稱

○〔五官之長曰伯，是職方〕天子同姓謂之伯父，異姓謂之伯舅。（《禮記‧曲禮下》）

○九州之長，入天子之國曰牧，天子同姓謂之叔父，異姓謂之叔舅。（同上）

《覲禮》：“同姓大國則曰伯父，其異姓則曰伯舅，同姓小邦則曰叔父，其異姓小邦則曰叔舅。”《詩‧小雅‧伐木》毛傳：“天子謂同姓諸侯，諸侯謂同姓大夫，皆曰父，異姓則稱舅。”[1] 伯者，長大之名，叔其次者。父者，同姓重親之稱，故稱伯父、叔父。[2] 異族無父稱，但爲婚姻，故稱伯舅、叔舅。[3] 舅氏之名，係姬周分封三恪二王及顯赫氏族異姓之稱，其政治目的是爲聯姻安撫，以鞏固政權。[4] 然九州之長曰牧，尊於大國，何以稱叔？孫希旦《禮記集解》云：“牧尊於大國，而曰叔父、叔舅者，蓋亦辟二伯，而因以別異於大國之不爲牧者。”[5]

（接上頁）1990 年，第 123－160 頁），此實受當年歷史分期之奴隸社會思潮之影響。此後李香平《重釋“余一人”》（《考古與文物》2003 年 1 期，第 83－84 頁）對此有質疑，近年寧鎮疆《也論“余一人”問題》（《歷史研究》2018 年第 2 期）更是廣收新出土材料，否定胡厚宣說。其實“余一人”稱謂，《白虎通》所總結之兩種含義，乃是先秦經師相傳之義，原本無誤，只是一時受到史學某種思潮影響而引起之爭論。

[1] 《毛詩注疏》卷九之三，阮刻《十三經注疏》本，上冊，第 411 頁上。

[2] 關於同姓兄弟伯叔稱謂之分別，詳參芮逸夫《釋兄弟之國》，《中國民族及其文化論稿》，臺灣大學人類學系出版，1972 年，中冊，第 1013－1027 頁。

[3] 五官之長稱伯，爲九命；九州之長稱牧，爲八命；各國諸侯皆七命。示如下：
伯父：同姓五官之長，同姓大國，九命；伯舅，異姓五官之長，異姓大國，九命。
叔父：同姓九州之長，同姓小邦，八命；叔舅，異姓九州之長，異姓小邦，八命。

[4] 參見本書《中國古代姓氏之起源》五、西周封建、冊命與賜姓命氏。

[5] 孫希旦《禮記集解》卷五，上冊，第 136 頁。

（4）諸侯

A. 自稱

（A）對上

○〔五官之長〕其擯於天子也，曰天子之吏。（《禮記‧曲禮下》）

鄭注：“《春秋傳》曰‘王命委之三吏’，謂三公也。”孔疏：“此是二伯也……若擯者傳辭於天子，則稱此二伯爲天子之吏也。亦當言名也，記者略可知也。然擯呼在朝三公亦爲大子之吏。若然，《玉藻》云‘伯曰天子之力臣’者，謂介傳命稱天子力臣，擯者受辭傳於天子則曰天子之吏。”[1] 孔疏謂傳辭於天子，“當言名，記者略”，是本“君前臣名”之禮。面對四方諸侯，可稱“天子力臣”，力臣猶股肱，寓重要之意於稱謂之中；然在天子之前，則稱“天子之吏”，只能表明“莫非王臣”之意。對象尊卑不同，稱謂謙抑有別。

○諸侯見天子，曰臣某侯某。（《禮記‧曲禮下》）

○諸侯之於天子，曰某土之守臣某。（《禮記‧玉藻》）

鄭注《曲禮》文謂嗇夫承命告天子之事，《玉藻》謂諸侯身對天子之辭。“臣某侯某”者，侯某之某爲國名，臣某之某爲人名。“某土之守臣某”，某土之某爲國名，臣某之某爲人名。孫希旦參證二者，以爲全稱當云“某土之守臣某侯某”，《曲禮》不云“某土之守”，《玉藻》不云“某侯”，皆文之省略。君前臣名，故自稱“臣某”，此後世一直沿用。

○其在邊邑，曰某屏之臣某。（《禮記‧玉藻》）

此謂四夷之長入天子之國，自稱於天子或由擯者告天子稱“某屏之臣某”。屏，言在邊境爲天子之屏障，某屏之某指其方位，臣

---

① 《禮記注疏》卷五《曲禮下》，阮刻《十三經注疏》本，上冊，第1264頁下。

某之某爲人名。按，《曲禮》云：“其在東夷、北狄、西戎、南
蠻，雖大曰子。”鄭注云：“入天子之國曰子。”① 故孫希旦《玉
藻》集解云：“約《曲禮》當曰‘某屛之臣某子某’也。”② 則子
前之某爲國名，子後之某爲人名。大國小邦，等級秩然。

　　○其在東夷、北狄、西戎、南蠻，雖大曰子。（《禮記·
　曲禮下》）

四夷之君，其轄地雖有大小，其爵無過於“子”。入天子之國，
自稱曰“子”，天子稱之亦曰“子”。《春秋》書楚子、吳子、杞
子之類皆是。

　　○庶方小侯，入天子之國，曰某人。（《禮記·曲禮下》）

此謂四夷戎狄之君。稱某人，某爲部族名，如《春秋》書邾人、
葛人來朝，又如牟人、介人等。

　　（B）對平輩

　　○伯曰天子之力臣。（《禮記·玉藻》）

此乃伯擯於諸侯之辭，爲平輩稱謂。③ 伯，五官之長。鄭注“伯，
上公九命”。天子三公即三伯，《公羊傳》所謂周、召二公與一內
相鼎足而三也。力臣，謂天子宣力之臣。此與前《曲禮》對天子
自稱“天子之吏”者不同，前者謙上也。力臣唯二伯得自稱，無
他稱；“老”則通於諸侯，然亦有自稱、他稱之別，詳下。

　　○〔五官之長〕自稱於諸侯，曰天子之老。（《禮記·曲
　禮下》）

諸侯，指九州及四夷之諸侯。繫於天子而稱者，借“天子”之名

---

① 《禮記注疏》卷五《曲禮下》，阮刻《十三經注疏》本，上冊，第1265頁上。
② 孫希旦《禮記集解》卷三十，中冊，第836頁。
③ 孔穎達疏云：“伯曰天子之力臣，《曲禮》云‘天子之吏’，不同者，此謂身自
　稱於諸侯，言己是天子運力之臣，《曲禮》謂二伯擯於天子，以此不同也。”

以威遠國之意。鄭玄《王制》"天子之老"注云："老謂上公。"①
《左傳·昭公十三年》"天子之老請帥王賦"杜注："天子大夫稱
老。"孔疏參證《采芑》《曲禮》等文，謂"老者，是大夫之總
名"②。自稱則唯三公二伯得稱"天子之老"，他稱則卿大夫亦得
名"老"。至於諸侯之臣稱"寡君之老"，蓋亦依仿其辭也。

　　○〔庶方小侯〕於外曰子，自稱曰孤。（《禮記·曲禮下》）
　　○小國之君曰孤，擯者亦曰孤。（《禮記·玉藻》）
兩者皆指夷狄子男之君。於外曰子，謂在四夷各國中稱子。與國
中臣民言，則稱孤。《玉藻》孫希旦集解："擯者亦曰'孤'，謂
擯於諸侯之辭也。其擯於天子，則曰'某人某'。"③ 孫所據即前
列《曲禮下》"庶方小侯，入天子之國，曰某人"文，是對諸侯
與對天子所稱有明顯差別。

　　○〔東夷、北狄、西戎、南蠻之君〕於外自稱曰王老。
（《禮記·曲禮下》）
據鄭注，於外，謂對其他戎狄之國。王老，亦威遠國之稱。呂大
臨更進而解之云："於外者非其國，而在所統四夷之中，自稱曰
王老，猶言天子之老也。嫌其遠於王化，故以'王'明之。"④ 是
地雖偏遠，猶自以為歸化於中國也。

　　（C）對下

　　○其（諸侯）與民言，自稱曰寡人。（《禮記·曲禮下》）
鄭注孔疏，皆謂寡為謙辭，言己寡德。《老子》第三十九章："是
以侯王自稱孤、寡、不穀。"三者皆侯王之自稱。據《曲禮》鄭

---

① 《禮記注疏》卷十一《王制》，阮刻《十三經注疏》本，上冊，第 1325 頁中。
② 《春秋左傳注疏》卷四六，阮刻《十三經注疏》本，下冊，第 2071 頁下。
③ 孫希旦《禮記集解》卷三十，中冊，第 837 頁。
④ 衛湜《禮記集說》卷十二，《文淵閣四庫全書》，臺灣商務印書館，1986 年，
　　第 117 冊，第 249 頁下。

注："穀，善也。"不穀即不善。孔子曰："德不孤，必有鄰。"孤者亦少德、無德之義。[1] 呂大臨云："古者兩君相見及與臣下言，皆自稱曰寡人。此云與民言，舉其略也。"[2]

　　○〔東夷、北狄、西戎、南蠻之君〕於內自稱曰不穀。（《禮記・曲禮下》）

於內，謂對國內之臣民。不穀，見上條。

　　B. 他稱

　　　○五官之長曰伯，是職方。（《禮記・曲禮下》）

五官，殷周天子之五官，指司徒、司馬、司空、司士、司寇。[3] 鄭注："謂爲三公者，《周禮》'九命作伯'。職，主也。是伯分主東西者。"[4] 所謂分主東西，即《王制》"分天下以爲左右，曰二伯"。《公羊傳・隱公五年》："自陝而東者，周公主之；自陝而西者，召公主之；一相處乎內。"一相總領五官，與周公、召公鼎足而三，所謂三公也。三公即三伯，伯者，霸也。各主一方，故稱伯。鄭玄謂五官爲殷時制，然則周初或經損益而承之也。而世所知之周代五官長唯周、召二，故郭嵩燾曰："經意以五官制諸侯之貢，又於五官之中置二伯，使長諸侯，以明內外相制、大小相維之義。"[5]

　　　○九州之長，入天子之國曰牧。（《禮記・曲禮下》）

---

[1] 《詩・邶風・燕燕》"先君之思，以勗寡人"鄭箋："寡人，莊姜自謂也。"（《毛詩注疏》卷二之一，阮刻《十三經注疏》本，上册，第298頁中）此諸侯夫人自謂之例，然不常見。

[2] 衛湜《禮記集説》卷十三引，《通志堂經解》本，第12册，第412頁上。

[3] 天子之五官，文見《禮記・曲禮下》，鄭玄注謂殷制。此五官皆見於鐘鼎銘文，可見禮家所記有自來，亦周因於殷禮之一證。參閱張亞初、劉雨《西周金文官制研究》一書，中華書局，1986年。

[4] 《禮記注疏》卷五《曲禮下》，阮刻《十三經注疏》本，上册，第1264頁下。

[5] 郭嵩燾《禮記質疑》卷二，嶽麓書社，1992年，第49頁。

周天子於每州之中，選有功德之賢侯一人，[①] 加一命爲牧。牧爲八命，次伯一等。牧，養也，謂其養一州之人。牧又有統治、統御之義。《呂刑》："王曰嗟，四方司政典獄，非爾惟作天牧。"諸侯在其國，儼然君主，然其入"天子之國"，不能以君主身份，而是以爲天子牧民之身份，故稱"牧"。

○〔五官之長〕於外曰公，於其國曰君。(《禮記・曲禮下》)謂國外之人稱其爲公，蓋天子之三公也，如《春秋》書周公、召公者是。於其領地之臣民則稱其爲君。此與前與諸侯相稱曰"天子之力臣"對照，則一人視對象不同而稱謂各異。

○〔九州之長〕於外曰侯，於其國曰君。(《禮記・曲禮下》)謂國外之人稱其爲侯，如《春秋》之諸侯者是。國內之臣民則稱其爲君，而入天子之國則稱"牧"，亦一人因時地人而稱謂不同。

(5) 世子、公子

○世子自名。擯者曰寡君之適。公子曰臣孽。(《禮記・玉藻》)

世子、庶子對己君前稱名，庶子稱"臣孽某"。方愨云："世子爲適，則知公子爲庶。庶子，孽也；適子，本也。故公子曰臣孽。謂之孽者，以其自本旁出，若木之有蘖故也。"[②] 所謂"寡君之適"者，是擯者對外國君主稱本國世子之辭。若擯者對他國君主稱公子，當如孔疏所云："若對它國，當云外臣。"[③] 此嫡庶異稱。

故君子有君不謀仕，唯卜之日稱二君。(《禮記・坊記》)

---

① 鄭玄《曲禮下》注云"選諸侯之賢者以爲之牧也"，其注《周禮・天官・大宰》"乃施典于邦國而建其牧"云："以侯伯有功德者加命作州長，謂之牧。"是必薦拔賢而有功德者爲牧。

② 衛湜《禮記集說》卷七十七，《文淵閣四庫全書》，臺灣商務印書館，1986年，第118冊，第637頁上。

③ 《禮記注疏》卷三十《玉藻》，阮刻《十三經注疏》本，下冊，第1485頁下。

君子，君之子，此處指諸侯之子。鄭玄注：“二當爲貳，唯卜之時，辭得曰‘君之貳某爾’。”孔穎達爲之解曰：“二當爲貳，謂副貳也。謂君有事，故不得親臨卜筮，其嗣子爲君而卜，其辭得稱君之貳某，告龜筮也。”①注疏解太子之所以平時不謀仕官，恐爲人嫌己有急於即位之意，故只在卜龜筮時始稱“君之貳某”，某爲名。可知父君在，不敢自稱“君”字。

(6) 后、夫人等

A. 自稱

（A）對上

○夫人自稱於天子曰老婦。（《禮記·曲禮下》）

此夫人指諸侯之妻，若於助祭時見天子，自稱老婦，謂老而服事。孔穎達謂指王畿內之諸侯夫人。孫希旦則謂此指王之姑、姊妹，或姑、姊妹之女嫁於諸侯，或歸寧，或使大夫寧王，或使人弔喪而有辭以接於天子之稱謂。雖所指尚有歧異，而其對於天子之謙稱則無疑。方愨云：“曰老婦者，不敢以少艾自矜，故曰老；不敢以人所事自處，故曰婦；以其對尊故自稱如此。”可謂得其義。

（B）對平輩

○〔公侯夫人〕自稱於諸侯曰寡小君，自稱於其君曰小童。自世婦以下，自稱曰婢子。（《禮記·曲禮下》）

此承上文“公、侯有夫人，有世婦，有妻，有妾”言。謂夫人對別國諸侯自稱“寡小君”。寡乃謙辭。對本國之君則曰“小童”。小童，未成年人之稱，自謙言無知也。婢，卑也。世婦、妻、妾卑於夫人，故自稱皆曰“婢子”。②

---

① 《禮記注疏》卷五十一《坊記》，阮刻《十三經注疏》本，下冊，第1621頁中下。

② 呂大臨云：“小童之稱不見於經傳，秦夫人告秦伯曰：晉君朝以入，則婢子夕以死。雖夫人亦稱婢子，自貶而就下也。”

B. 他稱

　　　○天子之妃曰后，諸侯曰夫人，大夫曰孺人，士曰婦
人，庶人曰妻。（《禮記・曲禮下》）

妃，配。上至天子，下至庶人，皆有妃配。后，《白虎通・嫁
娶》：“后者，君也。天子妃至尊，故謂后也。明配至尊，爲海內
小君。天下尊之，故繫王言之曰王后也。”[1] 夫人之名，爲諸侯妃
配之專稱，《論語》所謂“邦君之妻，邦人稱之曰君夫人”。孺，
鄭注：“孺之言屬。”孔穎達以爲言其爲親屬。[2] 按，《喪大記》
“大夫曰世婦”，未聞有孺人，“孺”字亦不見甲金文。婦，甲金
文常見，其地位稱謂與經傳稱謂制之同異，尚未完全清楚。就甲
骨文而言，“帚”之職責於祭祀外，更涉戰爭、邊防、貢納等，
較西周之“婦”職責範圍更大。[3] 妻，齊也。庶人賤，其妃配無
稱，與其齊體而已。

(7) 卿大夫、士

A. 自稱

　　　○君前臣名。（《禮記・曲禮上》）

字以敬名，但至尊之前無私敬，故對君而言臣，對父而言子，無
論自稱或稱同僚、兄弟，皆直呼其名。

　　　○列國之大夫，入天子之國曰某士，自稱曰陪臣某。
（《禮記・曲禮下》）

此大夫指諸侯之卿，爵三命，於天子爲士，故曰“某士”。據晉
韓起聘於周，擯者曰“晉士起”，連名而稱，則當曰“某士某”。
陪有重義，言諸侯於天子爲臣，己又於諸侯爲臣，其於天子乃臣

---

① 《白虎通疏證》卷十，中華書局，1994 年，上冊，第 489 頁。
② 《禮記注疏》卷五《曲禮下》，阮刻《十三經注疏》本，上冊，第 1267 頁上中。
③ 參見趙誠《諸帚探索》，《古文字研究》第十二輯，中華書局，1985 年，第
　　99－106 頁。

下之臣，故稱“陪臣某”。

　　○上大夫曰下臣，擯者曰寡君之老。（《禮記·玉藻》）
孔疏：“上大夫，卿也。自於己君前稱曰下臣。君前臣名，稱下
臣某也。”① 方愨云：“上大夫居上位，而不敢以上自居，故曰下
臣而已。”② 若其出使他國，擯者向人稱上大夫爲“寡君之老”。

　　○下大夫自名，擯者曰寡大夫。（《禮記·玉藻》）
自名，謂下大夫於己君前稱名，不敢稱下臣，以地位卑於上大
夫。若其出使他國，擯者向人稱下大夫爲“寡大夫”，亦卑於上
大夫。

　　○大夫私事使，私人擯則稱名，公士擯則曰寡大夫、寡
　　君之老。（《禮記·玉藻》）

　　○非以君命使，則不稱寡。大夫、士則曰寡君之老。
　　（《儀禮·士相見禮》）
私事使，鄭注謂“以君命私行，非聘也”。③ 孫希旦謂“以私事自
使人於諸侯也”。④ 私人，家臣。私人擯，不得稱其主爲“寡大
夫”“寡君之老”，只能稱名，當稱“君之外臣某”。公士擯，謂
奉君命出使，大聘使卿，小聘使大夫，以公士爲傳辭，公士對人
君分別稱“寡君之老”和“寡大夫”。於此可見非唯等級分明，
公事私事之間，其稱謂亦有不同。⑤

---

① 《禮記注疏》卷三十《玉藻》，阮刻《十三經注疏》本，下册，第1485頁下。
② 衛湜《禮記集説》卷七十七，《通志堂經解》本，第13册，第126頁中。
③ 《禮記注疏》卷三十《玉藻》，阮刻《十三經注疏》本，下册，第1485頁中。
④ 孫希旦《禮記集解》卷三十，中册，第838頁。
⑤ 按，《儀禮·士相見禮》之文疑有脱漏。李如圭《儀禮集釋》卷三此句下案語
　　云：“擯者稱上大夫曰寡君之老，稱下大夫曰寡大夫。然必公士擯乃得稱之。
　　此文當云：非以君命，使則不稱寡大夫、寡君之老。正與《玉藻》……互相爲
　　義。衍‘士則曰’三字耳。”（《叢書集成初編》，第1000號，第78頁）他如戴
　　震、王引之、盧文弨、朱大韶、汪中、方苞等人皆有説（參閱胡培翬《儀禮
　　正義》卷四，江蘇古籍出版社，1993年，第269頁）。及武威漢簡　（轉下頁）

　　○〔列國之大夫〕使者自稱曰某。（《禮記·曲禮下》）
孔疏云："某，名也。若此卿爲使在他國，與彼君語，則稱名
也。"① 謂自稱其名，以敬異國之君。陳祥道更進而區別上下大夫
之稱謂云："上大夫使則自稱下臣，下大夫使則自名，而其私人
以爲之使，則亦自名而已。"② 是則級别不同，稱謂亦異。

　　○大夫七十而致事……自稱曰老夫，於其國則稱名。
（《禮記·曲禮上》）
鄭注："老夫，老人稱也。"孔疏："若此老臣行役及適四方，應
與人語，其自稱爲老夫，言己是老大夫也。"③ 此乃對國君以外之
人的稱謂，對國君仍稱名，所謂"君雖尊異之，自稱猶若臣"
（鄭玄注語）也。

　　○凡自稱於君，士大夫則曰下臣。④ 宅者在邦，則曰市

（接上頁）《儀禮·士相見禮》篇出，文作"非以君命使，則不稱寡。大夫則
曰：寡君之恭"。沈文倬指出"寫"當作"寡"，"恭"當作"老"，皆漢隸字
形形誳誤録所致。簡文"大夫"下無"士"字，沈文倬云："此節注家均依
《玉藻》立解，'謂擯贊之辭'，乃使臣之擯對主國稱其使臣之稱謂。此
禮主於士，上句指士爲擯者，非以君命出使；如使臣爲卿則不稱'寡君之
老'；使臣爲大夫則不稱'寡'，寡即寡大夫。下句連類而及大夫爲擯者，今
本作'大夫士'，與上句矛盾，無法通釋。戴震以下，均以爲文有誤舛，或
説'士則曰'三字衍文；或説誤'使'爲'士'，訖無定論。得簡文而知本
無'士'字，則此大夫爲擯者，使臣當爲卿，仍稱寡君之老。今本誤衍
'士'字。"（《漢簡異文釋》，《莉闇文存》，商務印書館 2006 年，上册，第
82 頁）據鄭注云"大夫卿士其使，則皆曰寡君之某"，有"士"字，則衍文
在康成之前已産生。
① 《禮記注疏》卷五《曲禮下》，阮刻《十三經注疏》本，上册，第 1267 頁下。
② 衛湜《禮記集説》卷十三，《文淵閣四庫全書》，臺灣商務印書館，1986 年，
第 117 册，第 268 頁上。
③ 《禮記注疏》卷一《曲禮上》第一，阮刻《十三經注疏》本，上册，第 1231 頁
中下。
④ 士大夫，宋李如圭集釋據《玉藻》文作"上大夫"。清戴震説同。清胡培翬認爲仍當
作"士大夫"，參閱《儀禮正義》卷四，江蘇古籍出版社，1993 年，第 271-273 頁。

井之臣；在野，則曰草茅之臣……他國之人，則曰外臣。
（《儀禮·士相見禮》）①

宅者在邦、在野，謂致仕家居，或在國中，或在郊野，其自稱於
君則分別爲市井之臣、草茅之臣。他國之人，指他國之士大夫，②
其稱謂又異，稱外臣。

　　　　○士曰傳遽之臣，於大夫曰外私。（《禮記·玉藻》）

鄭注："傳遽，以車馬給使者也。"孔穎達謂此乃對己君之稱，然
亦認爲皇侃之對他國國君説，於義亦通③。孫希旦則以爲是稱於
他國之君、他國大夫之辭。下句鄭注云："士臣於大夫者曰私
人。"則外私云者，顯爲對異國國君之稱謂。由此而反觀前句，
亦當爲對外國國君之稱。

　B. 他稱

　　　　○〔列國之大夫〕於外曰子，於其國曰寡君之老。（《禮
　　　記·曲禮下》）

此亦擯者在他國之人稱此大夫爲"某子"，"子"爲有德者之稱。
或稱氏姓，或連采邑稱。其與國中之人言則稱"寡君之老"者，
孔疏以君之稱謂比附之云："其君與民言自稱曰寡人，故此卿與
國中人語自稱曰'寡君之老'也。若此卿爲使在他國，與彼君
語，則稱名。"

　　　　○士於君所言大夫，没矣，則稱謚若字，名士。（《禮
　　　記·玉藻》）

孔疏："君前臣名，若彼大夫生，則士呼其名。若彼大夫已死没，

---

① 武威漢簡《儀禮·士相見禮》作"詫者在國，則曰市井之臣；在野，則曰草
茅之臣"。沈文倬有校，可參。《菿闇文存》，上册，第83頁。
② 此據元敖繼公説，見《儀禮集説》卷三，《通志堂經解》本，第14册，第56
頁中。
③ 《禮記注疏》卷三十《玉藻》，阮刻《十三經注疏》本，下册，第1485頁中下。

而士於君前言，則稱彼謚。無謚則稱字。不呼其名，敬貴故也。"①
據孔疏，大夫有謚則不稱字，此於《春秋傳》中可徵知。"名士"
者，士等級低於大夫，故士在君前論及已卒之士時，仍名之。

　　○與大夫言，名士，字大夫。（《禮記·玉藻》）

此承上而言，謂士與大夫言及其他士與大夫：若稱生者，則士稱
名，大夫稱字；若稱死者，則士稱字，大夫稱謚。

（8）庶人

　　○〔凡自稱於君〕庶人則曰刺草之臣。（《儀禮·士相
　　見禮》）

此庶人自稱於君之辭。《孟子·萬章下》以庶人自稱市井之臣、
草莽之臣者，蓋士大夫致仕家居猶如庶人也。②《白虎通·爵》有
云"庶人稱匹夫者，匹，偶也。與其妻爲偶，陰陽相成之義
也"③，此與前所論天子、諸侯不同之爵稱，以及王者之太子稱士
等，均體現出不同身份中之等級稱謂。

（9）父母子女統稱

　　○父前子名。（《禮記·曲禮上》）

　　○子於父母，則自名也。（《禮記·曲禮下》）

名爲父所命，子統男女。子於父前，自呼稱名。鄭玄所謂"對至
尊無大小，皆相名"也。

　　稱謂之尊卑等級在絕大部分場合皆循上可名下而下不可名上
之原則，但亦偶有例外，如：

　　○國君不名卿老、世婦，大夫不名世臣、姪娣，士不名

---

① 《禮記注疏》卷三十《玉藻》，阮刻《十三經注疏》本，下册，第1482頁中。
② 《孟子》："孟子曰：在國曰市井之臣，在野曰草莽之臣，皆謂庶人。庶人不傳
　　質爲臣，不敢見於諸侯禮也。"此以致仕之士大夫猶若庶人矣，蓋當時自稱之
　　泛化而轉爲他稱也。
③ 《白虎通疏證》卷一，上册，第22頁。

家相、長妾。（《禮記·曲禮下》）

此即鄭玄所謂"雖貴，於其國、家猶有所尊"者。[①] 卿老，上卿；世臣，父時老臣；家相，助知家事者：皆年長爵高而有功之人。姪娣，大夫妻之兄女及女弟從嫁者。世婦，謂二媵，即諸侯從嫁姪娣。世婦、姪娣、長妾，皆諸侯、大夫、士家中妻妾之貴者。凡此皆尊而不名。[②] 至漢人所傳先秦文獻，又與《曲禮》所記不同。

《説苑·臣術》記伊尹對湯問云：

> 君之所不名臣者四：諸父臣而不名，諸兄臣而不名，先王之臣臣而不名，盛德之士臣而不名，是謂大順也。[③]

劉向《説苑》係分類彙編先秦語類文獻而成。馬驌《繹史》將其輯歸一處，以爲出自《漢志》道家《伊尹》五十二篇和小説家《伊尹説》二十七篇。若然則先秦相傳固有此説也。又《白虎通·王者不臣》云：

> 王者臣有不名者五：先王老臣不名，親與先王戮力共治國，同功於天下，故尊而不名。《尚書》曰"咨爾伯"，不言名也。〔上大夫〕不名者，貴賢者而已。共成先祖功德，德加于百姓者也。《春秋》單伯不言名，傳曰：吾大夫之命于天子者也。盛德之士不名，尊賢也。《春秋》曰："公弟叔肸。"不名盛德之士者，不可屈以爵祿也。諸父、諸兄不名，諸父、諸兄者親，與己父兄有敵體之義也。《詩》云"王曰叔父"。《春秋傳》曰："王札子何？長庶之稱也。"[④]

---

① 《禮記注疏》卷四《曲禮下》阮刻《十三經注疏》本，上冊，第1256頁下。
② 關於"大夫不名世臣、姪娣"義，可參見趙良澍《讀禮記》卷一，《叢書集成初編》，第1025號，第9頁。
③ 向宗魯《説苑校證》卷二，中華書局，1987年，第37頁。
④ 班固著、陳立疏證《白虎通疏證》卷七，上冊，第325–326頁。

《白虎通》爲後漢章帝時諸儒於白虎觀所講論之結集。時雖晚於劉向，而相傳經師之師説又必早於劉向。而不名之對象由四而五，多一上大夫。其不名之原因此節以及上幾節皆有闡述。[①] 劉向所記固爲先秦戰國史料，其是否起於殷商，史闕無徵。從伊尹本人在甲骨文中屢被祭祀之情況看，他是一位備受尊敬的老臣，太甲稱其爲師保而不名（見《書·太甲》），而後世不名之傳説繫於其名下，或亦事出有因。西周銅器銘文已多有不名老臣、稱官稱爵之例，可知不名之禮確實存在於兩周，第當時未必有律文，發展到後來，才歸結爲四不名、五不名之説。

（二）《春秋》書法所反映的等級制

今見之《春秋》經，爲《魯春秋》，抑經孔子筆削及筆削多少之《春秋》，似難以質指，然《禮記·經解》引孔子曰"屬辭、比事，《春秋》教也"，"屬辭比事而不亂，則深於《春秋》者也"，是孔子於《魯春秋》深有研究。孟子言孔子懼，作《春秋》，竊取其義，[②] 殆戰國時所盛傳。且孟子爲子思再傳弟子，應有所本。逮《公》《穀》以問答體解《春秋》，其經文雖有出入，而大體一致，蓋祖本相同之故。可見孔子曾以《魯春秋》授門人，或間有筆削，弟子又各本師意，遞相傳授，雖系脈不同，而皆遠紹《魯春秋》也。[③]

以"斷爛朝報"之經文觀之，就以月繫年，以日繫月，以事繫

---

① 《白虎通》卷七"王者不臣"下有七節：三不臣、五暫不臣、諸侯不純臣、不臣諸父兄弟、子爲父臣異説、王臣不仕諸侯異義、五不名。兹引録者爲五不名，然其前所云不臣者六節，不臣必於名諱有所尊，是其不名者又不止五也。

② 《孟子·滕文公下》："臣弑其君者有之，子弑其父者有之，孔子懼，作《春秋》。"又《離婁下》："孔子曰：其義則丘竊取之矣。"

③ 洪業《春秋經傳引得序》謂《春秋經》在傳授中或有五本。《洪業論學集》，中華書局，1981年，第223-289頁。

日之文體言，已簡無可簡。《公》《穀》二傳本師傳之意，吹毛深求，尋索筆削之微言大義，往往穿鑿附會，遂使人反不之信。[①] 杜預治《左傳》，知《春秋》有“典策之正文”，有“夫子之變例”，[②] 清黃式三釋《春秋》之書法，亦屢言“史例如此，夫子因之”，[③] 此皆深信夫子曾筆削《春秋》而知當時史官自有書法者也。

且不論孔子是否筆削《春秋》及其筆削程度如何，亦摒棄《公》《穀》二傳所闡發之微言大義，將《春秋》置於當時之歷史下論，以至簡之文字，記紛繁之人事，其取去褒貶必有定例，此從齊之太史簡、晉之董狐筆中可徵實無疑。史官有曲筆有直筆，而曲直之筆皆是對固有之史法，或說書法條例而言，若漫無書法，則便無所謂曲直。顯而易見者，以月繫年，以日繫月，以事繫日即書法。進而求之，雖事有出入，若以古禮等校覈，未始不可求得。如：

《曲禮下》云：“崩曰天王崩。”又云：“天子死曰崩。”《春秋》歷十二王，書“天王崩”者九，其中志崩葬者五，志崩不志葬者四，而崩葬皆不志者三。[④]

《曲禮下》：“諸侯曰薨。”《春秋》書魯君死曰“公薨”“公薨於路寢”“公薨於小寢”“公薨於臺下”等計十一次。而外諸侯之死皆曰卒，計一百三十三次。[⑤]

---

① 自唐劉知幾《史通·惑經》提出十二“未諭”以來，宋元明清以至近現代不信孔子《春秋》書法者代有其人，茲不羅列。
② 參見杜預《春秋釋例》卷一，《叢書集成初編》，第 3628 號，第 9 頁。
③ 清黃式三《春秋釋·釋族》，《清經解續編》卷一〇一九，上海書店影印本，1988 年，第四冊，第 657 頁中。
④ 所以志“崩”志“葬”書法不同，論者以訃告、不訃告及魯往、不往爲準，此或也書法一例。
⑤ 胡安國《春秋傳》曰：“諸侯曰薨，何以書卒？不與其爲諸侯也。”石光霽《春秋書法鉤玄》曰：“夫子作《春秋》則有革而弗因者。周室東遷，諸侯放恣，專享其國，上不請命，聖人奉天討以正王法，則有貶黜之刑矣，因其告喪，特書曰卒。”《文淵閣四庫全書》，臺灣商務印書館，1986 年，第 165 冊，第 807 頁。

　　其書天子曰崩，魯君曰薨，外諸侯曰卒，[①] 整齊劃一，非秉承一定書法不可能如此齊一。

　　《曲禮下》："大夫曰卒。"《公羊傳·隱公三年》亦云。今《春秋》記內大夫死三十餘例，皆曰卒。以內大夫死與外諸侯死同書"卒"觀之，即不言其有褒貶軒輊，亦至少有內外之別。此亦即魯史官書法之一。

　　今見之《曲禮》出小戴，傳自古《曲禮》。《曲禮》云："天了死曰崩，諸侯曰薨，大夫曰卒，士曰不祿，庶人曰死。"[②] 與《春秋》所記略異。三傳乃解經之書，《春秋·隱公三年》"三月庚戌天王崩"下《公羊傳》云："曷爲或言崩，或言薨？天子曰崩，諸侯曰薨，大夫曰卒，士曰不祿。皆所以別尊卑也。"又復曰："天子記崩不記葬，必其時也。諸侯記卒記葬，有天子存，不得必其時也。"公羊家固深知《春秋》記內外諸侯之薨、卒異詞，而其說解所引古禮古說與《曲禮》一致，並未在"諸侯曰薨"後補云"亦曰卒"一語，足見《曲禮》所記乃禮之正例。《公羊傳·隱公三年》"八月庚辰，宋公和卒"何休注："不言薨者，《春秋》王魯，死當有王文。聖人之爲文辭孫順，不可言崩，故貶外言卒，所以褒內也。"[③] 由此可知，今傳《春秋》中之書法，

---

① 前引《禮記·雜記上》謂君死訃告他國時稱"寡君不祿"，與此又不同。據鄭注，稱不祿乃訃告時謙辭。且《曲禮下》曰"壽考曰卒，短折曰不祿"，稱不祿，乃臣子哀惜之情。見《公羊傳·隱公三年》徐彥疏引鄭玄《駁五經異義》。此見古代撰作與實際語言又有所不同。

② 《通典》卷八十三引《漢石渠議》："聞人通漢問云：'《記》曰：君赴於他國之君曰不祿，夫人曰寡小君不祿，大夫士或言卒死，皆不能明。'戴聖對曰：'君死未葬曰不祿，既葬曰薨。'"（浙江古籍出版社影印商務印書館本，1988年，第447頁上）此漢儒對古禮所記異辭之解釋。

③ 《公羊傳·隱公三年》何休注，阮刻《十三經注疏》本，中華書局影印本，1981年，下冊，第2204頁中。

有與古禮相吻者，或係西周及春秋之時儀禮稱謂與史官記事本然如此；其相異者，當係魯史官（或孔子）以魯爲中心之獨特書法。①

　　"崩薨卒不禄"之書法如此，進而觀其相應之名謂書法。《春秋》凡周王死皆書"天子崩"，不書名，此禮所謂臣不可名君之意。魯君之死，亦皆書"公薨"而不名。他國諸侯之死，則書"某侯某卒"，如：宋公和卒（隱公三年八月）、許男業卒（文公五年冬十月）。② 内大夫卒皆書名書氏，如：公子益師卒（隱公元

---

① 關於《春秋》此一書法，經學家頗多異說。杜預《春秋釋例》曰："天子曰崩，諸侯曰薨，大夫曰卒，古之制也。《春秋》所稱，曲存魯史之義，内稱公而書薨，所以自尊其君，則不得不略外諸侯書卒以自異也。"晉范甯《穀梁傳》注文同，僅改"古之制"爲"周之制"。但亦有異詞。《禮記·雜記》孔穎達疏："《異義》今《春秋公羊》說，諸侯曰薨，訃於鄰國亦當稱薨，經書諸侯言卒者，《春秋》之文王魯，故稱卒以下魯。古《春秋左氏》說，諸侯薨，赴於鄰國稱名，則書名稱卒。卒者，終也，取其終身，又以尊不出其國。許君謹案：《士虞禮》云，尸服卒者之上服，不分別尊卑，皆同言卒，卒者，終也，是終没之辭也。鄭駁之云：案《雜記上》云，君薨，訃於他國之君，曰寡君不禄。《曲禮下》曰，壽考曰卒，短折曰不禄。今君薨而云不禄者，言臣子於君父雖有考終眉壽，猶若其短折然。若君薨而訃者曰卒，卒是壽終矣，斯無哀惜之心，非臣子之辭。鄰國來赴書以卒者，言無所老幼，皆終成人之志，所以相尊敬。"是許、鄭雖異說，而皆不取公羊家說。杜預深於《左傳》，既不取《古春秋左氏》說，亦不取許、鄭說，獨從公羊家之說，必有其獨自的認識。孔穎達云："杜以爲《禮記》後人所作，不正與《春秋》同，杜所不用也。"

② 偶有例外不書名者，如：（隱公七年）滕侯卒。《左傳》云："不書名，未同盟也。凡諸侯同盟，於是稱名，故薨則赴以名。"《穀梁傳》云："滕侯無名，少曰世子，長曰君，狄道也。其不正者名也。"《公羊傳》云："何以不名？微國也。"三傳各自爲解。楊士勛《穀梁注疏》以《春秋》中不盟書名者斥《左傳》，以微國邾子克、許男新臣等書名斥《公羊》。傅隸樸《春秋三傳比義》認爲：不盟書名，是當時禮無不同盟不得書名之規定，《左傳·僖公二十三年》"赴以名則亦書之"與此正可互補其義。據杜預《世族譜》，滕君皆有名有謚，非狄道。且《春秋·昭公三年》有"滕子原卒"，亦書名。因云滕非魯之同盟，魯史不知其名，其薨又未以名赴，故策不書其名。又如：（隱公八年夏六月）辛亥，宿男卒。《穀梁傳》云："宿，微國也。未能同盟，故男卒也。"凡不書名，皆有其原因在。

年)、季孫意如卒(定公五年夏六月丙申)。而外大夫之考終命者皆不登書。由是觀之,魯君不名,躋與天王等,外諸侯名而書卒,降與内大夫等,頗可見此乃以魯爲中心之史官書法。

魯史官既於死之書名不書名之間有此人爲之筆,推見其在其他事件中對人物之書爵號書名書字或不名不字,亦當有一定的準則(特殊者例外)。兹擇前人研究《春秋》書法中之關涉爵號名字者條列於下:

1. 不名不字書稱爵號官職

(1) 周王書稱天王、天子

《禮記·曲禮下》:"君天下曰天子。"鄭注:"今漢於蠻夷稱天。"孔疏引許慎曰:"《春秋左氏》云:施於夷狄稱天子,施於諸夏稱天子,施於京師稱王。"[①] 此古文經之説。胡安國云:"臨諸侯曰天王,君天下曰天子,皆一人之通稱。"王爲夏商周三代最高統治者稱號,[②] 王上加"天",則自周始。天爲周人至上之神,周王亦自謂天帝之子,故又稱天子。《春秋》一書,書"天王"者三十二,書"天子"者僅成公八年一次。顧炎武云:"《尚書》之文但稱王,《春秋》則曰天王,以當時楚吳徐越皆僭稱王,故加天以別之也。趙子曰:'稱天王以表無二尊。'是也。"[③] 或得其實。

(2) 周王之子書稱王子、王世子。

天王之子稱王子,天王已死既葬,王子尚未登基即位,不書

---

① 《禮記注疏》卷四《曲禮下》第二,阮刻《十三經注疏》本,上册,第1260頁上。

② 凡傳世文獻及金文中非天子而稱"王"者,多僭稱。如《左傳·哀公十三年》"吳人告敗于王(吳王)"、《哀公二十六年》"王(越王)命取之"等等是。

③ 顧炎武《日知録》卷四"天王"條,上册,第307頁。

名。王世子，有繼世而有天下之意。《春秋·僖公五年》："公及齊侯……會王世子於首止。"此王世子即周惠王太子鄭。

(3) 周王正妃書稱王后

如《春秋·桓公八年》："遂逆王后于紀。"《公羊傳》云："女在其國稱女，此其稱王后何？王者無外，其辭成矣。"

(4) 周王之女書稱王姬

《春秋·莊公元年》："單伯送王姬。"杜注："王姬，不稱字，以王爲尊，且別於内女也。"① 内女，與王同姓，以字加姓連稱，如伯姬等。周王之女尊，故不字，而加"王"於姬姓前。

(5) 天子三公書稱公，魯國君主書稱公

杜預云："今案《春秋》以考之，居三公六卿之位者，皆以伯爵子爵居位，而別食采邑，經自因氏以爲文，其稱公者，皆三公，非五等之公也。"② 而魯國君主書稱公，乃魯史官心所欲尊之辭。以魯爲中心言之，前者爲"外稱公"，乃定名；後者爲"内稱公"，是虛位。

(6) 諸侯之世子書稱子

此特指諸侯之子在諸侯已死既葬至未登基即位時限内之稱謂。

(7) 諸侯之妻書稱夫人

此恒稱。如邦人稱國君夫人，稱諸異邦者同。

(8) 内外諸侯書稱爵

天子畿内諸侯書爵，以采邑加爵名連稱，如祭伯、召伯、列子等。各國諸侯則以國名加公侯伯子男連稱爲常，如宋公、齊侯、鄭伯、邾子、許男之類。

---

① 《春秋左傳注疏》卷八，阮刻《十三經注疏》本，下册，第1762頁上。
② 杜預《春秋釋例》卷一，《叢書集成初編》，第3628號，第9頁。

2. 書稱字

（9）王朝之大夫書稱字

如：南季、仍叔、榮叔。石光霽云：“王朝大夫四命，與公之孤等，故稱字而不名也。”①

（10）列國之命大夫書稱字

如：魯單伯、鄭祭仲等。單伯等爲天子之命大夫，尊王命，故書稱字，與王朝之大夫同。②

3. 書稱名

（11）王朝中士書稱名

如：劉夏、石尚。③ 石光霽云：“《周禮》王朝大夫四命，則上士宜降與侯伯之卿等，所以書名也。”④ 按，侯伯之卿三命。

（12）諸侯之世子書稱名

《春秋·桓公九年》：“曹伯使其世子射姑來朝。”射姑即後來之曹莊公。杜預《春秋釋例》云：“王之世子不名，諸侯之世子則名。會王世子於首止，曹世子射姑來朝是也。”⑤

（13）諸侯之卿大夫書稱名

如：魯無駭、挾、柔，齊高傒。列國之命大夫書稱字，則未

---

① 石光霽《春秋書法鉤玄》卷一，《文淵閣四庫全書》，臺灣商務印書館，1986年，第165冊，第816頁上。

② 《穀梁傳·文公十五年》：“單伯至自齊，大夫執則致，致則名。此其不名何也？天子之命大夫也。”《春秋·桓公十一年》“宋人執鄭祭仲”杜注：“祭，氏。仲，名。”按，祭仲名足，字仲，杜説誤。

③ 《公羊》以劉夏爲“天子之大夫”，《穀梁》則云士也，《左傳》則云“官師”，是非可知。石尚，杜預云“天子之士”。

④ 石光霽《春秋書法鉤玄》卷一，《文淵閣四庫全書》，臺灣商務印書館，1986年，第165冊，第817頁上。

⑤ 杜預《春秋釋例》卷一《會盟朝聘例第二》，《叢書集成初編》，第3628號，第9頁。

命於天子之大夫降級稱名。無駭、挾等皆是未賜族而身爲大夫者，若已賜族而世爲大夫，則多連族稱。如：季孫行父、仲孫蔑等。

（14）夷狄附庸書稱名

如：郳黎來、介葛盧。郳、介，國名。黎來、葛盧，國君名。《左傳・莊公五年》：“郳黎來來朝，名，未王命也。”時爲附庸之國，未得周室之命，故雖君亦名。

以上所列乃《春秋》常見而爲經學家公認之書法。至於進而褒，退而貶，如王朝下士進而書字——王人子突，冢宰貶而書名——宰咺，諸侯兄弟貶則書名——宋公之弟辰等等。諸家説法不一，是《春秋》之恒例，抑史官偶筆之例外，須進一步研究，今概從略。

昔墨子號稱曾觀百國春秋，[①] 故其書多引各國《春秋》以説。《管子・法法》“故《春秋》之記”尹知章注：“《春秋》，即周公之凡例，而諸侯之國史也。”[②] 以唐人而言《春秋》紀事之法爲周公凡例之，似所據不足。而《國語・晉語七》“羊舌肸習於《春秋》”韋昭注：“《春秋》，紀人事之善惡而目以天時，謂之《春秋》，周史之法也。時孔子未作《春秋》。”[③] 孔子未作《春秋》前之《春秋》，是必西周之史記。韋昭謂爲“周史之法”，是周史官紀人事固當有法則也，後人歸之周公，亦若《周禮》者然。是修史紀事，固必有一定則例。《公羊傳・莊公十年》釋“荆敗蔡師”云：“荆者何？州名也。州不若國，國不若氏，氏不若人，人不若名，名不若字，字不若子。”何休注：“爵最尊。《春秋》假行

---

① 劉知幾《史通・六家》和《隋書・李德林傳》並言之，蓋唐以前書所載者也。
② 黎翔鳳《管子校注》卷六，中華書局，2004年，第305頁。
③ 《國語》卷十三，上海古籍出版社，1978年，下冊，第445頁。

事以見王法。聖人爲文辭孫（遜）順，善善惡惡，不可正言其
罪，因周本有奪爵稱國、氏、人、名、字之科，故加州文備七等
以進退之。"① 尋《公羊》之意，亦是從《春秋》書法中而來，而
又未嘗非周史之法也。上所列十四條書法，即以書爵號書字書
名，分別表示尊卑等級。其中即有孔子爲使亂臣賊子懼而作例
者，亦不可否定有承自西周史官之法則。

　　《左傳·昭公二年》晉侯使韓宣子來聘，"觀書於大史氏，見
《易象》與《魯春秋》，曰'周禮盡在魯矣，吾今乃知周公之德與
周之所以王也'"。韓宣子所見之《魯春秋》非孔子所修之《春
秋》（若承認夫子曾筆削），② 然宣子既言周禮在魯，則《魯春秋》
在明尊卑等級方面或多或少可代表周王朝制度。設若提倡"君
君、臣臣、父父、子子"，深明周禮，且云"吾從周"之孔子修
《魯春秋》，必不可能筆削尊卑等級制之內容。如此，則三傳所見
之《春秋》尊卑等級制書法或多或少反映出周禮之等級書法。由
此也可推知，當時之《燕春秋》《宋春秋》《齊春秋》等書雖或各
有中心，③ 其尊卑等級之書法或有共同之點。④ 以《春秋》書法與
前列文獻中等級稱謂制相較，雖因文獻不足，不能一一對應，但

① 《春秋公羊傳注疏》卷七，阮刻《十三經注疏》本，下冊，第2232頁上。
② 《春秋·哀公十二年》："夏五月甲辰，孟子卒。"《禮記·坊記》引《魯春秋》
　　同。昭公夫人當書吳姬或孟姬，於魯違同姓不婚之禮，故諱而書號。若《坊
　　記》所引直據《魯春秋》，則今本《春秋》（包括孔子筆削本）與原本《魯春
　　秋》在書法上有一致性。
③ 此三種《春秋》及前《周春秋》皆見《墨子·明鬼下》，孫詒讓《墨子間詁》，
　　中華書局，上冊，第226、230、232、233頁。
④ 《左傳·文公十五年》："公與之（華耦）宴，辭曰：'君之先臣督（華督）得
　　罪於宋殤公，名在諸侯之策。'"按，華督於宋桓公二年殺宋殤公。《春秋·
　　桓公二年》書"宋督弑其君與夷"，此魯史。耦云"諸侯之策"，蓋當時各國
　　皆以罪書之。又《襄公二十年》寧殖亦云："名藏在諸侯之策。"理同。此
　　見各國《春秋》仍有共同點。

在尊卑等級上基本一致。

以上係自天子至士庶自稱、稱他、他稱之常態稱謂，如介入當時外交場合中之特殊稱謂，如擯者介相禮，私事出訪，其稱謂多與常態不同。至於祭祀、喪葬、招魂等特殊場合，則自有一套獨特的稱謂系統。總之，等級不同，輩分不同，場景不同，稱謂便亦不同。歷而數之，漫無頭緒，然若充分認識先秦社會森嚴的等級制，提綱挈領，把握其上可名下、下不名上之稱謂原則，則厘然可覺其煩而不亂，雜而有序。等級森嚴之社會中所以斤斤於稱謂者，乃因稱謂揭示身份，身份標識社會地位，地位決定其在社會中所擁有之權力，權力保證其從生活到政治之行事自由度。概此而言，謂之名分。宋邵淵云：“蓋名正則言順，言順則事成。聖人所以汲汲於此者，非較輕重於一言一字之間也。”[1] 呂大臨曰：“名者，人治之大，不可以不正也。君子之有是名，必有是事，非守空名以示人也。”[2] 名分之重要，在《論語》等儒家經籍中有充分闡述，《春秋》更是注重名分之專著。[3] 名分在一定程度上維繫著當時社會的穩定與有序，稱謂之等級規定亦便由此凸顯。

二、 商周動態稱謂之考察

古禮所記之稱謂制，固爲禮家據古代實況所録，然其間必有以禮爲準則之主觀取去，且或記録不全，口口傳授中又有損益，其與商周而下實際稱謂一致性之程度仍須進一步證實。《春秋》

---

① 衛湜《禮記集説》卷十二引，《通志堂經解》本，第 12 册，第 409 頁下。
② 衛湜《禮記集説》卷十一引，《通志堂經解》本，第 12 册，第 405 頁上。
③ 《莊子·天下》篇云：“《易》以道陰陽，《春秋》以道名分。”

書法所反映之稱謂，雖亦以春秋時實際稱謂爲藍本，但已摻入魯史官（或孔子）之主觀臆見，且賦有史家之褒貶，非純客觀記錄。欲明瞭商周稱謂之真實情況，尚需從古文獻中求之。茲將《詩》《書》《左傳》《國語》及簡牘帛書、鐘鼎銘文、甲骨卜辭中之稱謂歸類條列於下，俾與《禮記》《春秋》等所記者相印證。

　　對先秦文獻及出土甲金文、簡帛中之人名、稱謂，時賢不乏有專文研究，[①] 近一二十年更有多種專著面世。但無論論文還是專著，其重點在於分析靜態的恆定稱謂形式以及稱謂系統，即就傳世文獻或卜辭、銘文中所有的稱謂事實，將之加以分類描述。[②] 本文忽略其稱謂之系統，而重在揭示一種社會中變動不居的動態稱謂。所謂動態稱謂，是指人物依地位、性別、時間及所處場景等不同而各異的稱謂形式，即同一人，在面對不同對象時被冠以不同的稱謂。具體而言，同一人在宗族中面對父母，是子女身份，被稱爲"子"或"名"；面對子女，則被稱爲"父"而不能"名"；而面對親屬，更有孫、姪、甥、伯、叔、舅、兄弟以及祖、外祖等稱謂，其稱名與否又因宗族關係而異。若推擴到社會，同一人之稱謂更是五花八門。之所以取材於此，是因爲此種稱謂形式較能反映複雜社會中之稱謂事實，更能說明商周社會之

---

① 參見盛冬鈴《西周銅器銘文中的人名及其對斷代的意義》，《文史》第十七輯，中華書局，1983 年，第 27-64 頁；李學勤《考古發現與古代姓氏制度》，《考古》1987 年第 3 期，第 253-257、241 頁；又《先秦人名的幾個問題》，《歷史研究》1991 年第 5 期，第 106-111 頁。

② 專著較著者有王琪《上古漢語稱謂研究》（中華書局，2008 年）、胡士雲《漢語親屬稱謂研究》（商務印書館，2007 年）等，前者主要是先秦稱謂，後者第四章專論"先秦漢語中的親屬稱謂系統"。但兩書所注重的仍是稱謂之系統，也就是平面地描述系統中的各種稱謂，無法展示先秦社會中因人物、因時地、因場景不同而不同的動態稱謂。

稱謂等級制。① 先秦文獻中語類文獻占數不少，其所記述，多據實錄。後人彙編語類，纂輯史書，記述史事，雖不免有以意改之者，但在引述人物言語時，鈔輯史料，改動者相對要少，而改動人物言語中之稱謂則更少。故在分析稱謂形式時，均取材於文獻中人物之言語。就社會稱謂整體形貌而言，略其稱謂系統性而獨取其動態稱謂加以研究，乃是一種真實反映稱謂社會性的有效方法。

（一）　先秦典籍中的動態稱謂

先秦文獻主要取《尚書》與《左傳》。今存先秦文籍引用《尚書》達三百餘次。② 雖其中各篇寫成年代與這些文籍成書年代會有先後參差，但據近代學者利用卜辭、銘文與《尚書》作綜合研究，證明其從事實到語言應用多有與先秦史實相符者，③ 擷取其中動態稱謂以探究商周時期之稱謂等級制，似較有把握。④《左傳》之作者、成書年代，及其與《國語》之關係，歷代爭論最爲激烈，儘管持劉歆僞造說至今仍不乏其人，⑤ 但此說已爲大多學者摒棄，持成書於漢代說者亦少證據。⑥《左傳》爲作者廣泛採錄

---

① 當然，動態稱謂無論我們研究的商周時代還是秦漢以後之所有社會，其揭示或云凸顯社會上下關係上都要比描述稱謂系統更有用。

② 此據劉起釪統計，見《尚書學史》第二章《〈尚書〉在先秦時的流傳情況》，中華書局，1989 年，第 49－61 頁。

③ 各家論證頗分散，劉起釪《甲骨文與尚書研究》對此有綜述。見《甲骨文與殷商史》第三輯，上海古籍出版社，1991 年，第 261－302 頁。

④ 據陳夢家考證，周書十二篇誥命可能爲魯太史所傳録的西周命書，夏商兩書可能爲晉宋人追録，成於東周。則其稱謂代表了兩周實際稱謂。見所作《王若曰考》，收録於《尚書通論》，中華書局，1985 年，第 146－170 頁。

⑤ 見徐仁甫《左傳疏證》，四川人民出版社，1981 年。

⑥ 見洪業《春秋經傳引得序》，載《春秋經傳引得》前，後收入《洪業論學集》，中華書局，1981 年，第 223－289 頁。

各國史乘纂輯而成，① 與《國語》非一書之割裂等觀點已爲多數人接受。② 其成書年代雖仍未有一致的意見，但無礙於本文取《左傳》中動態稱謂研究春秋等級稱謂制。③《國語》晚於《左傳》，但兩者都是"戰國時把保存下來的春秋當時各國史料加以編綴撰寫而成"。④《詩經》文字爲求韻律及字數，或有失稱謂原貌處，今僅擇取以證。

1. 天子

(1) 自稱

A. 天子自稱曰"一人"，若"予一人""余一人""我一人"，或亦連名稱：

> 商湯對夏民：予一人（《湯誓》）

---

① 楊向奎《中國古代社會與古代思想研究》上冊乙編第四，上海人民出版社，1962 年，第 299－308 頁。

② 楊向奎《論〈左傳〉之性質及其與〈國語〉之關係》，《繹史齋學術文集》，上海人民出版社，1983 年，第 203－214 頁。臺灣張以仁著《論〈國語〉與〈左傳〉的關係》（中研院《歷史語言研究所集刊》第三十三本）和《從文法、語彙的差異證〈國語〉〈左傳〉二書非一人所作》（《集刊》第三十四本上冊）二文，論證最爲有力。

③ 衛聚賢認爲成書於前 425 年至前 403 年，見《〈左傳〉的研究》（《古史研究》第一集，商務印書館，1931 年，第 55－116 頁）。楊伯峻認爲成書於前 403 年至前 389 年，見《春秋左傳注》前言（中華書局，1981 年，第 35－41 頁）。趙光賢認爲作爲一部紀事體史書，成書最遲在前 430 年後不久，改編爲編年體的記事兼解經的書，當在前 352 年前，見《左傳編纂考》（下）（《中國歷史文獻研究集刊》第 2 集，第 45－58 頁）。童書業認爲《左傳》中預言之下限爲公元前 330 年左右，見《春秋左傳研究》（上海人民出版社，1980 年，第 381 頁）。諸家所定多在戰國前期，故其所述與《春秋》最近。最近王和著《左傳探源》，考定孔門後學左氏根據戰國初期鄭、晉、魯以及其他大小諸侯國史官所散出的史料編纂而成，此爲最初之《左傳》文本。社會科學文獻出版社，2019 年。

④ 劉起釪《春秋三傳及國語之綜合研究》後記，巴蜀書社，1988 年，第 128 頁。

商盤庚對殷民：予一人（《盤庚》）

周武王對周民：予一人（《泰誓》）

周康王對諸侯、衆臣：予一人釗（《康王之誥》）

周襄王對晉文公：余一人（《周語》）

周定王對鞏伯：余一人（《成公二年》）

周敬王對晉侯：我一人（《昭公三十二年》）

余一人爲商周帝王自稱專名，從周公攝政時亦稱“我一人”（《酒誥》）、“一人”（《君奭》）觀之，足證此於同時代只可一人自稱。春秋以來，諸侯僭稱，說明當時王權淪替。此胡厚宣已詳論之。[①]

B. 天子自稱曰“台小子”“予小子”“朕小子”，或亦連名稱：

商湯對殷民：台小子（《湯誓》）

商太甲對伊尹：予小子（《太甲中》）

周公對召公奭：予小子旦（《君奭》）[②]

周成王對周公：予小子（《洛誥》）

周成王對天、神靈、太公、召公等：朕小子（《金縢》）

《爾雅·釋詁》：“台，我也。”今甲骨文無“台”字，或是周人追記。“小子”本年幼未成年之稱，引申爲職位卑微。帝王又借此

---

① 參胡厚宣《釋余一人》，《歷史研究》1957 年 1 期；《重論余一人問題》，《古文字研究論文集》，四川大學學報叢刊第十輯；《中國奴隸社會最高統治者的稱號問題》，《紀念顧頡剛學術論文集》，巴蜀書社，1990 年，上冊，第 123 - 160頁。見前 205 頁下注。

② 《書》中誥命多周公攝政時所作，以天子口吻出言，故於誥命中某些“王”字爲成王抑爲周公，關涉到周公攝政稱王與否，問題極爲複雜。程元敏早在 1974年、1975 年先後於《孔孟月報》上發表《周公旦未曾稱王考》上、下兩篇，詳論周公攝政而未曾稱王。後顧頡剛《周公執政稱王——周公東征史事考證之二》（載《文史》第二十三輯，中華書局，1984 年，第 1 - 30 頁）和楊向奎《關於周公攝政稱王問題》（載《儒學國際學術討論會論文集》，齊魯書社，1989 年，第 528 - 538 頁）皆有論證，可參閱。今以身份劃分稱謂，歸入天子稱謂中，不具體分析此一歷史問題。

作爲謙辭。

　　C. 或自稱"予沖人""予沖子"：

　　　　商盤庚對民衆：予沖人（《盤庚下》）

　　　　周成王對天、神靈、太公、召公等：予沖人（《金縢》）

　　　　周成王對周公：予沖子（《洛誥》）

《盤庚》孔傳云："沖，童。童人，謙也。"孫星衍引《後漢書·沖帝紀》注《諡法》"幼少在位曰沖"爲證，[①] 後楊筠如、屈萬里皆承之。按《諡法》乃西周以後逐漸累積形成，絕非盤庚時代之辭，此可反證《盤庚》等篇語詞有春秋前後人所轉寫者。予沖人，義與"予小子"相當。

　　D. 天子自稱名：

　　　　周武王對天地山川：曾孫周王發（《武成》）

前引《曲禮下》"臨祭祀……外事曰曾孫某侯某"，《武成》是對神靈祈禱之辭，故稱名以示敬。[②]

　　(2) 他稱

　　E. 天子稱祖先爲"高后""先后""先王""前后""先神后""前寧人""寧人""前人""前文人""文人"：

　　　　商盤庚：高后、先后、先王（《盤庚中》）

　　　　商盤庚：前后、先神后（《盤庚中》）

　　　　成王稱文王：寧考、寧王（《大誥》）

　　　　周公：前寧人、寧人（《大誥》）

　　　　周公稱文王：寧王（《君奭》）

　　　　周穆王：前人（《君牙》）

---

① 孫星衍《尚書今古文注疏》卷六，中華書局，1986 年，上册，第 240 頁。

② 孔穎達疏引《左傳·哀公二年》蒯聵禱告辭曰"衛大子禱曰曾孫蒯聵敢昭告皇祖文王"爲證。按，蒯聵禱告於文王、康叔等，是必在祖廟，與武王祭天地異，是擬於不倫。

周平王：前文人（《文侯之命》）

周宣王：文人（《大雅·江漢》）

高后，孔傳與蔡沈皆指爲商湯。先王，亦指商湯或前王。前后，孔傳釋爲"先世賢君"，屈萬里謂"猶言先王"。先神后，蔡沈釋"神后"爲"先王"，屈萬里釋"先神后"爲"已爲神靈之先王"，[1] 辭異而義同。寧人即文人，蓋銘文"文"字中有"心"字，爲漢代經師誤認轉寫，錯謁相沿。[2] 文人謂有文德之人。前人，孔傳謂"前令名之人"，此實非泛言以前之人，乃前世有功德之人，義與前文人近。曰"高"曰"先"曰"前"，皆指在己之前已亡之祖先。

F. 天子稱祖先名或字號：

周武王：公劉（《武成》）

召康公戒周成王：[3]公劉（《大雅·公劉》）

公劉名字有二説。王肅、孔傳以爲：公，爵號；劉，名。王基謂周人以諱事神，召康公大賢，必不呼名，因認爲是字。孔疏判云：時未有諱法，鄭玄注《詩》以姜嫄爲名，則何獨公劉不可稱名，乃從王肅説。[4] 丁山謂姜嫄是土神，可能是"羱羊"倒語，

---

① 屈説見《尚書集釋》，中西書局，2014 年，第 89、92 頁。

② 首發"寧"字爲"文"字者，爲清代吳大澂，其於光緒九年至十二年著《説文古籀補》《字説》，已指出"寧"爲"文"之誤，並作《"文"字説》。孫詒讓《尚書駢枝·大誥》曰："寧王、寧武，即文王、文武之僞（引按，疑爲"謁"之誤字）。古鐘鼎款識文皆作 🔶，與寧絶相似，故此經文王、文武皆作寧，後文寧考、寧人亦並文考、文人之誤。"（齊魯書社，1988 年，第 17 頁）此後治《尚書》者，多從吳、孫之説，若曾運乾、劉節、楊樹達、傅斯年、陳夢家、屈萬里等。今人程元敏撰《尚書寧王寧武寧考前寧人寧人前文人解之衍成及其史的觀察》長文，從七個方面詳細論證此辭，最可參據。先後載《中央研究院中國文哲研究集刊》創刊號和第二期，1991 年 3 月、1992 年 3 月。

③ 《詩小序》謂此乃召康公戒成王之詩，今姑列入此。

④ 《毛詩注疏》卷十七之三，阮刻《十三經注疏》本，上冊，第 541 頁中、下。

即以名字論，亦該是名姜，姓嫄。① 傅斯年則仍以姜嫄爲姜姓。②
徐中舒從考古文化上分析，謂姜嫄是姜族始祖。③ 二人又皆認爲
姜與羌有關。按，嫄，《史記·周本紀》作“原”，原爲平地，亦
與土地神有關，然遠古傳說中之人名，未可輕易論定，當以存疑
爲是。

　　G. 天子稱異姓諸侯及其祖先爲“伯舅”“舅氏”，亦偶稱異姓
諸侯之重臣爲“舅氏”：

　　　　周襄王稱齊桓公：伯舅（《齊語》）

　　　　周襄王稱齊管仲：舅氏（《僖公十二年》）

　　　　周靈王對齊靈公稱姜太公：伯舅太公、舅氏（《襄公十四
　　年》）

舅氏猶《曲禮》《覲禮》所記之“伯舅”“叔舅”。管仲與周同姓，
按理當稱“父”，此殆從齊侯之稱。④

　　H. 天子稱同姓諸侯及其祖先爲“伯父”“叔父”：

　　　　周成王稱周公旦：叔父（《詩·魯頌·閟宮》）

　　　　周襄王稱魯僖公：叔父（《僖公二十四年》）

　　　　周襄王稱晉文公：叔父（《周語中》）

　　　　周景王稱晉惠公：伯父（《昭公九年》）

　　　　周景王稱唐叔虞：叔父（《哀公十六年》）

　　　　周敬王稱晉定公：伯父（《昭公三十二年》）

---

① 丁山《中國古代宗教與神話考·姜嫄與土神》，上海文藝出版社影印本，1988
　　年，第7-9頁。
② 傅斯年《姜原》，“中研院”《歷史語言研究所集刊》第二本第一分，1930年，
　　第130-135頁。
③ 徐中舒《周原甲骨初論》，《古文字研究論文集》，《四川大學學報叢刊》第十
　　輯，1982年，第3頁。
④ 說詳楊伯峻《春秋左傳注》，中華書局，1990年，第342頁。

周敬王稱吳先君：吳伯父（《吳語》）

周公是成王嫡親叔父。魯、晉、吳三國皆姬姓，故襄王、景王、敬王以叔父、伯父稱之。其中有周王派特使稱諸侯，特使仍以周王口吻稱之者。伯父、叔父本同姓兄弟國之稱謂，後"子從親稱"，擴大範圍，凡同姓皆可稱之。文獻實際稱謂與《曲禮》所記略有矛盾，芮逸夫對此有專門考證解釋，可參見。[①]

I. 天子稱諸侯或諸侯之臣名：

周武王稱康叔：小子封、封（《康誥》）

周成王稱蔡仲：小子胡（《蔡仲之命》）

周成王稱君陳：君陳（《君陳》）

周襄王稱衛元咺：元咺（《周語中》）

周靈王稱齊靈公：環（《襄公十四年》）

君前臣名，禮之常，君稱臣名，亦禮所當然。康叔雖爲武王之弟，然此時則實臣也。至於周公於《君奭》篇屢稱君奭爲"君奭""君"，或連官名稱"保奭"，而自稱"予小子旦"。召公奭姬姓，爲周公同族，[②] 克殷後封於燕。奭爲名，君爲尊稱。無論周

---

① 詳見芮逸夫《釋兄弟之國──兼論中國古代諸父的稱謂》，芮逸夫列出經典文獻中十四條伯父、叔父例證，在徵引鄭玄、賈公彥、孔穎達及清代諸家觀點後，作出自己判斷云："作者以爲在上引稱伯父、叔父的十四條中，大多數是沿周初之稱，而其緣起則由於實際親誼之稱。"指出：《閟宮》是成王對周公以實際親誼之稱，後康王、昭王、穆王、襄王代代相沿，皆稱魯君爲叔父。成王之稱衛康叔爲叔父，康王之稱唐叔虞爲叔父，皆是依親誼之稱，而後來亦代代相沿不改。至於實際稱謂與禮典"大國稱伯父，小國稱叔父"之矛盾，他解釋爲"《觀禮》所規定的乃是當初的'理想模式'（ideal pattern），而在實際行爲上，則多沿襲周初諸王之稱，因而成爲通行的一種慣例或'行爲模式'（behavior pattern）。而理想模式反成爲實際行爲上的變例"。《中國民族及其文化論稿》，臺灣大學人類學系出版，中冊，第 1024 頁。

② 召公之身份，程元敏《君奭義證》中有詳細辨析，《尚書周書十三篇義證》，臺灣萬卷樓，2017 年，第 643 頁。

公攝政是否稱王，《君奭》作於攝政抑或還政後，周公對族弟以名與尊稱或官名連稱，也是對召公之尊敬。

J. 天子稱諸侯或諸侯之臣字：

周定王稱晉士會：季氏（《宣公十六年》）

周定王稱晉鞏朔：鞏伯（《成公二年》）

周景王稱晉荀躒：伯氏（《昭公十五年》）

君王稱諸侯之臣字，較爲特別。前人於此多未解釋。楊伯峻云："據《左傳》，春秋時，周天了對諸侯卿人大之稱謂有二。僖十二年周襄王稱管仲爲'舅氏'，其一也。其二則是稱其五十歲以後之字，伯、仲、叔、季，此於士會稱'季氏'、成二年於鞏朔稱'鞏伯'、昭十五年於荀躒稱'伯氏'、籍談稱'叔氏'，皆其例也。"[1] 周人五十而伯仲，亦敬其老也。

K. 天子稱諸侯之臣爲"子"：

周定王稱范武子：子（《周語中》）

范武子即士會，祁姓，士氏，名會，字季。因封於隨，稱隨會；封于范，又稱范會。《周語》所記，即《左傳》所述，兩者同爲一事，《左傳》稱其字"季氏"，《國語》記之爲當時尊稱"子"。按理定王所稱不可能兩歧，此記者所記之異。

L. 天子稱臣官職：

商太甲稱伊尹：師保（《太甲》）

成王稱周公旦：公（《洛誥》）

周康王稱畢公：父師（《畢命》）

稱臣下以官連名，含有敬重之意。若略其名而稱其官，甚至稱"父師"，其敬重之意更甚。

---

2. 諸侯

(1) 自稱

A. 諸侯對神靈自稱"曾臣"，或連名稱：

> 晉平公：曾臣彪（《襄公十八年》）

杜預以爲"曾臣猶末臣"。楊伯峻注云："曾臣猶陪臣。曾與陪皆有重義。天子於神稱臣，諸侯爲天子之臣，故於神稱曾臣。"[1]

B. 諸侯自稱"寡人"：

> 鄭莊公對齊侯：寡人（《隱公十一年》）
>
> 魯成公對單子：寡人（《周語下》）
>
> 齊桓公對鮑叔牙：寡人（《齊語》）

鄭莊公與齊侯地位相當，而單子與鮑叔牙對魯成公、齊桓公而言是對等諸侯或臣，可見諸侯自稱"寡人"是對上對下之通稱。

C. 諸侯自稱"不穀"：

> 楚王對子犯：不穀（《成公十六年》）
>
> 楚成王對晉重耳：不穀（《僖公二十三年》）
>
> 吳王夫差對越王：不穀（《吳語》）

不穀爲侯王之專稱，《老子》："貴以賤爲本，高以下爲基，是以侯王自謂孤、寡、不穀。"[2] 然《左傳·僖公二十四年》有周襄王自稱"不穀不德"，此因"天王出居於鄭，辟母弟之難"，乃非常時期之自稱，故傳云：此"天子凶服，降名，禮也"。

D. 諸侯自稱"孤"：

> 秦穆公對秦軍：孤（《僖公三十三年》）
>
> 鄭襄公對秦桓公及其卿大夫：孤（《宣公十二年》）

---

[1]　楊伯峻《春秋左傳注》，中華書局，1990年，第1036頁。

[2]　朱謙之《老子校釋》三十九章，中華書局，2000年，第158－159頁。

晉悼公對晉大夫：孤（《晉語七》）

孤、寡、不穀，侯王通稱，而《僖公十八年》衛文公云："苟能治之，燬請從焉。"自稱名。推其意，或是當時國勢危急，燬以國讓人，故不稱孤、寡、不穀而自名。

(2) 他稱

E. 諸侯稱其他諸侯爲"君""某君"：

　　魯隱公稱薛侯：君（《隱公十一年》）

　　魯戚公稱單襄公：君（《周語下》）

　　鄭莊公稱許桓公：許君（《隱公十一年》）

　　單襄公稱晉厲公：晉君（《周語下》）

F. 諸侯尊稱同姓大夫曰"伯父"：

　　鄭厲公稱原繁：伯父（《莊公十四年》）

《詩·小雅·伐木》"以速諸舅"孔疏引此例及孔悝銘"叔舅"云："是諸侯稱大夫父、舅之文也。諸侯則國有大小之殊，大夫唯以長幼爲異。故服虔《左傳注》云'諸侯稱同姓大夫長曰伯父，少曰叔父'是也。然則諸侯謂異姓大夫長者亦當爲伯舅，但經傳無其事耳。"[1] 諸侯之稱同姓異姓之長幼爲伯父叔父，與天子同，蓋當時姬姓所定例也。

G. 諸侯敬稱臣下或他國之臣爲"子""吾子"：

　　鄭莊公稱祭仲：子（《隱公元年》）

　　邵桓公稱晉郤至：子（《周語中》）

　　宋穆公稱孔父嘉：吾子（《隱公三年》）

"子"爲西周以還尤其是春秋時期之尊稱。祭仲、郤至、孔父嘉皆名臣，故三公子而不名。

----

① 見《毛詩·小雅·伐木》篇孔疏引，《毛詩注疏》卷九之三，阮刻《十三經注疏》本，上冊，第 411 頁中。

H. 諸侯稱臣下或他國臣之氏、字：

　　單襄公稱郤錡、郤犨、郤至：郤氏（《周語下》）

　　又稱三郤：郤伯、叔、季（《周語下》）

I. 諸侯稱臣下或他國臣之名，亦官、名連稱：

　　鄭厲公稱傅瑕：傅瑕（《莊公十四年》）

　　齊桓公稱管仲：管夷吾（《齊語》）

　　晉惠公稱蘇：史蘇（《僖公十五年》）

　　楚莊王稱陳夏徵舒：夏徵舒（《宣公十一年》）

傅瑕，鄭大夫，厲公名之。管夷吾，齊相，桓公名之。史蘇，晉卜筮之史，惠公連官帶名稱之。夏徵舒，陳司馬，殺死陳靈公，莊王帥軍伐之，稱名。

3. 太子、公子

(1) 自稱

A. 太子、公子對父王（天子、諸侯）自稱名稱臣：

　　周太子晉對周靈王：晉（《周語下》）

　　宋公子子魚對宋桓公：臣（《僖公八年》）

(2) 他稱

B. 太子、公子稱父王（天子、諸侯）為"王""君"：

　　周太子晉稱周靈王：王（《周語下》）

　　晉太子申生稱晉獻公：君（《僖公四年》）

4. 諸侯夫人、妻、妾

(1) 自稱

A. 諸侯妻自稱"婢子"：

　　秦穆公夫人穆姬：婢子（《僖公十五年》）

《曲禮下》："夫人自稱於其君曰小童，自世婦以下，自稱曰婢子。"此穆姬當稱小童,而稱婢子者,乃以世婦以下辭自謙之稱。《左传·僖公二十二年》:"寡君之使婢子侍執巾櫛,以固子也。"杜預注:"婢子,婦人之卑稱也。"

(2)他稱

B. 諸侯妻、妾稱諸侯爲"君""王",或"君王"連稱:①

楚武王夫人鄧曼稱武王:君(《桓公十三年》)

楚武王夫人鄧曼稱武王:王(《莊公四年》)

楚成王姬江羋稱成王:君王(《文公元年》)

C. 諸侯妻、妾稱子名或"嗣君":

楚成王姬江羋稱王子職:職(《文公元年》)

魯宣公夫人穆姜稱魯成公:嗣君(《成公九年》)

D. 諸侯妻稱臣官職:

楚武王夫人鄧曼稱鬭伯比:大夫(《桓公十三年》)

魯宣公夫人穆姜稱季孫行父:大夫(《成公九年》)

5. 卿大夫士

(1)自稱

A. 臣對天子自稱名:

傅説對武丁:説(《説命》)

B. 臣對天子自稱"小臣":

召公對成王:予小臣(《召誥》)

C. 諸侯之臣對天子自稱"陪臣",或連名稱:

齊管仲對周襄王:陪臣(《僖公十二年》)

晉欒盈對周靈王:天子陪臣盈(《襄公二十一年》》

《僖公十二年》管仲對周襄王先自稱"臣",謂"臣,賤有司也"。

---

① 西周時"王"爲周天子專稱,春秋時諸侯亦有僭稱者,參前文。

後文又稱"陪臣"，可見兩者之間無嚴格分界。

　　D. 諸侯之臣對天子稱己父祖亦曰"陪臣"，或連名稱：

　　　　晉樂盈對周靈王：陪臣書（《襄公二十一年》）

樂書，盈之祖。此亦君前稱名之義，不敢稱父祖或字號。

　　E. 臣對諸侯自稱"臣"：

　　　　虞宮之奇對虞公：臣（《僖公五年》）

　　　　鄭叔詹對鄭文公：臣（《僖公二十三年》）

　　F. 臣對諸侯自稱"小人"：

　　　　鄭穎考叔對鄭莊公：小人（《隱公元年》）

　　G. 臣對他國諸侯自稱名：

　　　　楚子反對鄭、許二國君：側（《成公四年》）

　　　　魯厚成叔對衛獻公：瘠（《襄公十四年》）

　　H. 臣對他國諸侯自稱"外臣""下臣"，或連名稱。稱己之父祖亦爾：

　　　　魯臧文仲對衛成公：外臣（《魯語上》）

　　　　晉郤至對楚共王：下臣（《成公十二年》）

　　　　越諸稽郢對吳王夫差：下臣郢（《吳語》）

《成公十二年》楚子（共王）享郤至，子反相。雖是子反與郤至對話，然楚子在場，故郤至屢稱"下臣"。又《成公十六年》楚共王使工尹襄問郤至，郤至對工尹襄云"君之外臣至從寡君之戎事，以君之靈，間蒙甲胄"。[1] 此處郤至雖對襄言，而實是向楚共王表達，故稱"君之外臣至"，而自稱晉君曰"寡君"。此尤見稱謂當視具體場景而定，而君前臣名之諱意亦甚明。

---

① 楊伯峻《春秋左傳注》，第 887 頁。

I. 臣對他國諸侯自稱“小人”：

　　晉陰飴甥對秦穆公：小人（《僖公十五年》）①

J. 臣對同國異國同僚自稱名：

　　齊晏嬰對齊析歸父：嬰（《襄公二十八年》）

　　鄭子產對晉范宣子：僑（《襄公二十四年》）

K. 老臣於非君所自稱“老夫”：

　　晉知伯對荀偃、士匄：老夫（《襄公十年》）

　　宋合左師剚賊人：老夫（《襄公十七年》）

　　鄭子太叔對晉范獻子：老夫（《昭公二十四年》）

(2) 他稱

L. 臣對天子稱本國國君爲“王守臣”：

　　晉樂盈對天子稱晉平公：王守臣（《襄公二十一年》）

王守臣本乃諸侯對天子之自稱。此處盈自稱陪臣，故稱平公爲王
守臣，以對天子之故。②

M. 臣對他國君臣國人稱本國之君爲“寡君”：

　　楚屈完對齊桓公：寡君（《僖公四年》）

　　晉隨季對楚少宰稱晉景公：寡君（《宣公十二年》）

　　魯臧文仲對齊人稱魯莊公：寡君（《魯語上》）

N. 如有心叛國則稱“某君”或“某侯”：

　　晉丕鄭對秦穆公稱晉惠公：晉君（《僖公十年》）

　　晉丕豹對秦穆公稱晉惠公：晉侯（《僖公十年》）

O. 臣對本國諸侯稱“君”：

　　晉師服稱晉穆侯：君（《桓公二年》）

---

① 《國語》卷十五《晉語九》晉大夫壯馳茲對趙簡子亦自稱“小人”，蓋其地位
　 不若簡子也。第 452 頁。

② 《左傳·宣公十年》：“凡諸侯之大夫違，告於諸侯曰：‘某氏之守臣某。’”杜
　 預注：“上某氏者姓，下某名。”此指宗廟之守臣，與對天子稱諸侯者異。

　　　　鄧祁侯三甥稱鄧祁侯：君（《莊公六年》）

　　　　魯臧文仲稱魯僖公：君（《魯語上》）

P. 臣對他國諸侯稱"君"：

　　　　楚屈完稱齊桓公：君（《僖公四年》）

　　　　晉大夫稱秦穆公：君（《僖公十五年》）

Q. 臣稱諸侯之太子爲"子""太子"：

　　　　晉狐突稱太子申生：子（《閔公二年》）

　　　　晉荀林父稱太子夷皋：太子（《文公七年》）

　　　　魯叔仲昭伯稱楚太子郟敖：王太子（《魯語下》）

　　　　楚士亹稱楚莊王太子葴：太子（《楚語上》）

R. 臣稱諸侯之子名，或稱"公子某"：

　　　　晉梁五、東關嬖五稱晉獻公子：重耳、夷吾（《莊公二十八年》）

　　　　晉趙孟稱晉文公子：公子雍（《文公六年》）

S. 臣稱諸侯母或夫人爲"夫人"或稱其國籍姓氏：

　　　　晉荀林父稱穆嬴：夫人（《文公七年》）

　　　　鄭祭仲稱莊公母：姜氏（《隱公元年》）

　　　　晉趙孟稱襄公母：偪姞（《文公六年》）

偪，國名，姞姓。

T. 臣在君前稱上司字氏：

　　　　楚嬖人伍參稱令尹孫叔敖：孫叔（《宣公十二年》）

孫叔敖爲令尹，官職高於嬖人伍參。

U. 臣在君前稱已没大夫謚或字：

　　　　魯襄仲對文公稱臧孫辰：臧文仲（《文公十七年》）

臧孫辰字仲，謚文。

V. 臣在君前互稱名：

　　　　晉趙衰在文公前稱郤縠：郤縠（《僖公二十七年》）

W. 對他國國君稱自己父祖名：

　　宋華耦對魯文公稱己曾祖：先臣督（《文公十五年》）

　　晉知罃對楚共王稱己父：外臣首（《成公三年》）

先臣，對已死者之稱。外臣，卿大夫對外國國君自稱之詞，此處知罃加之於父。

X. 同僚敬稱"夫子""子""吾子"等：

　　晉臾駢稱趙盾：夫子（《文公六年》）

　　晉韓獻子稱荀林父：子（《宣公十二年》）

　　魯聲伯稱晉郤犨：吾子（《成公十六年》）

　　晉士莊子稱齊高厚：高子（《襄公十年》）

Y. 同僚稱官職：

　　宋華督稱宋孔父嘉：司馬（《桓公二年》）

Z. 同僚稱氏：

　　齊鮑叔稱管仲、召忽：管、召（《莊公九年》）

AA. 同僚稱字：

　　晉士匄稱荀偃：伯游（《襄公十三年》）

　　鄭子産稱公孫舍之：子展（《襄公二十八年》）

AB. 稱下屬名：

　　楚令尹孫叔敖稱蔿人參：參（《宣公十二年》）

　　鄭子産稱然明：蔑（《襄公二十五年》）

6. 其他

(1) 士庶之妻對國君稱夫名，自稱妾：

　　杞梁妻對齊侯：稱夫殖，自稱妾（《襄公二十三年》）

(2) 父稱子名：

　　魯季武子對甲豐稱己子：彌、紇（《襄公二十三年》）

(3) 妻稱夫爲"子"：

晉公子重耳妻姜氏稱重耳：子（《僖公二十三年》）

曹僖負羈之妻稱羈：子（《僖公二十三年》）

(4) 於晚輩稱其名：

楚令尹子文稱侄：椒（《宣公四年》）

從《尚書》《左傳》《國語》等先秦文獻中勾稽所得之動態稱謂，與《儀禮》《禮記》等禮書中所記稱謂完全吻合。此既説明《尚書》《左傳》《國語》所記至少在稱謂上未經後人有大的竄改，也證明《儀禮》《禮記》所記周禮制度規定下的等級稱謂並非儒家憑空造作。如此繁複的動態稱謂，是古代稱謂系統在先秦等級社會中最生動最具體的反映。這種鮮活的人際間的互相稱謂體現出上可名下、下不可名上的嚴格等級，體現出諱名已由約定俗成進而逐漸制度化。

（二） 簡牘中的動態稱謂

二十世紀以來出土之簡牘帛書已不計其數，内容大多爲烽燧、經濟、法律、遣册等，儒家簡牘和歷史文書有限。前者幾乎無動態稱謂蹤跡，後者亦僅部分可窺其動態稱謂。儒家簡牘如郭店簡、上博簡和清華簡三批楚簡中，除却與原來《禮記》《家語》《尚書》《逸周書》等重合者，語類文書不多，有人物對話之簡牘更少。少數有人物對話可窺動態稱謂之文書中，有的近似於小説家言，其稱謂之可靠性又須另當別論。考慮到簡牘年代介乎由漢人校勘整理之先秦典籍和銅器銘文之間，屬未經後人措手改竄的文本，尤其是一些重要的《書》類和語類文獻，其人物對話場景中的動態稱謂頗具歷史價值，其形式雖不如《左傳》《國語》等豐富，却有著可與銘文、卜辭比並的可靠性，兹就上博簡、清華簡中擇取部分動態稱謂排列如下：

1. 上對下：

(1) 自稱

A. 上對下自稱"孤""寡人""不穀"：

> 晉文公對耆老自稱：孤（《晉文公入於晉》）

> 吳王對繻（申）疋（胥）自稱：孤（《越公其事二》）

> 吳王對越使自稱：募（寡）人、孤（《越公其事三》）

> 齊桓公對鞄弔盍（鮑叔牙）與敓傔（隰朋）自稱：吾、募（寡）人（《鮑叔牙與隰朋之諫》）

> 臧（莊）公對敁（曹）穢（沫）：寡人、虐（《曹沫之陣》）

> 柬大王對鶩尹高自稱：不穀、虐（《柬大王泊旱》）

> 秦穆公對子儀自稱：不穀（《子儀》）

B. 上對下自稱"余一人"：

> 周孝王對侄子夷王：余一人（《攝命》）

C. 亦用第一人稱代詞自稱"朕"：

> 文王對武王：朕（《保訓》）

此類稱謂在簡牘中仍佔多數，與《禮記》之禮制規定和《左傳》《國語》等均相一致。

(2) 他稱

D. 對同姓長輩尊稱爲"祖公""伯父"：

> 穆王稱犛（祭）公：公、祖祭公（《祭公之顧命》）

> 鄭文公稱太白（伯）：白（伯）父（《鄭文公問太伯》）

E. 上對下尊稱"子"：

> 秦穆公稱子犯：子（《子犯子餘》）

> 秦穆公稱子餘：子（《子犯子餘》）

> 湯稱其臣方惟：子（《湯處於湯丘》）

> 哀公稱孔子：子（《魯邦大旱》）

> 齊桓公稱鞄弔盍（鮑叔牙）與級傔（隰朋）：二子（《鮑

叔牙與隰朋之諫》）

F. 亦尊稱對方身份"公子"：

秦穆公稱重耳：公子（《子犯子餘》）

邗咎（蹇叔）稱重耳：公子（《子犯子餘》）

G. 上對下尊稱字：

秦穆公稱邗咎（蹇叔）：咎（《子犯子餘》）

王稱厚父：厚父（《厚父》）

齊桓公稱管仲：中（仲）父（《管仲》）

秦穆公稱子儀：義父（《子儀》）

高宗對彭祖：彭祖（《殷高宗問於三壽》）

凡伯仲叔季者皆表字，父即甫，配伯仲叔季以成字。唯彭祖非名，當亦非字，姑置此。

H. 上對下稱名：

文王稱武王：發（《保訓》）

周公對咎繇（神）稱成王：乳子甬（誦）（《四告一》）

周孝王稱侄子夷王：㜪（《攝命》）

王稱呼呂丁：丁（《封許之命》）

代王冊命稱呂丁：呂丁（《封許之命》）

臧（莊）公稱敨（曹）穢（沫）：穢（《曹沫之陣》）

孔子稱子贛：賜（《魯邦大旱》）

孔子稱仲弓：雍（《中弓》）

孔子稱詹（顏）困（淵）：韋（回）（《君子爲禮》）

I. 對晚輩稱"小子"：

周孝王稱侄子夷王：浩（沖）少（小）子（《攝命》）

J. 對敵國君王等稱名：

伊尹對湯稱夏君主：桀、末嬉（《尹至》）

簡牘中凡稱對話以外人，尤其是所鄙夷之人則多稱其名。

2. 下對上

(1) 自稱

A. 對先祖長輩稱"余小子""小子"：

　　　穆王對祭公和祖先：余小子（《祭公之顧命》）

　　　召伯虎對先公先王：余小子（《四告四》）

按，《四告四》中"小子"兩字作合文。

B. 對君王、諸侯自稱"臣""老臣"：

　　　管仲對齊桓公自稱：臣（《管仲》）

　　　子儀對秦穆公自稱：臣（《子儀》）

　　　敫（曹）穢（沫）對戕（莊）公自稱：臣（《曹沫之陣》）

　　　太伯對鄭文公自稱：老臣（《鄭文公問太伯》）

　　對本國諸侯和對他國諸侯均可稱臣，以諸侯爲平級故，若對天子，則自稱陪臣，以諸侯臣於天子故也。"老臣"一名，須是在本國有一定資歷聲望之耆宿方可對君自稱，非爲臣者皆能自稱。

C. 對君王、諸侯自稱名：

　　　孔子對某公：丘（《邦家之政》）

D. 對已故祖先自稱名：

　　　伯禽告丕顯帝賓任等：曾孫禽父（《四告二》）

　　　召伯虎對祖先：曾孫召虎、沖孫虎（《四告四》）

E. 對尊長、師長自稱名：

　　　仲弓對孔子自稱：雍（《中弓》）

　　　詹（顏）囦（淵）對孔子自稱：韋（回）（《君子爲禮》）

(2) 他稱

F. 對祖先長輩稱謚號或"先君""先公"：

　　　伯禽稱祖先文武：周文王、剌祖武王（《四告二》）

　　　周穆王：周文王武王（《四告三》）

成剸（劃）稱祖上數代：先君（《趙簡子》）

召伯虎對祖先：先公（《四告四》）

G. 下對上稱"后""君""天子""王"：

摯稱湯：句（后）（《尹誥》）

小臣稱顕句（夏后）：后（《赤鵠之集湯之屋》）

小臣對湯：后、君（《湯處於湯丘》）

太伯稱鄭文公：君（《鄭文公問太伯》）

子儀稱秦穆公：君（《子儀》）

敊（曹）穢（沫）對臧（莊）公：君（《曹沫之陣》）

厚父稱王：天子（《厚父》）

禮（祭）公稱穆王：天子（《祭公之顧命》）

繻（申）疋（胥）對吳王：王（《越公其事二》）

君、王是泛稱，"天子"係姬周之稱，"后"早於"天子"，一般是夏、商時期用語。《尹誥》之"后"即是前有所承，《赤鵠之集湯之屋》卻近於小説家言，似是後人仿效之稱謂。

H. 下對上尊稱"主""主君""吾主""我主"：

子餘稱秦穆公：宔（《子犯子餘》）

子犯稱秦穆公：宔君（《子犯子餘》）

子餘稱重耳：虐宔（《子犯子餘》）

子犯稱重耳：虐宔、我宔（《子犯子餘》）

此類稱謂略帶親暱之意味。而最常見者則稱"公"：

鞄弔孟（鮑叔牙）與級俔（隰朋）稱齊桓公：公（《鮑叔牙與隰朋之諫》）

3. 平輩、僚屬相稱

(1) 自稱

A. 僚屬平輩相互自稱名：

孔子對季庚子自稱名：丘（《季庚子問於孔子》）

季庚子對孔子自稱名：肥（《季庚子問於孔子》）

《説文》：“名，自名也”。對人自名是最基本稱謂，與傳世先秦文獻中稱謂一致，可互相參證。

(2) 他稱

B. 諸侯對他國諸侯稱某“公”：

吳王對越使稱越王：君雩（越）公、雩（越）公（《越公其事三》）

C. 僚屬平輩相敬互稱“子”，較親暱稱“吾子”：

孔子稱季庚子：子（《季庚子問於孔子》）

季庚子稱孔子：虗（吾）子（《季庚子問於孔子》）

軋（范）獻子稱趙柬子：虗子、子（《趙簡子》）

同僚平輩相敬互稱“子”與“吾子”，出乎情入乎禮。唯《相邦之道》子贛對孔子而稱“虗子”，亦乖常情，整部《論語》不見有七十子稱夫子爲“吾子”者，[1] 疑此流傳中亦有舛誤。

D. 同僚尊稱“公”：

犫（祭）公稱羅（畢）狟、井利、毛班：三公（《祭公之顧命》）

此被稱者必須地位至公級別，或年壽耄耋。

簡牘中有些稱謂可以提出討論，如吾、余與女、爾之代詞。稱吾、余者如：

湯對小臣自稱：虗（《湯處於湯丘》）

齊桓公對鞄弔盍（鮑叔牙）與級愰（隰朋）自稱：虗（《鮑叔牙與隰朋之諫》）

---

[1] 唯《先進》“子路、曾晢、公西華侍坐”章“夫子何哂由也”一語，皇侃《集解義疏》作“吾子何哂由也”，疑亦六朝傳本之誤也。

　　秦穆公對子儀自稱：余（《子儀》）

稱吾、余，皆爲第一人稱代詞，卜辭、銘文和傳世文獻多見，無須深論。然《說命中》武丁對傅敚自稱，余、我、朕三字混用，其中"我先王湺（滅）顋（夏）"一句之"我"，乃常用語，一般不作"余先王""朕先王"，所以用法與先秦辭例一致。同篇武丁稱傅敚，亦有女、敚、女敚三種稱謂之不同，君稱臣，以名爲常，則稱敚爲宜，稱女亦可，稱女敚雖不常見，亦在情理之中。①使人不解者是《說命上》武丁稱傅敚，用第二人稱代詞爾，雖卜辭不見"爾"，而《何尊》已用爲代詞指你，《說命》文本形成於兩周，或經兩周轉鈔舛譌，勉强可以認同。但同篇傅敚面對武丁稱武丁亦用"爾"，目無君上，且君臣對話互稱皆用"爾"，實乖常理！今細讀清華簡《說命上》文字，有托夢，有天帝，有占卜，有小説演義成分，却無君臣治邦之政策性對話，與《說命中》《說命下》二篇内容乖違。疑爲後人根據傳説故事敷衍成文，附於《說命》前作閲讀理解之資，故出現君臣對稱"爾女"之非常稱謂。與《說命上》可以互證的是《赤鵠之集湯之屋》，此篇湯妻紝巟稱小臣爲"爾"，顋句（夏后）稱小臣亦爲"爾"，小臣對顋句（夏后）自稱"我"，湯對小臣亦自稱"虐"，可謂君臣上下，不分"爾""我""虐"，整篇内容純爲小説性質，亦是後人根據傳説故事加工而成，與《說命上》相同，故人稱代詞用法亦近。

　　總之，簡牘所見動態稱謂雖不若傳世文獻全面複雜，但就比較可信的傳自春秋或春秋以前的正規文本而言，其動態稱謂與傳世先秦文獻一致，顯示出上可名下、下不可名上的社會等級制。

---

① 若尊敬老臣、重臣，可稱字稱子，甚至不名，可參見前文。傅說已足以當稱字稱子稱公地位，此處稱名已略顯不敬，且稱女敚，有外之之意，稍顯乖常。

至於個別爾吾互稱，不分君臣上下，應屬民間流傳故事性文字，非出於史官文書。

（三）　金文中的動態稱謂

自古至今著録或出土的有銘商周青銅器約近二萬件。[①] 但其中大部分是族徽記號和一字至數字的銘文，相當一部分是某某自作某器，至多只能見其自稱。本文選取一千餘例銘文，大多是有史實，可覘複雜場景，能反映等級稱謂之銘文；酌取一些爲祖先、女兒作器，可表明對祖先、女兒稱謂的銘文。取例雖只總數二十分之一，但其可反映宗法等級稱謂的覆蓋面達百分之九十五以上。

1. 從器主論

(1) 器主自稱：

器主自稱最多，其形式亦最繁複，今僅撮其大略論之。[②]

稱名。其簡單而常見者是單稱名：繁（繁卣，《集成》05430），效（效卣，《集成》05433）。亦有氏、名連稱者：兮甲（兮甲盤，《集成》10174）。邑、名連稱者：豆閉（豆閉簋，《集成》04276）。官、名連稱者：宰榿（宰榿角，《集成》09105），作册嗌（作册嗌卣《集成》05427）。

---

① 按，筆者於 1992 年起草本文，據吳鎮烽《陝西商周青銅器的出土與研究》（《考古與文物》1988 年第 5、6 期合刊，第 71-89 頁）所統計並加上《中國考古學年鑒》歷年所著録之數，謂有八千五百件左右。三十年前所統計之銅器數量，遠非傳世和出土實際數字，吳先生當年統計亦殊不無遺漏。而其自 2012 年出版《商周青銅器銘文暨圖像集成》（上海古籍出版社，2012 年）截至 2012 年收録 16 703 件，《續編》（上海古籍出版社，2015 年）截至 2015 年收録 1 511 件，《三編》（上海古籍出版社，2019 年）截至 2020 年亦收録 1 500 餘件，總數已達 19 714 件。

② 由於本文撰於上世紀九十年代初，當時器號標示僅據《殷周金文集成》，今增補時個別有調整。

國、名連稱者：魯遣（魯遣鐘，《集成》00018）。稍爲複雜者，有官、
國、氏、名連稱：走馬胖（薛）中（仲）赤（薛仲赤簠，《集成》
04556）、魯少嗣（司）寇坿（封）孫宅（魯少司寇盤，《集成》10154）。
國、爵、名連稱：應医（侯）視工（應侯視工鐘，《集成》00107－
00108）。

　　稱字。較簡單者，氏、字連稱：仲伐父（仲伐父甗，《集成》
00931）。[1] 國、字連稱：戴叔慶父（戴叔慶父鬲，《集成》00608）。複雜
者，國、身份、親稱、字連稱：敶（陳）公子叔遣（原）父（陳公
子甗，《集成》00947）。[2] 若器主爲周王或諸侯，則亦自稱“余小
子”。如猷鐘（《集成》00260）周厲王自稱“余小子”，秦公鐘（《集
成》00262－00265）秦武公自稱“余小子”，晉公午盞（《集成》10342）
晉定公自稱“余雉今小子”。[3] 是則“余雉今小子”猶“余唯小
子”。至叔向父禹簠（《集成》04242）中禹亦自稱“余小子”，與王
及諸侯同。徐中舒考禹先世乃邢邦采邑主，爲姬姓貴族。[4] 則其
地位於西周如同諸侯。其所以自稱“小子”，劉昭瑞從文獻及銘
文考證，謂：“凡自稱小子的，都是對先世或父兄而言，即使周

---

① 此器出自陝西扶風，乃爲“姬尚母”作器，姬姓有仲（中）氏，非排行。參閱
　　吳其昌《金文世族譜》第一篇姬姓譜中氏，商務印書館，1936 年，第 24 葉 a。
② 馬承源主編《商周青銅器銘文選》釋爲“陳公子之子字叔名原父”（文物出版
　　社，1990 年，第 390 頁）。按，古人之名無綴以父字者。楊樹達《積微居金文
　　餘説・陳公子甗跋》引柯昌濟《韡華閣集古録跋尾乙篇》之説，謂陳有大夫
　　原氏，或以叔遣父之字爲氏。《春秋・莊公二十七年》之原仲爲叔遣父之後。
　　此説甚確，春秋之大夫多以字爲氏。則原字非名甚明（中華書局，1997 年，
　　第 192 頁）。
③ 按：《集成》定此器名“晉公盆”。又“雉（午）”字，李學勤釋作“蚰”，讀
　　爲“唯”。張政烺謂“雉”爲虛詞，讀爲“惟”。謝明文《晉公盞銘文補釋》
　　對此有所總結。《出土文獻與古文字研究》第五輯，上海古籍出版社，2013
　　年，第 236－257 頁。
④ 徐中舒《禹鼎的年代及其相關問題》二《禹的家世及其年代》，《考古學報》
　　1959 年第 3 期，第 55 頁。

王也是如此。"① 此有單伯⧈生鐘（《銘文選》235）"余小子肇帥井朕皇且（祖）考懿德"、師望鼎（《集成》02812）"大師小子師望"可參證，但亦未必皆然，前引商湯對殷民、太甲對伊尹，皆自稱"予小子"。按禮制，"予小子"是父死喪期之稱，推而廣之，爲對長輩自稱，而後作爲謙稱之辭。

女子自稱多本姓前冠以所適國名：晉姜（晉姜鼎，《集成》02826）。偶有於適國、本姓前加夫之身份、美稱及本人之身份者：王子剌公之宗婦（宗婦鼎，《集成》02684 - 02689）。

其不稱名、字者，有國、爵連稱：敶（陳）厌（侯）（陳侯簋，《集成》03815）、鄦（許）男（許男鼎，《集成》02549）。

亦有一銘之中前後異稱者。有或字或名，如誨鼎先稱叔，後稱誨（《集成》02615 定名瑪叔鼎）；② 有或名或國族，如彔戜卣（《集成》05420）先稱戜，後稱彔；有先官、名連稱，後稱字者，如弭叔師㝮簋（《集成》04253 - 04254）先稱師㝮，後稱弭叔。

其他相近形式不能備列。總之，器主自稱除稱名稱字外，其稱官稱爵以表明身份，往往欲借用器稱揚先祖、稱揚上司之機而自顯，故標明官爵者極多，而後人正藉此以定國別等級。其自稱過高而與實際不符者，即所謂僭稱。如邾公牼鐘（《集成》00149 - 00152）、邾公華鐘（《集成》00245）皆自稱"公"，邾於春秋時爲附庸進爵之國，③《春秋·襄公十七年》書"邾子牼卒"，書法於四

---

① 劉昭瑞《關於甲骨文中子稱和族的幾個問題》引鄭玄《大雅·思成》箋、《何尊》銘文等爲據。《中國史研究》1987 年 2 期，第 101 頁。

② 唐蘭、馬承源皆作"誨鼎"，見唐蘭《西周青銅器銘文分代史徵》，中華書局，1986 年，第 289 頁。馬承源《商周青銅器銘文選》（三）謂"叔即器主誨，叔是字，誨乃名"。文物出版社，1988 年，第 75 頁。

③ 參閱顧棟高《春秋大事表·列國爵姓及存滅表》，《清經解續編》，上海書店，1988 年，第一冊，第 462 頁下。

夷稱子，此可覘春秋時僭稱之一斑。

(2) 器主稱賞賜者：

賞賜者大多爲君上、上司、尊長，故以稱爵號官名者爲多。天子則稱"天子"（伯姜鼎，《集成》02791）、天君（征人鼎，《集成》02674）、"王"（中觶，《集成》06514）、"皇天子"（善鼎，《集成》02820）。有爵號者稱其爵號：公君匽厌（侯）（圉方鼎，《集成》02505）、相厌（侯）（叏簋，《集成》04136）、公（曶方鼎，《集成》02739）、公厌（侯）（亳鼎，《集成》02654）。有爵、官連稱者：公大保（御正良爵，《集成》09103；旅鼎，《集成》02728）。有爵、尊稱相連者：伯懋父（小臣宅簋，《集成》04201）。[1] 有爵姓連稱者：王姜（旟鼎，《集成》02704）。有氏、官連稱者：仲大師（柞鐘，《集成》00133-00139）。有僅稱官者：大矩（豐尊，《集成》05996）。[2] 有氏、行第連稱者：趞叔（易禾簋，《集成》04042）。殷末之器小子㝬鼎（《集成》02648）稱賞賜者爲"子"，子在殷末非爵稱，疑爲宗子一類人物。

如賞者爲上司之妃妻，有稱其氏者：妊氏（蝒鼎，《集成》02765）。如爲周王后妃，姓前多加"王"：王姒（叔虎方尊，《集成》05962）；王姜，亦省稱姜（作冊夨令簋，《集成》04300、04301）。[3]

對賞者幾無稱名。嬰方鼎（《集成》02702）有"娀商（賞）又正嬰嬰貝"，小子夫父己尊（《集成》05967）"娀商（賞）小子夫貝二朋"，

① 伯懋父見於銅器《呂行壺》《小臣簋》《召尊》《御正衛簋》《師旂鼎》等，馬承源認爲是康、昭時人，見《商周青銅器銘文選》（三）"御正衛簋"下注，第84頁。亦有人參證文獻，認爲即呂尚。

② 大矩爲官名，職權不詳。見劉雨、張亞初《西周金文官制研究》，中華書局，1986年，第52頁。

③ 諸王后妃之稱謂，參見劉啓益《西周金文中所見之周王后妃》，《考古與文物》1980年第4期，第85-90頁。

以往學者認爲戌爲人名。^① 但現有著録受戌賞賜之銅器有五，商末標
準器小子䚕簋（《集成》04138）令䚕伐人方的也是這位戌。^② 後張政烺
串聯有關"戌"之銘文，提出戌地位顯赫，有錢有勢。^③ 李學勤
又從方戌各鼎銘文切入，援據對勘卜辭"攸庆（侯）喜""攸衛
牧"等稱謂，以對勘"方戌各"，提出戌是"爵或職名"之設
想。^④ 此説若被證實，則受賞者在銘文中稱賞者不見有稱名者。

（3）器主稱代賞者：

頒賞有賞者親臨以賜，亦有請人代賜。所請之人，地位比賞
者低，而與受賞者比，或爲上司，或爲平級。代賞者代表賞者之
身份，一般仍以敬稱爲多。如爵號、官職連稱：公太史（作册魃
卣，《集成》05432）。^⑤ 官職、字連稱：師田父（小臣傳簋，《集成》
04206）。氏、行第連稱：井叔（智鼎，《集成》02838）。稱名極少，有
官、名連稱者如：士衛（道）（貉子卣，《集成》05409）。

至於作册矢令簋之公尹白（伯）丁父，陳夢家謂其官職是
尹，尊稱爲公，可能是姜姓齊侯呂伋，^⑥ 則白丁非名，且古多以
父綴於字後，不見有綴於名後者。

（4）器主稱儐右與册命者：

稱儐右，有官、名連稱者：宰訊（遹鼎，《集成》02815）。有官、

---

① 馬承源主編《商周青銅器銘文選》（三）云："戌，人名，其族氏稱䖵侯亞戌，
曾見於周初燕器亞盉銘。"第 30 頁。
② 參晏琬《北京、遼寧出土銅器與周初的燕》，《考古》1975 年第 5 期，第 277 頁。
③ 張政烺《哀成叔鼎釋文》，《甲骨文金文與商周史研究》，中華書局，2012 年，
第 263 頁。
④ 李學勤《殷商至周初的戌與戌臣》，《殷都學刊》，2008 年第 3 期，第 13 - 15
頁。李文謂方是地名，戌是爵或職名，各是人名。
⑤ 此"公"爲爵號，從陳夢家説，見《西周銅器斷代》（二），《考古學報》第十
册，1955 年，第 111 頁。
⑥ 此"公"爲爵號，從陳夢家説，見《西周銅器斷代》（二），《考古學報》第十
册，第 79 頁。

字連稱者：司徒南仲（無叀鼎，《集成》02814）、宰倗父（聖簋，《集成》04247）。有官、氏、行第連稱者：司徒毛弔（叔）（此鼎，《集成》02821-02823）。有氏、行第連稱者：井叔（免簋，《集成》04240）。亦有尊稱爲公者：益公（王臣簋，《集成》04268）。

　　稱册命者，多數爲官、名連稱：史年（聖簋，《集成》04247）、史㝅（無叀鼎，《集成》02814）、内史吳（師瘨簋蓋，《集成》04283-04284）。亦有稱官而不名者：乍（作）命内史（利鼎，《集成》02804）、内史尹氏（楚簋，《集成》04246-04249）。

　　其名與不名，似與器主之地位高低有關。就儐右與册命者論：儐右中多有大官，故稱名不常見，而以稱字稱公等爲多；册命者多史官，除内史尹之類長官外，以稱名爲多。

（5）器主稱先公先王：

　　其稱可分泛稱與專指。泛稱統指，如：先王（瘨鐘二，《集成》00247-00250）、先王先公（沈子也簋蓋，《集成》04330）。專指各別，有稱玟（大盂鼎，《集成》02837）、珷（大盂鼎、德方鼎，《集成》02661）、或文王（瘨鐘三，《集成》00251）、武王（乍册大方鼎，《集成》02758-02761）等。亦有歷數先王者：史牆之稱文王、武王、成王、康王、昭王、穆王（牆盤，《集成》10175）；秦公歷數其先且（祖）邵文公、静公、憲公（秦公鐘，《集成》00262-00265）。凡此，皆稱其謚，絕不敢直呼名或字。至於宋公䜌簋（《集成》04589-04560）稱商湯爲“有殷天乙唐”，天乙乃死後卜選之名，唐，文獻作“湯”，卜辭、銘文作“唐”，亦非其正名。《太平御覽》卷八三引古本《紀年》謂“湯有七名而九征”，南朝梁元帝《金樓子·興王》足其七名，或出傳聞，未可盡信。楊樹達謂今所知者唯湯、太乙、履三名，[①]

---

①　楊樹達《積微居甲文説·竹書紀年所見殷王名疏證》，上海古籍出版社，1986年，第53頁。

陳夢家則列八名。① 而以爲大乙、成、唐（湯）、成湯、履是其不同名稱，則未必然。據《論語·堯曰》云"予小子履"，此自稱口吻，或履爲其名。宋景公稱之，必不敢名。

(6) 器主稱父母祖先：

殷人敬祖先，祈鬼神，周人承其餘緒，虔敬祭享祈禱之對象仍爲其祖先，② 唯其誠惶誠恐，反覆致意，故於祖先之稱謂亦極爲恭敬，形式雖多，而虔誠之意無異。

簡單者只一親族稱謂，如：父（旅鼎，《集成》02728）、③ 考（五年琱生簋，《集成》04292）、母（同上）、姑公（㝬叔㝬姬簋，《集成》04062-04067）。亦書稱先祖（邵鸞鐘，《集成》00225-00234）、者考（伯公父簋，《集成》04628）。或加以世系：高且（祖）、亞且（祖）（瘋鐘，《集成》00247-00250）、嗣祖（大盂鼎，《集成》02837）。或稱以宗法：宗子（善鼎，《集成》02820）。④ 稍爲複雜者，如爵號、親稱、

---

① 陳夢家《殷墟卜辭綜述》，科學出版社，1956年，第409-410頁。

② 徐中舒於《金文嘏辭研究》一文中有詳細論述。見中研院《歷史語言研究所集刊》第六本第一分，第1-44頁。

③ 按，此器拓本上作"旅用作父尊彝來"，中國社會科學院考古研究所編、中華書局出版的《殷周金文集成釋文》注云："在父下或以爲奪一丁字。"中國社會科學院考古研究所編、香港中文大學中國文化研究所2001年出版的《殷周金文集成釋文》已作"父丁"，第二冊，第331頁。

④ 丁山《宗法考源》謂"以宗子百姓並稱，又以宗族子弟爲宗子"（中研院《歷史語言研究所集刊》第四本第四分，第403頁）。馬承源《商周青銅器銘文選》說同。楊樹達《積微居金文說》謂當以"適長子"或"大宗子"釋之爲安，張亞初、劉雨《西周金文官制研究》亦謂"指諸侯卿大夫等宗族的嫡長繼承人而言"。劉昭瑞《關於甲骨文中子稱和族的幾個問題》乃謂"我宗子即我之族長"，朱鳳瀚《商周家族形態研究》第一章第一節注⑳亦以宗子爲家族長。按，銘文云："用作宗室寶尊，唯用妥福，唬前文人，秉德共屯。余其用各我宗子雩百生。余用匄屯魯，雩萬年其永寶用之。"善因作宗室寶尊，故連及宗子。"余其用各"句，乃謂以鼎使宗子及百姓來馨享，是則宗子必已亡，故釋作適長子或族長爲妥。若釋作"我以此器致於我的族和官員們"（馬釋），則非作器鑄銘稱揚祖先之意，且後文有萬年寶用之語，乃謂子孫也。百姓非後世之庶民義，楊說已詳。銘文稱宗子者僅見，諸家又各自爲說，因略辯於此。

日干連稱：召白（伯）父辛（𩰬鼎，《集成》02794）。國、爵連稱：宋
牆（莊）公（趨亥鼎，《集成》02588）。亦有冠以剌、皇、文、穆等
字者（或連用，或重疊）：剌且（祖）（師𪉪鼎，《集成》02830）、皇
且（祖）皇考（上部公䛱人簋蓋，《集成》04183）、皇且（祖）文考（走
鐘，《集成》00054-00058）、文考剌公（伯喜簋，《集成》03997-04000）、
皇考皇母（諶鼎，《集成》02680）、先文且（祖）（叔向父禹簋，《集成》
04242）、皇母（頌鼎，《集成》02827-02829）、文母（師趛鼎，《集成》
02713）、皇文烈且（祖）考（獣簋，《集成》04317）、穆考（伯克壺，
《集成》09725）。或別之以宗：大宗皇且（祖）皇妣皇考皇母（陳逆
簋，《集成》04629、04630）。有冠以剌、文、皇等字，又連稱國爵
者：文考魯公（魯侯狨鬲，《集成》00648）。連稱諡爵者：皇且（祖）
哀公（䣱公䛱人鐘，《集成》00059）。連稱諡、行第者：文考釐伯（敔
鐘，《集成》00092）、皇考惠中（仲）（善夫梁其簋，《集成》04147-
04151）。“皇考”後加“公”者：皇考公命仲（滕虎簋，《集成》
03832）。連稱氏者：皇考叔氏（士父鐘，《集成》00145-00148；兌簋，
《集成》03955）。連稱官、字者：文且（祖）師華父（大克鼎，《集成》
02836）。[1] 母或姑，亦稱氏加姓：尹姞（夷伯夷簋，《新收》667 定名
“尸伯簋”，多稱“夷伯簋”）、王母媿氏（羲簋，《集成》03932-03934）。行
第加姓：中（仲）姬（兔叔盨，《集成》04425）。

　　銘文中又有稱“文神人”“前文人”者：文神人（邢叔采鐘，
《集成》00356、00357）、[2] 前文人（伯戕簋，《集成》04115）。亦可省稱：
文人（㝬鐘二，《集成》00247-00250）。此當如傳統所釋，以父祖先

---

① 吳鎮烽謂華父是字，是。周人之“父”多綴於字後。見《金文人名匯編》，中
　華書局，1987 年，第 197 頁。

② 此器未發表，見吳鎮烽《陝西金文彙編》補遺 38 號，三秦出版社，1989 年，
　下冊，第 742 頁。校按，1999 年中國大百科全書出版社出版《張家坡西周墓
　地》一書，已公佈此件鐘銘，“文神人”三字在鉦間，見該書第 166 頁。

王等爲有文德之人，亦讚美之辭。①

郑公鈆鐘（《集成》00102）稱陸終，陸終相傳爲帝嚳時吳回子，係楚遠祖，②名號邈不可考，故如殷人之稱契、昌若、冥之類，不爲不敬。

(7) 器主稱兄弟、妻妾及晚輩：

稱兄以兄連排行，虤（兄）中（仲）鐘（《集成》00036）稱其兄爲"虤（兄）中（仲）"。對亡兄稱字連排行，蔡姑簋（《集成》04198）稱其亡兄爲"皇兄尹叔"。稱弟及晚輩多呼名。叔趯父卣（《集成》05428、05429）中器主稱其幼弟"倏"。肇賈簋（《集成》04047）中器主稱其子鼓㫃。③ 又靜簋（《集成》04273）中器主靜稱吳𣎴、呂剛，唐蘭、馬承源、吳鎮烽諸先生皆以爲即班簋（《集成》04341）中之吳伯、呂伯，④ 然楊樹達以爲吳伯、呂伯之子弟。⑤ 揣楊意，殆以銘文前言於六月教小子、服、小臣等於射宮，至八月則王來觀射，而靜教無厭，因受賜，自有理據。班簋之器主毛伯，官位甚高，尚稱吳、呂爲伯，靜以一學宮教官，不稱其爵而直呼其名，於周代等級稱謂制似有乖背。

---

① 參見前文"他稱：天子稱祖先"下所列，並參考程元敏《尚書寧王寧武寧考前寧人寧人前文人解之衍成及其史的觀察（上）（下）》，臺灣"中研院"《中國文哲研究集刊》創刊號、第二期，1991、1992年。

② 從王國維説，見《觀堂集林》卷十八《郑公鐘跋》。上海書店，1983年，第三册，第6葉b。

③ 郭沫若《兩周金文辭大系圖録考釋》以"鼓"爲子之名，不釋㫃字（科學出版社，1957年，第七册，第100頁B），吳鎮烽《金文人名匯編》（第255頁）以兩字爲名，今從吳説。

④ 分別見唐蘭《西周青銅器銘文分代史徵》（中華書局，1986年），馬承源主編《商周青銅器銘文選》（三）（文物出版社，1988年），吳鎮烽《金文人名匯編》（中華書局，1987年）。

⑤ 楊樹達《積微居金文説·靜簋跋》，中華書局，1997年，第169頁。

銘文稱女字，王國維首發其例。[①] 據《曲禮》"女子許嫁笄而字"。若從《說文》，女旁之字爲女字，然則不從女旁者其爲名歟？若以"某母"者爲字，則無"母"者其爲名歟？銘文之器主所稱之女子，多未能考其年歲，因不能知其已笄未笄有字無字。以未能別，故併而論之。稱妻，姓與氏指示詞"氏"連稱：姜氏 (姜氏簋，《集成》03570)、姞氏 (散車父壺，《集成》09697)。國、排行、姓連稱：毛仲姬 (膳夫旅伯鼎，《集成》02619)。國、姓連稱：晉姬 (格伯簋，《集成》03952)。此國與姓皆妻之本國本姓。[②] 稱女兒，有本姓前加所適國國名者，嫁於周王則稱王：王姞 (霝侯簋，《集成》03928－03930)。亦有連名（字）稱者：邾姬㝃 (魯伯愈父鬲，《集成》00690－00695)、仲姬客母 (干氏叔子盤，《集成》10131)。有與行、名（字）連稱者：邛仲嬭南 (邛仲嬭南鐘，《集成》00072)、許叔姬可母 (蔡大師鼎，《集成》02738)。有僅本姓與行、名（字）連稱者：孟姒符 (費𠁁父鼎，《集成》02589)。或前加"元子"以別大小：元子孟改乖 (番匊生壺，《集成》09705)。僅本姓與名（字）連稱者：嬀𦦨 (陳侯壺，《集成》09633、09634)。不稱名（字）者，如所適國名、排行、姓連稱：京氏婦叔姬 (芮公鬲，《集成》00711、00712)。

(8) 器主稱上司：

銘文器主之廣義上司，包括王公大人、賜者、代賜者等。除此之外，其顯者爲數不多。瘋鼎 (《集成》02741) 之淒公，爲征伐東夷之軍事主帥，曾命瘋及史旟出征，此稱公當爲尊稱，非爵稱。[③] 永盂 (《集成》10322)、申簋蓋 (《集成》04267)、走馬休盤 (《集

① 見王國維《觀堂集林》卷三《女字說》。上海書店，1983年，第一冊，第21－22葉。
② 見李仲操《兩周金文中的婦女稱謂》，《古文字研究》第十八輯，中華書局，第403頁。
③ 嗣鼎 (《集成》2659) 之淒公，陳夢家、馬承源皆未注何人，當係此東征主帥。

成》10170)、詢簋（《集成》04321）等器中之益公，出入王命，乃周王寵臣，諸器主亦尊稱爲公。長由盉（《集成》09455）中長由稱井伯、大祝，此器主稱大官之爵與官之例。柞鐘（《集成》00135）中柞稱仲大師，此仲是氏，大師是官職。仲枏父簋（《集成》04154、04155）中之師湯父，師其職，湯父其字，此屬史稱上司字之例。

(9) 器主稱同僚：

同僚範圍頗難確定，因器主之身份往往不明。茲就其較爲明瞭者舉例論之。乍册令方彝之器主令與亢爲同僚，同受明公之賞賜，令亦稱其名亢。蔯簋（《集成》04195）云："王命蔯罙弔（叔）綒父歸吳姬飴器。"蔯與弔（叔）綒父爲同僚而稱其字。趞盉（《集成》10321）之寮，馬承源主編《銘文選》解爲僚友，黑光、朱捷元解爲王室女奴，[①] 近是。今不作同僚例。

(10) 器主稱下屬：

器主稱下屬多直呼其名。王稱臣固可名，如中山王䁊方壺（《集成》09735）王稱相邦䁊，鼎（《集成》02840）稱忠臣䁊或老䁊，䤅盍壺（《集成》09734）稱司馬䁊。司馬䁊即文獻中之司馬喜，此學者已有公認。張政烺認爲䁊"與喜音近，可以通假"，[②] 李學勤謂"喜與䁊可能是一名一字"，[③] 而未指明何爲名何爲字。按，古雖有不名老臣之禮，然父子共稱䁊，則當看其地位權勢。文獻載其乃衛國人，入相中山王，且趙國於背後支援，曾泄謀於趙。似非本國世族，權傾一時者。故即爲一名一字，亦疑名䁊而字喜。

---

① 陝西省博物館《陝西長安澧西出土的趞盉》，《考古》1977 年第 1 期，第 72 頁。
② 張政烺《中山王䁊及鼎銘考釋)，《古文字研究》第一輯。中華書局，1979 年，第 209 頁。按，今多釋"䁊"爲"賈"，"喜"爲"壴（鼓）"，賈、壴（鼓）亦音近。
③ 李學勤《平山三器與中山國史的若干問題》，《考古學報》1979 年第 2 期，第 169 頁。

袁盤（《集成》10172）中器主稱王臣爲宰頵、史帶、史減等名。據郭沫若考證，[1] 袁即《詩‧小雅‧采菽》中之方叔，於宣王時征淮夷有功，被稱爲"元老"，有詩頌之，可見其煊赫，即在屬王末年，地位亦不低，故銘文可稱王臣之名。戗方鼎一（《集成》02789）器主稱"内史友員"，員爲名，而純爲录國族首領，事周王室，故直呼其名。

2. 從册命命辭論

(1) 命辭中王者自稱：

銘文册命辭中王者多自稱余、朕、我等。亦承殷王之習，自稱"余一人""我一人"。[2] 如大盂鼎（《集成》02837）周康王先稱"余乃辟一人"，又稱"我一人"。毛公鼎（《集成》02841）周宣王自稱"余一人""我一人"，皇盨（《集成》04469）周宣王亦自稱"余一人""我一人"。

另有稱"余小子"者。如毛公鼎中周宣王又同時自稱"余小子"，按之文獻，此多於國家喪亂或初嗣位之稱。

(2) 命辭中王者稱先王：

册命命辭中王稱先公先王之稱謂與器主所稱同。詳見前。

(3) 命辭中王或賞賜者稱器主或屬下：

此乃上對下之稱謂，故銘文多數用"女""乃"等第二人稱代詞。即稱名、字等，亦以稱名者爲多，稱官名者次之，其他則相對少見。

稱名者：王曰，殷（殷簋，《新收》840、841）。官、名連稱者：

---

① 郭沫若《兩周金文辭大系圖録考釋》，科學出版社，1957 年，第七册，第126b。

② 春秋之時，王權式微，故諸侯亦有僭稱者，如《叔夷鐘》齊靈公自稱"余一人"。

王曰，師嫠（師嫠簋，《集成》04324、04325）；白龢父曰，師獸（師獸簋，《集成》04311）。國、爵、名連稱者：王曰，录白戓（录伯戓簋，《集成》04302）。

凡尊稱者，器主必非常人。邢厌（侯）簋（《集成》04241）王曰：井厌（侯）。邢侯乃周公之長子，成康時邢國國君，於康王爲父輩，故稱。毛公鼎（《集成》02841）王曰：父厝。毛公厝爲毛國之君，亦宣王之父輩。虢季子白盤（《集成》10173）王曰：白父。虢季子白，乃夷王之父輩。後兩例稱父，即周天子稱同姓諸侯爲伯父之省，此亦文獻中等級稱謂制見諸金文之實例。

王或賞者稱器主以外之人，多爲器主同僚，亦屬下級，故多稱名。如令鼎（《集成》02803）王曰：令䠶奮。乍册令方尊（《集成》06016）王曰：令女二人亢䠶矢。奮、亢皆令同僚，故王稱名。稱官、字者則稍尊。如三年師兌簋（《集成》04318-04319）王曰：師龢父。有爵者亦稱爵。如善鼎（《集成》02820）王曰：令女左疋𤯍厌（侯）。𤯍，國名，厌（侯）其爵。

（4）命辭中王或賞賜者稱器主之祖先：

此一般多稱乃且（祖）（師酉簋，《集成》04288-04291）、乃且（祖）考（郤宛簋，《集成》04197）、乃先且（祖）考、乃且（祖）、乃父（卯簋蓋，《集成》04327），亦稱且（祖）考（趩觶，《集成》06516）。偶亦連名稱，如殷簋（《新收》840、841）乃且（祖）考旮（友）。名或不名，似亦有地位高低之因素在，文獻不足，難以徵實。

以上乃分而歸類之稱謂，如合而觀之，器主稱呼對象之稱謂尊卑，多與對象之地位，以及與器主之親疏、行輩關係有關。若從衛簋（《集成》04256）、衛盉（《集成》09456）、五祀衛鼎（《集成》02832）、九年衛鼎（《集成》02831）諸器之稱謂看，稱周共王爲王、恭王；稱亡父爲文考惠孟；大官皆稱伯稱字，如刑白、定白、白俗父等；争執之對方雖爲小國之君，亦稱名爲“邦君厲”；其他交易者、中保等人皆稱名。[1] 命辭出諸王命，故自稱則用第一人稱代詞和王之專用辭“一人”。稱器主或屬下多以第二人稱代詞，或直呼其名；若尊稱之，則對象之地位，與王者之關係，必非尋常。王自稱其先王固不名，而稱臣下之祖先亦常不名，此或有尊神敬鬼之意在。總之，銘文動態稱謂未經後人更動，其所反映之時代比傳世文獻更早更可靠。它更確切地表明兩周稱謂有明顯之尊卑等級與親疏分别。至於例外，亦間有之，此或另有原委曲折，要皆無礙其實際存在之制度。

（四）　甲骨卜辭中的動態稱謂

卜辭中稱謂形式不如銘文和《書》《左傳》等豐富，因爲卜辭絶大部分爲王親自占卜或貞人代爲占卜之辭，其稱謂呈單向性。但卜辭族氏、人名非常複雜，因爲殷商時期族名、人名、地名，乃至族長或軍務酋長之名號往往數位一體，[2] 因而在某些文例中難以斷定其稱謂之確切含義。兹分自稱、親屬稱謂、王稱臣僚、臣僚稱王等四類以舉例説明。

1. 自稱

(1) 王自稱：

稱“余”“朕”“余一人”。

---

[1] 詳見唐蘭《陝西省岐山縣董家村新出西周重要銅器銘辭的譯文和注釋》，《文物》1976 年第 5 期，第 55 - 59、63 頁。

[2] 參見張政烺《卜辭裒田及相關諸問題》四《裒田者》，《考古學報》1973 年第 1 期，收入《張政烺文史論集》，中華書局，2004 年，第 424 - 436 頁；裘錫圭《釋秘》，《古文字研究》第三輯，收入《古文字論集》，中華書局，1992 年，第 23 頁。

庚子卜，王貞，余亡蚩（害）。一（《合集》05002）

辛未王卜，曰：余告多君曰："朕（?）卜又（有）求（咎）。"（《合集》24135）

辛卯卜，王鼎（貞）：朕值〔余〕…（《合集》20541）

庚戌卜，朕耳鳴，屮钔（禦）于且（祖）庚羊百。屮用五十八，屮女三十，匄，今日。（《合集》22099）

余一人（《合集》20328）

癸丑卜，王曰鼎（貞）：翼（翌）甲寅乞酒彭魯自上甲，卒至于毓，余一人亡囝（憂），兹一品祀。才（在）九月，冓（遘）主癸勣羲。（英 1923）

…余一人…田畓征盂…自上下于龏（徹）示（《合集》36514）

甲戌王卜，貞：舍巫九靁，屯（蠢）盂方率伐西或（國），舞西田敱盂方，妥（綏）余一人，余其比多田畓正（征）盂方，亡ナ（左）自上下于叔（徹）☒（《合補》11242，《合集》36181＋36523）

(2) 臣自稱：

卜人、史官之簽署，多自記其名。

乙亥卜，涿〔貞〕（《合集》22693）

辛亥卜，喜貞（《合集》22708）

癸亥卜，敎貞（《合集》31482）

今所知一百數十名貞卜者之名即從其自記而得。[①] 對王亦自稱"小臣"：

---

① 貞人數從《殷墟甲骨刻辭類纂》所附《卜人斷代總表》《貞人統計表》（中華書局，1989 年，第 1475、1476 頁）和殷滌非《商周考古簡編》所列（黃山書社，1986 年，第 70‐76 頁）。

2. 親屬稱謂

卜辭親屬稱謂多以不同時期之時王爲中心。其祖父母及以上之親屬有分世系，亦有不分世系。後多綴以天干，若"祖某""妣某"。父母葷稱"父某""母某"。由於卜辭所見親屬稱謂多親稱加天干，故相同的稱謂形式未必同指一人。

(1) 稱"先高祖""高祖""毓祖""高妣""妣辛""毓妣"者如：

先高祖燎彫（《合集》32308）

癸卯鼎（貞）：弜以高且（祖）王亥屮叀（惠）……（《合集》32083）

乙亥卜：高且（祖）夒燎（燎）二十牛。（《屯南》4528）

王其侑于高祖十……用叀（惠）……（《合集》27155）

癸卯王卜，鼎（貞）：其祀多先〔且（祖）〕……余受又（有）又（祐）。（《合集》38731）

甲□〔卜〕，□鼎（貞）：翼（翌）……彫彡……于毓且（祖），亡害。一（《合集》02097）

……自且（祖）乙、且（祖）辛、毓且（祖）乙、父丁，亡戋（悔）。（《合集》22943）

丁卯卜，亘鼎（貞）：屮于高匕（妣）己、高匕（妣）庚。二（《合集》02351）

辛未卜：來辛子（巳）屮匕（妣）辛。（《合集》02491）

庚戌卜，何鼎（貞）：翼（翌）辛亥其又毓匕（妣）辛鄉（饗）。（《合集》27456 正）

"先"固然是祖先之意。"高祖"所指，與《爾雅·釋親》不同。《釋親》"曾祖王父之考爲高祖王父"，卜辭王亥與夒顯然非五世祖，而是遠祖之意。《廣雅·釋詁一》："高，遠也。"保存此古義。因《合集》02097 有"毓祖"一詞，且卜辭有"高祖"與

"毓祖"對貞者，則必須分清高祖與毓祖各自所轄世系範圍，即高祖指那幾代，毓祖又指那幾代？裘錫圭梳理卜辭"毓"字，認爲毓是指曾祖以下的長輩，高祖是指高祖以上的祖先。[1] 筆者由裘説之結論思考殷商之親屬稱謂世系：卜辭曾祖之父稱高祖，高祖即遠祖，高祖以上無論多少代，皆稱高祖（遠祖）——如王亥與夒皆二十世以上，不再用專名分別，可見殷商親屬稱謂世系與姬周基本相同，即以己爲基點上溯四世，亦以五世爲準。卜辭祖類稱謂尚有"亞祖""大祖""小祖""亞妣""中妣""小妣"等，[2] 皆以祖、妣爲中心詞，而冠以先、高、大、中、小、亞等區別字。

(2) 先公先王有大功烈者亦稱其號，如：

鼎（貞）：屮于唐。（《合集》01330）

癸卯卜，宁（賓）鼎（貞）：井方于唐宗龕。（《合集》01339）

辛子（巳）卜，𡧘鼎（貞）：來乙未酚唐五宰（牢）。二（《合集》01301）

唐即大乙，卜辭作唐，傳世文獻稱湯。世系遠之先公徑稱其名或號，如：

貞屮于季（《合集》14710/14711/14713）

貞屮于王亥叀三白牛（《合集》14724）

貞屮報于王亥（《合集》14729）

---

① 裘錫圭《論殷墟卜辭"多毓"之"毓"》，《裘錫圭學術文集·甲骨文卷》，復旦大學出版社，2000 年，第 414 頁。關於"毓"字，後王藴智、胡殿咸多有續考。劉桓《殷墟卜辭中的"多毓"問題》謂"毓"當讀爲"胄"，《考古》2010 年第 10 期。

② 參見王國輝《傳統與變革之間：商周親屬稱謂的演進》，河南人民出版社，2019 年。

季、王亥應在二十世以上，其爲名爲號，無可徵信。

（3）稱"祖某""妣某"者如：

> 丙辰卜，祖丁歲至（《屯南》3147）

> 不隹（唯）匕（妣）甲。（《合集》02396）

> 鼎（貞）：桒（禱）王生牢于匕（妣）庚、于匕（妣）
> 丙。（《合集》02400.2）

不加冠辭，直接稱祖加天干者，應是最爲常見者。

（4）稱"父某""母某"者如：

> 父己眔父庚彤（《合集》27419）

> 丁亥卜，业歲于二示，父丙眔戊。（《合集》22098）

> 惟母丙，二告（《英藏》350）

> …午卜：卯（禦）…于母己。（《懷特》110）

卜辭稱父某母某者甚多，而最爲人所稱者是三句兵之"大父"
"仲父"和卜辭中"大母"（《合集》19972）、"中母"（《合集》
21805）。還有"多介父"（《合集》02339/02341），介有"副"
義，[1]《儀禮》中副使稱"介"，可見商周詞義之連貫性。亦合而
稱之，如"多父""多妣"：

> 癸亥卜，□鼎（貞）：多介〔父〕业（有）蚩（害）王。
> （《合集》02333）

> 辛未卜：其酒品豐，其桒（禱）于多匕（妣）。一（《屯
> 南》2292）

亦有省親屬稱謂父或祖而直稱天干者，[2] 如：

> 告于且（祖）乙、于丁。八月。（合集》07084）

---

① 裘錫圭《關於商代的宗族組織與貴族和平民兩個階級的初步研究》，《裘錫圭
學術文集·古代歷史思想民族》，第125頁。

② 參見裘錫圭《論"歷組卜辭"的時代》附錄二《關於"丁"》，《古文字研究》
第六輯，中華書局，1981年，第311-316頁。

乙卯卜，又燎于丁（《合集》32647）

癸未鼎（貞）：其告于丁牛□。茲用三（《合集》32648）

(5) 稱兄則爲"兄某"，如：

庚戌卜，大鼎（貞）：其又于兄庚。（《合集》23480）

其又兄癸叀（惠）羊，王受又（佑）。（《合集》27634）

□寅卜，殷鼎（貞）：王夢兄〔丁〕，佳（唯）〔囚（憂）〕。一（《合集》00892 正）

鼎（貞）：王夢兄丁不佳（唯）囚（憂）。（《合集》00892 正）

亦合而稱之，如：

□午卜，□貞：卯（禦）于四兄（《合集》23526）

(6) 稱子輩則爲"子某"，如：

屮于子丁牛，用。（《合集》20523）

其又兄丙罙子癸。（《合集》27610）

女性亦稱"婦某"，如：帚好（《合集》13942）、帚妌（《合集》02728）等。婦後一字，一般稱之爲名。丁山認爲是"氏族的省稱"[1]，胡厚宣認爲是地名亦即姓，[2] 葛英會則認爲"看作族姓才更合理"。[3] 諸家所論，多姓與氏不分，名與字不分。卜辭中出現不同之婦某有一百多例，是古姓的三倍許，且極少與古姓重複，反之，大多婦某之某與國、地、族等名相重。殷商無姓，故此婦某之某絕非姓與名，而是當時的族氏名稱。[4] 卜辭中有單稱

---

① 丁山《甲骨文所見氏族及其制度》九《卜辭所見諸婦的氏族》，中華書局，1988 年新一版，第 28 頁。

② 胡厚宣《殷代封建制度考》二《諸婦之封》，《甲骨學商史論叢》初集第一冊，臺灣大通書局印行，1972 年，第 36 頁。

③ 葛英會《殷墟卜辭所見王族及其相關問題》，《紀念北京大學考古專業三十周年論文集》，文物出版社，1990 年，第 275 頁。

④ 參見本書《婦人稱姓之時代性》一節所證。

子者，而大多是稱子某或某子，其中某子之某或子某之某多有與婦某之某、王某之某相同者，故論者遂謂"子應是氏族的類別標記，而子字下所繫之字才是族姓"。[①] 族姓一詞亦不見於甲骨文，殷商之族以氏稱，且多見子某之某和婦某之某與國、地、族名亦多相重，故亦當以氏視之。

3. 王稱臣僚

甲骨文大多爲王卜辭，商王居高臨下，故對内、外服侯、田、男、衛等臣僚以及多子大多稱名。卜辭中出現單稱名之例不勝枚舉。然因殷商時期族氏、職官、人名多有同名者，故其所呈現之形式頗爲不一，略作區分，可歸總稱主要幾類。

(1) 某侯某、某伯某

貞，𠷎厃（侯）虎其钔（禦）。（《補編》495 正）

乙亥貞，王其夕令𡕥厃（侯）商于祖乙門。三

乙丑貞，王其奠𡕥厃（侯）商于父丁告。三（《屯南》1059）

才（在）正月。王來正（征）人方，才（在）伎厃（侯）喜啚（鄙）永。（《合集》36484）

癸未卜，……王于𦥯厃（侯）告自（師）……（《合集》36525. 1）

辛亥卜，出鼎（貞）：令莫白（伯）于㝬。（《英藏》1978）

貞，王比易伯蓔。（《合集》03382）

---

① 説見葛英會《殷墟卜辭所見王族及其相關問題》（《紀念北京大學考古專業三十周年論文集》，第 275 頁），朱鳳瀚《商周家族形態研究》説同（第 65－66 頁）。

"侯""伯"前一字若爲侯之方國名，則其後一字似當爲侯之私名。但卜辭中並非皆如此整齊，有時省去前面方國名，作某侯、某伯；有時省去私名，作某侯、某伯。亦有在"伯"前加"方"字，作某方伯某或方伯某。無論其形式繁多，其侯、伯後之私名可以確定。

(2) 職官某、某職官

以職官連帶私名者頗多，首先所有貞人無論是否冠有"卜"等字，都可以認作私名，前已例舉，其次是史、尹、宰、巫、射、戍、賈，以及田、牧、衛、任等。

　　　　己酉史嚴☒。（《合集》24432 反）

　　　　丁未卜，𢇛鼎（貞）：令章以𡥈族尹🔣𡥈友。五月。二（《合集》05622）

　　　　壬午，王田于麥彔（麓），隻（獲）𩫠（商）戠兕，王易（賜）宰丰帚（寢）小𤔹，兄（兇）。才（在）五月隹（唯）王六祀彡日。（《補編》11299 反）

　　　　貞，巫妝不卬（孚）。（《合集》05652）

　　　　勿令射畵歸。貞，令射畵歸。（《合集》05749.1.2）

　　　　戍𡸁弗雈王众，戍𣲅弗雈王众，戍肩弗雈王众，戍逐弗雈王众，戍何弗雈王众，五族其雈王众，戍𡸁其雈王众。（《合集》26879）

　　　　賈杏入。（《合集》02386）

　　　　辰卜，爭貞，令亳賈雞、貝……兽……。　（《合集》18341）

史是史官無庸解釋，尹是管理某地某族之長官，宰當如《周禮》中王室家族內事的家宰，巫或是掌管占卜之事的職官，射則是負責管理軍中弓箭之事，戍爲戍守王朝邊疆的職官，賈是負責商業交易之官。其他田、牧、衛、任等高級官職亦有聯名而稱者。

官名又多有集合稱謂，如：多臣、多亞、多馬、多尹、多卜、多工等等。[①] 貞人代王卜，稱呼各地族氏軍事首領爲“小臣”理所當然，也有連小臣後面綴以名稱者：

> 丁子（巳）卜：叀（惠）小臣剌以汔于中室。（《合集》27884.1）

> 庚午卜，王貞，其乎小臣剌比，在曾。（《合集》27885正）

> 丁酉卜，其乎以多方屯小臣。（《合集》28008）

“小臣”是其官職抑或謙稱，李學勤以爲是臣下對王的謙稱，並非官職。[②] 小臣後之字，一般認爲是私名。王進峰對小臣進行全面探考，發現卜辭中很多小臣後面之名與殷商族氏名相重，[③] 可見並不一定是私名。李學勤研究的小臣缶方鼎（缶，从午从口）之缶，甲骨文中亦有缶族，如《合集》06834正之隻缶、戈缶，《合集》06871之伐缶，似乎確是族名。然小臣缶方鼎有“缶用乍（作）享大子乙家祀尊”，則又很難說不是私名，當然也可以理解爲缶族受王之賜，鑄器作爲缶族來享祭大子乙。但像《合集》27881/1“丙寅卜，叀馬小臣…”，及27881/2“叀戉馬冒乎允王受又又”二條，前一條之馬小臣爲主管馬政也執掌軍隊的小臣，後一條“馬冒”之“冒”似乎是這位小臣私名。筆者之意，內服之小臣某，已經是各種具體職官，則某爲私名可能性大；外服之小臣某，因仍是各個方國、族氏的軍事首領等，則其爲方國、族氏名之可能性爲大。所以小臣後一字是族名還是私名，抑或由族

---

① 殷商卜辭之“多”即姬周銘文之“諸”，此乃方言方音不同所致，詳參虞萬里《由甲骨刻辭多字結構説到多諸之音義及其民族與時地》，《榆枋齋學術論集》，江蘇古籍出版社，2001年，第439－491頁。

② 李學勤《小臣缶方鼎與箕子》，《殷都學刊》1985年第2期，第1頁。

③ 王進峰《殷商時期的小臣》，《古代文明》第8卷第3期，2014年，第35－53頁。

名轉化爲私名，還可以深入研究。

更爲難定者是王、子，尤其是"子"，子的身份，各家所説不一，[①] 又加甲骨文國名、地名、族名、人名多有相重合一者，故其後面之"某"是國名、地名、族名、人名，很難確定。[②] 但若截取"某字某"這種形式，前一"某"字爲方國、地方、族氏名稱，則後一"某"字則大多爲私名。如：

己卯，媚子賓入宜羌十。（《合集》10405）

己未卜，郢子厭亡疾。（《合集》13727）

兩條屬武丁時期卜辭，其中的賓、厭應該爲名字。兩人很可能是武丁子侄輩，故卜辭稱其名。總之，卜辭中不同的"子某"有數十名，如子商、子效、子涉、子兒、子發、子雍、子戈、子歔、子漁、子何、子尻、子宋、子强、子妥、子汏等等，既以"子"爲冠名，總應與商王有一定的沾親帶故關係，即使分宗獨立仍以原族氏標示，在動態稱謂系統中被王卜辭稱名，仍符合當時上對下的稱謂習慣。

4. 臣僚稱王

卜辭貞人代王占卜，大多以王之口吻發語，亦間有以己之口吻而稱時王者，皆不名，其例最多，僅舉一例以示：

---

① 最早是董作賓和胡厚宣都認爲是武丁兒子（見董《五等爵在殷商》，胡《殷代婚姻家族宗法生育制度考》），島邦男認爲是受封于四方的殷之同族（《殷墟卜辭研究》），張秉權認爲是與王室有密切關係的近親（《甲骨文與甲骨學》），林澐、楊升南、曹定雲皆認爲是商王同姓貴族子弟（見林《從武丁時代的幾種"子卜辭"試論商代的家族形態》、楊《卜辭中所見諸侯對商王室的臣屬關係》、曹《"亞旁""亞啓"考》），裘錫圭、朱鳳瀚亦各有説，不詳列。

② "子某"之"某"是什麼，主要有兩種觀點，李學勤認爲是名或字（《考古發現與古代姓氏制度》，《考古》1987 年第 3 期，255 頁），宋鎮豪同意一部分是私名，但也有一部分是氏，因爲很多"某"與地名、族名相重（《夏商社會生活史》，中國社會科學出版社，1994 年，第 265 頁）。

丁丑王卜，貞，其邐旅延遊于盂，往來無災，王囚曰：吉。才……（《合集》36426）

卜辭文字隸定各家各書多有不同，故其稱謂亦尚未有定論者；若王、子、小臣等是方國是族是人未定，其後面的字是方國是族是名亦未能論定；即有某些爲大多數學者所認同者，其內容、場景亦尚可深入研究，故僅略述如此。

卜辭稱謂系統雖不能完全確切呈現，但就上文所舉，王自稱不名，呼臣屬則稱名或官職；貞人於時王稱"王"而不名，自稱則多名之。親屬相稱，凡稱父母祖先皆不名，稱兄以不名爲常。卜辭中"子"之內涵最爲豐富，其中有親稱，有從王族分出已獨立成一方諸侯之宗子，亦即成爲方國、族氏、家族首領。從王卜辭貞占稱呼，可名可不名，就非王卜辭占稱，大多不名，而在祭祀已死之子時仍稱天干。卜辭形式多以時王爲中心而呈單向性，或向上祭祀祖先，或應對自然環境和征戰等，內容雖簡單，卻已見出殷商稱謂系統與兩周無大異，呈現出以時王爲中心的上可名下、下不可名上的等級諱名傾向。

（五）　從等級稱謂制看其所包含的諱名因素

以上爲筆者從傳世文獻與出土文獻中勾稽、分析、排比所得之主觀表述等級制和客觀反映等級制之稱謂形式。就各別而論，古禮所記之稱謂，著重於儀禮上之等級，與其節儀有關；《春秋》書法之稱謂，則刻意於人在等級社會中之身份；先秦典籍之動態稱謂，乃社會中不同階級之人在各種具體場景中受等級制制約而道出的稱謂，故形式較繁；簡帛和銅器銘文所反映之稱謂與先秦典籍同，銘文因側重於賞賜者與祖先，形式稍簡，而真實性、可靠性則勝於前者；卜辭可靠性與銘文同，以其所表稱謂多呈自上而下之單向性，故形式更少。前兩種稱謂爲作者主觀之表述，後

三種稱謂則是各時代人在社會生活中之客觀反映。主觀表述源於
當時客觀存在之禮制禮典，亦源於客觀的實際稱謂；客觀等級稱
謂受社會等級制及其在人腦中主觀意識的制約：兩者互相影響，
往復演進，乃臻於斯。

　　古禮所記、《春秋》所書之稱謂，已明顯區分出當時社會上
自天子，下至士庶之等級制度。天子自稱爲余一人，宗廟祭祀則
稱"予小子"或名字，祭天地山川神示則自稱名或字，人尊稱之
爲天子（天帝之子）。諸侯自稱寡人、孤、不轂，對大子、臨祭
祀則自稱名，人尊稱之曰公曰侯。天子之妃稱王后，諸侯之妃則
稱夫人。乃至稱死與招魂等語詞，所指對象雖一，由於地位高低
而措辭亦絕然不同。稱爵稱號之間，名與不名之中，反映出嚴格
的等級。又，天子之大夫，諸侯之命大夫稱字；天子之中士，諸
侯之大夫則稱名；大夫七十致仕，可自稱老夫，而對諸侯仍須自
名；至於庶人，其名字不登《春秋》之書，以賤故也。稱名稱
字，亦明顯反映出等級差異。古禮記載雖有未全，但其可信性却
在卜辭、銘文、簡牘及傳世文獻中得到證實。如：從天子以至士
庶，對當朝先王及己之祖先無不恭敬寅畏，表現在稱謂上，稱
謚、稱爵、稱廟號、稱"前文人"、稱"皇""剌"等等，絕不稱
名。百姓諸侯稱天子，國人卿大夫稱諸侯，亦畢恭畢敬，絕不稱
名。下級之於上級，晚輩之於長輩，絕不稱名（異國、異族者不
在其例。偶有例外，亦另有原因）。對上級、對尊長自稱，則大
多自名，如：諸侯對天子，臣對天子或諸侯，太子對父王皆自稱
名。即或僅稱陪臣、外臣、下臣、小臣、小人、子、孫等，亦爲
省稱其名，或爲文獻之略。銘文器主自稱，雖亦稱氏、稱官、稱
爵、稱國，假若面對神靈、祖先、尊長、上級時，則稱名或官爵
名連稱爲多。反之，天子、諸侯稱臣民，上級稱下級，長輩稱晚
輩，大多直呼其名，稱字稱氏或稱官爵者，皆有特殊意涵。又，

出於尊敬意味，天子稱同姓異姓諸侯，諸侯稱同姓大夫爲伯舅、叔舅、伯父、叔父，天子稱臣下爲子，諸侯稱臣下氏或字，以及不名老臣等等，亦在傳世文獻和出土文獻中得到證明。

以上僅舉其犖犖大者。稱爵、稱官、稱號、稱謚、稱國、稱姓、稱氏、稱名、稱字，或尊之敬之，或卑之貶之，或謙稱，或僭號。爵稱官名非一，國族姓氏無數，復又錯互連稱，如窮其形式，難以羅列。然若靜思其理，無非稱名不稱名之分。故約而論之，可區爲四類：一、下稱上，不名不字；二、上稱下，名；三、上對下自稱，不名；四、下對上自稱，名。凡超乎其上，越乎其外之稱謂現象，皆有特殊原因蘊含其中。

人之私名（相對氏族之公名而言）即個人之標識，[①] 從文字看是徽幟的簡化符號，從性質論是確定誰某之標記。因此，名，不管是自名還是名人，也無論是自書其名或書他人之名，最重要之作用，乃區分人我而不致混淆。就這種作用説，名應該不僅自稱，亦當爲人所稱，不僅自書，亦當爲人所書。今從傳世文獻和出土文獻中歸納所得有關名之稱謂傾向，完全有背於名之區分與標記性質、作用而體現一種與社會等級制相應的等級稱謂制，即上可名下而下不敢名上之稱謂制。下不敢名上而代之以官爵尊號，上對下自稱亦不名，[②] 這至少表明古人對私名之珍視。[③] 反

---

① 上世紀前半葉，圖騰説盛行，故很多學者認爲人名即圖騰，如李玄伯在《圖騰制度及政權的逐漸集中》下篇二"圖騰的個人化"中説："逾上溯原始時代，人們逾信人及圖騰關係的密切，人即圖騰，圖騰即人，最初觀念想係如此。個人圖騰即古人所謂名。"（《中國古代社會新研》，開明書店，1948 年，第 180 頁）蕭遙天《中國人名的研究》亦主張個人之名即圖騰（國際文化出版公司，1987 年）。即今而言，人名即圖騰之説需重新認識，然其爲個人之標識則無疑義。

② 稱余一人、我一人、孤、寡、不穀或我、余、吾等代詞。

③ 關於珍名之心理與原始的諱名意識，詳見下文。

觀下不名上而稱官爵尊號，可從尊崇敬仰或阿諛等方面作合理解釋，在表層的尊崇心理下無可否認地隱含着一種諱稱尊長之名的深層意識。這種深層意識的諱名傾向乃是歸納文獻所得的事實，可區分爲諱死者之名和諱生者之名兩種。諱生者之名受禮制與階級制約已如上説，諱死者之名，如：卜辭中王或貞人或其他貞卜者之稱殷先公先王及一切長幼死者，銘文中器主稱殷周先王及衆多祖先，《書》《左傳》《國語》等文獻中稱無數已故者，皆不稱名，《左傳·桓公六年》謂"周人以諱事神，名，終將諱之"，不僅是對兩周這種不名死者禮制的概括，更透露出周制亦前有所承。此外，銘文、簡牘及傳世文獻中則已明顯有下對上的等級諱名傾向。上溯卜辭，内容雖簡，但貞人之稱時王皆稱"王"而不名，亦隱隱透露出周人之諱名傾向或前有所承。

三、名字、爵號、謚號、廟號與避諱心理的演化

（一）命名取字心理與避諱習俗之進化

太古之人無名，及人際交流日繁，戰争頻仍，各舉以氏族徽幟爲別，此時尚是公名。論者謂私名之起，起於以口自名，起於獨立單位之建立，起於個人圖騰迷信。[①] 此雖屬推測，却不無道理。卜辭有個人私名，已確鑿無疑。據文獻記載，夏代已有與後世相同之私名，[②] 如記載屬實，則私名之起更在夏代或夏代以前。

---

① 蕭遥天在《名字與東方圖騰崇拜》中認爲，在個人經濟已經建立的農業時代，氏族公名（圖騰，姓）仍然使用的同時，"氏族私名也應時興起，普遍使用，個人圖騰也一個個出現了"。在个人圖騰即私名的認識上，蕭氏同意李玄伯的觀點。見《中國人名的研究》，國際文化出版公司，1987年，第15頁。李玄伯意見見前所引。

② 參見《世本·作篇》所載夏代人名，《世本八種》，商務印書館，1957年。

其時命名之制，不得而聞。《禮記·內則》載古代命名之制甚詳，大要爲：子生三月，擇日盥洗，妻抱子見父，父執子之右手，咳而名之。母代子答云："記有成。"而後妻以名告師，師告諸婦、諸母；夫以名告家臣，家臣告子侄。並書子之生日而藏之。復由家臣告閭史，閭史書其名及生日，一藏之閭府，一上獻州史。①言閭府、州史，知其爲周以來之制。若有所傳承，或亦含有上古命名儀式之原型，②而後流衍、完善成定制。古代對命名之重視，即於此可見。名，由今人觀之，乃實體之符號，以區別人我而已，而在原始民族，則將之作爲人身不可分割之一部分，惜名如身，愛名如命。至春秋晉大夫師服論命名云："夫名以制義，義以出禮，禮以體政，政以正民。"③是純爲禮制約束下之說法，與"以口自名"之時代已相去邈遠。然藉此可知春秋之時命名已頗多講究。《禮記·曲禮上》：

> 名子者不以國，不以日月，不以隱疾，不以山川。（按，《內則》所記同，唯無"不以山川"句。）

鄭玄注："此在常語之中，爲後難諱也。"④此小戴所集，亦先秦所記。《大戴禮記·保傅》引《青史氏之記》曰：

> 太子生而泣……然後卜名，上無取於天，下無取於地，中無取于名山通谷，無拂於鄉俗，是故君子名難知而易

---

① 詳見《禮記·內則》所述，孔穎達疏謂此乃卿大夫以下名子之法。觀《內則》前文"國君世子生"一段，及後文"世子生……君名之，乃降""適子庶子見於外寢，撫其首，咳而名之"云云，國君之子的名子儀式亦大同小異。

② 據學者研究，殷代已有爲子占卜命名的禮俗。見饒宗頤《由〈尚書〉"余弗子"論殷代爲婦子卜命名之禮俗》，《古文字研究》十六輯，中華書局，第157–159頁。

③ 《左傳·桓公二年》追述，晉穆夫人姜氏曾以條之戰生太子，遂取"於戰相仇怨"之義命其名曰仇，又因千畝之戰生第二子，遂取"千畝能成其衆"之義名之曰成師。大夫師服聞之，以爲君子之名子，不應該如此。楊伯峻《春秋左傳注》，第92頁。

④ 《禮記注疏》卷二，阮刻《十三經注疏》本，上冊，第1241頁下。

諱也。

漢賈誼《新書·胎教篇》所記略同。《青史子》，班固《漢志》云："古史官記事也。"① 乃先秦之書，與戴記可以互證。《左傳·桓公六年》九月丁卯，桓公子同生，公問名於大夫申繻，對曰：

> 名有五，有信，有義，有象，有假，有類。以名生爲信，以德命爲義，以類命爲象，取於物爲假，取于父爲類。不以國，不以官，不以山川，不以隱疾，不以畜牲，不以器幣。周人以諱事神，名，終將諱之。故以國則廢名，以官則廢職，以山川則廢主，以畜牲則廢祀，以器幣則廢禮。晉以僖侯廢司徒，宋以武公廢司空，先君獻、武廢二山，是以大物不可以命。②

儘管《左傳》來源與時代可以爭論，此説所反映公元前 706 年前後社會上普遍命名習慣與限制，似不容否認。因爲：

（一）二戴所傳之禮，皆上承先秦，淵源有自，所説與申繻詳略不同，精神則一。

（二）"周人以諱事神，名，終將諱之"，與《禮記》"卒哭乃諱"可互相印證。

（三）晉僖侯名司徒，改司徒爲中軍。《左傳》記"司徒"者十餘次，連官稱名者九次，無一晉人，而言"中軍"者四十餘次，均與晉人有關。③

（四）宋武公名司空，改司空爲司城。《左傳》記"司空"者七、八次，連官稱名者三次，無一宋人，而言"司城"者近三十

---

① 《漢書》卷三十《藝文志》，中華書局，1962 年，第六册，第 1744 頁。
② 楊伯峻《春秋左傳注》，第 115 頁。
③ 劉文淇《春秋左氏傳舊注疏證》引朱駿聲云："僖公時，晉文公乃有中軍，然則武公以前，晉未有軍也。廢，直是廢其職。"中華書局，1959 年，第 102 頁。

次，除"司城彊"一次外，皆爲宋人宋事。①

（五）魯因獻、武二君之名而廢具、敖二山名，改以鄉名名山。事詳《國語・晉語九》。②

統計《左傳》《國語》用詞，知其所記晉宋魯之避諱更名事當屬實。以"名，終將諱之"之周禮衡之，似皆爲卒後所改。③前文已總結傳世文獻和出土文獻中對先王和已故父母祖先之稱謂，皆不直呼其名，比而觀之，足證至晚在西周末年、春秋初期諱名已成定制，藉此可知其起源應在遙遠的過去。

古人於名之外，又有字。

> 冠而字之，敬其名也。（《儀禮・士冠禮》）

> 已冠而字之，成人之道也。（《禮記・冠義》）

> 幼名，冠字，五十以伯仲，死諡，周道也。（《禮記・檀弓上》）

> 曰伯某甫，仲叔季唯其所當。（《儀禮・士冠禮》）

> 男子二十冠而字。（《禮記・曲禮上》）

> 女子許嫁笄而字。（《禮記・曲禮上》）

> 十有五年而笄。（《禮記・內則》）

---

① 《禮記・檀弓》："陽門之介夫死，司城子罕入而哭之哀。"鄭注："宋以諱司空爲司城。"孔疏："知爲司城者，春秋之時，惟宋有司城、無司空。"《左傳・哀公八年》："宋公……遂滅曹，執曹伯陽及司城彊以歸。"公孫彊爲曹司空，此言司城者，疑《左傳》取之宋史料，《史記・管蔡世家》作"公孫彊"。

② 《國語・晉語九》："范獻子聘於魯，問具山、敖山，魯人以其鄉對，獻子曰：'不爲具、敖乎？'對曰：'先君獻、武之諱也。'"

③ 《史記・魯周公世家》："魯人立其弟具，是爲獻公。獻公三十二年卒（劉歆説五十年，皇甫諡云三十六年），子真公濞立。三十年，真公卒，弟敖立，是爲武公。"真公十五年爲共和元年，是獻公卒在公元前855年，武公十年卒，時在公元前816年。宋武公即位在公元前765年，即周平王六年，十八年而薨，時在公元前748年。晉僖侯即位正是共和二年，即公元前840年，十八年而薨，時在公元前823年。

上列文獻表示：古代男子二十而冠，女子十五而笄，在冠笄之禮時取字。字與名須有意義上聯繫，並以伯仲叔季排行和“甫（父）”“母”配成完整的表字結構。人已成年，他人祇能稱其字而不能直斥其名，故取字目的是“敬其名”。至五十則可並字不稱，而單稱排行，或排行連甫（父）稱，故排行也含有敬字意味。① 敬名尊字而稱伯仲，其與避諱之關係，孔穎達曾有一解：

> 人年二十，有爲人父之道，朋友等類不可復呼其名，故冠而加字。年至五十，耆艾轉尊，又捨其二十之字直以伯仲別之。至死而加謚。凡此之事，皆周道也。然則自殷以前，爲字不在冠時，伯仲不當五十，以殷尚質不諱名故也。②

言“殷尚質不諱名”，③ 則周尚文諱名之意甚明。所謂耆艾轉尊，並字而諱之是也。諱字而稱伯仲，是在稱字敬名（諱名）之上又一層次的避諱。賈公彥解釋“曰伯某甫”云：

> 云伯某甫者，某若云嘉也。但設經不得定言人字，故言甫爲且字。是以《禮記》諸侯薨，復曰‘皋某甫復’。鄭云：‘某甫，且字。’以臣不名君，且爲某之字呼之。既此，某甫立爲且字。④

臣不名君是諱禮所規定，若但以“君”“主”等稱之，又非專名，

---

① 關於“五十而伯仲”，賈公彥與孔穎達有不同解釋。賈公彥認爲，伯仲叔季連字稱是殷人習慣，周人二十而冠取字，須到五十始以伯仲連字相稱。孔穎達則以爲加冠後可以伯仲連字稱，至五十而單稱伯仲。詳《儀禮注疏》卷三和《禮記正義》卷七。
② 孔穎達《禮記正義》，阮刻《十三經注疏》，上冊，第 1286 頁中。
③ 當然殷商是否諱名，孔氏僅是承襲漢代經師之説，無法親見卜辭，故所説並非實情。
④ 賈公彥《儀禮注疏》卷三，北京大學出版社，2000 年，第一冊，第 58 頁上。按，原書標點作“以臣不名，君且爲某之字呼之”，今改正。其他與別本文字之出入者，姑仍之。若“既此”之“既”，阮元校勘記謂《要義》作“即”，當是。

未必能够招君之魂，故以其字某甫呼之。又"〔伯〕仲叔季唯其
所當"，何爲"唯其所當"，賈公彥又云：

> 言伯仲叔季者，是長幼次第之稱。若兄弟四人，則依次
> 稱之。夏殷質則稱仲；周文則稱叔，若管叔、霍叔之類是
> 也。云"唯其所當"者，二十冠時，與之作字，猶孔子生三
> 月，名之曰丘，至二十冠而字之，曰仲尼。有兄曰伯，居第
> 二則曰仲。但殷質，二十爲字之時兼伯仲叔季呼之；周文，
> 二十爲字之時未呼伯仲，至五十乃加而呼之。故《檀弓》云
> "五十以伯仲，周道也"。是呼伯仲之世，則兼二十字而言。
> 若孔子生於周代，從周禮呼尼甫，至五十去甫以"尼"配
> "仲"而呼之，曰仲尼，是也。若然，二十冠而字之，未呼
> 伯仲叔季，今於二十加冠而言者，一則是殷家冠時，遂以二
> 十字呼之；二則見周家若不死，至五十乃加而呼之。若二十
> 已後死，雖未滿五十，即得呼伯仲。知義然者，見慶父乃是
> 莊公之弟，桓六年莊公生，至閔公二年慶父死時，莊公未滿
> 五十，慶父乃是莊公之弟，時未五十，慶父死，號曰共仲，
> 是其死後雖未五十，得呼仲叔季，故二十冠時則以伯仲叔季
> 當擬之，故云"唯其所當"也。①

此知"唯其所當"之"當"者，乃在二十加冠時，以依據兄弟排
行擬定伯仲叔季，即以兄弟長幼之次以當伯仲叔季也。只是賈氏
如孔氏一樣，相信殷質周文，遂謂殷二十加冠擬定表字即以伯仲
叔季稱之，周則加冠取字擬定伯仲叔季後並不立即被稱，必得至
年五十方可稱之。孔、賈皆未親見殷商文獻，乃由經師相傳之說
而言，未爲的論。但由周代至五十以伯仲叔季加甫稱之，以避表
字，此由二十諱名稱字，至五十諱字稱某甫，從諱名到諱字，避

---

① 賈公彥《儀禮注疏》卷三，第58頁。

諱禮俗之意義無須懷疑。

　　由諱名到諱字，其在實際動態稱謂中之具體形式，在前文中已有羅列，此不復贅。禮典雖云二十冠而字，然古人盡多有未成年而夭、未五十而卒者，兄或夭或卒，弟是否仍爲仲，抑進而稱"伯"？楊坤以爲："如果原嫡長子未成年而夭折，就不能有'伯'稱，而其母弟在冠禮之時可能獲得'伯'稱。從這一點來看，排行稱謂的性質並不是嚴格意義上的出生排序，而更接近成年先後排序。"① 然《孔子家語·本姓》一則記載，謂叔梁紇先有妾生之子孟皮，皮字伯尼，有足病。於是叔梁紇求婚於顏氏，娶徵在，生孔子。孔子雖被立爲繼承者，但仍字仲尼。② 是否因庶兄已字伯尼而無法再改？還是長幼制度之規定，尚須深入研究。

　　古人於冠禮極爲重視，儀式繁複隆重，《儀禮·士冠禮》及《禮記·冠義》中有詳細記載。楊寬謂冠禮"由氏族制時期'成丁禮'轉變而來，其取'字'的方式也該是沿襲周族'成丁禮'的習慣的"，並因周族之"成丁禮"史闕無徵，故將之與易洛魁族所舉行之"成丁禮"習俗比觀以推其大概。③ 周人於冠禮時由賓者命字，字有字辭，所謂"禮儀既備，令月吉日"云云者是。然經文對取字之意義却無多闡發，僅云"已冠而字之，成人之道也"，"敬其名也"。禮家之解釋亦多從禮之角度作敷演之説，鄭

---

① 楊坤《兩周宗法制度的演變》第二章《嫡庶與長幼——西周宗子繼承制度考論》，上海古籍出版，2021 年，第 105 頁。

② 馬驌《繹史》卷八六之一在引述《孔子家語》此則記載下云："按，《儀禮疏》：孔子有兄曰伯，居第二，則曰仲。"參前引賈疏文。

③ 易洛魁族一人皆有兩名，一爲初生時由母所取，一爲至十六或十八歲時由酋長舉行儀式，宣佈廢除幼年之名，授予成人之名。見楊寬《冠禮新探》，《中華文史論叢》第一輯，修訂後收入《古史新探》，中華書局，1965 年，第 245 頁。楊氏即據摩爾根《古代社會》一書所述。

注 "敬其名" 云："名者，質，所受於父母。冠成人益文，故敬之也。"① 然其何以成年後要另取字，所取之字何以要與名之義相繫，漢唐清之經學家未嘗言及，即今之古史學家亦未有論説。筆者推測：周人之取字及易洛魁人之第二次改名，或與諱名，即諱幼年之名有關，儘管它一方面仍含有成年入社之意。

摩爾根在叙述易洛魁人之名時曾云：

> 對一個印第安人直呼其名，或直接詢問對方的名字，這都被認爲唐突無禮的行爲。

這説明印第安人有諱名習俗。又云：

> 有些人在患了一次重病以後，由於迷信的緣故，提出請求再一次改換名字，這種事情也不爲少見。②

改名之深層意識，摩爾根未提及。稍後的英人弗雷澤在《金枝》中所收集之原始民族對名字的禁忌可解此之謎。弗氏記述到：

> 在中澳大利亞的一些部落中，男女老幼除了公開用的名字以外，每人都有一個祕密的或神聖的名字，是出生後不久由自己的老人給取的，只有個別極親近的人才知道。這個秘密名字祇在極莊嚴的時刻才用一下，平時決不提它……當地土人認爲陌生人如知道了自己的秘密名字，就更能運用巫術使自己受害。

> 每一個埃及人都有兩個名字，一爲真名，一爲好名，或一爲大名，一爲小名。③

---

① 《儀禮注疏》卷三《士冠禮》第一，阮刻《十三經注疏》本，上册，第 958 頁下。
② 見摩爾根《古代社會》（新譯本）第二編第二章，商務印書館，1977 年，第 77 頁。又，中國鄂倫春族孩子生病或遇不幸，亦改名；高山族人有病及傷亡之時，亦更名趨吉。分別見劉翠蘭、何汝芬、曾思奇所寫關於鄂倫春族和高山族人的名字，《中國人的姓名》，張聯芳主編，中國社會科學出版社，1992 年，第 172、263 頁。
③ 詹·喬·弗雷澤著，徐育新、汪培基、張澤石譯《金枝》第二十二章第一節《個人名字的禁忌》，中國民間文藝出版社，1987 年，第 363 頁。

好名、小名爲人所知，真名、大名則隱之。没言之，也可以説是公用名或私秘名：

> 　　婆羅門的小孩每人也都有兩個名字，一是公用的，另一是秘密的，後者除他父母之外，誰也不知道……這種習俗意在防範巫術的侵害，因爲巫術只有在和真名聯繫上了的時候才能發生效應。[1]

巫術利用名字侵害人體，利普斯也有所記述：

> 　　書寫下人的名字，和畫人及呼喊人名一樣，可在同樣的情況下使用。印度教徒爲了增加巫術力量，對施行法術的人像模型上寫下姓名。印尼的巴厘人要弄死一個人，便在壽衣或棺材上寫上名字加以埋葬，以代替其本人。人的名字寫在紙上，象徵性地懸弔或焚燒，也可以摧毀本人。[2]

另一種原因便是“害怕引起邪惡鬼靈的注意”。推究其深層意識，是這些未開化民族對於詞語性質所抱極端唯物的觀點。[3] 弗雷

---

① 弗雷澤著，徐育新、汪培基、張澤石譯《金枝》，第 363 頁。
② 利普斯著，汪寧生譯《事物的起源》，敦煌文藝出版社，2000 年，第 338–339 頁。
③ 據弗氏所調查：在東印度群島各氏族，北新幾内亞芬奇黑汶的巴布亞人，荷屬新幾内亞的努爾福爾人，俾斯麥群島的美拉尼西亞人，南非許多氏族，馬達加斯加某些地方人，以及許多印第安人，乃至具有相當高文明的埃及人均有這種畏忌鬼魂、懼怕巫術而諱名的習俗（以上均見《金枝》，第 363–368 頁）。又，羅斯·克金白蘭恩《中緬交界之傈傈》（第 260–261 頁）記述：中國傈傈族嬰兒在出生第三天早晨，“得其‘埋名’（Buried）或‘魂名’（Spirit name），此名只能由父母在其兒童時代呼之，但在小兒長大之後，不能以此名呼之，生人呼之，會引起憤怒甚至仇殺（見陶雲逵《碧羅雪山之傈傈族》轉引，中研院《歷史語言研究所集刊》第十七本，第 379 頁）。陶謂其去傈傈族調查時，未聞此習慣。但陶文引述佛瑞塞《傈傈語言》一書（附録第 62 頁）説：“傈傈給他們兒子命名是在生下數日，這次的名字名爲奶名（a-chimys），奇怪的是這個名在其人一生中永不用或不應當用。雖然他的親戚及鄰居都知道他這個名字，但當着他的面永不稱提，否則將有大憤怒。”（同上陶雲逵文，第 379 頁）如果佛瑞塞也是調查所得，則這種習俗至少曾經存在過。這種稱謂習俗與周人的名、字稱謂法或有一定的傳承關係，緣其本意，亦與諱名有關。

澤説：

> 當人們認爲有必要隱諱某人的真名時，習慣的做法只叫
> 他的姓或綽號。①

原因是人的第二個名字與幼名、真名、第一名字不同，不屬於人
身之一部分，被人稱呼不會影響其人身安全。

這種畏忌鬼靈和防範巫術之諱名習俗足以説明易洛魁人患病
改名之由，而其兩名之習俗亦足爲探尋周代"冠而字之"禮俗的
原始禁忌意義之鈐鑰。

周人之字即所謂第二名字。周代舉行冠禮，加弁命字之時，
已處於文明禮制的氛圍中，原始的名字禁忌已成爲遥遠的過去，
早爲人所淡漠乃至遺忘，即使存留於潛意識中，也不可能去替代
冠冕堂皇的"冠而字之，成人之道也"的禮説。漢儒不知其原
委，只能以文質論名字。但"敬其名也"一語仍隱隱透露出先民
對幼年之名的神秘和保護心理，不云"忌畏""忌諱"而用
"敬"，只是因文明禮制而改換的字面。所應特別申述的是：從原
始的名字禁忌到兩周的幼名冠字，名字稱謂中已注入了由氏族制
度發展至商周而日益完善的等級稱謂制。等級稱謂制掩蓋了取字
諱名的原型，使表現出上可名下，下不可名上，平輩敬稱表字的
敬名現象。《公羊傳》所謂"名不如字者"，猶如姚泓所解：

> 非謂其人之名不如其字之尊，乃謂爲人所字，則近乎見
> 尊；爲人所名，則近乎見卑也。……名，字之本；字，名之
> 末也。爲本故尊，爲末故卑。②

---

① 詹・喬・弗雷澤著，徐育新、汪培基、張澤石譯《金枝》，第 363－368 頁。
又，中國鄂倫春族亦有諱長輩名字的習俗，見張聯芳主編《中國人的姓名》，
中國社會科學出版社，1992 年，第 172 頁。
② 《太平御覽》卷三六二引《秦紀》，中華書局，1960 年，第二册，第 1670
頁上。

這是對等級制度下名字稱謂一種簡扼概括。以尊卑論名字，帶有明顯的宗法、等級心理，世世相傳，習焉而不察，漸至心安而理得，於是原始的忌諱真名、第一名字之巫術心理便蕩然無存，以至再也無人追究。

（二）　爵號、謚號、廟號起源與稱謂制、諱名制之關係

1. 爵號

爵爲等級之位，與官職食禄相應。《禮記·王制》所謂"論定然後官之，任官然後爵之，位定然後禄之"。古者記爵號之別，以《孟子》《周禮·大宗伯》《禮記·王制》等爲最古，而三者所記亦各有不同。自《王制》云"王者之制爵禄：公侯伯子男凡五等"，《白虎通·爵》謂"此據周制也"以來，兩千年中人莫之疑。一九三〇年，傅斯年發表《論所謂五等爵》，首發其疑，以爲與《詩》《書》、金文等不合，指出"五等爵之本由後人拼湊而成，古無此整齊之制"。[1] 同時郭沫若發現金文中爵無定稱，因謂五等爵禄，乃周末儒者因舊名而賦之以等級也。[2] 楊樹達亦遍檢金文爵稱，分爲七種兼稱，如"侯公兼稱""侯伯兼稱""侯子兼稱""侯公伯兼稱""公伯兼稱""公子兼稱""伯子兼稱"，大暢郭旨。[3] 董

---

[1] 傅斯年《論所謂五等爵》，中研院《歷史語言研究所集刊》第二本第一分，第129頁。日本島邦男認爲董作賓主張商有男爵，證據不足。裘錫圭亦認爲例僅一條，十分危險。見《甲骨卜辭中所見的"田""牧""衛"等職官的研究》，《文史》十九輯，1983年，第2頁。

[2] 參郭沫若《中國古代社會研究》第四篇五《周代彝銘中無五服五等之制》，《郭沫若全集·歷史編（一）》，人民出版社，1982年，第265頁。又郭沫若《金文所無考》六《五等爵禄》節，《金文叢考》，人民出版社，1954年，第53頁。

[3] 楊樹達《古爵名無定稱説》，見《積微居小學述林》卷六，中華1983年新一版，第249-257頁。

作賓據卜辭而謂五等爵中除公外，侯伯子男皆爲爵稱者。[①] 胡厚宣更廣搜博證，以爲殷之封建，以爵名視之，有婦子侯白男田，復以爵無定稱之事實，謂五等爵"乃周末五行學説盛行之後，儒者託古改制之所爲，就舊有之名，而定以等級者也"。[②] 童書業則謂公乃諸侯尊稱，子則不成君之稱，唯侯、甸、男三者爲爵稱。[③]

　　諸家將爵這一問題從各個角度進行剖析論證。筆者以爲：爵稱關涉到下列問題：一、爵之起源；二、公、侯、伯、子、男、甸、衛等各自產生與演變的歷史；三、五等爵制形成之時代。五等爵制形成時代晚，並不説明所有爵位起源亦晚。卜辭中侯、田、男、衛與《書·酒誥》之侯、甸、男、衛、邦、伯名稱相同，其職責和性質是否一樣？一種爵位是否成立，與各家對殷周社會性質之認識有關。比如：胡厚宣認殷商爲封建制，則此皆爲爵號，吳澤、徐中舒認商爲奴隸制，故侯甸男衛是御用官吏，是指定服役制，[④] 則非爵號。當然，脱離實際材料而過分糾纏於奴隸制與封建制，而後以"制"來定性，失却了研究意義。上世紀下半葉，甲金文材料逐漸匯總，學者多從實證方面去探索。裘錫圭深入分析卜辭侯、甸、男、衛諸名稱，認爲它們是由職官名演變而成。[⑤] 王世民亦從金文材料出發，但他更注意器物之年代和國

① 董作賓《五等爵在殷商》，中研院《歷史語言研究所集刊》第六本第三分，第413－429頁。

② 胡厚宣《殷代封建制度考》八《五等爵之來源》，《甲骨學商史論叢》初集，《齊魯大學國學研究所專刊》之一，臺灣大通書局印行，1972年，第100頁。

③ 童書業《春秋左傳研究》卷一《爵位》，上海人民出版社，1980年，第165頁。

④ 吳澤《古代史》第三編第一章第二節《社會構成的具體内容》，棠棣出版社，1953年，第370－410頁。徐中舒、唐嘉弘《論殷周的外服制》，《先秦史新探》，河南大學出版社1988年，第230頁。又徐中舒《先秦史論稿》五《殷代侯、甸、男、衛四服的指定服役與周初的封建制》，巴蜀書社，1992年，第73－90頁。

⑤ 參裘錫圭《甲骨卜辭中所見的"田""牧""衛"等職官的研究》，《文史》十九輯，中華書局，1983年，第11頁。

別，諸侯生前稱號和死後追稱之區別，並逐一梳理同姓異姓各國侯、公、伯、子之生前死後稱謂，發現與《公羊傳·隱公六年》所説"天子三公稱公，王者之後稱公，其餘大國稱侯，小國稱伯、子、男"相吻合，各國爵稱與《春秋》所記大多相合。[①] 陳恩林則側重在文獻上重新檢討，謂"周代諸侯公、侯、伯、子、男五等爵的排列是有序的"。[②] 近年李峰和魏芃又重新回到傅斯年、郭沫若和楊樹達的意識下，否定五等爵制度存在於西周春秋時期。[③] 而劉源則以殷商爲考察起點，區分諸侯、封君和國君三類貴族，從甲骨卜辭、銅器銘文中探尋五等爵歷史内涵。得出：從殷至春秋，公、侯、伯、子、男五個名號中，只有侯、男對應殷代"侯甸男"職官體系，西周、春秋乃專指大小諸侯。公則爲高等貴族尊稱，伯係首領及君長稱謂，子是族長和宗子之稱。[④] 朱鳳瀚更是深入分析卜辭侯、伯實例，指出"侯"是商王用某種禮儀形式任命的外服職官，與東周文獻中的爵制性質不同。"伯"是活動於商王邊域内外臣屬於殷商的一些非商人族群的首領。[⑤] 殷商這些稱伯首領，除了極少數延續到西周仍然成爲"異族首領"外，[⑥] 大多數西

① 王世民《西周春秋金文中的諸侯爵稱》，《歷史研究》1983 年第 3 期。近年王氏又利用新出銅器撰《西周春秋金文所見諸侯爵稱的再檢討》，維持三十年前舊説。見李宗焜主編《古文字與古代史》第三輯，臺灣"中研院"史語所，2012 年。

② 陳恩林《先秦兩漢文獻中所見周代諸侯五等爵》，《歷史研究》1994 年第 6 期，第72 頁。

③ 李峰《論"五等爵"稱的起源》，李宗焜主編《古文字與古代史》第三輯，臺灣"中研院"史語所，2012 年。魏芃《西周春秋時期"五等爵稱"研究》，南開大學歷史學院博士論文，2012 年。

④ 劉源《"五等爵"制與殷周貴族政治體系》，《歷史研究》2014 年第 1 期。

⑤ 朱鳳瀚《殷墟卜辭中"侯"的身份補證——兼論"侯""伯"之異同》，李宗焜主編《古文字與古代史》第四輯，臺灣"中研院"史語所會議論文集之十四，2015 年 2 月，第 1 - 33 頁。

⑥ 楊坤《西周宗法制度的演變》，第 118 頁。

周金文中之"伯"仍以排行爲其第一要。[①]

　　五等爵制經近一個世紀之研討，儘管尚有不少真相爲歷史塵埃遮蔽，但終究越來越接近事實。而筆者在本文中所關注的是：殷周時期爵制或貴族尊稱乃至排行，反映到日常社會稱謂中，與避諱禮俗交織成怎樣一種狀況？

　　卜辭大多爲王占及貞人代王占之辭，其或稱"某侯某"，或稱"某侯"，或稱"侯某"，[②] 如《合集》03301：王曰侯豹，反映出上臨下的稱名現象。两周金文中器主稱賞者或代賞者，稱祖先，稱上級，均有稱爵而不名者，如公君匜侯、相侯、公、公侯等。若爵尊德高望重，即使是王一類器主，也會稱其爵號，如邢侯簋王稱井侯。

　　即使非對話中之稱謂，如：匡卣之"懿王"（《集成》05423）、楚王鐘之"楚王"（《集成》00072）、庚嬴卣之"王"（《集成》05426）、秦公鐘、秦公鎛之"秦公曰"（《集成》00262、00267）、芮公鼎之"芮公"（《集成》02388）、蘇公簋之"蘇公"（《集成》03739）、魯侯鬲之"魯厌（侯）"（《集成》00545）、薛侯盤之"薛厌（侯）"（《集成》10133）、郾侯載簋之"郾厌（侯）"（《集成》10583）、杞伯每氏簋之"杞伯"（《集成》03898）、毛伯簋之"毛伯"（《集成》04009）等等，大多爲某某作某器之簡單形式，當時侯王自稱，多用孤、寡、不穀及朕之類，凡此可看作是下屬或百工爲上級器主所作，故敬稱器主之爵號、尊號。此稱謂表面看是靜態稱謂，實質也是一種隱性的動態稱謂，在銅器銘文稱謂中數量不少。

　　傳世文獻中下級稱上級君侯牧伯者更爲普遍，已見前述。凡

① 魏芃《西周春秋時期"五等爵稱"研究》，南開大學博士學位論文2012年，第148頁。

② 見上揭董作賓《五等爵在殷商》、胡厚宣《殷代封建制度考》、裘錫圭《甲骨卜辭中所見的"田""牧""衛"等職官的研究》諸文所列。

此均與大量稱官稱姓稱氏稱字一樣，在表面尊敬而稱爵之意識下，多含有社會上等級諱名之意。

2. 諡號

《禮記·檀弓上》："死諡，周道也。"《逸周書·諡法解》謂周公制諡，此先秦之人説諡之起源如是。白虎觀儒臣遥以堯舜爲諡，已爲後人所斥。① 清崔述遍考文獻，云"湯武撥亂反治，子孫追稱之爲'武王'，而諡於是乎始。然而子孫卿士未有敢擬之者。周之二王諡爲文、武，蓋亦仿諸商制。以成王之靖四方也，故亦諡之曰成，而康王以後遂仿而行之"，故謂"諡法非周之所制，乃由漸而起者"。② 及王國維見銘文中有生稱"成王""穆王""穆公""武公"等現象，遂疑諡法之作，在宗周共、懿諸王以後。③ 其後郭沫若踵繼王説，更疑"諡法之興當在戰國時代"。④ 至屈萬里作《諡法濫觴於殷代論》，取證於文獻與卜辭，始謂武丁、武乙、文武丁等號，"皆就其行事之特徵而追命者"，即爲諡法之濫觴。其結論曰："諡法之成爲定制雖晚，而諡號之發生實始於殷代末葉。"⑤

---

① 宋羅泌《路史發揮》卷五《堯舜禹非諡辨》，《四部備要》本，第六冊，第1-3葉。

② 崔述《豐鎬考信别録》卷三《周制度雜考》，《崔東壁遺書》，上海古籍出版社，1983年，第353頁上。

③ 王國維《觀堂集林》卷十八《盂敦跋》。《王國維遺書》本，上海書店，1983年，第三冊，第七葉b。

④ 郭沫若《諡法之起源》，《金文叢考》第五，人民出版社，1954年，第112頁。

⑤ 屈萬里《諡法濫觴於殷代論》，中研院《歷史語言研究所集刊》第十三本，1948年，第224、221頁。潘敏、孫全滿《商王廟號及商代諡法的推測》雖也同屈萬里觀點謂諡法起源於殷商，但不是晚商而是先商，因爲他們將天干廟號與諡法混爲一談，對天干之解釋也頗爲奇特，與史實相去甚遠（《河北學刊》1995年第1期）。同樣，薛金玲《諡法起源淺析》認爲諡法產生於西周，但却説"諡法的產生可追溯至夏代的日名"（《西北大學學報（哲學社會科學版）》2000年第1期），都將日名與諡法混淆，究其實，是將廟號、諡法、爵號與避諱的概念與關係牽混在一起。

此追命之説，已隨著卜辭研究之深入而得以證實。[1] 就《左傳》《國語》等文獻中所述記當時人對謚法的認識和誄謚情況，以及《春秋》卒書名、葬書謚之嚴格分別來看，周初已有謚法，西周中後期趨於完善，春秋禮崩，此制已亂。[2] 師寧批評王、郭二氏生稱謚之片面性，也認爲西周初年已有謚法。[3] 就卜辭之祭祀稱謂看，殷商確已有據一生行事追命而相當於謚之美號存在，若此追命之法爲周人繼承並發展爲謚法，是情理中事。至於王氏觀察到的所謂"生稱謚"問題，[4] 近來學者有地名、私名説，[5] 生時美名説，[6] 追記前事説，[7] 等等。

---

① 丁山《商周史料考證·傳説時代的王號與傳統》謂卜辭之武唐，"正是《玄鳥》所謂武湯，湯之稱武，決出殷商的謚法"。中華書局，1988 年，第 43 頁。黄奇逸《甲金文中王號生稱與謚法問題的研究》云："凡殷王有文、武、文武、康、帝等號者，均是武乙、文丁在祭祀他們時才有的，而這些殷王生前只被稱爲'王'。可見是死謚。"《中華文史論叢》1983 年第一輯，上海古籍出版社，第 42 頁。

② 參閲吳静淵《謚法探源》，《中華文史論叢》1979 年第三輯，上海古籍出版社，第 79-94 頁。

③ 師寧《論生稱謚及謚法起源問題》，《首都師範大學學報（社會科學版）》1994 年第6 期。

④ "生稱謚"之語首見於清顧炎武《日知録》卷二十三（中冊，第 1766 頁），第顧氏檢論秦漢文獻，今人以之論兩周史實。

⑤ 黄奇逸《甲金文中王號生稱與謚法問題的研究》認爲武公之武、穆公之穆是地名（《中華文史論叢》1983 年第一輯，上海古籍出版社，第 41 頁）。李學勤《穆公簋蓋在青銅器分期上的意義》認爲穆公是私名，見《新出青銅器研究》，文物出版社，1990 年，第 70 頁。

⑥ 楊希枚《論周初諸王之生稱謚》，《殷都學刊》1988 年第 3 期，第 12 頁。又見《論久被忽略的諸侯以字爲謚之制——兼論生稱謚問題》，《中國史研究》1987 年 4 期，第 78 頁。

⑦ 吳静淵《謚法探源》，《中華文史論叢》1979 年第三輯，上海古籍出版社，第 79-94 頁。童書業《周代謚法》，見《春秋左傳研究》附録，上海人民出版社，1980 年，第 382-386 頁。盛冬鈴《西周銅器銘文中的人名及其對斷代的意義》，《文史》十七輯，中華書局，1983 年，第 41、42 頁。

在前人研究基礎上，彭裕商將傳世文獻和甲骨文、金文重新梳理，《春秋》凡天子、諸侯、卿大夫逝世，皆書名，及其下葬，則一律稱謚。西周有銘銅器已數以千計，被人認爲生稱王號者僅寥寥數器。尤其是，何尊、德方鼎、作册大方鼎、宜侯簋、史墻盤數器，凡稱前代之王皆有謚號，而稱時王則絕無謚號，唯稱"王"或"天子"。此一現象與《尚書》中《金縢》《洛誥》《君奭》《立政》《顧命》和《逸周書·祭公》一樣，前代王稱謚號，時王稱"王"和"新陟王"，適可互證。作者還對所謂生稱王的利簋等七器逐一辨證，指出其鑄造年代皆落在下一世王年中，故謚號必是死後所擬定。由此上溯謚法起源，以商王日干廟號前之"文""武"等字爲謚號之濫觴。①當然，其從器物形製、花紋字體來判斷年代早晚，只具相對性，並非絕對。但筆者曾分析二百餘例銅器錫命銘文中"對揚"一詞，發現多是受賜之後，退出宗廟，其作器對揚是在受賜後一段時間或更長時間，②所以作於時王過世稱謚後完全在情理之中。

定型於兩周的謚法，與當時等級制互爲制約。表現在兩方面：一、上可謚下，下不可謚上。天子之謚，告南郊稱天以謚之；諸侯由天子謚，具體事宜由史官掌之；卿大夫由諸侯親謚。春秋之世，卿大夫議謚諸侯及同僚，並不上請，謚法之制已廢馳。③二、有爵則有謚，無爵則無謚。古者大夫五十而爵，故死則爲謚；不滿五十死，未受爵，故無謚。士無爵，故亦無謚。此制行於西周，春秋初猶然，無駭、羽父、柔、挾等未爵無謚即其證。④ 魯

① 彭裕商《謚法探源》，《中國史研究》1999 年第 1 期。
② 虞萬里《金文對揚歷史觀》，《榆枋齋學術論集》，江蘇古籍出版社，2001 年，第 492－512 頁。
③ 古者誄謚同施，《禮記·曾子問》"賤不誄貴，幼不誄長，禮也。唯天子稱天以誄之，諸侯相誄，非禮也"，即指此。
④ 參閱清顧炎武《日知錄》卷四"卿不書族"條，上册，第 341 頁。

莊之時，諡始及士，僖、文而下，濫諡無等。①

　　古禮，既死而議諡，諡定而卜葬，遣之日誄而諡之，葬後稱諡，不再稱名。《禮記·表記》所謂"先王諡以尊名"，即此義。諡，就其累列生時行迹之作意言，是爲死者作一結論，所謂蓋棺論定；就其既葬稱諡言，是爲諱死者之名或字。二十冠而稱字，到人死既葬稱諡，就諱名形式看，即從"字以敬名"轉化爲"諡以尊字"。何以既葬要稱諡？因爲字僅以表德，而"諡所以成德"，② 字以表德階段，德猶可繼續内修而高；諡以成德之時，表示一生之終結，道德人品就此定格。葬前，以生事之；葬後，以死事之。周人有"卒哭乃諱"之禮，此後不能稱字稱名。而稱諡，既可使人聞其諡而知其行，揚其聲，又可諱其字與名。《春秋》凡葬皆稱諡，用意殆本此。

3. 廟號

　　周王廟號，多爲諡號加王字，其廟多稱宮或室，此徵諸銘文可知。③ 且以昭穆輪次，世系清楚。商王廟號，④ 無論《史記》與

---

① 《禮記·檀弓上》謂魯莊公誄縣賁父、卜國事云："士之有誄，自此始也。"

② 《穀梁傳·桓公十八年》："桓公葬而後舉諡，諡所以成德也，於卒事乎加之矣。"范甯集解："諡者，行之迹，所以表德；人之終，卒事畢於葬，故於葬定稱號也。昔武王崩，周公制諡法，大行受大名，小行受小名，所以勸善而懲惡。禮，天子崩，稱天命以諡之；諸侯薨，天子諡之；卿大夫卒，受諡於其君。"范甯之解，代表漢晉經師之認識，其謂諡乃總結人一生德行之號，是即儒門所謂"死諡，周道也"。

③ 就銘文所見有京宮、康宮、康廟、康某宮、康宮某宮、康宮某大室、康宮某宮大室，亦有穆王大室、邵宮大室、邵大室等等。京、康兩宮是西周兩大宮廟，而康宮所供奉康王以下諸王，其中又有各王之室，故銘文中尤爲多見。

④ 關於天乙、太丁以至帝乙、帝辛等殷王日干名號，論者或指爲商王之名，或稱爲商王廟號。名字之説，固不近理。廟號之稱，亦未敢必是。因卜辭有唐宗、中宗、窫宗，文獻有太宗、中宗、高宗，後世宗廟之號，或以此爲正。第以商人重祭，稱天乙、太丁、帝乙、帝辛等易記便祭，故相沿成例。今爲叙述方便，姑稱"廟號"。

卜辭，不僅自上甲至帝辛連同武庚三十八王，皆由親稱或區別字
加日干組成；即其中十六王之二十一個法定配偶，亦皆由親稱和
天干組成；推而廣之，商末、西周銅器中亦有類此日名，可見日
名在先秦曾流行數百甚至上千年之久。關於其所代表之意義，歷
來解釋歧出，訖無定論。雖《史記》和後世文獻於商王之名略有
記載，然卜辭在宗廟祭祀占卜時一律書日干而絕不稱名，銘文中
作器對揚先祖先考稱日干者亦絕不見其實名，祭祀與作器對揚而
稱祖先，是可劃歸到動態稱謂範圍中，而稱廟號而不名，即與尊
名敬上之諱名習俗有關，故有必要詳作討論。茲先列舉數家之説
於下：一、生日爲名説，漢儒主之；① 二、廟主説，三國蜀譙周主
之；② 三、祭名説，王國維主之；③ 四、生日表字説，吳秋輝主
之。④ 五、次序説，陳夢家主之；⑤ 六、死日説，董作賓主之；⑥

---

① 《易緯乾鑿度》、《白虎通・姓名》皆有"殷家質，以生日爲名"之文，後皇甫謐
《帝王世紀》襲之。按，《乾鑿度》有鄭玄注，顧實《重考古今僞書考》據漢碑
推論其出於"漢武、宣以後，亦今文博士之遺説"，此或爲白虎觀儒臣所本。上
海大東書局，民国 17 年，第 7 頁。後容庚《商周彝器通考》第五章贊同皇甫謐
主生日説（《燕京學報專號》之十七，第 74 頁），徐中舒《夏代的歷史與夏商之
際夏民族的遷徙》亦認爲生日爲名可靠（《先秦史論稿》，巴蜀書社，1992 年）。

② 見《史記・殷本紀》司馬貞《索隱》引譙周《古史考》之説，中華書局，
1959 年，第一冊，第 93 頁。

③ 王國維《殷禮徵文・殷人以日爲名之所由來》，《王國維遺書》，上海書店，
1983 年，第九冊，第 1－4 葉。

④ 吳秋輝《商代王名字》謂今所傳商代諸王之廟號，皆爲其生前之字。於《姓
氏名字號謚源流考》謂成湯前六世，如上甲微、報丁、報乙、報丙、主壬、
主癸即皆以字行。《侘傺軒文存》，齊魯書社，1997 年，第 81、410 頁。

⑤ 陳夢家《殷墟卜辭綜述》第十二章《廟號》總結説："作爲廟號主要部分的天
干，表示及位、死亡和致祭的次序，而及位次序是依長幼之序而定的。"科學
出版社，1956 年，第 444 頁。

⑥ 董作賓於《甲骨文斷代研究例》發之，後又作《論商人以十日爲名》一文闡
述其觀點，見《大陸雜志》二卷三期，收入《董作賓全集》乙編卷三，臺灣
藝文印書館，1963 年，第 567－579 頁。王玉哲《試論商代兄終弟及的繼統法
與殷商前期的社會性質》亦主死日説（《南開學報》1956 年 1 期）。

七、卜選説——葬日説，李學勤、張懋鎔主之；[①]　八、陰陽葬日
説，日本井上聰主之；[②]　九、嫡庶説，朱鳳瀚主之；[③]　十、十系二
分説，張光直、劉斌雄、丁驌、黃銘崇等主之；[④]　十一、四分組

① 李學勤在《評陳夢家殷墟卜辭綜述》一文中提出（《考古學報》1957 年第 3
期），在《論殷代親族制度》（《文史哲》1957 年第 11 期，第 35 頁）中又加重
申。楊希枚從李説，認爲"也可從邏輯推理上證説商王廟號應源於商王的祭
日干名"。（《論商王廟號問題兼論同名和異名制及商周卜俗》，《殷墟博物苑苑
刊》創刊號，中國社會科學出版社，1989 年，第 12 頁右）而張懋鎔在《商代
日名研究的再檢討》中論證了李學勤的卜選説，並將其定名爲葬日説，亦即
卜選日即是卜葬日故合併爲一説（《考古學研究——紀念陝西省考古所成立三
十週年》，三秦出版社，1993 年；後收入《古文字與青銅器論集》，科學出版
社，2002 年，第 231 - 240 頁）。
② ［日］井上聰《商代廟號新論》，《中原文物》1990 年第 2 期，第 54 - 60 頁。
③ 朱鳳瀚《金文日名統計與商代晚期商人日名制》，《中原文物》1990 年第
3 期。
④ 張光直《商王廟號新考》，臺灣"中研院"《民族學研究所集刊》第十五期，
1963 年。收入《中國青銅時代》，三聯書店，1983 年，第 135 - 171 頁。張文
一經刊出，在臺灣引起很大反響，一時間甲骨學者許進雄、地理學者丁驌、
原始哲學宗教專家林衡立、考古人類學者劉斌雄、古史學家許倬雲都撰文對
張的新説提出異見，張氏亦一一作答（全部刊於《民族學研究所集刊》第十
九期，1965 年）。值得一提的是，劉斌雄撰《殷商王室十分組制試論》，係長
篇論文，即是循張之新説而走得更遠。丁驌撰《論殷王妣謚法》從懷疑新説
到贊同新説，及至再撰《再論商王妣廟號的兩組説》（《民族學研究所集刊》
第二十一期，1966 年）詳論其王妣廟號分爲兩組之説。劉、丁二説可與張説
歸爲一類。本世紀黃銘崇連續發表《殷周金文中的親屬稱謂"姑"及其相關
問題》（臺灣"中研院"《歷史語言研究所集刊》第七十五本第一分，2004
年）、《甲骨文、金文所見以十日命名的繼統"區別字"》（臺灣"中研院"
《歷史語言研究所集刊》第七十六本第四分，2005 年）、《商人日干爲生稱以及
同干不婚的意義》（臺灣"中研院"《歷史語言研究所集刊》第七十八本第四
分，2007 年）、《商人祭祀用的親屬稱謂體系及其意義》（《古文字與古代史》
第一輯，2007 年）、《商周貴族親屬稱謂制度的比較研究》（《甲骨文與殷商史》
新 6 輯，上海古籍出版社，2016 年）從本質上認同張光直的觀點，並在張氏
基礎上結合自己研究提出新假説，因此亦可歸爲張氏十系説一類，此處不展
開詳細討論。

制説，陳其南主之；[①] 十二、同姓内婚説，張富祥主之。[②] 十三、十日信仰升天説，郭静雲主之。[③]十四、生稱排行説，曹定雲主之。[④] 十五、議定説，吴俊德主之。[⑤] 其他論者尚多，恕不更舉。諸説之中，有圍繞天干之名爲生日、死日、祭日、葬日、卜選日、日之陰陽、身份之嫡庶等爲説者，亦有從人類學角度，利用天干間關係，論證商王執政制度及其婚姻制度者，更有從内外婚制、信仰、行第等爲説者。對於輪流執政制度説，楊希枚已撰文提出批評。[⑥] 關於生日説和死日説，張光直用其所統計的銅器銘文中十干比例和醫院出生記録來駁斥，亦極具説服力。[⑦] 其所統計 1 295 件銘文中死去的親人在十干中之比例分别爲：

天干	甲	乙	丙	丁	戊	己	庚	辛	壬	癸
日干稱號	30	274	21	270	55	178	41	209	14	203

所選取醫院一年中按星期而計的出生人數爲：

① 陳其南《中國古代之親屬制度——再論商王廟號的社會結構意義》，臺灣 “中研院”《民族學研究所集刊》第三十五期，1973 年，第 129 - 144 頁。

② 張富祥《商王名號與上古日名制研究》，《歷史研究》2005 年第 2 期。按張氏所論涉及面較廣，以爲日名制 “涉及商代的婚姻制度、宗法制度、王位繼承和宗廟制度、祭祀制度等”，然其似未見丁驌、陳其南等論殷商王姓之文。

③ 郭静雲《殷商王族祭日與祖妣日名索隱》，《甲骨文與殷商史》（新二輯），上海古籍出版社，2011 年，第 47 - 76 頁。

④ 曹定雲《論殷墟花園莊東地甲骨是小乙時代卜辭——從商代的 “日名” 説起》（上），《甲骨文與殷商史》（新八輯），上海古籍出版社，2018 年，第 15 - 45 頁。

⑤ 吴俊德《殷卜辭先王稱謂綜論》，臺灣里仁書局，2010 年，第 151 - 153 頁。

⑥ 楊希枚《聯名制與卜辭商王廟號問題》五《商王廟號新考簡評》，臺灣 “中研院”《民族學研究所集刊》第二十一期，1966 年，第 32 - 36 頁。又《從諱名制、祖孫同名看商王廟號問題——張光直〈中國青銅時代〉讀後》四《再評〈新考〉的幾項重要論點》，《先秦史研究動態》1987 年 1 期，第 11 - 12 頁。

⑦ 張光直《談王亥與伊尹的祭日並再論殷商王制》，臺灣 “中研院”《民族學研究所集刊》第三十五期，1973 年。後收入《中國青銅時代》，三聯書店，1983 年，第 172 - 196 頁。

星期	一	二	三	四	五	六	日
出生人數	534	591	577	658	551	583	502

張氏以此來否定生日說和死日說，並云："卜選說，倘非把廟號的決定歸之於神意或祖先的意旨，則也非把它歸之於偶然的因素不可——如卜兆的形狀及對它的解釋。假如李氏所舉的例子可靠，我懷疑這很可能代表一種社會習俗的儀式性的認可（ritual ratification），而這種社會習俗的來源則另有所自。"① 卜選說即是卜某人某王的日名，但日名何以有甲丙戊庚壬與乙丁己辛癸的懸殊差異，亦即單數與雙數的差異，卜選說未能解釋。吉德煒曾試圖用吉的祭祀日來解釋，② 似乎也不能說明單與雙的差異。井上聰認爲："商人已經有死亡後在陰日埋葬的習俗。甲骨文、金文之中的陰日廟號，是基於埋葬的日子而定的，而葬日又多選用陰日，所以廟號多爲陰日干名。"③ 此以陰陽葬日解釋商王廟號，但其葬日何以多選用陰日？何以廟號要以葬日之天干爲標識？皆缺乏詳細論證。

筆者認爲：鬼神觀念及鬼神信仰在殷商人的頭腦裏已根深蒂固。就數千座商代墓葬分析，其群系組合或族氏家族組織墓區系統特徵已極爲明顯，而王陵區、貴族墓地及一般族氏組織墓地之形制大小、隨葬器物豐儉等不同，足以表明當時已有嚴格的喪葬制度。由此而知《禮記·檀弓》及其他經籍中所記"殷人殯於兩楹之間""殷人尚白，大事斂用日中""殷人棺槨""殷人用祭器，

---

① 張光直《商王廟號新考》，臺灣"中研院"《民族學研究所集刊》第十五期，1963年，第65-95頁。收入《中國青銅時代》，三聯書店，1983年，第139、140頁。
② [美]吉德煒《中國古代的吉日與廟號》，《殷墟博物苑苑刊》創刊號，中國社會科學出版社，1989年，第26頁。
③ [日]井上聰《商代廟號新論》，《中原文物》1990年第2期，第57頁。

示民有知也"等有關葬儀似當遙有所承。

祭祀與宗廟關係密切,商王日干既被稱爲廟號,就必須從宗廟形態與制度上去探究。就甲骨卜辭而言,不僅有大量王族在大型宗廟中祭祀先公先王之辭,也有一些非王卜辭在宗廟内進行祭祀之記載:如文武宗、中宗、大宗、小宗、祖甲舊宗、祖丁宗、丁宗、祖乙宗等,固與殷王有關,其他尚有秦宗、右宗、父己宗等等,① 就中必有多子之宗廟。且殷商之宗廟,不斷更作,而少有燬廟。② 與此相應,考古工作者在安陽發掘出小於王室宗廟的遺址,劉一曼以爲是"與王有密切血緣關係的某一個子族的宗廟"。③ 若此推論屬實,則殷商社會既有商王所用大型宗廟,也有一般宗子、多子族所用的宗廟,如卜辭:丙寅夕卜,子又言在宗,隹永?丙寅夕卜,非永?(《花東》234)④ 甲申余卜,子不、商又言(歆)多亞。(《合集》21631)適可與之互證。從商代繁而不紊的周祭觀察,殷商的宗廟祭祀制度已較完善。在此認識之基礎上,才有可能較爲理性地討論日干廟號。

廟號,顧名思義,即某一先祖在宗廟中之稱號。《説文·广部》:"廟,尊先祖皃也。从广,朝聲。"⑤ 而《釋名·釋宮室》云:"宗廟,宗,尊也;廟,貌也,先祖形貌所在也。"⑥ 廟既然

---

① 參閲姚孝遂、肖丁編纂《殷墟甲骨刻辭類纂》,中華書局,1998 年,第 754－757 頁。

② 參閲王貴民《商周廟制新考》,《文史》第 45 輯,中華書局,1998 年,第 34 頁。

③ 劉一曼《殷墟商代族宗廟的發現與研究》,《考古與文物》2019 年第 6 期。

④ 按《花東釋文》與朱歧祥《殷墟花園莊東地甲骨校釋》釋文有異,今從朱釋。"言"可通"歆"。臺灣東海大學中文系,2006,第 446 頁。

⑤ 許慎撰,徐鉉校定:《説文解字》九下,中華書局,1963 年,第 193 頁上。

⑥ "宗廟,宗,尊也"五字,傳本《釋名》無。畢沅據《北堂書鈔》《藝文類聚》《初學記》等補。參閲王先謙《釋名疏證補》卷五,上海古籍出版社,1984 年,第 267 頁。

是以先祖形貌爲其本義，則屋宇建築僅是其外殼，僅是祭祀先祖之場所而已，真正的廟是其中所供奉的象徵先祖之木主，亦即後世之牌位。據《儀禮》《論語》等所載，商代廟中已行用桑或栗的廟主，以象徵祖先之形貌。既然廟中之廟主乃象徵祖先之形貌，則可推知，敬鬼神、崇祖先，且喪葬、祭祀制度甚爲完善之殷商，在虔敬肅穆心理支配下，對其祖先之廟號必不隨便苟取。因此，欲探尋商王廟號之諦義，無須旁蒐遠討，牽強附會，甚至曲爲比附，而必當求之於商周時已很完善的喪葬、祭祀制度。

殷商之喪葬、祭祀的詳細儀節無聞，然經秦火洗劫之餘的《儀禮》殘本尚存《士喪禮》《士虞禮》《特牲饋食禮》《少牢饋食禮》等，《禮記》中亦有有關喪葬、祭祀儀節之記載，此雖爲周禮，然亦有因襲者。今存《士喪禮》和《既夕禮》上下兩篇中"商祝"凡出現十次，"夏祝"五次，而云"祝"者更多。鄭玄於"商祝襲祭服祿衣次"注云："商祝，祝習商禮者。商人教之以敬，於接神宜。"[1] 於"夏祝鬻餘飯"下注云："夏祝，祝習夏禮者也。夏人教以忠，其於養宜。"[2] 蓋人皆周人，而所習不同。商禮、夏禮，即孔子所言經損益之殷禮、夏禮也。故分析周禮之喪葬祭祀節儀，未嘗不可窺探殷商之喪葬祭祀儀節。經縝密推考，可知商王之日干廟號，與卜葬虞祭及祔廟禮有關。

葬禮，是死者之大事，因爲葬日是生與死之分界。古者凡葬必卜，《周禮·春官·小宗伯》云："卜葬兆，甫竁，亦如之。"[3] 此謂葬時、墓地等皆須先卜，《大卜》所謂"凡喪事命龜"也。鄭玄《禮記·曲禮上》注云"大事卜，小事筮"，孔穎達謂"大

---

① 胡培翬《儀禮正義》卷二十六，江蘇古籍出版社，1993 年，第三冊，第1698 頁。
② 胡培翬《儀禮正義》卷二十六，第三冊，第 1709 頁。
③ 孫詒讓《周禮正義》卷三十六，中華書局，1987 年，第五冊，第 1456 頁。

事則葬地及葬日",① 亦即《雜記》"大夫卜宅與葬日"也。《儀禮·士喪禮》載有卜葬儀節及卜辭,文云:"卜日,既朝哭,皆復外位。卜人先奠龜於西塾上,南首,有席……命曰:哀子某,來日某,卜葬其父某甫,考降無有近悔。"下又云:"宗人退,東面,乃旅占,卒。不釋龜,告于涖卜與主人,占曰某日從。"② 此以占卜結果告知某日可葬也。子孫對於已亡父祖,未葬前以生事之,既葬後以死事之,非唯如此,何日下葬,還牽涉以後祭祀時間,故葬日必須慎重卜選。占卜葬日,本當以龜著所顯爲準,然古人亦有傾向性問卜。《禮記·曲禮上》:"外事以剛日,内事以柔日。凡卜筮日,旬之外曰遠某日,旬之内曰近某日。喪事先遠日,吉事先近日。"孔穎達正義引崔靈恩曰:"外事指用兵之事,内事指宗廟之祭者。"③ 關於内事用陰干,馬晞孟有更詳細解釋與舉證:

> 柔則陰而主内,冠、昏、内祭之類,内事也,故用柔日。《儀禮·少牢饋食》用丁巳,《春秋》"己卯烝"、"乙酉吉禘于莊公"、"丁丑作僖公主"、"丁卯大事于太廟"、"辛巳有事於太廟"、"辛巳立武宫"、"癸酉有事于武宫"、"丁丑夫人姜氏入",是也。《士虞禮》始虞用柔日,三虞卒哭用剛日。何也?曰内事外事,以事之内外爲陰陽者也;始虞三虞,以事之先後爲陰陽者也。以事之先後爲陰陽,則麗乎陰者,亦可謂之外事也。④

馬說之己卯、乙酉、丁丑、丁卯、辛巳、癸酉皆是陰日,而其所對應之事亦皆是内事,可見是當時普遍施行之守則。再看春秋或

---

① 孔穎達《禮記正義》卷三,北京大學出版社,2000年,第一册,第104頁。
② 胡培翬《儀禮正義》卷二十八,第三册,第1819、1821頁。
③ 孔穎達《禮記正義》卷三,北京大學出版社,2000年,第一册,第103、104頁。
④ 衛湜《禮記集說》卷九,《文淵閣四庫全書》,臺灣商務印書館,1986年,第117册,第176頁。

春秋以前之祭祀父祖的《少牢饋食禮》所記：

> 主人曰：孝孫某，來日丁亥，用薦歲事于皇祖伯某，以某妃配某氏，尚饗。

> 遂述命曰：假爾大筮有常，孝孫某，來日丁亥，用薦歲事于皇祖伯某，以某妃配某氏，尚饗。

家廟之祭祀，皆用"丁"日。用丁日之意義，鄭玄曾作詮釋：

> 《儀禮·少牢饋食禮》："日用丁己。"鄭玄注："內事用柔日，必丁己者，取其令名自丁寧，自變改，皆爲謹敬。"①

鄭玄之詮釋很可能是春秋、戰國相傳流行之說，是否殷商用丁之本意，固可質疑，但其用丁用己之陰日觀念，應該是前有所承。

今存早於《儀禮》而確有所據者，應是《周易》，《易·蠱》有"先甲三日，後甲三日"之文，《易·巽》亦有"先庚三日，後庚三日"之語。王弼注"甲"爲"創制之令也"，鄭玄則以"甲"爲"造作新令之日"。王引之認爲，甲庚乃十日之名，非命令之名，遍考書傳，無以甲、庚爲命令者，故王說無據，鄭說將"甲"落實爲"日"，"然創作新令，不聞當擇日"。根據"蠱"訓爲"事"之義，乃作新解云：

> "先甲三日，後甲三日""先庚三日，後庚三日"，皆行事之吉日也。《蠱》爲有事之卦，《巽》爲申命行事之卦，而事必諏日以行，故《蠱》用先後甲之辛與丁，《巽》用先後庚之丁與癸也。②

王氏又徵引《郊特牲》《春秋》《夏小正》《尚書·召誥》《儀禮·少牢饋食禮》等用辛、丁、癸日舉事之例，說明"是辛也、丁

---

① 胡培翬《儀禮正義》卷三七，第三冊，第2230頁。按，經文原作"丁巳"，胡培翬有辨正，可參。

② 王引之《經義述聞》卷一，上海古籍出版社，2016年，第一冊，第35頁。

也、癸也，皆行事之吉日也”。王弼本《周易》《蠱》《巽》卦爻辭如此，今馬王堆帛書《周易·箇〔蠱〕》卦亦作“先甲三日，後甲三日”，《筭〔巽〕》卦亦作“先庚三〔日〕，後庚三日”；①上博館楚竹書《周易·盅》則作“選甲晶日，逡甲晶日”，②上博簡“三”皆作“晶”，可見戰國時《蠱》《巽》卦爻辭無異辭。卦爻辭之作，可上溯到西周甚至周初，可見郊祀、廟祭等用柔日之習俗周初已然，是否也是周因於殷禮，尚須印證，然此已足貫串卜辭和春秋時期《儀禮》等文獻間之聯繫。

　　喪葬與宗廟之祭同，皆屬内事，故其卜必以乙、丁、己、辛、癸等柔日爲常。卜葬、虞祭之所以柔日，與西周以來認爲昏、冠、喪祭取安静有關。《儀禮·士虞禮》鄭玄題注云：“虞，安也。士既葬其父母，迎精而反，日中而祭之於殯宮以安。虞於五禮屬凶。”③是初虞與葬同日。《士虞禮》又云：“始虞，用柔日。”鄭注：“葬之日，日中虞，欲安之，柔日陰，陰取其静。”④《既夕禮》“三虞”鄭注：“虞，喪祭名。虞，安也，骨肉歸於土，精氣無所不之，孝子爲其彷徨，三祭以安之。朝葬，日中而虞，不忍一日離。”《儀禮》載士之虞祭禮凡三，《士虞禮記》云：“始虞，用柔日。……再虞，皆如初，曰哀薦虞事。三虞，卒哭。他，用剛日，亦如初，曰哀薦成事。”鄭玄注“再虞”云：“丁日葬，則己日再虞。”注“三虞”云：“後虞改用剛日。剛日，陽也，陽取其動也。士則庚日三虞，壬日卒哭。”依康成之意，是

----

① 裘錫圭主編《長沙馬王堆漢墓簡帛集成》，中華書局，2014 年，第三册，第 19、35 頁。

② 馬承源主編《上海博物館藏戰國楚竹書（三）》，上海古籍出版社，2003 年，第 161 頁。

③ 《儀禮注疏》卷四二《士虞禮》第十四，阮刻《十三經注疏》本，上册，第 1167 頁上。

④ 《儀禮注疏》卷四三，阮刻《十三經注疏》本，上册，第 1174 頁上。

始虞通用柔日，隔日再虞，再虞之明日爲三虞，其用日爲柔、柔、剛。然據清胡培翬等考證，三虞當在再虞之後日，則三虞用日皆柔。① 三虞後之第三日爲剛日，是爲卒哭之日。卒哭之明日爲柔日，是爲祔廟之日。《儀禮》雖不存天子、諸侯、大夫之虞禮，據《禮記·曲禮下》正義引許慎《五經異義》載《古春秋左氏說》云：

> 天子九虞，九虞者以柔日，九虞十六日也；諸侯七虞，十二日也；大夫五虞，八日也；士三虞，四日也。②

按，既云"九虞者以柔日"，故清王引之、吳廷華、胡培翬等據末虞用柔日之儀，定天子、諸侯、大夫、士之虞祭日分別爲十七日、十三日、九日、五日。③《記》又云："死三日而殯，三月而葬，遂卒哭。"《禮記·雜記》云："士三月而葬，是月也卒哭，大夫三月而葬，五月而卒哭；諸侯五月而葬，七月而卒哭。士三虞，大夫五，諸侯七。"鄭玄注："尊卑恩之差也。天子至士，葬即返虞。"④ 葬即返虞，尊卑相同，其原因是孝子"弗忍一日離也"（《檀弓下》）。《雜記》未言天子葬期及卒哭之月，但《禮器》云："天子崩，七月而葬。"⑤ 又《王制》云："天子七日而

---

① 《士虞禮》"再虞，皆如初，曰哀薦虞事。三虞，卒哭。他，用剛日，亦如初，曰哀薦成事"下胡培翬正義："今三復記文，三虞二字，當在'皆如初'上，寫著者錯亂在下耳。再虞三虞是兩事，故曰'皆如初'。皆者，統兩事而言之也。若止再虞一事，則但云如初可矣，何得言皆乎？然則再虞皆如初，當爲'再虞三虞皆如初'明甚。鄭不悟'三虞'爲錯亂在下之文，而以三虞、卒哭連讀，於是用柔日之三虞，誤以爲用剛日矣。"第三冊，第 2046 頁。

② 《禮記注疏》卷四，阮刻《十三經注疏》本，上冊，第 1260–1261 頁。

③ 見王引之《經義述聞》卷十"卒哭他用剛日"條（江蘇古籍出版社 1985 年影印本，第 258 頁）、吳廷華《儀禮章句》（《清經解》卷二八四，上海書店，1988 年，第二冊，第 384 頁下）、胡培翬《儀禮正義》（江蘇古籍出版社，1993 年，第三冊，第 2046、2047 頁）三書所證。楊伯峻《春秋左傳注》猶謂末虞用剛日，殆用鄭說，或未檢此。

④ 《禮記注疏》卷四三，阮刻《十三經注疏》本，下冊，第 1566 頁中。

⑤ 王鍔點校宋余仁仲本《禮記注》，中華書局，2021 年，上冊，第 313 頁。

殯，七月而葬。"① 唐杜佑《通典·禮四十七》據之，遂謂天子七月而葬，九月卒哭。②《士虞禮記》又云："明日，以其班祔。"鄭注："卒哭之明日也。"鄭注《既夕禮》謂"祔"是"卒哭之明日祭名。祔猶屬也，祭昭穆之次而屬之"。③ 《説文·示部》："祔，後死者合食于先祖。"《爾雅·釋詁》："祔，祪，祖也。"郭璞注："祔，付也，付新死者於祖廟。"胡培翬云："死者體魄，以葬爲歸；死者魄氣，以廟爲歸。"④ 綜此文獻，可將士上至天子之卜葬、虞祭、卒哭、祔廟時日列爲下表：

	甲	乙	丙	丁	戊	己	庚	辛	壬	癸	甲	乙	丙	丁	戊	己	庚	辛
士		下葬初虞		二虞		三虞			卒哭	祔廟								
大夫		下葬初虞		二虞		三虞		四虞		五虞								
									二月後約此日卒哭	二月後約此日祔廟								

---

① 王鍔點校宋余仁仲本《禮記注》，上冊，第164頁。

② 杜佑《通典》卷八七，商務印書館萬有文庫本，浙江古籍出版社，1988年影印，第472頁中。

③ 《禮記·檀弓下》亦云："卒哭曰成事。是日也，以吉祭易喪祭。明日，祔于祖父。"王鍔點校宋余仁仲本《禮記注》，上冊，第117頁。

④ 見胡培翬《儀禮·士虞禮》正義，江蘇古籍出版社，1993年，第三冊，第2065頁。

續　表

	甲	乙	丙	丁	戊	己	庚	辛	壬	癸	甲	乙	丙	丁	戊	己	庚	辛
諸侯		下葬初虞		二虞		三虞		四虞		五虞		六虞		七虞				
													二月後約此日卒哭	二月後約此日祔廟				
天子		下葬初虞		二虞		三虞		四虞		五虞		六虞		七虞		八虞		九虞
																二月後約此日卒哭	二月後約此日祔廟	

大夫、諸侯、天子之二月後卒哭、祔廟，以葬日起算，抑末虞起算，史無明文，今姑繫之末虞。① 殷商曆法，論者基本確定爲大月三十日與小月二十九日相間。② 兩月爲五十九日，接近一個周

---

① 如以葬日算起，則祔廟日約與下葬初虞同日。又《禮記·檀弓》云："殷練而祔，周卒哭而祔，孔子善殷。"朱熹云："期而神之之意，揆之人情，亦爲允愜，但其節文次第，今不可考。"（《晦庵先生朱文公文集》卷三十六《答陸子壽書》，《四部叢刊》本，第一葉 A）按，即如《檀弓》所言，因係宗廟之事，故亦必用柔日，今姑置不論。

② 郭沫若考證殷商早期可能是每月三十日，無大小月之分，後期始有之（《甲骨文字研究·釋支干》，科學出版社，1982 年，第 158、163 頁）。陳夢家《殷虛卜辭綜述》第七章謂殷代曆法："月有大小，大月三十日，小月二十九日，一年之中大小月相錯，有頻大月的。"（科學出版社，1956 年，第 223 頁）。常正光《殷曆考辨》否認有頻大月的安排（《古文字研究》第六輯，中華書局，1981 年，第 93－121 頁）。又，曹錦炎有《卜辭無大小月辨》，古文字第三屆年會論文，未見。

甲。頗疑古禮於大夫至天子所以要卒哭兩月後始祔廟者，亦緣於孝子不忍急速忘恩背情，盡變事生之禮，故以甲子重周，哀情減殺，始歸廟而神之。

卜葬所以選柔日，此與虞祭有關；虞祭所以用柔日，此與祔廟日有關；祔廟所以選用柔日，殆是應宗廟祭祀之需要；而卜葬、虞祭、祔廟所以用柔日最終都是取其陰日安靜之意。

卒哭後祔廟，以何物而祔？《禮記・檀弓下》："重，主道也。殷主綴重焉，周主重徹焉。"鄭注："始死未作主，以重主其神也。重，既虞而埋之，乃後作主。《春秋傳》曰：'虞主用桑，練主用栗。'綴猶聯也，殷人作主，而聯其重縣諸廟也，去顯考，乃埋之。周人作主，徹重埋之。"孔穎達疏解甚爲明晰：

> 始死作重，猶若吉祭木主之道。主者，吉祭所以依神；在喪，重亦所以依神。故云"重，主道也"。"殷主綴重焉"者，謂殷人始殯，置重于廟庭，作虞主訖，則綴重縣於新死者所殯之廟也。"周主重徹焉"者，謂周人虞而作主，而重則徹去而埋之，故云"周主重徹焉"。但殷人綴而不即埋，周人即埋不縣於廟爲異也。《士喪禮》云士有重無主，而此云"重，主道"者，此據天子、諸侯有主者言之，卿大夫以下無主。①

此知始死先作重，及虞祭而作桑主。其木所以用桑，取意深刻，古者家家樹桑，戶戶種梓，② 故以桑梓代稱故鄉。虞祭是安神之祭，然屬喪祭而非吉祭。喪、桑同音，用桑木作主，取其迎神還回故里，使其安泰之意。至作主對於孝子憑寄哀思之意義、主之形制及三代沿革等，許慎《五經異義》論之甚詳：

---

① 《禮記注疏》卷九，阮刻《十三經注疏》本，上冊，第 1301 頁中。
② 如《詩・小雅・小弁》："維桑與梓，必恭敬止。"毛傳："父之所樹，己尚不敢不恭敬。"朱熹集傳："桑、梓，二木名。古者五畝之宅，樹之牆下，以遺子孫給蠶食、具器用者也。"此樹桑種梓之本意也。

主者，神像也。孝子既葬，心無所依，所以虞而立主以事之。唯天子、諸侯有主，卿大夫無主，尊卑之差也。卿大夫無主者，依神以几筵，故少牢之祭，但有尸無主。三王之代，小祥以前主用桑者，始死尚質，故不相變。既練易之，遂藏於廟，以爲祭主。凡虞主用桑，練主，夏后氏以松，殷人以柏，周人以栗。《春秋左氏傳》曰，凡君薨，卒哭而祔，祔而作主，特祀于主，烝嘗禘于廟。主之制，正方，穿中央，達四方。天子長尺二寸，諸侯長尺，皆刻諡於背。①

許説三王之世，小祥以前主用桑，夏代是否有像周一樣的小祥，固然無可徵信，《檀弓》説"殷練而祔"，似殷人亦有小祥。無論如何，祭祀所依憑之木主三代相承，還是可信的（詳後文）。所謂"刻諡於背"，係本《禮·士虞記》"桑主不文，吉主皆刻而諡之"之文。② 周代桑主祥後要埋之，且不易與其他木主相混，故不必刻字（不文），③ 練主（周用栗木）要長期供奉在廟中受祭祀，廟中父祖以上木主甚多，故必須刻字以別之。丁山、黃奇逸雖已發現卜辭中有武唐、文、康等個別諡號，但大量祭祀中所常見者仍是帶有日干的廟號，故筆者認爲：

殷商廟主上所刻者乃是日干廟號，西周以還，諡法定型，始

---

① 陳壽祺《五經異義疏證》，《清經解》卷一二四八，第七册，第162頁下。按，主之形制長短經師各有異説：范寧《穀梁傳·文公二年》"爲僖公主也"下注與許慎同，《通典》引《漢儀》則云："帝之主九寸，前方後圓，圍一尺；后主七寸，圍九寸，木用栗。"凌純聲《中國古代神主與陰陽性器崇拜》四《主制》一節對此有羅列（見《中國邊疆民族與環太平洋文化》（臺灣聯經出版社，1979年，第1255－1269頁）。筆者將於《商人日干稱號與卜葬、虞祭、祔廟禮之研究》中詳論之。

② 按此文見何休《公羊傳·文公二年》之注文，今本《士虞》記無此文。

③ 孔穎達在《曲禮下》"措之廟，立之主曰帝"下疏云："卒哭，主暫時祖廟畢，更還殯宮，至小祥作栗主入廟，乃埋桑主於祖廟門左埋重處。"

“刻謚於背”。廟主刻上祔廟日之日干，一是便於“尊神”“事神”以致頻繁祭祀和晚殷以還形成的周祭，二是便於區別先公先王的木主，三是可緣卒哭、虞祭而逆推廟主之葬日。因此，刻祔廟日之日干於廟主而稱廟號，名副其實。

　　推測殷商廟主上鐫刻日干，竟有出土實物可以印證。1991 年下半年在安陽後崗發掘 38 座殷代墓葬，其中小型墓穴中出土十四枚（Ⅰ式 12 枚，Ⅱ式 2 枚）被定名爲“柄形飾”的扁平長條形石飾。平頂，頂下兩側內凹，略呈弧形，下端窄小而薄。M3：01 朱書“祖庚”，長 7.1 釐米，厚 0.7 釐米；M3：02 朱書“祖甲”，長 7 釐米，厚 0.6 釐米；M3：03 朱書“祖丙”，長 7.5 釐米，厚0.4 釐米；M3：04 朱書“父辛”，長 6.6 釐米，厚 0.5 釐米；M3：05 朱書“父□”，長 8.4 釐米，厚 0.5 釐米；M3：06 朱書“父癸”，長 6.6 釐米，厚 0.5 釐米。圖形如下：

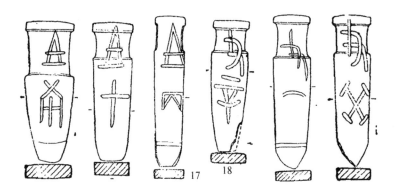

發掘簡報稱：“以前在殷墟曾發現朱書玉戈等。但在石柄形飾上的朱書稱謂，還是首次發現。”[1] 可見考古發掘執筆者並不知道石

① 徐廣德《1991 年安陽後岡殷墓的發掘》，《考古》1995 年第 10 期，第 900 頁。

質飾件爲何物。後有學者將之與神主聯繫，認爲可能是"石主"。[①] 今從其上朱書日干"祖庚""祖甲""父辛"等，即可與《儀禮》所記虞主、練主和卜辭所刻日干廟號相聯繫。首先，石質飾件形製極像卜辭之"示"，甲骨文分別有 1."示""示"、2."示""示"、3."示""示"三種形狀。最早唐蘭在《殷契卜辭考釋》中提出"示與主爲一字"，證據是卜辭之示壬示癸，《史記》作主壬主癸。陳夢家讚同其説，並爲之補充六證。唐蘭又撰《釋示宗及主》大加闡發，[②] 基本成爲定論。續後不斷有人申論其説。[③] 趙林更明確説："甲骨文的示作示、示、示，乃神主之象形，主乃係從示分出來的字。"[④] 黄盛璋解釋"示"爲祭案。"每一祭案祭一祖先，祭案形製基本一樣，用以區別每一具體祖先的就是主，後代稱謂神主，即俗稱之牌位"。又云："甲骨文只有'宗'，没有'廟'，祭祀祖先皆於宗。""宗的原意表宗廟，爲祭祀祖先、鬼神、上帝之所。西周通稱爲廟。"[⑤] 各家著眼點不同，

① 劉釗認爲由於"柄形飾"是首次發現，"所以目前還不能將這種'柄形飾'直接考定爲'石主'，只能説'柄形飾'可以爲'石主'，或説用爲'石主'是'柄形飾'的用途之一"。《安陽後崗殷墓所出"柄形飾"用途考》，《考古》1995 年第 7 期，第 625 頁。
② 唐蘭《懷鉛隨録·釋示宗及主》，《考古社刊》第六期，1937 年。收録於《唐蘭全集·論文集上編二》，上海古籍出版社，2015 年，第二册，第 579 頁。
③ 如楊升南《從殷墟卜辭中的"示""宗"説到商代的宗法制度》，《中國史研究》1985 年第 3 期。單周堯《説"示"》，《第二屆國際中國古文字學研討會論文集續編》，1995 年。王恩田《釋匕氏示》，《第二屆中國古文字學研討會論文集》，1993 年。
④ 趙林《論"氏"的造字成詞》，《甲骨文與殷商史》（新一輯），上海古籍出版社，2009 年，第 189 頁。
⑤ 黄盛璋《宗（廟）、示、主、祊、宝、祖（且）的來源與中國文明形成的關係略説》，載《夏商文明研究》，中州古籍出版社，1995 年。

解説也各有歧異，然以"示"與祖先神主有關則一。① 今殷墟墓葬出土朱書石質飾物，其形狀與卜辭"示"之第二種寫法近似，由此可以推想第一種寫法是第二種寫法之簡化，它是殷商神主牌位性質之物似無可疑。

就出土飾物尺寸與文獻記載比較，石質神主最長 7.9 釐米，最短 6.6 釐米，以商代玉尺一尺 15.8 釐米衡之，約在五寸許。而傳世文獻《白虎通》、《公羊傳》何休注天子多在尺二寸，諸侯一尺，也有八寸和七寸者，此是漢尺，以漢尺 23.5 釐米計，一尺與尺二寸無論，七寸和八寸也當分別爲 16.45 釐米和 18.8 釐米，也遠比石質神主要長一倍以上。據發掘報告，石質神主出於小型墓葬，應該不是商王或宗子之神主。且質地爲石質，與漢代經師所言之桑木、栗木等異；殷墟神主埋入墓中，與漢代經師所言懸諸廟中和埋入地下者亦不同。此當爲時代制度不同，形製質地均有變化損益，尚須深入研究，更有待新出土實物證實。

許慎説刻諡與神主之背，殆是西周或春秋以後事，刻諡法之作用是分別神主是甲非乙，便於稱謂和祭祀。殷商尤其是殷商前期是否已產生諡法，尚可討論，而其缺乏一整套諡法系統則無可疑。然宗廟中神主衆多不止一二個，如無記號刻於各神主之背以區別，勢必無法很有秩序地祭祀。區別記號，可以是名字（如果殷商有字的話）、生日、死日等，但生日、死日是否與祭祀有密切關係？後世的誕辰和忌日紀念是否施行於殷商？本屬無稽。故推想在諡法產生以前，將每位先祖之祔廟日干支鐫刻或書寫於神主之背面——如安陽後岡出土實物所示，以區別不同祖先，是爲情理所必須和必有。出土石質神主上朱書親稱日干，與祭祀卜辭

① 連劭名又揭取卜辭之"斗"，以爲是商代的神主，蓋以"斗"與"主"曾互相通用故。見連劭名《商代的神主》，《殷都學刊》1998 年第 3 期。

中大量親稱日干廟號年代相近，形式一致，與《儀禮》類喪葬祭祀儀節的親稱（或美稱）加虞祭後祔廟日以雙數陰日爲主體之日干亦相吻合。《儀禮》所記喪葬祭祀儀節中有研習商禮的商祝參與，所以此類雙數日干與出土文獻實物之吻合，有其內在的必然規律在支配，絕非偶然巧合。所當進而辨證者，既然祔廟日多爲雙數柔日，何以卜辭先公先王廟號和傳世經典中還有少量是單數剛日？

徵諸文獻，《春秋》凡書葬而記日者，絕大多數爲柔日。如魯君及夫人之葬皆書日，蓋因本國史料完備，其日絕大多數皆爲柔日，外諸侯等因各種原因，有未書日者，然凡書亦絕大多數皆爲柔日。一部《春秋》，書葬爲剛日者僅三，改葬爲剛日者僅一。《宣公八年》："冬十月己丑，葬小君敬嬴。雨，不克葬。庚寅，日中而克葬。"《成公十五年》："秋八月庚辰，葬宋共公。"《定公十五年》："九月丁巳，葬我君定公。雨，不克葬。戊午，日下昃，乃克葬。"敬嬴、定公之葬日原爲柔日，因雨不得已而改用剛日。可以反證其因雨改葬之爲禮俗者，是《王制》"庶人縣封，葬不爲雨止，不封不樹"之記載，鄭玄解釋曰："雖雨猶葬，以其禮儀少。"禮儀少，即下葬儀節簡單，掩埋了事，故雖雨無礙。無論《王制》成書在何時，其有古禮古俗爲史料來源是無可懷疑的，其謂庶人之葬不爲雨止，則卿大夫以上如諸侯之葬，似當有因雨停葬之禮俗，有停葬之禮俗，則必有柔日改爲剛日之事。宋共公之葬，《穀梁傳》釋云："夏六月，宋公固卒……秋八月庚辰，葬宋共公。月卒日葬，非葬者也。此其言葬何也？以其葬共姬，不可不葬共公也。葬共姬，則其不可不葬共公何也？夫人之義，不踰君也。爲賢者崇也。"此非常情可知。又《左傳·隱公元年》："冬十月庚申，改葬惠公。"合葬、改葬之情況與雨雪不克葬者同，皆非以常禮下葬。葬用柔日，虞祭亦用柔日，則祔廟之日亦必在柔日。由《春秋》所書之實例，可證《士虞禮》所記之古禮屬實。《春秋》既按如此嚴格的卜葬、虞祭、祔廟之制，可推知西周時此制已形成。殷商是否已有這種制度存在？卜辭不見"祔"字，無法確證。但《禮記》提供一些信息，《檀弓》篇在論及卜葬時數數分別商周，如"周人弁而葬，殷人冔而葬""殷既封而弔，周反哭而弔"云云，最重要的是在"明日，祔于祖父"下有"殷練而祔，周卒哭而祔，孔子善殷"一語，[①] 表明下葬穿戴、哭弔時段、祔廟時間，殷周儀節雖有不同，但都是必不可缺的喪儀環節。證以《儀禮·士喪禮》《既夕禮》《士虞禮》等經記中屢言之祝與商祝，鄭注《士喪禮》"商祝襲祭服"云："商祝，祝習商禮者。商人教之以敬，於接神宜。"知三篇經記中有關喪祭節儀多源於商禮，士禮中卜葬、虞祭、祔廟之制，雖定型於西周，實則在殷商時已有雛形，而天子、諸侯、大夫之喪祭節儀亦可由此隅反，只是周因於殷禮，有所損益而已。確定這一商周禮儀中至關重要一環——卜葬、虞祭、祔廟之制後，才有可能正確探討商王廟號之諦義。

就卜辭所見商王廟號看，廩辛以下，康丁、武乙、文丁、帝乙，全屬柔日。溯而上之，小辛以下，除祖庚、祖甲外，全屬柔日。如果從直系先王觀察，仲丁而下，除祖甲外，其祖乙、祖辛、祖丁、小乙、武丁等全屬柔日。這種殷商中後期帝王日干名多用柔日之現象當非偶然。若再聯繫張光直所統計 1295 件銘文中呈現之天干比例數，可知其中有規律在支配已確鑿無疑。基數如此之大的銘文天干比例，不是張氏二分支派説、劉氏十分支派説和陳氏四分組説的佐證，相反，恰是其説之反證。因爲不能解釋，除商王而外，所有上下臣僚之族氏、宗族中都有二分、十分

---

① 王鍔點校宋余仁仲本《禮記》，第 117 頁。

或四分支派輪流執掌國政、族政、家政。商人敬畏鬼神，淫濫祭祀，已爲人所共知。敬神畏鬼，故重死，重死，故於生與死之分界——葬日格外注意。因其凡事必卜，故葬日亦須卜選。淫祭，故葬日即祭及祔廟、禘祫等祭皆在情理中。鑒此，將卜辭所見之商王廟號和銘文顯示之天干認定爲祔廟日——即柔日，似較近理。雖然，卜葬、虞祭皆爲柔日，朱鳳瀚、井上聰等從不同角度皆有所揭示，筆者亦曾傾向於葬日及虞祭的反映，但經縝密思考後，放棄此說而信守祔廟說。原因是：

（1）據喪禮所記，卒哭前之祭皆屬喪祭，卒哭後之祭始爲吉祭，故葬日與虞祭乃喪中之祭，祔廟之祭屬於吉祭。古人極重喪禮與吉禮之分，作爲廟號，要長年累月地進行祭祀，故不可能取象徵喪祭的下葬與虞祭日干，而必須以象徵吉祭的祔廟日干爲廟號。

（2）既稱廟號，必有所取義，而取祔廟之日（已是吉祭）爲其廟號之意義，又將該日作爲此後進行周祭、禘祫等各種祭祀之標識日，既名副其實，又入情合理。

（3）《史記·殷本紀》"子微立"司馬貞索隱："以日爲名，蓋自微始。譙周以爲死稱廟主曰甲也。"又"是爲成湯"司馬貞《索隱》引譙周曰："夏殷之禮，生稱王，死稱廟主，皆以帝名配之。天亦帝也，殷人尊湯，故曰天乙。"[1] 譙說"死稱廟主"之取義、內涵及其與祭祀之關係，今莫得聞，但其曾撰《古史考》，所說或有根據。其"廟主"若指刻有祔廟日日干之神主，則與本文所主之祔廟說相去不遠。

當然，殷商卜葬、虞祭、祔廟禮之儀節，並非自成湯以來即已形成。其起源、完善，到形成一定制度應有一段歷史過程。保

---

① 《史記》卷三，中華書局，1963 年，第一冊，第 93 頁。

守地説，至少在廩辛時代這種禮制似已趨於定型。定型之後，也非無例外，如《春秋》時之敬嬴、魯定公、宋共公非正常下葬之類。因天有不測風雨之變，人有無數情理之牽，卜選葬日爲申孝意而先用遠日陰日，屆時不克葬而偶用剛日則是情理所趨。《儀禮·士虞禮》："三虞，卒哭。他用剛日，亦如初，曰哀薦成事。"鄭注："他，謂不及時而葬者……謂之他者，假設言之。文不在卒哭上者，以其非常也。"①《禮記·喪服小記》："報葬者報虞，三月而後卒哭。"鄭注："報讀爲赴疾之赴，謂不及期而葬也。"孔疏云："此一節論不得依常葬之禮也。赴猶急疾也。急葬，謂貧者或因事故死而即葬，不得待三月也。急虞謂亦葬竟而急設虞。謂是安神，故宜急也。"②《小記》又云"父母之喪偕，先葬者不虞祔，待後事"，即指出喪葬虞祔都有特殊情況。古人制禮，有經有權，故反映在卜葬、虞祭、祔廟禮之日期上有柔日，亦有剛日。柔日，經也；剛日，權也。明於此，則商王廟號及金文1295件銘文的天干比例數之癥結均可迎刃而解。再返觀卜辭實例和史實：

> 癸丑卜，瞉貞，旬亡囚，王固曰，业祟五〔日〕丁巳〔子〕□囚（《合集》17076）

> 癸丑卜，瞉貞，旬亡囚，王固曰，业……〔五〕日丁巳子□囚（《合集》17077正）

> 癸丑卜，貞，旬〔亡囚〕。五日丁巳子□囚（《合集》17078正）

> 癸丑卜，永貞，旬…五日丁巳子□囚（《合集》07363正）

由《合集》17078正得知，《合集》17076"五"字後漏"日"字，

---

① 《儀禮注疏》卷四十三，阮刻《十三經注疏》本，上册，第1174頁中。
② 《禮記注疏》卷三十三，阮刻《十三經注疏》本，下册，第1499頁下。

《合集》17077 正"日"前當是"五"字。且《合集》17076 脫
"子"字。幾條卜辭中⿴字，諸家所釋不同，丁山、胡厚宣釋
死，①　張政烺謂卜辭已有"死"字，當釋作"薀"，"其本義爲藏，
埋是引申義，而人的死用⿴字來表示則由埋義再引申出來的"。②
張説至確，以"薀"釋讀有關卜辭，文理始通。按此字中間或從
人、反人或從大作⿴、⿴者，雖可用字無定形解之，或亦與古
代仰身葬和屈肢葬等葬式有關，若緣於此種心理，則其象形之意
猶顯。就上面幾條卜辭言之，癸丑卜⿳是否下葬，結果是"有
祟"，只能自占卜之日順推五日至丁巳葬。③　卜辭有"因"或
"薀"者二百條左右，其中有相當數量可窺殷商卜葬之制。再舉
幾例説明之，首先，卜葬者多在陰日進行：

　　　　癸亥…貞旬…有祟…子⿴…⿴ （《合集》17080）

　　　　己亥卜，貞，不其⿴ （《合集》17137）

　　　　己亥卜，貞其⿴ （《合集》17137）

　　　　乙酉卜，亙貞，作禦斬庚不⿴ （《合集》17086）

　　　　貞其⿴。（《合集》17127）

　　　　乙酉卜，貞不⿴。（《合集》17127）

以上數例，多於陰日占卜葬與不葬。又：

　　　　癸未卜，㱿貞，旬無囚，王固曰：往乃兹有祟，六日戊

---

① 丁山《釋疾》，臺灣"中研院"《歷史語言研究所集刊》第一本第二分，1930
　　年，第 244 頁。胡厚宣《釋⿴》，《甲骨學商史論叢》初集第四册，《齊魯大學
　　國學研究所專刊》之一，臺灣大通書局，1972 年，第 690 頁。

② 張政烺《釋因薀》，《古文字研究》第十二輯，中華書局，1985 年，第 76 頁。
　　徐中舒主編《甲骨文字典》釋作"葬"，亦從卜辭文義而來（四川人民出版
　　社，1990 年，第 62 頁）。

③ 按，此幾條卜辭之"⿴"只能解釋爲"葬"義，因爲若要在五日前占卜問其
　　五日後死或不死，何以不問三日、四日、六日、七日死或不死，此於情理上
　　説不通，也不可能。

子，子發☒，一月。（《合集》10405 正）

　　…老…不犬其…丁不☒…日有蚩…不…（《合集》
17136）

上一條因爲占卜結果有祟，故在六日後之陽日戊子下葬。下一條
丁日所以不葬者，也因有災害（蚩），蓋所謂非吉日。此已隱隱
透露出，卜葬先卜丁日，與《儀禮》所記正同。但所卜之日與自
然界風霜雨雪雷電等時有衝突，並非都可以按時下葬，故不得已
而在單日卜葬。如：

　　丙子卜，㝵貞，令☒☒我于有師骨告不☒（《合集》
17168）

　　丙子…貞，令…我于有師骨告不☒（《合集》17169）

　　貞，☒不其骨告其☒（《合集》17170）

還有一種占卜，是兼問數日，在其中作選擇：

　　乙巳卜，帝日叀丁？叀乙？又日。叀辛？又日（《庫》
985＋1106——《合補》10388）

卜選其日，爲什麼是柔日的丁、乙、辛而不用剛日？且既並問乙
與丁，可見其於乙與丁均可。若以生前派系分之，則非此即彼，
無容含混，何必卜問或丁或乙，可見殷商帝王生前絕非分組分派
執政。乙、丁、辛並問，已占柔日五分之三，只有用卜葬、虞
祭、祔廟禮來解釋，才較合理。再以商紂爲例，他死於甲子日，
却不名帝甲而名帝辛，董作賓曾作過種種推測，以爲是三日前自
縊。[①] 今以祔廟日之廟號衡之，可知其於辛日祔廟，故名帝辛，

---

① 董作賓《論商人以十日爲名》，《董作賓先生全集》乙編卷三，臺灣藝文印書
　館印行，1963 年，第 567－579 頁。張懋鎔《商代日名研究的再檢討》責董説
　云：“牧野之戰結束得太快，殷人前徒倒戈使戰局突然爲之改觀，勝敗在瞬間
　決定，豈容殷紂王預先知曉而提前自縊呢？”《古文字與青銅器論集》，科學出
　版社，2002 年，第 232 頁。

逆推其卜葬、虞祭之日，亦皆陰日。殷商與姬周祔廟日各有不同，《曲禮下》云：“殷練而祔，周卒哭而祔，孔子善殷。”[1]是殷人在練祭之後祔廟。練爲週年之祭，相對周人卒哭後祔廟要晚得多，則知帝辛廟號須至紂王甲子日死後一年多方始確立。紂王安葬祔廟一事昭示：武王雖誓衆數罪伐紂，最後仍以殷商喪葬禮俗爲其安葬祔廟，此既表明殷商確有一整套喪祭吉祭禮儀，姬周對此知之頗悉，故建國繼統之後，對此禮俗有所繼承和損益。神主同樣要有祔廟禮，此爲繼承一面；殷於練祭祔廟，周於卒哭祔廟，此爲損益一面。

這些卜辭和出土實物及儀禮節儀，是商王日干稱號緣於古代祔廟禮之佐證。唯此問題關涉甚大，非寥寥數語所能闡明，筆者將撰《殷商日干稱號與卜葬、虞祭、祔廟禮之研究》予以詳細推證，今僅略發端緒於此，藉以申殷商廟號與避諱之關係。

上述論證也證明卜辭所稱之先王稱號絕非私名。陳夢家曾從《太平御覽》《世本》等文獻中輯出《竹書紀年》所稱殷商帝王名十六個，認爲此乃商王私名。[2]諸此私名，和先秦文獻、出土卜辭中的商人之名一樣，與夏代及周秦以來的漢人命名取字亦同，並無特別。大量銘文中的親稱加日干皆非器主祖先父母之私名，而是經卜葬、虞祭，最終由祔廟日而得之廟號。大量的私名便是

---

① 王鍔點校宋余仁仲本《禮記注》，第117頁。

② 《殷墟卜辭綜述》第十二章（科學出版社，1956年，第402－403頁）。按，《古本竹書紀年》云：“湯有七名而九征。”亦稱唐，卜辭有唐宗，一般公認其名爲履。又今本《紀年》稱祖丁名新，卜辭有霺宗，楊樹達據而言“足證今本《紀年》祖丁名新之説爲可信”（《積微居小學述林·書古本竹書紀年輯校後》，中華書局，1983年，第271頁）。陳力亦據而云“祖丁名新。故其廟謂之霺宗”（《今本〈竹書紀年〉研究》，《四川大學學報叢刊》第二十八輯）。以名爲宗廟之號，與古諡法、稱謂敬祖諱名之俗相違。循唐宗例，新似非祖丁之私名。竊疑《紀年》所記，或有美稱、廟號之名厠其中。

因敬鬼神、諱私名、稱廟號之禮俗而致於湮没，幸而可在銘文的比勘中得其一二。

卜辭稱先王，銘文器主稱父母祖先之日干廟號，不稱私名，從稱謂制度上論，是等級制和尊尊親親使之然，但若着眼於虔敬的廟中祭祀，惶恐的畏鬼心理，謹慎的避禍求吉意識，以及鑄器享祭祖先的孝心等，也應認爲是一種諱稱。諱稱已死祖先和酋領、國王，在原始民族中屢見不鮮。新愛爾蘭的祖先崇拜之俗，是人死之後做一木像爲紀念，稱"烏利"或"馬蘭加尼"；烏拉爾地區則做一塑像，稱"庫拉布"；馬達加斯加對已死國王和酋長之名字均需避諱。[①] 返觀卜辭、銅器中之日干稱號、出土墓葬中之殷商石主、傳世文獻中之殷周木主，形式稍異而理實一致。可能殷商時未必有一明確的廟號意識，因須諱真名，時唯有諸父諸母之稱，父母字不能别，遂將祔廟時之日干附於親稱或其他稱謂之後，既易於區别稱謂，又便於祭日之記憶。[②] 一時仿效，蔚爲風氣，遂啓後世各種歧解。

四、 先秦禮書所載之諱禮

（一） 宗法、 等級社會中的諱禮

《周禮·春官·小史》："小史掌邦國之志，奠繫世，辨昭穆。若有事，則詔王之忌諱。"鄭玄注引鄭司農云："先王死日爲忌，

---

① 前者見〔蘇〕C. A. 托卡列夫、C. П. 托爾斯托夫主編，李毅夫等譯《澳大利亞和大洋洲各族人民》第十七章《祖先崇拜》，三聯書店，1980 年，第 627 頁。後者見弗雷澤《金枝》第二十二章第三節《死者名字的禁忌》，第 382 頁。

② 畲族人死後，登記上族譜所用名字，由不同的姓後附以"大小百千萬念"（蘭姓）、"大小百千萬"（雷姓）、"大小百千萬念"（鍾姓）等輩份區别字，加上男女區别字"郎""娘"而組成，稱爲諱名。這與殷商之親稱加日干名有相似之處。胡起望《畲族》，見張聯芳主編《中國人的姓名》，中國社會科學出版社，1992 年，第 251 頁。

名爲諱……玄謂王有事祈祭於其廟。"① 當王有事於廟祭，小史即昭示先王死日與名諱，以使時王祭祀時避諱。《禮記·王制》云："大史典禮，執簡記，奉諱惡。"② 惡猶忌。一屬小史，一隸太史，孫詒讓謂小史即大史屬官，長屬通職。太史一職，金文中已出現，地位較尊。作册魖卣（《集成》5432）稱"公太史"，與"公"連稱，地位可以想見。《左傳·昭公二年》韓宣子適周，"觀書於太史氏"，此可與《王制》之文相互發明。西周金文雖未見"小史"一職，却有大史、中史、內史、右史等，張亞初認爲《周禮》作者是一位很熟悉西周職官的人。③ 劉起釪謂《周禮》成於春秋，寫定於戰國，乃周魯衛鄭系統的官制。④ 任銘善考證《王制》作於《孟子》之後，亦戰國時書。⑤ 由此可認定，至遲在春秋戰國時代，避先王之名諱，不僅納入禮制，而且已有專門官吏執掌。其制爲周公所定，還是在歷史過程中不斷完善、改進而定，尚須考論。兹將《禮記》等書中有關避諱之條例列而論之如下：

　　1. 卒哭乃諱（《禮記·曲禮上》）

　　《雜記》亦云："卒哭而諱。"卒哭，《儀禮·士虞禮》："三虞，卒哭。"謂末虞之後第三日卒哭。所以欲待卒哭始諱者，先民不以爲人死即進入鬼魂世界，而須過若干時間後才往冥界，二次葬習俗便是這種意識之反映。《檀弓下》云："虞而立尸，有几筵。卒哭而諱，生事畢而鬼事始已。"⑥ 因爲卒哭之明日將主祔於

①　《周禮注疏》卷二十六，阮刻《十三經注疏》本，上册，第818頁中。
②　《大戴禮記·保傅篇》、賈誼《新書·傅職篇》均云："不知先王之諱與國之大忌，凡此，其屬大史之任也。"此皆《禮記》一系統之説，故皆云大史。
③　參見張亞初、劉雨《西周金文官制研究》，中華書局，1986年。
④　劉起釪《〈周禮〉真偽之爭及其書寫成的真實依據》，《古史續辨》，中國社會科學出版社，1991年，第635-650頁。
⑤　任銘善《禮記目録後案》，齊魯書社，1982年，第13頁。
⑥　王鍔點校宋余仁仲本《禮記注》，第136頁。

祖父之廟。鄭注《士虞禮》以虞祭爲喪祭，卒哭爲吉祭，明卒哭乃喪吉之分界，亦即生死之分界。鄭注《曲禮》云：“敬鬼神之名也。諱，辟也。”① 《左傳·桓公六年》所謂“周人以諱事神，名，終將諱之”者即此。《左傳》言“終”，乃泛言之；《禮記》言“卒哭”，乃具體之詞，文雖不同，其義則一。二者互證，乃知此爲周人諱禮之原型。《曲禮下》云“殷練而祔，周卒哭而祔，孔子善殷”，若殷人亦祔廟而諱，則時當在週年練祭之後，孔子殷人，故“善殷”也。

2. 舍故而諱新（《禮記·檀弓下》）

原文云：“既卒哭，宰夫執木鐸以命于宮曰：舍故而諱新。自寢門至于庫門。”鄭注引《明堂位》：“庫門，天子臯門。”按，天子五門，自外而内依次爲臯、庫、雉、應、路。諸侯三門，爲庫、雉、路。寢門即路門。此言自路門至庫門，乃以魯國諸侯之制言。實則謂自内至外，皆欲宰夫宣告之。鄭注：“故爲高祖之父當遷者。”② 古者五世親盡，則高祖之父廟當遷而爲壇，既遷則不諱，以親盡之故。③ 新即新主祔廟者。宰夫之職，殷商金文已

---

① 《禮記注疏》卷三，阮刻《十三經注疏》本，上冊，第 1251 頁上。
② 《禮記注疏》卷十，阮刻《十三經注疏》本，上冊，第 1313 頁上。
③ 清周廣業進一步解釋說：“舍故而諱新，謂新主祔廟，則當遷毀五世親盡之廟。廟既遷毀，則不諱。若文武不祧，不在此限。”古代天子、諸侯、卿大夫之廟世與舍故諱新有直接關係，立廟之數歷來衆說紛紜。周廣業以爲：“諸侯五廟，考廟、王考廟、皇考廟皆月祭之，顯考、祖考享嘗廼止，去祖爲壇，去壇爲墠；大夫三廟一壇；適士二廟一壇；官師一廟；庶士庶人無廟，死曰鬼。”（《經史避名彙考》卷三《諱名》，北京圖書館出版社，1999 年，上冊，第 180 頁）依周說，其諱之世數當依次遞滅。按，商周天子、諸侯、大夫之廟數，文獻歧說不一，卜辭與銘文所見亦與文獻不能銜合，參見章景明《殷周廟制論稿》（臺灣學海出版社印行，1979 年，第 6-57 頁）。但廟數之多少，並不影響“舍故諱新”禮之施行。

有之，如宰甫簋（《三代》八・一九）。① 依蔡簋（《集成》04340）所記
宰之職責爲管理王家内外，傳達宫中之命，正與此執木鐸，告以
"舍故諱新"者相應。② 宰甫簋是殷代之器，則宰官一職殷代即
有，晚殷之避諱習俗是否如《檀弓》所説，尚須待出土資料
解釋。

　　3. 凡祭不諱（《禮記・玉藻》）

　　鄭釋"凡祭"爲"祭群神"，孔疏云："謂社稷、山川、百神
也。"③ 群神尊於祖先，故其祝嘏之辭中有不得已而用祖先之名
者，皆稱而不避。

　　4. 廟中不諱（《禮記・曲禮上》，又《玉藻》）

　　鄭注《曲禮》云："爲有事於高祖，則不諱曾祖以下，尊無
二也。於下則諱上。"孔疏："謂有事於高祖廟，祝嘏辭説不爲曾
祖已下諱也……若有事於禰，則諱祖已上也。"④ 鄭注《玉藻》
云："謂祝嘏之辭中有先君之名者也……廟中，上不諱下。"⑤ 鄭
注、孔疏已將廟祭時之尊卑輩分闡明，即：若祭高祖，則曾祖、
祖、父之名可不諱，反之，若祭父，則祖、曾祖、高祖之名仍須
諱。所謂諱與不諱，指祝嘏辭中允許不允許出現祖先之名而言。
《通典》卷一〇四此條下引王肅云："祝則名君，不諱君也。"⑥

---

① 《殷周金文集成》05395 號定名爲"宰甫卣"，中國社會科學院考古研究所編
　《殷周金文集成釋文》，第四册，第 146 頁。
② 宰夫之職掌，今所見之金文實例與《周禮》所載略有差别。其權力在歷史發
　展中逐漸有增大之趨勢。參見張亞初、劉雨《西周金文官制研究》，中華書
　局，1986 年，第40－42 頁。
③ 《禮記注疏》卷三十，阮刻《十三經注疏》本，下册，第 1482 頁中。
④ 《禮記注疏》卷三，阮刻《十三經注疏》本，上册，第 1251 頁上中。
⑤ 《禮記注疏》卷三十，阮刻《十三經注疏》本，下册，第 1482 頁中。
⑥ 杜佑《通典・禮六十四》引，商務印書館《萬有文庫》本，浙江古籍出版社，
　1988 年影印，第 552 頁下。

《淮南子·氾論訓》："故溺則捽父，祝則名君。"① 此爲王所本。蓋謂太廟之中，祭先王而不諱時王之名。《禮記·祭義》："文王之祭也，事死者如事生……稱諱如見親，祀之忠也。"孔疏："言文王在廟中上不諱下，於祖廟稱親之諱如似見親也。"② 後世不論廟祭對象及其輩分尊卑與諱否之制，動輒言廟中不諱，遂生許多枝蔓之論。③

　　5. 夫人之諱，雖質君之前，臣不諱也（《禮記·曲禮上》）

　　夫人，君之妻。鄭注、孔疏皆以爲臣於夫人家恩遠，故不諱。依喪服，臣須爲君之母、妻服齊衰三月。齊衰三月與大功同，宜在不諱之例。此亦見諱與五服之關係。

　　6. 大功小功不諱（《禮記·曲禮上》）

　　據孔疏："古者期親則爲諱。"大功次齊衰，小功次大功。由於古代宗族制下的父子關係，子須與父同諱，故在一定場合下，大功小功亦有須諱的，如"王父母兄弟世父叔父姑姊妹，子與父同諱"即是。大功中最親近者爲：父母與出嫁之女，兄弟與出嫁之姊妹，己與出嫁之姑，均由出嫁而改變了原來的親屬距離，④ 依《曲禮》可不諱，但孔疏引熊氏云："大功亦諱，小功不諱。若小功與父同諱，則亦諱之。"⑤ 孫希旦申之云：姑、姊妹是降服

① 劉文典《淮南鴻烈集解》卷十三，中華書局，1989年，第444頁。
② 《禮記注疏》卷四七，阮刻《十三經注疏》本，下冊，第1593頁中。
③ 如宋范鍾云："然君前無私諱、廟中不諱，而義達於上下，貫於幽明矣。"即不分尊卑之論。見衛湜《禮記集説》卷七六引，《文淵閣四庫全書》，臺灣商務印書館，1986年，第118冊，第615頁。
④ 參閱石磊《儀禮喪服篇所表現的親屬結構》，臺灣"中研院"《民族學研究所集刊》第五十三期，1982年，第35-36頁。
⑤ 《禮記注疏》卷三，阮刻《十三經注疏》本，上冊，第1251頁中。

大功，原爲期親，故諱；若本服大功則不諱。①

　　7. 母之諱，宮中諱。妻之諱，不舉諸其側。與從祖昆弟同名，則諱（《禮記・雜記下》）

　　母與妻各有其所當諱，故於母之宮中，妻之前當爲之諱，即不言母及妻所諱之名。至於在其他場合，則言之不妨。禮有子與父同諱之文，故子可盡曾祖之親。從祖昆弟乃曾祖一系之親，其喪服於父爲小功，本可不諱，然若從祖昆弟之名有與母、妻之親同名者，則當諱。孔穎達云：“與從祖昆弟同名則諱者，謂母與妻二者之諱與己從祖昆弟同名，則爲之諱。不但宮中、旁側，其在餘處皆諱之。”②

　　8. 婦諱不出門（《禮記・曲禮上》）

　　婦諱，即母諱、妻諱。不出門，謂於宮中、門内諱之，出門則不諱。母之父母，於己爲小功，其他則於服更殺。妻之父母，於己爲緦麻，他則更殺。小功、緦麻於禮皆不諱。

　　9. 王父母兄弟世父叔父姑姊妹，子與父同諱（《禮記・雜記下》）③

此例牽涉喪服，頗多歧説。據《曲禮》孔疏引陳鏗、田瓊之問答，謂此條是“父諱齊衰之親”。《雜記》鄭注亦云“父爲其親

---

① 參孫希旦《禮記集解》卷四，上冊，第91頁。
② 孔穎達《禮記正義》卷四二，北京大學出版社，2000年，第1412頁。
③ 清于鬯謂：“此子字蓋承上非屬下。父名當諱，世所共知，不待言矣。作記者恐人但知父之當諱，而不知其餘之亦當諱，故特明之曰：王父母、兄弟、世父叔父、姑姊妹子與父同諱。謂王父母也、兄弟也、世父叔父也、姑姊妹子也，此諸人之名皆當與父名一律之也，非謂子與父同諱姑姊妹以上諸人之名也。”于説之論據是：“父之王父母，子之曾祖父母。父之父母，子之王父母。將子從父而諱及曾祖父母，反不從父而諱及王父母乎？”（見《香草校書》卷三十一《禮記三》，中華書局，1984年，第636頁）按，子之王父母爲期親，本自當諱。此乃子之子從子而諱也。于説不可從。

諱”，依此孔疏將兄弟釋作父之兄弟，以合喪服齊衰之制。則經文之親屬與父、子之關係和服制可表作：

	王父母	兄弟	世父叔父	姑	姊妹
父	期	期	期	在家期適人大功	期
	曾祖父母	世父叔父	從祖父	從祖姑	姑
子	齊衰三月①	期	小功	在家小功適人緦麻	在家期適人大功

禮家有“大功小功不諱”之文，故父之世父叔父、姑、姊妹已本可不諱，茲因父當諱期親，故子與父同諱之。此即“逮事父母，則諱王父母”之意。然父之兄弟於己爲期服，本當諱。若依王肅所言，以兄弟爲王父母之兄弟，則於父爲從祖，服小功，於己更疏，皆不諱，是又無所謂“與父同諱”。再如就父言而“逮事父母”以諱王父母之兄弟，輾轉比附，於理可通而未必是記義。

　　10. 逮事父母，則諱王父母；不逮事父母，則不諱王父母（《禮記·曲禮上》）

　　鄭注以爲此庶人之禮，不及識父母，恩不至於祖名。孔疏從之，更謂“不諱祖父母”。孫希旦以爲禮不下庶人，此乃士禮。諱禮有廟則諱，廟遷則舍，士一廟，其王父母無廟，故不諱。惟逮事父母，因父母之諱而諱之。周廣業斥孔疏“言祖名”乃“是教人無祖”，謂此當與《雜記》合看。② 依周説，則此經文之“王父母”，當指王父母一系之親屬，即《雜記下》之“王父母兄弟世父叔父姑姊妹”之屬。因王父母無論爲父之王父母還是己之王

---

① 孔疏謂爲“正服小功”。據《儀禮·喪服》，曾孫爲曾祖父母服齊衰三月。胡培翬正義引袁準云：“祖期，則曾祖大功，高祖小功。”大功正式服期亦三月。
② 見周廣業《經史避名彙考》卷三，上冊，第170頁。

父母，依喪服之制，均在諱之例，無所謂逮事不逮事。唯王父母一系之親屬中之世父、叔父以下，服在大功小功，本可不諱，今因事父母，緣父母之諱而諱之。但若自幼失怙恃，父母俱不逮事，則可依禮不諱。清胡元玉據此經文，更創"周人父沒不諱祖名說"，援引"舍故諱新"及《詩》《書》中周王之名，謂"卒哭後，以鬼禮事父，於是始諱父而不諱祖"。[①] 按之卜辭、銘文，稱祖皆不名，《詩》《書》中周王之名另有原因，胡說殆非。

　　11. 君所無私諱（《禮記·曲禮上》）

《通典》卷一〇四引盧植云："但為公家諱，不得為私家諱也。"[②] 公家諱，先君之諱，為舉國同諱者，故稱公。私諱，臣之家諱。於君前言談，受制於君前臣名之禮，是尊無二之義，故不得避家諱。其對外國國君亦然。如宣公十五年申犀稽首於王之馬前曰"毋畏知死而不敢廢王"，[③] 毋畏，申犀父申舟之名；襄公二十一年欒盈對王行人稱己父曰"陪臣書"，欒書，欒盈之祖；成公三年荀罃謂楚王曰"以賜君之外臣首"，荀首，荀罃父名：凡此等等，皆是。

　　12. 大夫之所有公諱（《禮記·曲禮上》）

　　　於大夫所有公諱，無私諱（《禮記·玉藻》）

鄭注《曲禮》云："辟君諱也。"此謂在大夫所言談，亦當避先君之諱，緣尊君故。此與"君所無私諱"異文相成以見義。《玉藻》孔疏："謂士及大夫言，但諱君家，不自私諱父母也。"[④] 鄭、孔

---

① 見胡元玉《周人父沒不諱祖名說》，《璧沼集》卷一，長沙益智書局刊本。又趙翼《陔餘叢考·逮事不逮事》條引三國吳張昭諱議，謂當諱及五世，亦非經義。商務印書館，1957 年，第 670 頁。
② 杜佑《通典》卷一〇四引，商務印書館《萬有文庫》本，第 552 頁下。
③ 楊伯峻《春秋左傳注》，中華書局，1990 年，第二冊，第 761 頁。
④ 《禮記注疏》卷三十，阮刻《十三經注疏》本，上冊，第 1482 頁中。

所解僅是一方面，細味《玉藻》前後文："士於君所言大夫，没矣則稱謚若字，名士。與大夫言，名士，字大夫。於大夫所有公諱，無私諱。"① 則當士於大夫所言談，字大夫而不名，是亦大夫之固有衆所當諱者也。其云"大夫所有公諱"者，蓋就諸侯視角言之也。

13.《詩》《書》不諱，臨文不諱（《禮記・曲禮上》）

教學臨文不諱（《禮記・玉藻》）

鄭玄但籠統云"失事正""惑未知"。合兩文觀之，知教學即教《詩》《書》，《詩》《書》即指其教授誦讀之對象，一泛言，一實指，此盧植、何胤已發之。臨文之義，古多歧解。盧植云："臨文，謂禮文也。《詩》《書》執禮皆雅言，故不諱。禮，執文行事，故言文也。"何胤亦云："臨文，謂執禮文行事時也。"② 禮文，謂禮樂儀制事。此漢魏六朝諸儒之説。孔疏於《曲禮》下承何胤説，指爲"臨文行事"，於《玉藻》下則云："臨文謂簡牒及讀法律之事也。"③ 清儒如孫希旦等則認爲非唯禮文，"凡官府文書，國史記載皆是"④，他則多以臨文爲撰文時或讀古書時。⑤ 按臨文之臨即前文"臨祭不惰"之"臨"。《曲禮》乃七十子後學所記，意此乃本《論語》"《詩》《書》執禮"而發，故盧植解以禮文，殆漢儒相承之舊説。"教學、臨文"即教授《詩》《書》及執

---

① 王鍔點校余仁仲《禮記注》卷九，第 406 頁。

② 盧説見《通典》卷一〇四引（商務印書館《萬有文庫》本，第 552 頁下），何説見孔穎達《禮記正義・曲禮》引，下同。

③ 《禮記注疏》卷三十，阮刻《十三經注疏》本，上册，第 1482 頁中。

④ 孫希旦《禮記集解》卷四，上册，第 91 頁。

⑤ 如抉經心室主人《皇朝五經彙解》卷二二四引陸元輔説云："爲文章時不避君親之諱耳。"（光緒十九年，上海積山書局重印石印本）清趙翼《陔餘叢考・避諱》云："然臨文者，但讀古書遇應諱之字不必諱耳，非謂自撰文詞亦不必諱也。"商務印書館，1957 年，第 667 頁。

禮儀之事，然後知鄭注"失事正""惑未知"之言有的放矢而非
漫言虛語。

14. 入竟而問禁，入國而問俗，入門而問諱（《禮記·曲
禮上》）

問禁、問俗、問諱，三者互相包容。諱雖指門內主人祖先之
名，然若舉國有諱，便成一國之禁忌，時久相沿，更成風俗。古
者出使禮聘，應酬交接，於該國該家，皆須請教其禁忌、風俗、
名諱，不可犯諱。《大戴禮記·曾子立事》："君子入人之國，不
稱其諱，不犯其禁。"此諱指公諱，即其國先君之諱。《國語·晉
語九》："范獻子聘於魯，問具山敖山，魯人以其鄉對。獻子曰：
'不爲具敖乎？'對曰：'先君獻、武之諱也。'獻子歸，徧戒其所
知曰：'人不可以不學，吾適魯而名其二諱，爲笑焉，唯不學
也。'"① 伯禽曾孫、微公之子獻公名具，獻公庶子武公名敖。此
入國犯諱之例。

15. 過而舉君之諱則起（《禮記·雜記下》）

過，失誤。舉，稱說。起，起立。此謂不慎失言君之名諱，則起
立以示失言之歉。是知春秋之時，犯諱並非犯法，如范獻子入境
犯諱，亦無任何處罰，不若後世寫入律令，杖笞量刑也。

16. 二名不偏諱（《禮記·曲禮上》）

二名不偏諱（《禮記·檀弓下》）

鄭注《曲禮》云："偏謂二名不一一諱也。孔子之母名徵在，言
在不稱徵，言徵不稱在。"② 《檀弓下》云："二名不偏諱。夫子之
母名徵在，言在不稱徵，言徵不稱在。"爲鄭所本。以徵在例言
之，孔子有"足則我能徵之"及"某在斯"語，此諱例之意當

---

① 《國語》卷十五，第487頁。
② 《禮記注疏》卷三，阮刻《十三經注疏》本，上冊，第1251頁上。

是：若父母祖先爲雙名，諱者言談間於不得已時，或單言上字，或單言下字，只要不兩字連稱，便不作犯諱論，此亦鄭注二名不一一諱之意。此無論名爲一字二字甚至三字，皆作爲一整體。唯因偏字，孔穎達《正義》引作徧，以啓清儒偏、徧二字之爭。萬斯大、盧文弨、張敦仁、顧千里、俞樾皆以爲當作徧。[①] 段玉裁力辯其非，以爲當作偏，直指經文之誤而欲改作偏。[②] 朱大韶分析諸説，以爲段説近是，而偏徧兩字古多通用，又不必如段説而改經文。[③] 其實鄭注所謂"不一一"者，即偏字之義，既又舉徵在爲例，自可得其經義而忘其字形。

17. 禮不諱嫌名（《禮記·曲禮上》）

鄭注："嫌名，謂音聲相近，若禹與雨，丘與區也。"按，禹雨古音皆匣紐魚部；丘古音溪紐之部，區古音溪紐侯部。孔疏因謂："禹與雨音同而義異，丘與區音異而義同。二者各有嫌疑，禹與雨有同音嫌疑，丘與區有同義嫌疑，如此者則不諱。必其音同義同，乃始諱也。"[④] 顏師古《匡謬正俗》卷三詳考丘、區之古音、方音，謂其聲亦同，斥孔説爲詭妄。繹鄭注以"音聲相近"釋嫌名，是所舉例必涉音同音似之字。禮所以不諱，殆恐同音之字太多，諱不勝諱，亦通達人情之法也。

以上爲見之於七十子後學所記之諱禮，共十七條，他如《孟

---

① 萬説見《禮記偶箋·二名不偏諱》（《清經解續編》卷二十五，第一册，第100頁中，下版同），盧説見《鍾山札記·二名不偏諱》（《清經解》卷三八八，第二册，第827頁下），張説見《撫本禮記鄭注考異》卷上（《清經解》卷一〇七五，第六册，第284頁中），顧説見段玉裁《二名不偏諱説》引，俞説見《群經平議·禮記一》（《清經解續編》卷一三七九，第五册，第1133頁下）。

② 見《二名不偏諱説》，《經韻樓集》，《清經解》卷六六四，第四册，第540頁下-541頁上。

③ 見朱大韶《偏徧辨》，《實事求是齋經説》，《清經解續編》卷七百四十，第三册，第842頁上。

④ 《禮記注疏》卷三，阮刻《十三經注疏》本，上册，第1251頁上。

子》亦有"諱名不諱姓"等記載，今略不論。就此十七條論，1
是喪葬中的諱禮，2是告諱法，3、4是祭祀中的諱禮，5至10是
喪服中的諱禮，11、12是區別不同場合的不同避諱對象，13是
允許不諱的場合，14是循行諱禮的措施，15是失諱的謙禮，16、
17是避諱的限制法。諸條皆出《曲禮》及《雜記》《玉藻》等。
沈文倬認爲：《禮記》中禮類三十九篇之撰作約在魯康公、景公之
際（約前363—前325）。[①] 禮類篇什多爲禮典解説之作。據此，
其中所記之諱禮至遲在戰國時已流行。

　　再進而分析之，上文推論"卒哭乃諱"是周人諱禮之原型，
將之與"名，終將諱之"合觀，説西周，乃至周初即有此習俗，
似非無據。告諱法既云"庫門"，固是因春秋魯國之制，但自内
至外，周天子同。周代遷廟及壇墠之制當溯自西周。[②] 親盡廟遷，
舍故諱新乃必然之理，唯其告諱地點和形式待考。殷周之敬天地
山川百神甚於祖先，"凡祭不諱"之時代亦必相當早。"廟中不
諱"，旨在分別尊卑。"凡祭""廟中"不諱二語即使是後人所記，
其蘊含之制度似在西周乃至周初，因爲郊祀和宗廟之制遠在西周
以前。喪服與諱，其制頗亂。《士喪禮》《喪服》等篇之成書年
代，沈文倬推測當在哀公末年至悼公初年，《喪服》中屢屢論及
諸侯與大夫，大夫之妻妾和子、庶子等關係，尤其是在異國的大
夫和舊君之關係等等，完全是春秋列國時的狀況，至少可認爲，
今所見五服制儘管承自西周，已含有春秋以還的喪服制度，故疑

---

①　見沈文倬《略論禮典的實行和〈儀禮〉書本的撰作》上、下，《文史》十五
　　（第27-42頁）、十六輯（第1-20頁），中華書局，1982年。下同。
②　《詩·大雅·綿》有"作廟翼翼"語，是西周立國前大王曾命百官有司營建宗
　　廟。周原甲骨有"祠，自蒿于周"（H11·117）之辭，徐中舒認爲是"武王自
　　鎬京前往周原祠祀周宗廟之事"。見《周原甲骨初論》，《古文字研究論集》，
　　《四川大學學報叢刊》第十輯，第9頁。

此中當有春秋時所形成的諱服之制。君所、大夫所是諸侯與大夫關係，此亦是春秋時大夫在列國間地位顯露後之諱禮。教學、臨文，如確指《詩》《書》禮樂，據《王制》云"樂正崇四術，立四教，順先王《詩》《書》禮樂以造士"，《史記·孔子世家》云"孔子以《詩》《書》禮樂教"，且其"《詩》《書》執禮皆雅言"，則所謂"不諱"，或是西周、春秋，乃至孔子以後，儒者、學官們爲了不"失事正"，不"惑未知"而對諱禮所作的一個補充條例，具體時代難定。二名與嫌名之諱法，不像周初時已有之禮。《左傳·桓公六年》申繻論命名之範圍，已有"不以國"，"以國則廢名"；"不以官"，"以官則廢職"；"不以山川"，"以山川則廢主"；"不以隱疾"；"不以畜牲"，"以畜牲則廢祀"；"不以器幣"，"以器幣則廢禮"之語，即使所説非成文條例，至少也是當時一種存在於人們意識中的"戒律"，產生這種"戒律"意識的原因即是諱名禮之普及。就此而言，二名與嫌名之諱法至遲在春秋初年已產生。

總之，原則性的諱禮可能周初已有，如"卒哭乃諱""凡祭不諱"等等。從殷商祭祀先王皆用日干廟號而不稱名看，似乎諱禮也是"周因於殷"，因的過程中可能有所損益，損益之中可能又是益多於損。有些避諱條例應是在諱禮發展、完善過程中根據具體情況先後提出。當然，一種諱禮和條例之提出和成文之前，必已先在社會各階層實踐一段時間。

（二）　避諱實例辨證

上所考論，知西周已有諱禮，且似是因襲殷商禮俗。但自漢以還兩千年來，學者論及避諱起源者，數不勝數，而各見所見，各持所論，訖今未有一致意見。歸而論之，約有數説：一、自《白虎通·姓名》言太古尚質不諱，宋王觀國、清張惟驤等皆謂夏商二代不諱。① 二、元汪克寬見大戊、武丁稱中宗、高宗，故認爲"不特周始諱名，但至周而文始備耳"，② 至屈萬里始提出卜辭稱先王廟號爲避諱説。③ 三、見禮書所載，認爲諱起於周，而復見典籍中有不避周王之字，遂援禮以證之，如孔穎達、洪邁、周密等。④ 至清周廣業始博證詳考，篤信諱爲周制。⑤ 四、見《詩》《書》不避周諱及春秋戰國間君臣同名等，遂謂"古者不以名爲諱"，⑥ 甚者謂"周人以諱事神"之説爲左氏之語誣，⑦ 或執

---

① 王説見《學林・名諱》，中華書局，1988 年，第 77 頁。張説見《〈歷代諱字譜〉序》，文云："三代時無諱法，周初猶然。"《小雙寂庵叢書》本，卷首，同治十一年，葉一 A。

② 見汪克寬《春秋胡傳附錄纂疏》卷三"於是乎有諱禮"下注。《文淵閣四庫全書》，臺灣商務印書館，1986 年，第 165 册，第 80 頁下。

③ 見屈萬里《謚法濫觴於殷代論》，中研院《歷史語言研究所集刊》第十三本，第 219 - 226 頁。

④ 孔説見《左傳・桓公六年》正義，洪説見《容齋三筆・帝王諱名》（上海古籍出版社，1978 年，第 540 頁），周説見《齊東野語》卷四《避諱》（中華書局，1983 年，第 58 頁）。

⑤ 見《經史避名彙考》卷三，第 161 - 258 頁。

⑥ 宋胡安國《奉敕纂〈春秋傳〉論名諱劄子》論孔子之不避諱云："周人以謚易名，於是有諱禮。然臨文不諱，嫌名不諱，二名不偏諱，載在禮律，其義明白。孔子作《春秋》，凡書周、魯事，雖婉其文，至於名諱，並依本字。若襄王名鄭，而書'衛侯鄭'；匡王名班，而書'曹伯班'；簡王名夷，而書'晉侯夷'；恭王名勾，而書'晉士勾'；莊公名同，而書'同盟于幽'；僖公名申，而書'戊申朔'；襄公名午，而書'陳侯午'；定公名宋，而書'宋仲幾'是也。按《春秋》書成，當恭王之朝、哀公之世，勾乃恭王之名也，夷即三世之穆也，宋即哀公之考也，午即皇考之廟諱也，而筆削之際，並無回避，《春秋》爲尊君父而作，仲尼豈不恭者，書法如此，義亦可知。"（載《四部叢刊》本卷首進表後，此文程公説《春秋分紀》、汪克寬《春秋胡傳附錄纂疏》等疏多轉引，文多異同）所舉雖皆事實，而僅執後世傳本文字以論當時之避諱與否，且《春秋》爲嚴謹之史書，自有書法，不可與言語之際之諱相提並論。

⑦ 宋葉時《禮經會元・名諱篇》，《文淵閣四庫全書》，臺灣商務印書館，1986 年，第 92 册，第 148 頁下。

此而謂周人不諱。① 五、雖信《禮》説，亦不否認史實，乃謂周代去古未遠，遵律不嚴。② 諸家所論，皆憑一己所見一時所想率爾而下之結論，且清以前出土文獻少見，所據論者多爲傳世文獻。近世甲骨、青銅銘文面世，郭沫若率先援以據證"諱不始於周人"，從而否定《左傳》《國語》之記載。③ 分析郭氏論證實例，不免帶有疑古思想，不足憑信。下面結合傳世文獻和出土文獻來辨證兩周君臣和文獻行文避諱實況。因爲前人於兩周諱例多有正反辨説，故先就前人論及之諱例成説加以辨正，再普查其他先秦人名和用字加以論證。

1. 傳世文獻中君臣同名與用字犯諱辨正

前人否定周代避諱主要證據是傳世文獻中不避周王之諱和兩周時有許多周王或諸侯君臣同名現象。此種現象所蘊含之史實不加辨白，便不能真正揭示周代諱禮及其史實真相。下面所辯，皆宋以來學者所爭論，特別是清黃本驥《避諱録》、周榘《廿二史諱略》、王梓材《世本集覽》諸書所總結的文獻實例中前人或認爲犯諱，或認爲君臣同名而不可解者。兹以諸家成説立目，爲使論證全面，補以銅器銘文人名和用字實例，論證於後。因傳世文獻文本用字歷經傳鈔變動太大，難以定其兩周文本字形，僅在文

---

① 如清周榘《廿二史諱略》謂："周立謚法，雖開避諱之端，而世子及公侯伯儼然與天王世祖並名，其時猶未定與?"嘯園叢書本，見《叢書集成續編》第56册，臺灣新文豐出版公司印行，第88頁下。

② 宋葉大慶《攷古質疑》卷一云："蓋周去古未遠，雖曰文爲之備，尚遺朴畧之風，其避諱固未如後世之悉。"上海古籍出版社，1985年，第5-6頁。淩揚藻《蠡勺編》卷二十七《避諱》轉録葉説（《叢書集成初編》，第四册，第446頁）。

③ 郭沫若《諱不始於周人辨》，《金文叢考》，人民出版社，1954年，第113-114頁。

王昌、武王發名諱下略作討論，其他從略。

克昌厥後　此《詩・周頌・雝》之文。文王諱昌，[1] 此"克昌厥後"正犯其諱。後之以此論周代諱禮者有三説：宋葉時持周人不諱説，[2] 唐孔穎達等持周人有諱説，[3] 唐陸德明等持改音説。[4] "卒哭乃諱"爲周初已有之禮，《雝》詩之作，蓋在成王時，然其作意，論者紛紜。《小序》謂"禘太祖也"，太祖爲誰，序未點明。鄭箋、孔疏謂是文王，其證據是"假哉皇考""文武維后"詩句，後之《詩經》專家如嚴粲、嚴虞惇、段玉裁、馬瑞辰、王先謙等皆同此説。但王安石謂是禘祭帝嚳，范處義則謂禘祭后稷。其他更有祭樂歌説、武王受釐樂歌説、武王克商歸祀周廟説，等等。[5] 孔疏明知禘祭文王而云"克昌其後"爲犯諱，但曲爲解釋云："此詩自是四海之人歌頌之聲，本非廟中之事，故其

---

① 西周諸王紀年今尚不能確切排定，故暫不標示，唯共和以後東周諸王始有紀年，故後文加標以備世數年代參考。

② 宋葉時《禮經會元・名諱》云："周人以諱事神之説，左氏之語誣也。不思文王名昌，武王名發，而《詩》曰'克昌厥後''駿發爾私'，周人不諱於《詩》矣。"（《文淵閣四庫全書》，臺灣商務印書館，1986 年，第 92 册，第 148 頁下）同時之朱熹持論相同，謂："周人以諱事神，然《雝》詩與《噫嘻》詩皆不爲文、武諱，故《周禮》一詩（按，"書"字之誤）有'昌本之菹'，《七月》一詩有'觱發'之詠，特不敢指曰文王昌、武王發。"明彭大翼《山堂肆考》卷一三九《晦庵論諱》，《四庫類書叢刊》，上海古籍出版社，1992 年，第 3 册，第 689 頁下。

③ 孔云："古人諱者，臨時言語有所辟耳。至於制作經典，則直言不諱。"（《左傳・桓公六年》疏）宋蘇轍《詩集傳・雝》云："周之所謂諱者，不以其名號之耳，不遂廢其文也。"皆曲爲詮解。

④ 陸德明"克昌"下曰："或云：文王名，此禘於文王之詩也，周人以諱事神，不應犯諱，當音處亮反。"（《經典釋文》卷七《毛詩音義下》，上海古籍出版社，1984 年，上册，第 399 頁）此説或意爲昌讀平聲而因諱變仄聲。清周廣業同意陸説而又加以申述（北京圖書館出版社，1999 年，上册，第 280 頁）。

⑤ 詳見魯洪生主編《詩經集校集注集評》卷十四，現代出版社、中華書局，2016 年，第十四册，第 9155－9159 頁。

辭不爲廟諱。及採得之後，即爲經典，《詩》《書》不諱，故無嫌耳。《烝民》云'四方爰發'，亦類此也。"① 孔説此處雖辯而不當，蓋此詩既爲禘祭，"周人禘嚳而郊稷，祖文王而宗武王"，② 無論禘祭對象爲誰，確可在"廟中不諱"之諱禮下不諱"昌"字，前人紛紛左祖右祖，皆無意義。傅斯年曾云："西周亡，文物隨着亡；南亡，而'周禮盡在魯矣'。"三百篇之名成於孔子之前，而今見之《詩經》乃漢代之定本。③ 退而論之，《周頌》中詩用韻疏而古怪，章節混亂，文理不順，足以證明是幾經亡佚所餘之殘篇。《禮記・仲尼燕居》："客出以《雍》徹。"《論語・八佾》："三家者以《雍》徹。"《周禮・春官・樂師》："詔及徹，帥學士而歌徹。"鄭注："徹者，歌《雍》，《雍》在《周頌・臣工之什》。"④ 是《雝》本西周成王禘文王（或帝嚳、后稷）之歌，及鼎移禮崩之後，諸侯乃至大夫亦皆奏之，或用於徹祭器時，或用於大饗，輾轉流傳之中，亦難免有改竄譌誤。《周頌》中《武》詩相傳爲武王或周公所作，後人考定爲周初《大武樂章》之第二樂章，⑤ 詩有"允文文王，克開其後"語。開、昌義近，"克開其後"猶"克昌其後"，此亦可引起對《雝》詩"昌"字之深思。

　　《尚書》昌字六見，多不在《周書》，唯《洪範》一見，語出殷人箕子之口。《洪範》絕非周初箕子所作，此可論定。⑥《詩經》

① 孔穎達《毛詩正義》卷十九，北京大學出版社，2000 年，第 1567 頁下。
② 王鍔點校宋余仁仲《禮記》卷十四《祭法》，第 591 頁。
③ 見傅斯年《周頌説》，中研院《歷史語言研究所集刊》第一本第一分，第 111 - 112 頁。
④《周禮注疏》卷二十三，阮刻《十三經注疏》本，上冊，第 794 頁上。
⑤ 見孫作雲《周初大武樂章考實》，收入《詩經與周代社會研究》，中華書局，1966 年，第 250 頁。
⑥ 詳見蔣善國《尚書綜述》第十三章《鴻範的著作時代》所列諸家考證。上海古籍出版社，1988 年，第 228 - 232 頁。

昌字八見，風詩四見，《魯頌·閟宮》三見，皆民歌或春秋禮失後之詩，[①] 不足據。見於《周頌》者唯《雝》詩一次。就《詩》《書》論，"昌"幾不見於周代文獻。兩周銅器銘文極多，"昌"共出現八次：春秋晚期《蔡侯尊》《蔡侯盤》（《集成》10171）皆有"子孫蕃昌"一語，器爲春秋時蔡平侯之物。平侯乃蔡叔之後，時近戰國，文王早已世遠廟遷。[②] 另外六件是戰國早期工城戈（《集成》11211），[③] 戰國廿四年錐形器（《集成》10453）、廿四年銅桯（《集成》11902）、作用戈（《集成》11107），戰國晚期四年昌國鼎（《集成》02482）、甘城戈（《集成》10998），均有"昌"字，時已處諸侯紛爭亂世，周王形同虛設，避諱無從談起。

駿發爾私　此《詩·周頌·噫嘻》文。武王諱發，文王子，公元前 1046—前 1043 年在位。[④] 此"駿發爾私"正犯其諱。此詩詩旨，魯、毛皆謂春夏祈穀於上帝，孔穎達指實爲周公、成王詩。後人據此論周代之諱與否，其説多同前"克昌厥後"所引，不更舉。按，《月令》正月"天子乃以元日祈穀于上帝"，鄭注："以上辛郊祭天也。《春秋傳》曰：夫郊祀后稷，以祈農事。"天子率三公九卿作式躬耕，故孫作雲以爲是藉田典禮。[⑤] 既有祭天儀

---

① 詳清陳奐《詩毛氏傳疏》卷二七《雝》下疏，《國學基本叢書》，下册，第 30 頁。《閟宮》乃頌魯僖公詩，時代更後。

② 據《書·金縢》周公爲壇，乃告太王、王季、文王，是周初之祭祀非以文王居不祧之世。唐蘭《西周青銅器銘文分代史徵》卷五上《沈子也簋蓋》下注曰："周代的祖廟，是太王、王季、文王、武王、成王，稱爲京宫。"中華書局，1986 年，第 323 頁。

③ 按，工城戈所鑄之昌爲某國作坊冶鑄之冶吏名，雖爲人名，已與文王姬昌遥不相及。

④ 此據最新《夏商周斷代工程報告》給出的在位年份。科學出版社，2022 年，第 518 頁。

⑤ 見孫作雲《讀噫嘻》，《詩經與周代社會研究》，中華書局，1966 年，第 170 - 171 頁。

式，當以"凡祭不諱"之禮衡之，則不諱武王名諱符合諱禮。《詩經》發字二十一見，多在風詩。[①] 其與武王之諱相涉者四：《豳風・七月》"一之日觱發"、《大雅・生民》"實發實秀"、《烝民》"四方爰發"及《噫嘻》文。據近人考證，《豳風》乃魯詩，非周初之詩；[②]《烝民序》"尹吉甫美宣王也"，論者因謂《大雅》爲周宣王以後詩；[③] 二者離武王已十世以上，早已親盡廟遷，舍故不諱。

《尚書》發字八見，見於《周書》者五。《牧誓》《泰誓》《武成》爲武王作，皆自稱"予小子發"，不作諱論，且《泰誓》《武成》在古文十六篇之列。《冏命》《呂刑》，《書序》謂爲穆王時作，然後世多謂晚出東周時作品，[④]《呂刑》有"上帝監民，無有馨香，德刑發聞惟腥"語，劉起釪考定《呂刑》爲呂王之作，[⑤] 屈萬里謂是平王時作，[⑥] 程元敏仍從《書序》定爲穆王作品。[⑦] 此篇若是東遷以後作品，上距武王十餘世，其出現"發"字固不足

---

① 陸侃如《〈三百篇〉的年代》認爲《南》《風》《雅》的一部分年代在公元前八二七年至前五一〇年間，其他風詩恐亦在此二百餘年中陸續被收入（《説文月刊》第四卷，收入《陸侃如古典文學論文集》，上海古籍出版社，1987 年，上册，173－202 頁），則其年代離武王已遠，可不論。

② 參見傅斯年《周頌説》，臺灣"中研院"《歷史語言研究所集刊》第一本第一分，第 110 頁。徐中舒《豳風説》，臺灣"中研院"《歷史語言研究所集刊》第六本第四分，第 431－452 頁。

③ 陸侃如《〈三百篇〉的年代》，《陸侃如古典文學論文集》，上海古籍出版社，1987 年，上册，173－202 頁。又孫作雲《論二雅》，《詩經與周代社會研究》，中華書局，1966 年，第 343－402 頁。

④ 錢穆《周官著作時代考》（收入《兩漢經學今古文平議》）謂其書晚出，郭沫若《金文所無考》（《金文叢考》中）同。張西堂《尚書引論》認爲是東周作品（陝西人民出版社，1957 年，第 198 頁），今不輕從。

⑤ 劉起釪《尚書校釋繹論》，中華書局，2005 年，第四册，第 2083－2092 頁。

⑥ 屈萬里《尚書集釋》，中西書局，2014 年，第 256 頁。

⑦ 程元敏《尚書周書牧誓洪範金縢呂刑篇義證》，臺灣萬卷樓，2012 年，第 307－331 頁。

怪，即從《書序》定穆王而論，則武王爲高祖，以後世五世而遷論，似在應諱之世。但即以犯諱論，亦難保文本經秦火劫後復出傳鈔魯魚之譌。楊樹達援據《國語·周語上》"國之將興，其德足以昭其馨香；國之將亡，其政腥臊，馨香不登"語，謂"古人恒以'腥臊'與'馨香'爲對文"，又《酒誥》有"登聞于天"語，以爲"發聞"當是"登聞"之譌。[①] 發、登字形相近，容有譌誤。就出土文字論之，發字甲骨卜辭中已屢見，而西周金文竟不一見，銅器銘文有"發"字者，見於春秋晚期姑發聑反劍（《集成》11718），戰國早期涞鄮戈（《集成》11213），戰國陳（陳）純釜（《集成》10371）、子禾子釜（《集成》10374）等四器。其中劍、戈二種兵器本與"發"有緊密關係，時代已入春秋戰國，已不必避武王諱。刀斧弓箭時代，發本常用字，殷墟卜辭有从弓从攴之發，商代發觶（《集成》06067）同形。西周早期有🔳作父辛鼎（《集成》02321），桓🔳簋（《新收》448頁），董蓮池收入"發"字下，[②] 然其與春秋晚期至戰國金文"發"字字形相去甚遠。西周、春秋若此長時段間竟不一見"🔳"，亦足發人深思。

　　諷誦　誦訓　誦爲成王名，成王，武王子，公元前1042—前1021年在位。《周禮·春官·大司樂》有"興道諷誦言語"之文，《地官·大司徒》有"誦訓"之職。漢古文經學家以《周禮》爲周公居攝時作，周公雖爲成王之叔，畢竟成王爲君，從金文及傳世文獻中徵知，臣不名君，故宋葉時亦引此以否定周時有諱。但《周禮》經晚近學者錢穆、郭沫若、顧頡剛、楊向奎及張亞初等考證，皆認爲戰國時作品，近劉起釪更定爲春秋前期，斷非西周之書，則犯諱之說已不足辯。銅器銘文無"誦"字，尤足致思。

---

① 楊樹達《積微居讀書記·尚書説》，上海古籍出版社，2006年，第30頁。
② 董蓮池《新金文編》，第1780頁。

胡然厲矣　厲王諱胡，夷王子，公元前 877—前 841 年在位。《詩·小雅·正月》《雨無正》有"胡然厲矣""胡不相畏"等語。兩詩漢儒或謂刺幽王，或謂刺厲王。以廟制論，皆在諱限。清周廣業以何、胡義通，遂謂傳寫之異。[1] 按，《詩經》胡字六十見，厲王前之詩不計，厲王後數世之內詩亦不少，未必皆爲何字之譌，據此似犯諱無疑矣。然今考銘文所見厲王自名爲默，即或與胡音相近，亦在嫌名不諱之列，則舉詩爲難者可息喙。默字金文約數十見，其異體作"奭"，凡鑄"亞奭"字者，皆爲晚殷和西周早期之器。[2] 遇甗（《集成》00948）是西周中期器，"默矦（侯）"自在厲王前。默鐘即宗周鐘（《集成》00260），與五祀默鐘（《集成》00358）、默簋（《集成》04317）、默鼎（《集成》02063）皆厲王器，銘文"默其萬年"云云皆厲王自稱，無所謂犯諱。西周中期之默叔鼎（《集成》02767）有默叔與信姬，以西周同姓不婚衡之，默叔非姬姓族，且默很可能是國或氏。默叔默姬簋（《集成》04062、04063、04064、04065、04066、04067）雖西周晚期器，然其夫人默姬爲周族，則其夫默叔非周族，馬承源等指爲安徽阜陽附近之胡國，作器時厲王是否即位，此可思者之一。若默叔鼎、師難父鼎（《集成》02721，又名窺鼎）、录作辛公簋（《集成》04122）確是中期器，可證默氏建國由來已久，延續到晚期逢上厲王即位，在前"舉君之諱則起"時代，是否需要改國名，此可思者之二。申繻所謂取名不以國不以山川，厲王即使即位，是否可以改人國名，此可思

---

① 見《經史避名彙考》卷三《諱名》引洪邁《容齋三筆》、周密《癸辛雜識》文下按語曰："但變雅用胡字甚多，亦有胡、何錯出者，《正月》'胡俾我瘉'……鄭箋通作何字解。《廣雅·釋詁》'害、曷、胡、盡，何也'，然則胡、何特傳寫異耳。"上册，第 209 頁。

② 此類計有亞奭鐃（《集成》00386）、亞奭鼎（《集成》01424）、亞奭鼎（《集成》02033）、亞奭觚（《集成》06986）、亞奭父丁觚（《集成》07293）、亞奭矛（《集成》11444）等，此皆晚殷銅器，與厲王無涉。

者之三。其他默侯之孫隊鼎（《集成》02287）、唯王子午鼎（《集成》02811）、王孫鐘（《集成》00261）、默叔簠（《集成》04552）皆春秋或春秋晚期之器，世遠廟遷，且干戈日尋之際，更不足爲憑。

周穆王君臣同名　穆王諱滿，昭王子，公元前 977—前 922 年在位。漢應劭《舊君諱議》云："昔者周穆王名滿，晉厲公名州滿，又有王孫滿，是同名不諱。"[①] 按，晉厲公名，《左傳·成公十年》作"州蒲"，蒲、滿形近，文獻多淆亂。且厲公立當周簡王時，上距穆王已十七世。《左傳·宣公三年》："定王使王孫滿勞楚子。"《通志·氏族五》謂其爲頃王孫，上距穆王十六世。此皆世遠廟遷，並非犯諱。金文無"滿"字，有"菡"形。西周中期有菡簋（《集成》04195），其與穆王名諱有無關係，待考。

周夷王君臣同名　夷王諱燮，懿王子，公元前 886—前 878 年在位。唐叔虞之子名燮父，與懿王同諱。按，成王滅唐，封同母弟叔虞於唐，稱唐侯。叔虞子燮父改爲晉侯。則燮父與康王同輩，爲周夷王高祖昭王之父輩，燮父不可能去避五世以下子姪之名。西周中期燮簋（《集成》04046）有"王令燮"云云，年代也在夷王之前。春秋有蔡大司馬燮盤，燮爲蔡莊侯之子，文申侯兄弟蔡燮，[②] 即《左傳·襄公八年》鄭子國、子耳侵蔡，"獲蔡司馬公子燮"。時當周靈王七年（前 565），上距夷王亦已十餘世。秦公鎛（《集成》00270）有"柔燮百邦"，晉公盆（《集成》10342）有"智燮萬邦"，[③] 曾伯黍簠（《集成》04631）有"燮"字，皆春秋時代

---

① 見《春秋·成公十年》"公會晉侯"孔疏引（《春秋左傳注疏》卷二十六，阮刻《十三經注疏》本，下冊，第 1906 頁中）。

② 韓自強、劉海洋《今年所見有銘銅器簡述》，《古文字研究》第二十四輯，中華書局，2002 年，第 168 頁。

③ 張亞初《殷周金文集成引得》隸定爲"舙（固）萬邦"（中華書局，2001 年，421 頁）。亦有隸定作"珮（柔）"者，皆無關夷王之名，不論。

文，完全可以不諱夷王。

周厲王君臣同名　厲王諱胡，夷王子。蔡叔度之子蔡仲名胡，與厲王同諱。按，蔡叔度爲武王弟，則蔡仲爲武王侄，與成王同輩，歷八世方至厲王胡。且厲王之名，銘文作㖿，詳前文。

周平王君臣同名　平王諱宜臼，幽王子，公元前770—前720在位。晉靖侯名宜臼，與平王同諱。按，靖侯卒於共和元年（前841），平王即位在公元前770年，是平王在靖侯卒後七十一年始登基，豈得謂君臣同名？宜字金文多見，最有名者爲宜侯夨簋（《集成》04320）夨之封號，時在康王某年，早於平王數百年。春秋晚期有宜桐（宜桐盂，《集成》10320），戰國晚期有封號稱"宜信"（梁上官鼎，《集成》02451）者，又有人名爲宜無（宜無戟，《集成》11112）者，皆晚於平王數百年矣。臼字不見於金文。

周桓王君臣同名　桓王諱林，平王孫，公元前719—前697年在位。陳莊公名林，桓王時又有虢公林父，皆與桓王同諱。按，莊公即位，在桓王二十一年（前699）。莊公爲陳桓公子，桓公立三十八年卒，據《史記》推算至少在五十以上，時莊公似已非少年。桓公弟厲公立，七年而莊公等與蔡人共同謀殺厲公，立兄利公。五月而卒，莊公始即位，其年當早已過弱冠。虢公林父即虢仲。以父字推之，林當是字。《左傳·桓公五年》載"王爲中軍，虢公林父將右軍"，時在周桓王十三年。林父年歲不可考。然《左傳·桓公八年》已稱其爲"虢仲"，十年而出奔虞，自後不見經傳。古禮謂春秋時五十而稱伯仲，則其魯桓公五年將右軍時至少已四十七歲，上推桓王立時年已過三十，距冠字之年已十餘年，似二人皆非桓王即位後命名取字者。或謂《曲禮下》有"不敢與世子同名"之文，似王世子之名更不敢同。據《周本紀》，桓王林非太子。平王太子爲洩父，早死，故立林。且鄭注

《曲禮》云"其先之生，則亦不改"，[1] 謂若先世子生已取名某，世子生而與其人同名，則其名不必改。另有西周早期林妘鬲（《集成》10263）之林妘，即使"林"是名字，亦與東周桓王無涉。

周襄王君臣同名　襄王諱鄭，惠王子，公元前651—前619年在位。衛成公名鄭，與襄王同諱。按，襄王立十八年（前634），爲衛成公元年。成公父文公爲戴公弟。戴公卒，文公立；文公立二十五年卒，成公始立。以此推知成公即位，年已不小，則襄王立時，成公已生，名亦早定。此或君子不奪人親之所名之意，故不改。又，鄭，金文多作"奠""隩"，西周中期即有鄭邢叔（鄭邢叔康盨，《集成》04400），名康，氏鄭邢。以後爲氏爲國者不絕於銘文，應是襄王名同其國其氏，而非國名犯襄王諱也。參見"衛襄公君臣同名"。

周匡王君臣同名　匡王名班，頃王子，公元前612—前607年在位。曹昭公名班，與匡王同諱。按，昭公於公元前661年即位，卒於公元前653年，在位九年。周匡王於公元前612年即位，上距曹昭公之卒已四十一年。金文有班簋（《集成》04341），西周毛伯班，簡稱毛伯，係文王子毛叔鄭之後，是穆王時重臣，毛伯應是匡王遙遠的族祖。又，西周晚期㝬叔作叔班盨蓋（《集成》04430）有叔班，當爲字；敔簋（《集成》04323）有"至于伊、班"之文，當爲地名：皆在匡王前。另有春秋晚期邾公孫班鎛（《集成》00140），蓋爲邾國某代國君之孫，因稱公孫班，上距匡王已五至六世，似在可諱可不諱之時，待考。如若同名相犯，亦或是春秋世亂，邾國地處東陲，遠離洛陽之故也。

周哀王君臣同名　哀王諱去疾，定王長子，公元前441—前441年在位。晉頃公名去疾，與哀王同諱。按，頃公於公元前525

---

① 此與前引《曲禮下》文見王鍔點校宋余仁仲《禮記注》卷一，第40頁。

年即位，卒於公元前 512 年，在位十四年。哀王於公元前 441 年即位，立三月而爲弟叔襲殺，上距頃公七十一年。去疾本是古人喜用之名字，意在擺脱疾病困擾。故戰國晚期有樗里疾，任上郡守；有王五年、六年、七年上郡守疾戈 (《集成》11296/11297、《秦文字圖版》29) 存世。又有二年上郡守戈之漆工名疾，造府之右冶疾鼎 (《集成》02309) 之冶吏亦名疾，等等，然皆與哀王相去二百餘年。西周懿王時師訇簋 (《集成》04342) 有“今昊天疾畏降喪”文，宣王時《毛公鼎》(《集成》02841) 有“敃天疾畏”文，時在哀王前。哀成叔鼎 (《集成》02782) 有“少去父母”，中山王䜌鼎 (《集成》02840) 有“而去之遊”，時又在戰國矣。或言疾，或言去，即或時在哀王避諱世數之内，也以哀王二名，可以不偏諱。抑有進者，哀王立未經年，是否祔廟立昭穆，尚在可議之列。

周威烈王君臣同名　威烈王諱午，考王子，公元前 425—前 402 在位。魯襄公、曹悼公、晉定公皆名午，與威烈王同諱。按，魯襄公於公元前 572 年即位，卒於公元前 542 年。曹悼公於公元前 523 年即位，卒於公元前 515 年。晉定公於公元前 511 年即位，卒於公元前 475 年。威烈王即位時，已在諸公之後五十至一百數十年。唯陳侯午簋 (《集成》04145) 之敶（陳）厌（侯）午，與威烈王年代相近。田午生平據司馬貞《索隱》引《竹書紀年》所記，與太史公詳略不同。《紀年》記齊康公五年（前 400）田侯午生，若田午之名與干支紀年有關，此年爲辛巳，明年爲壬午（前399），疑《紀年》差誤一年。[①] 無論田午生在何年，皆在威烈王剛卒數年，安王驕即位之前幾年，是田和不該以“午”名子。此或進入戰國，王室衰微，諱禮廢弛，事有不可説者矣。戰國銅器

---

① 參見《史記·田敬仲完世家》“齊侯太公和立二年，和卒，子桓公午立”司馬貞引《紀年》和《春秋後傳》文。

有皋落戈之冶工午，① 時代在戰國晚期，世遠時移，無須爲諱。午爲干支字，行文之時無法處處避諱，是否干支之類專有名詞可以不諱，尚可研究。

晉定公君臣同名　晉定公諱午，頃公子，公元前511—前476年在位。晉臣名午者三：祁午、胥午皆在晉定公之前，不論。《左傳》定公十年，即晉定公十二年（前500），傳云"衛侯伐邯鄲午於寒氏"。午爲晉邯鄲之宰，趙穿之曾孫。晉定公十二年，趙午已率徒攻衛之西門，當已成年，則晉定公即位時，趙午必已生。午爲地支之一，在干支紀年月日時代，生於午年午月午時而以之爲名者，必不在少數，是爲無可避免之字。

衛襄公君臣同名　襄公諱惡，獻公子，公元前546—前544年在位。衛臣有名惡者二：石惡，石碏後，衛獻公臣，獻公三十二年，石惡出奔晉。後二年，襄公惡立。襄公九年卒，有衛臣齊惡告喪於周。按，石惡奔晉，已無關襄公。齊惡，亦先襄公而生。《穀梁傳·昭公七年》："此何爲君臣同名也，君子不奪人名，不奪人親之所名，重其所以來也，王父名子也。"范注："不奪人名，謂親之所名，明臣雖欲改，君不當聽也。君不聽臣易名者，欲使人重父命也。父受名于王父，王父卒，則聽王父之命名之。"楊疏補充説："若卒哭而後，無容得斥君名，蓋捨名而稱字耳。"② 孔穎達於《禮記·內則》疏云："先衛侯生，故得與衛侯同名，是知先生者不改也。"③

蔡文侯、蔡昭侯祖孫同名　文侯、昭侯皆諱申。文侯，公元前611—前592年在位；昭侯，公元前518—前491年在位。據

---

① 皋落戈銘文末有"工帀郄喜、冶午"，冶疑爲午之職業。見蔡運章、楊海欽《十一年皋落戈及其相關問題》，《考古》1991年第5期，第413頁。

② 《春秋穀梁注疏》卷第十七，北京大學出版社，2000年，第322頁下－323頁上。

③ 《禮記注疏》卷第二十八，阮刻《十三經注疏》本，下冊，第1470頁中。

《史記·管蔡世家》，文侯爲昭侯之高祖，是隱太子友以曾祖名名子，似不可曉。孔疏、《釋文》謂"二申必有誤者"，梁玉繩又有"《世家》又作甲，而文侯父莊侯名甲午，亦不應與同名，豈二名不偏諱耶"之疑。① 今以銘文字形考之，申假作"神"，又與"信""辛"通用，又爲"𤲬"之省寫。安徽壽縣出土《蔡侯鐘》銘文蔡侯名寫作"𤲬"，王國維、于省吾、裘錫圭皆以爲是蔡昭侯申，字亦作"𥅤"。王輝更對𥅤、𤲬、申有所申述。② 由此可證昭侯名𤲬，文侯若作申，自亦祖孫不同名，且亦不排斥爲信爲辛，而後世混同者。申亦干支常用字，銘文中不乏以之爲名字者，如西周早期伯申鼎（《集成》02039）、中期申簋蓋（《集成》04267）、春秋王子申盞蓋（《集成》04643）、戰國晚期郱陵君王子申豆（《集成》04694/04695）等諸器中以申名，即使有與蔡文侯世系近者，若非蔡國之人，自是無礙名申。

襄王諱鄭，鄭不改封　襄王，惠王子，公元前 651—前 619 年在位。鄭國乃周宣王庶弟姬友封國。宣王而後，七世而至襄王，造成周王名與諸侯封國同名。按，申繻論名云，不以國，不以山川，以國則廢名。孔疏："國名受之天子，不可輒易。若以國爲名，終卒之後則廢名不諱。"③ 此雖就人名在國名之後者而言，然姬友封鄭，鄭本地名，其來已久。宣王七世後之襄王名鄭，正犯不以山川、國名之忌，故身爲孤寡之王，終卒之後廢名不諱，相反鄭國之號，無處不在。

---

① 梁玉繩《漢書人表考》，《史記漢書諸表訂補十種》，中華書局，1982 年，第 898 頁。

② 參見王輝《秦公大墓石磬殘銘考釋》《貃、𥽬、𣏾、𥅤貃、𥅤𣏾諸此辭再考釋》，《一粟集——王輝學術文存》，臺灣藝文印書館，2002 年，上冊。按，其《𥅤字補釋兼論春秋公冠禮》一文未見。

③ 孔穎達《春秋左傳正義》卷六，北京大學出版社，2000 年，第一冊，第 210 頁。

昭王名瑕，周有瑕邑　昭王諱瑕，康王子，公元前 996—前 977 年在位。《左傳・昭公二十四年》：“王子朝之師攻瑕及杏，皆潰。”杜注：“瑕、杏，敬王邑。”竹添光鴻謂“瑕爲周邑，未詳其處。襄十年有瑕禽，昭十二年有瑕辛，蓋即以食邑爲氏也”。①瑕禽爲周大夫，是竹添氏周邑所本。其始命時代無考，今金文中不見此字形。瑕禽或其父祖若食邑於瑕，則其始封當在周靈王及靈王以前也。魯昭公二十四年當敬王二年（前 518），敬王去周昭王已二十二世，本無須爲諱。若瑕邑之來有所自，且在昭王之前，則昭王亦犯“不以山川”之忌。

元孫某　《書・金縢》：“公（周公）乃自以爲功。爲三壇同墠。爲壇南方，北面，周公立焉，植璧秉珪。乃告太王、王季、文王。史乃册祝曰：惟爾元孫某，遘厲虐疾。若爾三王，是有丕子之責于天，以旦代某之身。”孔傳謂史臣所諱，鄭玄謂成王所諱，孔穎達敷演鄭義謂成王口讀改字而爲史臣所録。宋夏僎以爲“周公禱于三王，必稱武王名，今史載其書，故諱而代以某字”。②此未明言諱者。清儒釋此，多兼取鄭、孔、夏之説，謂周公原文不諱，成王諱之，史官録之。③孫星衍見《史記・魯世家》作“元孫王發”，復據“臨文不諱”“父前子名”之禮文，謂與鄭玄所見本異，意謂原本不諱。④周廣業詳考前後文例，云：“祝辭，公（周公）所自爲，所繫尤重，公既命勿言，文必不欲存，故史

---

① 竹添光鴻《左傳會箋》，四川巴蜀書社，2008 年影印本，第 2006 頁。
② 見夏僎《尚書詳解》卷十八，《叢書集成初編》，第 4 册，第 407 頁。
③ 如清王鳴盛《尚書後案》卷十三（《清經解》卷四一六，第三册，第 115 頁下）、清江聲《尚書集注音疏》卷十二（同上，第二册，第 888 頁中）皆持此論。
④ 孫説見《尚書今古文注疏》卷十三，中華書局，1986 年，第 326 頁。孫以司馬遷所據乃古文本，皮錫瑞謂太史公引書皆據今文。皮從鄭玄“由成王讀之”之説，故信“當時策書本作‘王發’”，而以“今文爲得其實”。見《今文尚書考證》卷十三，中華書局，1989 年，第 292 頁。

自言告神之後，乃册書之，因並叙自以爲功及得吉卜始末納之匱
中。此固史之職也。"因斷定"此必史私録之册也……史既私録，
應避君名……成王得是説後既執書以泣，未必讀册而口改也"，①
獨申孔傳之意。按，《金縢》之作者和成書年代，自宋程頤和王
廉以來，多有疑之者，或謂出於漢人手筆。② 經近現代學者之考
訂，已否認其爲僞書。顧頡剛定爲東周時作品，③ 陳夢家論證爲
西周時記録，④ 張西堂則認爲其成書最早當在戰國中世。⑤ 作品
出自兩周，始可論其史實。以等級諱名言之，周公當諱武王。但
當時爲壇墠，告三王，制如廟中，自不應諱，此前所援證之古禮
中稱謂可證。文既言"祝曰"，知爲祝告辭。周代凡告祖先，皆
由祝官代主人將言辭告於祖先之靈，⑥ 言辭一如主人，則當時祝
辭亦不諱。後文言成王"以啓金縢之書，乃得周公所自以爲功代
武王之説"，不出成王口讀，則未必定如鄭説口讀改字。故周説
由史書之而諱，似較近理。退而論之，即使《金縢》爲後人掇拾
故事敷衍而成，其時代亦當以懿王前、武王之廟未遷時爲近是。
近出清華簡《周武王有疾周公所自以代王之志》文如《金縢》，
而此句作"尔元孫發"，⑦ 稱名，可見司馬遷撰《魯世家》所本
《金縢》確有"發"字，排除漢代經師所改。反之，古文諱而作
"某"，或相傳戰國別本已諱，或漢代古文經師代周公而諱。東周

① 見《經史避名彙考》卷四，北京圖書館出版社，1999 年，上册，第 271 頁。
② 參見朱彝尊《經義考》卷七四，《四部備要》本，第十册，第三葉 B。王説見
　蔣善國《尚書綜述》引，上海古籍出版社，1988 年，第 233 頁。
③ 顧頡剛《論〈今文尚書〉著作時代書》，《古史辨》第一册，上海古籍出版社，
　1982 年，第 201－202 頁。
④ 陳夢家《尚書通論》第六章，中華書局，1985 年，第 112 頁。
⑤ 張西堂《尚書引論》六《尚書之考證》，陝西人民出版社，1957 年，第
　192 頁。
⑥ 詳席涵靜《周代祝官研究》第六章，臺灣勵志出版社，1978 年，第 76 頁。
⑦ 李學勤主編《清華大學藏戰國楚簡》（一），中西書局，2010 年，第 158 頁。

以來《尚書》傳本文字頗多歧異，時諱禮大致固定，傳者以己意潤飾，未可知也。承自戰國之《金縢》既有"某""發"兩作，自不能以此質疑周初不諱也。

檢覈前人舉以爲犯諱之例，凡謂文獻不避君諱者，其文獻之實際年代多非在此王應諱世數之內；凡謂兩周臣犯君諱者，其臣之在世年代或在此王前，或在此王應諱世數後。即或君臣同時，臣之年齡亦往往大於君。真正落在應諱世數內者極少。周代乃宗法社會，親親尊祖，又極珍視名字，故有"不奪人親之所名"之習俗。緣此習俗，遂有"不敢與世子同名"之科條，有不以國、不以官、不以山川、不以隱疾、不以畜牲、不以器幣取名等成文或不成文規定。以此警戒於前，庶免犯諱於後。就人與文字之比例看，絕對是人多字少。緣情象物以命名，情似則名同，乃理所必然。當時雖奉諱禮，猶有許多"不諱"特例，且其懲不嚴，所謂"過而舉君之諱則起"，不若後世動輒繩之以法。

前人論周人諱禮之所據，皆是傳世文獻，辨見上文。至郭沫若取銅器銘文來驗證周人諱否，其摭拾個別金文例證，撰《諱不始於周人辨》，在近代產生一定影響。筆者驗其所舉，多可商榷，謹辨如下：

明保　郭沫若否定《金縢》"元孫某"之文與孔傳說，舉令彝（《集成》09901定名"矢令方彝"）"王命周公子明保尹三事、四方"和作冊䰟卣（《集成》05400）"隹明保殷成周年"爲例，謂明保即周公子伯禽名，二器主皆其臣屬，而直稱其名。復又舉《魯頌・閟宮》"保彼東方"等三句，謂均稱其祖名而不諱。[1] 郭沫若

---

[1]　見郭沫若《諱不始於周人辨》，《金文叢考》，人民出版社，1954年，第113 - 114頁。郭沫若在後來出版的《令彝令簋與其它諸器物之綜合研究》中專辟"明保考"一節申述其原來觀點。《殷周青銅器銘文研究》，科學出版社，1961年，第65 - 73頁。

之後，討論令彝"明保"者無慮數十人，分爲是人名和非人名兩大類。主張是人名者又分爲長子伯禽説、次子君陳説、周公之子祭公説、茅公説、文王子周公弟毛叔説、周公孫説等等，於此無法也無須一一列舉辨證。① 所當論者，必用兩周諱禮衡之方可。蓋銘文雖令所撰，然王命出自周王（若昭王），叙述王命，當從王之口吻出之，君前臣名，是必直呼其名。而作爲作册史官的令，很可能就是八月甲辰作册時的作册者，故在銘文中襲用作册時稱謂，稱呼明保。設想銘文若作"王命周公子明公"，變成周王稱其爲明公，成何體統！王命之後，明保指使令參與其"尹三事四方，授卿事寮"等各種事務，作爲官職不如明保高、地位不如明保尊之令，五次稱其爲"明公"，一次稱其爲"公"，出於情，准乎禮。所以，明保爲何人，可以繼續討論，而君前臣名之諱禮，可以糾正郭説。

　　吾考以　郭沫若又舉沈子也簋（《集成》04330）"克成妥吾考以于顯顯受命"語，謂"以"即魯煬公之名熙或怡。沈子乃煬公之婿，是臣不諱君，婿不諱其外舅之名。甥舅之説，於史無徵，不知何據。就銘文舉親稱之常例看，絶無在"考"後綴以父名者，此器其他諸家考釋亦皆不認"以"爲人名。陳夢家定此爲康王時器，而謂也是

---

① 如陳夢家謂是君陳，見陳夢家《西周銅器斷代》（二），《考古學報》第十册，1955 年，第 88 頁。楊向奎則别出新解，將"子明"解爲周公旦之字，謂旦、明義相應，子爲男子美稱。見楊向奎《令彝考釋中的幾個問題》，《繹史齋學術文集》，上海人民出版社，1983 年，第 236–240 頁。又《再論"周公子明保"問題》，《緇經室學術文集》，齊魯書社，1989 年，第 251 頁。馬承源等定令彝爲昭王，故從年齡上否定伯禽和君陳，見《商周青銅器銘文研究》（三），文物出版社，第 68 頁。近時賈洪波《論令彝銘文的年代與人物糾葛——兼略申唐蘭先生西周金文"康宫説"》（《中國史研究》2003 年第 1 期）對各家"明保"説略有辨説，可參看。

周公旦下一世人，煬公爲周公旦之孫，伯禽之子，則也與伯禽同輩；① 馬承源承陳說，定此器爲康王，亦謂也是周公旦之孫輩；② 如是則“吾考”必非煬公。即或如唐蘭說沈國是周公之後，其廟祭有大宗小宗之別，亦未必爲煬公直系子孫而爲之諱。③ 更何況文獻所記煬公熙、怡之名未必是其原字，故郭說亦無憑據。

此外，郭沫若例舉大量日干稱號，謂爲周人不諱。上文在廟號一節已詳細分析商周日干並非名字，可置不論。

2. 銅器銘文君臣、君民同名與用字犯諱辨正

郭沫若討論周人有無避諱時，所見銘文有限，現在有銘銅器無慮一萬多件，就中所涉人名無數，是否有犯兩周君王名諱，此最爲究心於避諱者所懸念。上文已就前人論及者附以銘文人名和用字補證之，而要全面校覈檢驗銘文人名避諱與否，略欠費時。幸有吳鎮烽已做過人名彙編、張亞初做過金文引得工作，可資佐助。吳氏《金文人名彙編》初版收錄人名 5 228 條，涉及人名字頭 1 562 個；修訂本增補到 7 600 條，涉及人名字頭 2 100 個。④ 將《彙編》所見人名用字和《引得》出現銘文文字與周王名字校覈，至少在當今古文字隸定、銅器斷代研究基礎上可以觀察到兩周避

---

① 見陳夢家《西周銅器斷代》（五），《考古學報》1956 年第三期，第 106 頁。按，“也”字陳夢家隸定作“它”，故稱它簋。

② 見馬承源主編《商周青銅器銘文選》（三），文物出版社，1988 年，第 57 頁。

③ 唐蘭云：“沈子也的父親爲沈國始封之君。”見《西周青銅器銘文分代史徵》卷五上，中華書局，1986 年，第 322、325 頁。按，陳夢家、李學勤都不同意“沈”是國名，而董珊則將“沈子”與《逸周書》“沈人”聯繫，謂即金文和《尚書》常見的“沖人”，則郭說更無著落。見董珊《釋西周金文的“沈子”和〈逸周書·皇門〉的“沈人”》，《出土文獻》第二輯，中西書局，2011 年，第 29‑33 頁。

④ 吳鎮烽《金文人名彙編》先由中華書局 1987 年出版手寫影印本，後經大幅度增補，於 2006 年由中華書局出版排印本。

諱實況之一個側面。校覈考證，仍以同名犯諱在先，同字用例在後，凡上文已論及者從略。

康王諱釗　康王釗，成王子，公元前 1020—前 996 年在位。釗僅見春秋晚期庚壺（《集成》09733）"釗不其王乘牡"一例，與康王諱無涉。

共王諱繄扈　共王，穆王子，公元前 922—前 900 年在位。《竹書紀年》單名繄，《世本》《世表》和《漢書人表》作"伊扈"。梁玉繩謂《竹書》作單名係竹簡爛脱，不可從。伊、繄同音通用。銘文無繄字。伊，早期之伊生簋（《集成》03631）可以無論。有名伊伯的史懋壺（《集成》09714）、有器主名伊的伊簋（《集成》04287），馬承源皆定爲共王器，若然，則直犯君上之諱。尤其史懋壺"王乎伊伯易懋貝"，雖是以君之口吻呼臣下，若共王諱伊，却是實實在在的同名，據此可説是犯諱鐵證。然則何以《史記》和《竹書紀年》有異文作"繄"？《紀年》本出土文本，太史公作本紀必經過斟酌。合理解釋是，共王諱繄，伊簋器主名伊，伊伯字伊，並非犯諱，而《世本》《世表》《人表》皆據當時或後人避共王諱改作"伊"之文獻引録。

懿王諱囏　懿王，共王子，公元前 899—前 892 年在位。《史記·周本紀》謂"共王崩，子懿王囏立"。[1] 西周晚期不嬰簋蓋有"弗以我車宮於囏（艱）"，字形作 ■，有人隸作"艱"，[2] 同。毛公鼎（《集成》02841）有"趨余小子圂湛于囏（艱）"。兩器皆在宣王時，上距懿王四世，依禮當諱。然《三代世表》作"懿王堅"，司馬貞《周本紀索隱》引《世本》亦作"堅"。梁玉繩云："囏字誤，《索隱》曰：'一作"堅"。'是也。各處皆作

---

① 司馬遷《史記》卷四，第一册，第 140 - 141 頁。

② 見董蓮池《新金文編》，作家出版社，2011 年，第 1883 頁。

'堅'。"梁所謂"各處"者，指《漢書·古今人表》亦作"堅"也。今以"堅"爲常用字，而竟不見於銅器銘文，則堅、𡎱、𡑵諸字形中確當有懿王之諱者存焉。

孝王諱辟方　孝王，共王弟，公元前 891—前 886 年在位。辟卣有"辟乍（作）父癸瘲寶瘲彝"，介紹者謂是西周早期後段銅器。[①] 又辟東尊（《集成》05869）有"辟東作父乙尊彝"，亦西周早期銅器。

辟字銘文常見多見，以西周晚期孝王時代衡校，早期之文、武、成、康，中期之昭、穆、恭、懿器可除外，東周平王以後亦可無論，唯時代在西周晚期之銘文須作考察。此期間著名大、小克鼎皆孝王時器，且皆面對孝王而言，無疑應避孝王諱，而大克鼎（《集成》02836）却有"肆克龏保厥辟龏王""永念于氒孫辟天子"文，小克鼎（《集成》02796）有"朕辟魯休"文。厲王時禹鼎（《集成》02833）有"惕共朕辟之命"文，言我君之命也。㝵盨（《集成》04469）有"王曰：敬明乃心，用辟我一人"文，是爲（王説）以法我一人，此王馬承源謂是宣王；[②] 毛公鼎（《集成》02841）王謂父𥂴"俗女弗以乃辟甬于艱"，馬承源亦置於宣王；[③] 宣王皆當避孝王之諱。他若孟姬洊簋（《集成》04071）文有"追孝于其辟君武公孟姬"，師害簋（《集成》04116/04117）有"以召其辟休"文，師訇簋（《集成》04342）有"欲弗以乃辟陷于艱"文，伯公父簠（《集成》04628）有"我用召卿事辟王"文，等等，按常理，似皆犯諱。然若以"二名不偏諱"之諱禮衡校，方始可以釋然。[④] 尤其

---

① 王長啓《西安市文物中心收藏的商周青銅器》，《考古與文物》1990 年第 5 期。
② 馬承源主編《商周青銅器銘文選》（三），第 313 頁。
③ 馬承源主編《商周青銅器銘文選》（三），第 316 頁。
④ 另一種思考是，孝王爲懿王之弟，而夷王是懿王太子，厲王是夷王子，宣王是厲王子，則孝王於夷王、厲王、宣王爲叔父祖之旁系。孝王在位四五年，是否旁系可以不諱，西周昭穆制和諱禮無明文。

是大、小克鼎和宣王之言更應規避，今其屢見"辟"字，正適足以證明二名不偏諱之禮在當時之施行是確然無疑的。

　　方字，楷侯簋蓋（《集成》04139）載楷医（侯）自名"方"，此西周早期器。唯屬王時鄂侯御方鼎（《集成》02810）有"噩医（侯）御方内豊于王"，且方面對王而"拜手稽首"依禮當諱。又五祀㝬鐘（《集成》00358）"匍有四方"，禹鼎（《集成》02833/02834）"克夾召先王奠四方"，皆屬王當諱之時。尤其大克鼎（《集成》02836）有"畯尹四方"，又有"肆克龏保厥辟龏王"，"方"和"辟"不出現於同一句，只有用"二名不偏諱"始能解釋。梁玉繩有提出一周家犯諱之證，其在《周本紀》"共王弟辟方立"下云："案，高圉之父名辟方，是孝王與十六世祖同名矣，殊不可解，疑有誤。"[1] 按，高圉、辟方時代，遠在殷商晚期，周代禮制，一皆以喪服五世親盡爲度，絕無諱及遙遠十六世祖者，此疑所不當疑者也。

　　宣王諱静　宣王，屬王子，公元前 827—前 782 年在位。銅器有静方鼎、[2] 静簋（《集成》04273）、静卣（《集成》05408）等，静爲西周昭穆時期王朝小臣，屢建功業，多次受賞。其活動時間早於宣王六世。師訇簋（《集成》04342）"（王曰）民亡不康静"、孝王時大克鼎（《集成》02836）"宇静于猷"、毛公鼎（《集成》02841）"大從不静"、屬王多友鼎（《集成》02835）"女既静京師"等有"静"字文句，皆在宣王之前，不涉及宣王名諱。

　　幽王諱宫涅　幽王，宣王子，公元前 781—前 771 年在位。宫字，西周以"宫"爲名字者不少。季蠹方鼎（《集成》02340）有

① 梁玉繩《史記志疑》卷三，中華書局，1981 年，第 99 頁。
② 静方鼎藏日本出光美術館，見徐天進《日本出光美術館所藏的静方鼎》，《文物》1998 年第 5 期。

"季蠚作宮伯寶尊盨"，宮伯蓋亦季蠚長輩，西周早期人。或者鼎（《集成》02662）"或者作文考宮伯寶尊彝"，則宮伯爲其父；或者簋（《集成》03675）有"者作宮伯寶尊彝"，兩器字體小異，文字如出一轍，疑爲同一人所作，時在西周中期前段。爕簋（《集成》04046）有"爕……對揚王休，用作宮仲念器"語，宮仲蓋爕之長輩，西周中期人。仲敬簋（北窰墓211頁圖110.3）之仲敬父名宮叔；伯陶鼎（《集成》02630）文有"伯陶作厥文考宮叔寶鬶"，時在西周中期。諸器時代相近，宮伯、宮仲、宮叔是否有家族血緣聯繫，尚不明白。唯時代皆遠在幽王之前。"宮"是常用字，兩周宮廟是祖先靈位所居之地，不可能廢而不用。今幽王名諱是二名，可以不偏諱，且又時值世亂，轉瞬平王東遷，固可不論。

八年五大夫青弩機（《集成》11931）上鑄有鑄工名"公涅"，時在戰國，又遠在幽王之後。可進而討論者，幽王之名，所記頗有不同。涅，一作"湦"，裴駰集解引徐廣曰："一作'生'。"梁玉繩總結云："按，字書無湦字。而幽王之名，《竹書》單作涅，《皇王大紀》單作湦，此表及杜《世族譜》《周、晉語》注作宮涅，《周紀》作宮湦，《詩王風譜》疏引《紀》作宮皇，《呂氏春秋·當染》注作官皇，疑當依《外紀》《古史》《通志》作宮湦爲是。《集解》徐廣曰：一作生。惟名湦，故又作生。《說文》腥、鯹並作胜、鮏，知古字凡從星者恒爲生也。"[1] 梁氏在《史記志疑》中本《人表考》有補充兩證：魯惠公名弗湦，一作"弗生"；曹桓公名終生，一名"終湦"，謂"觀魯、曹二公之名，可以定幽王之名矣"。[2] 梁氏所舉，又引出一避諱問題：即魯惠公即位於平王三年（前768），曹桓公即位於平王十五年（前756），時距幽

① 梁玉繩《漢書人表考》卷九，《叢書集成初編》，3712號，第457頁。
② 梁玉繩《史記志疑》，中華書局，1981年，第102頁。

王一世，理所當諱。但就生年而論，很可能皆在幽王即位前。且世亂之際，諸侯莫知何人爲天子，其同名亦可理解。再就幽王、惠公、桓公名諱異文涅、涅、生，其間或即有避諱改字之意在焉。

莊王諱佗　莊王，桓王子，公元前 696—前 682 年在位。佗，一作"他"。[①] 春秋早期有楚屈叔佗戈（《集成》11198），又同名一戈（《集成》11393）文有"楚屈叔佗，屈□之子"，亦標"春秋早期"。李零考證爲戰國中期器，且"佗"隸作"池"。[②] 劉彬徽亦隸爲"池"，定爲楚莊王（前 613—前 591）時期。[③] 若然，則字形與年代皆在周莊王後七八世，與莊王之諱無涉。

釐王諱胡齊　釐王，莊王子，公元前 681—前 677 年在位。胡字與屬王諱同，屬王爲釐王之七世祖，理可不諱，無妨名胡。唯其爲"胡"抑爲"鬍"，亦不可知也。齊，銘文出現頻率較高，今略去西周、戰國器物以及齊國特指（如"齊庆（侯）""齊邦""齊婦""齊史"之類），獨考察與釐王相關之人名與春秋銘文，則少見用例。齊嫄□爵（《集成》08752）、齊嫄尊（《集成》05686）等一些殷商晚期和西周早期帶"齊"銘文可能爲人名，若齊生魯方彝蓋（《集成》09896），吳鎮烽謂名魯，字齊生，[④] 時在西周中期。其他絕大多數與齊國有關，不能計入人名用字。唯魯司徒仲齊盨（《集成》04440/04441）、魯司徒仲齊盤（《集成》10116）、魯司徒仲齊匜（《集成》10275），是以"齊"爲字，時在春秋早期，或與釐王有關。

---

① 張文虎謂《王風譜疏》和《御覽》引作"他"，《校刊史記集解索隱正義札記》，中華書局，1977 年。

② 李零《楚國銅器銘文編年匯釋》，《古文字研究》第十三輯，中華書局，1986年，第 379 頁。

③ 劉彬徽《楚系青銅器研究》，湖北人民出版社，1995 年，第 307 頁。劉氏謂若何浩考證有據，則當是公元前 597 前後物。

④ 吳鎮烽《金文人名匯編》，中華書局，第 359 頁。

頃王諱壬臣[①]　頃王，襄王子，公元前 618—前 613 年在位。銅器有壬父鼎（《集成》01272），爲殷代之物，唯鑄"壬父"兩字。壬爲干支用字，不可能廢棄不用。臣是常用字。臣爵（《集成》08998/08999）文爲"臣作父乙寶"，父前子名，當爲名。此西周早期物。銅器也有因在周朝任臣職，故稱"臣某"者，如臣高鼎之臣高，[②] 臣卿鼎（《集成》02595）、臣卿簋（《集成》03948）之臣卿，臣栩殘簋（《集成》03790）之臣栩，臣衛尊（《集成》05987）之臣衛，臣諫簋（《集成》04237）之臣諫，時代皆在西周早中期，鑄器稱"臣"或亦一時風氣，有類後世墓誌稱銜。凡此皆與東周頃王名諱無涉。壬與臣皆常用高頻字，頃王二名，只要不用"壬臣"，皆在諱禮允許之列。

簡王諱夷　簡王，定王子，公元前 585—前 572 年在位。銅器銘文有以"夷"名者不少，唯夷字金文作𡕢（柳鼎），作𡗜（鄭子𡃀夷鼎），作𡔴（庶季白歸鼎），而更多者是作𠂤（兮甲盤）、𠂤（尸鼎），即隸定爲"尸"形者。若簡王名確爲"夷"，則所有作"尸"形之人名如叔尸鐘（《集成》00272-00284）、豐兮夷簋（《集成》04001-04003）、尸曰簋（《集成》03483）、尸曰盤（《保金》112）、尸曰匜（《故周金》81）、夷伯簋（陝金1.364）、作册嬛尊（《集成》05989）等器物中之叔夷、夷、夷曰、夷伯等人名皆與犯諱無涉，更何況其中大多活動在西周早中期，與簡王風馬牛不相及。仲夷尊之仲夷是西周早期人，無關簡王之諱。其他銅器"夷"字有：南宮柳鼎（《集成》02805）"嗣羲夷陽、佃史"，小臣守簋（《集成》04179）"使小臣守使于夷"，羲夷、夷係地名。兩器皆西周物，遠在簡王前。

[①]　梁玉繩《史記志疑》引《人表》作"王臣"，謂王臣"當是也"，第108頁。兹略不辨。

[②]　王長啓《西安市文物中心收藏的商周青銅器》，《考古與文物》1990 年第 5 期。

　　靈王諱泄心　靈王，簡王子，公元前 571—545 年在位。泄字不見於銘文。梁玉繩引《晉語》《周語》韋注作"大心"。錢大昕承梁説而云"'泄心'即'世心'也"，其舉《禮記‧雜記下》"泄柳"，唐石經作"世柳"，岳氏刊本亦作"世"，乃謂："《春秋三傳》'世'與'大'多相通，如樂大心作世心，與此可互證。《夏本紀》帝洩，《左傳疏》引《世本》作'世'。蓋'泄'從世聲，亦可讀如世。"① 世字屢見於金文，然非出現在西周中期、晚期，則出現於戰國，其見於春秋者唯樂書缶（《集成》10008）"子孫萬世是寶"，馬承源定此器爲晉景公或厲公，則時在公元前 599至前 573 年，下距靈王即位尚有二年。心字，西周中期懿王時瘋鐘（《集成》00246）有"克明厥心"，師望鼎（《集成》02812）有"穆穆克明厥心"，秦武公（前 697—前 678）時秦公鐘（《集成》00262）有"克明又心"，齊昭公或懿公（前 632—前 609）時鎛鎛（《集成》00271）有"余彌心畏忌"，可見西周用"心"字極多。然一旦進入春秋，相對就少。今所見春秋前期上曾大子鼎（《集成》02750）"心聖若慮"，不知是否在犯諱之列。而蔡侯鐘（《集成》00210/00211/00217‐00222）有"既恩于心"語，鐘爲蔡平侯之器，時在公元前 530 年，時靈王泄心卒才十五年，依禮當避，或亦二名不偏諱也。進入戰國，心字又漸始增多。

　　景王諱貴　景王，靈王子，公元前 544—前 520 年在位。西周有孟𤔲鼎（《集成》02202），𤔲被隸定爲"貴"。戰國晚期有卅七年上郡守慶戈，刻有工匠名貴者，吳鎮烽認爲其身份是城旦。② 兩人皆不在景王應諱世數之內。

---

① 錢大昕《三史拾遺》，方詩銘、周殿傑校點《廿二史考異》附，上海古籍出版社，2004 年，第 1373 頁。

② 吳鎮烽《金文人名匯編》（修訂本），第 316 頁。

敬王諱匄，亦作丐　敬王，景王子，公元前 519—前 476 年在位。懿、孝王之際癲鐘（一）（《集成》00216）有"匄永令"，西周中期伯陶鼎（《集成》02630）有"以匄永福"，追簋（《集成》04219）有"祈匄眉壽"，已侯貉子簋蓋（《集成》03977）有"用匄萬年"，幾乎所有"匄"字均出現於西周中期，與敬王諱無涉。

元王諱仁　元王，敬王子，公元前 475—前 469 年在位。元王已進入戰國時代。春秋早期魯國之魯伯俞父鬲、簋、盤有"𡰥"被隸定爲"仁"字，時代在元王前。另見於戰國晚期中山王礜鼎（《集成》11049）之"𡰥"，其他竟不見仁字。

貞定王諱介　貞定王，元王子，公元前 468—前 441 年在位。西周中期師訇鼎（《集成》02830）有"用厥烈祖介德"語，時在貞定王前。

思王諱叔　思王，貞定王子，哀王弟，公元前 541 在位。叔字是周朝排行伯仲叔季用字，由字而成爲氏（以王父字爲氏），其在銅器中所出現之人名無數。其中叔鼎（《集成》02052/02054）、叔簋（《集成》04132-04133）、叔夫父（《叔夫父卣》，《集成》05302）、叔友父（《叔友父簋蓋》，《集成》03725）等等絕大多數是西周早中期甚至晚期人，皆早於思王。即使像春秋晚期叔尸（夷）（《叔尸鐘》，《集成》00272-00284）這種人，也未必是犯諱。因叔作爲排行，太普遍，諱不勝諱，且思王即位不到一年，是否立廟需諱，仍需從兩周宗廟與避諱制度上深入研究。

考王諱嵬　考王，定王子，思王弟，公元前 440—426 年在位。銘文無嵬字。

安王諱驕　安王，威烈王子，公元前 401—前 376 年在位。銘文無驕字。

烈王諱喜　烈王，安王子，公元前 375—前 369 年在位。伯喜簋（《集成》03997-04000）、伯喜父簋（《集成》03837/03838/03839）

之喜乃西周中期後段人，史喜鼎（《集成》02473）、齊莽史喜鼎（《集成》03586）之喜亦西周人；戰國早期陳喜壺（《集成》09700）之陳（陳）喜在烈王前，皆不可作犯諱論。公元前 255 年，鄎王喜繼燕孝王位，即位後曾作鄎王喜戈、劍、矛等兵器，[①] 時雖隔百餘年，猶在應諱世數內，然秦昭王占王畿，滅東周，已無須爲周王諱。皋落戈工市郐喜、十六年喜令戈（《集成》11351）之喜，活動於戰國晚期，或係民間凡夫，不知朝廷諱禮者。喜是常用字，銅器銘文侃喜、喜侃、喜樂等辭極爲普遍，大多出現於西周及春秋之世，很少見於烈王應諱世數內。

顯王諱扁　顯王，烈王弟，公元前 368—前 321 年在位。銘文無扁字。

慎靚王諱定　慎靚王，顯王子，公元前 320—前 315 年在位。五祀衛鼎（《集成》02832）、裘衛盉（《集成》09456）、即簋（《集成》04250），論者謂定是氏；伯定盉（《集成》09400）中有伯定，疑是字，其年代皆在西周中期，無須爲數百年後之慎靚王諱。且兩周時姓與氏是否也納入避諱禮制，猶須研究。秦王鐘（《集成》00037）有"王之定"，蔡侯紐鐘（《集成》00211）有"定均庶邦"，亦春秋早期之行文。唯作於公元前 314 年前後之中山王方壺（《集成》09735）有"遂定君臣之位"，時慎靚王方薨，理應爲諱。所以不諱者，或以姬周王氣黯然消盡，而中山王銘文頗有夜郎自大口氣，竟無視兩周諱禮。

赧王諱延　赧王，慎靚王子，公元前 314—前 256 年在位。皇甫謐云爲"誔"，[②] 金文"延"僅兩見：一爲春秋前期蔡

---

① 鄎王戈見《集成》11004、11005、11195、11246、11247、11248、11249、11277、11278，鄎王劍見《集成》11583、11584、11606、11607、11612、11613、11614、11615、11616、11617、11705，鄎王矛見《集成》11522、11523、11528、11529。

② 見《史記·周本紀》"子赧王延立"下司馬貞索隱引。第一册，第 160 頁。按，梁玉繩《史記志疑》疑皇甫謐説非是。

平侯蔡侯紐鐘（《集成》00210）"延（誕）中厥德"，一爲楚王孫遺者鐘（《集成》00261）"延（誕）永余德"，兩器皆在報王之前。

通過以上對周王名諱的引證和分析，可以匯總爲一表，以便清晰觀覽兩周避諱狀況。

周王名諱避諱表

	周王名諱	舊說新證	本文補證	同名（地名）	銘文用例	諱	不諱	存疑
西周	文王昌	○		×	○		○	
	武王發	○○		×	○		○	
	成王誦	○		×	×			
	康王釗		○	×	○		○	
	昭王瑕	○		○			○	
	穆王滿	○		×	×		○	
	共王繄			×	×			
	懿王囏		○	×	○			諱？
	孝王辟方		○	○	○	二名不偏諱		
	夷王燮	○		○	○		○	
	厲王胡	○○		○	○		○	
	共和							
	宣王静		○	○	○		○	
	幽王宮涅	13	○	○	○	二名不偏諱		

續　表

	周王名諱	舊説新證	本文補證	同名（地名）	銘文用例	諱	不諱	存疑
東周（春秋、戰國）	平王宜臼	○		○	○		○	
	桓王林	○		○	○		○	
	莊王佗		○	○（有異文）			○	
	釐王胡齊		○	○	○	二名不偏諱		
	惠王閬			×	×			
	襄王鄭	○○		○	○		○	
	頃王壬臣		○	○	○		○	
	匡王班	○		○	○		○	？
	定王瑜			×	×			
	簡王夷		○	○	○		○	
	靈王泄心		○		○○	二名不偏諱		
	景王貴		○	○	○		○	
	悼王猛			×	×			
	朝			×	×			
	敬王丐（匄）		○	×	○		○	
	元王仁		○	×	○		○	
	貞定王介		○		○		○	
	哀王去疾	○		○	○	二名不偏諱	○	

續　表

	周王名諱	舊説新證	本文補證	同名（地名）	銘文用例	諱	不諱	存疑
東周（春秋、戰國）	思王叔		○	○	○			○
	考王嵬		×	×				
	威烈王午	○		○	○		○	？
	安王驕		×	×				
	烈王喜		○	○	○		○	
	顯王扁		×	×				
	慎靚王定		○	○	○	○		
	赧王延（誕）		○		○		○	

　　兩周所用文字由籀文而篆文，今所見之周王名諱又經隸書而楷書，其當時所用字形，已無法準確定形，只能依準司馬遷《史記》並參以其他文獻。基於此一客觀狀況，以上考證周王名諱時，不再取也是經過籀、篆、隸、楷劇變並伴之以傳鈔同音近音通假和字形錯譌的傳世先秦文獻來印證，是爲避免雙軌錯譌——即假如周王名諱已隨文字興替、通假、形譌而傳世文獻也已隨文字興替、通假、形譌造成錯位，形成雙向不確定之無效考證，無益於避諱真相之揭示，故僅取證於銅器銘文，使之限於單向不確定範圍内，可較接近於事實。但爲使全面認識取銅器銘文爲證，除個別金文用例極多之常用字經甄別其時代後有所省略外，其他無論時代在該王之先後，皆盡量引録並指出其時代，目的使讀者對諱與不諱渾然一堆的銘文字形有一清晰的時代概念。

　　從《金文編》到《新金文編》，金文字頭已增至四千六百多，即正編字數也已過三千，不可謂少。經將周王名諱與銅器銘文普查互勘，有可引起關注者：

（1）金文用字與周王名諱

　　A. 周王名諱三十九個四十七字，除却緊、閭、兒幾字相對較僻外，大多常見。但如誦、滿、瑜、泄、猛、朝、驕、扃等皆不見於金文。此固可認爲是金文字形尚未出土或未被認出，但也不排斥因土名須諱而少用乃至不用。

　　B.“仁”字不見於甲骨文和西周文獻，此可見其概念尚未形成，或已形成類似概念而用他字表達。但孔子之後，“仁”概念已廣泛傳播，而在越來越多之春秋晚期和戰國文獻中仍不多見，或與元王名諱有一定關係。

　　C. 個別常用字或人名犯周王名諱，由於時代爲戰國末期，接近嬴秦，周室式微，所以諱禮廢弛，避諱不嚴。

（2）避諱與廟世

　　A. 無論傳世文獻或出土銘文，絕大多數與周王同名者，不是在周王之前，即是在該王四世五世祧廟不諱之後，極少犯諱。前賢論兩周避諱，無廟世觀念，多將不同歷史時段的人名置於同一平面上觀察討論，滋生許多謬誤。

　　B. 少數與時王同名犯諱者，推算其年齡，多長於時王，應該遵行君子不奪人親之所名的諱禮。

（3）幾例可以較爲肯定是犯諱之例，恰多集中於雙名的周王，如孝王辟方之方，幽王宮湦之宮，平王宜臼之宜，釐王胡齊之齊，哀王去疾之疾，靈王泄心之心，表明“二名不偏諱”之禮俗在兩周確實曾在現實社會中施行。

（4）避諱與姓氏地名干支專名。

　　A. 周王之名如叔等，是周代排行用字，因有以王父字爲氏之例，有轉爲氏號者，似可不諱。

　　B. 周王之名與地名、國名相重，遵循諱禮，似可不諱，地名、國名亦不改。

　　C. 周王或諸侯之名有壬、午等干支用字，常有與之同名相犯者，是否此類專有名詞可在不諱之例。

（5）避諱與同音改字。周王名諱有同音異文如共王之緊、伊，懿王之囏、艱、堅等，其中伊、囏有同時代人相犯，此有當時或後世避諱改字之可能。

雖然今所見金文非兩周用字總和，個別字形尚未有定説，銅器年代也還有可討論餘地，但至少目前尚未能找出一批堅實證據來證明周人不諱。傳世先秦文獻中雖存在較多犯諱實例，但因《詩》《書》在轉鈔過程中不斷改變文本樣貌，傳記雖有古本和傳説爲依憑，仍有不少改寫、改變和再創作之作品，失去了與王世相應的用字面貌。因此在沒有新的確鑿明證之前，不應輕率否定文獻中所載之周代諱禮。

（三） 宗法制的避諱禮俗和社會等級制的諱名傾向

"卒哭乃諱"緣於生人對死者的禁忌。"凡祭不諱"，廟中祭下諱上，祭上不諱下等成規，表明諱以廟祭郊祀爲中心。"舍故而諱新""大功小功不諱""子與父同諱"，及諱不諱王父母等科條，表明諱之寬嚴由喪服的親疏來決定。周代這種諱禮以死爲前提，以宗法制爲基礎。

在常情下上可名下，下不可名上，以及君前臣名、父前子名，同輩相敬不名稱字等等的諱名傾向，蘊含着人對名字之禁忌和名隨人貴之意識。周代稱謂制以生爲前提，以社會等級爲基礎。

以宗法制爲基礎的避諱禮俗和以社會等級爲基礎的諱名傾

向有冥界與世間之區別。儘管它們可能各自源於不同的意識，但却不免互相滲透。嚴格以宗法制爲基礎的諱禮，應循着"別子爲祖，繼別爲宗，繼禰者爲小宗"的遷祧廟制而諱。在周代，上自天子、諸侯，下至大夫乃至士人，廟制雖有等殺，而各有宗族之制，原當各宗其族，各諱其諱，互不相干。而"君所無私諱""大夫所有公諱"，透露出宗法制的避諱已滲透到等級稱謂制中。從銘文中數以千計的"父乙""父癸""且己"等日干廟號和有數的幾個謚號發展到周代"有爵則有謚"、"謚以尊名"、既葬稱謚的諱名之禮，形式上是由質向文的轉化，而實質却是社會等級稱謂滲透到宗法避諱制中的表現。入國不稱其諱，"入門問諱"，或牽涉到宗族與宗族間，或亦包含著社會上下等級之別。總之，它表明爲死者諱的禮俗已從宗族内擴展到社會。

五、　由避諱制溯論其原始禁忌形態

周代文獻，充分説明當時以宗法、等級社會爲基礎的避諱已制度化，這種制度的系統和完善使人不能相信是由周公制禮才創例發軔的，而完全有可能是由"周因於殷"，甚至"殷因於夏"之禮俗而加以損益的結果。甲骨卜辭和殷商銅器銘文已顯示了當時亦有稱王不名現象和廟祭時的諱名習俗，要溯論其源，還可從其他原始民族的名字禁忌和上古宗教意識、墓葬制度、巫術和祖先崇拜中去尋求。

（一）　原始民族的名字禁忌

原始民族的名字禁忌，英國詹·喬·弗雷澤所著《金枝》一書中有較詳細的記載，其他有關人類學和宗教學著作中也有類似記述。茲以《金枝》爲主，[①] 並輔以他説，[②] 將原始民族的名字禁忌分爲死和生兩類加以綜述，俾與周代的宗法避諱制和社會等級諱名制相參證。

1. 對死者名字的禁忌

許多未開化的民族嚴格奉行不説死者名字的習俗。一旦誰大聲説出，便被認爲是觸犯了他們最神聖的觀念。[③] 當人際交往不得不説之時，有的則用委婉的言語來表達，如維克多利亞人用"逝去的人"或"那不在人世的可憐人"來指稱；有的則降低其聲調，如默里河下游的某些部落和澳大利亞中部的某些部落用輕聲悄語來稱呼死者之名。一旦有犯此忌俗，至有將犯者處死者，如哥倫比亞瓜希拉人和加里福尼亞人、俄岡人等；要想豁免，也得罰出重金。他們認爲人雖死，鬼魂長期徘徊人間，如稱説死者名字，便激起死者鬼魂的憤恨，從而加害於活人。因此，有些地區便流行不用死者的名字爲名字（如維多利亞部落），凡與死者同名者均另換新名（如南澳大利亞阿德萊德與恩坎特灣各部落及

---

① 所用爲徐育新、汪培基、張澤石中譯本，中國民間文學出版社，1987 年，下引同。

② 如：［蘇］Ｃ·Ａ·托卡列夫、Ｃ·Π·托爾斯托夫主編，李毅夫等譯，《澳大利亞和大洋洲各族人民》，三聯書店，1980 年。［蘇］謝·亞·托卡列夫著，魏慶徵譯，《世界各民族歷史上的宗教》，中國社會科學出版社，1985 年。［德］利普斯著，汪寧生譯，《事物的起源》，敦煌文藝出版社，2000 年。［英］愛德華·泰勒著，連樹聲譯，《原始文化》，上海文藝出版社，1992 年。

③ 古代高加索地區的阿爾巴尼亞人（外高加索東部），維克多利亞土人，澳大利亞土人，從赫德森海境内到巴塔戈尼亞的所有美州印第安人的部落，哥倫比亞瓜希拉人，以及西伯利亞的薩摩雅德人，印度南部的托達人，薩哈拉的土阿瑞格人，日本的阿伊努人，東非的阿康巴人和南迪人，菲律賓的廷圭恩人，還有尼科巴群島、婆羅州、馬達加斯加、塔斯馬尼亞等地居民雖有寬嚴之差別，但都流行這種風俗。

昆士蘭部落)。不過,這種禁用死者之名和改換新名,有永久性的,也有暫時性的。更有甚者,因害怕死者鬼魂將會根據其所知活人之名來索魂攝命,凡死者近親均改易新名(如西北美洲的印第安人部落、基奧瓦的印第安人、倫瓜印第安人等)。在中非巴希瑪人的國王逝世後,其名字便從本族語言中廢棄不用;祖魯族人不僅避國王之諱,連國王之祖輩數代的名字也同樣避諱;在馬達加斯加也同樣如此。

2. 對活人名字的禁忌

(1)諱忌親屬名字主要體現在本人長輩和姻親長輩上,尤以己之於父母、媳之於公婆、婿之於岳父母爲多,[①] 亦兼及姻親同輩,偶亦有岳母對女婿名字的禁忌。吉爾吉斯人的婦女禁說其丈夫姻親中長輩的名字。卡菲爾人的婦女不僅口頭上,而且在心裏也不能默念其丈夫方面一切男性長輩的名字,連其兄弟之乳名亦禁說。美拉尼西亞的班克斯列島、沿海達雅克和托里斯海峽兩邊島嶼上的男人不能說岳父母的名字。阿爾福爾人禁說岳父之名。卡菲爾人諱稱岳母之名,而岳母亦諱婿名。布魯島上土人對於兄長之名,加澤爾半島海岸上土人對於妻子兄弟和姐妹丈夫之名亦均忌諱。以上這些諱名習俗,不僅諱稱本名本字,許多地方還諱及同音近音字。一旦違此禮俗,或罰款,或送禮道歉,甚者處以死刑。

(2)對國王、祭司以及高級官員名字的避諱更嚴格。達荷美、暹羅國王的真正名字均特別保密而不爲人所知,爲人稱說者皆是其美稱、美號。祖魯族下面各部落均諱自己酋長之名,而所有部

---

① 據現在社會調查,蒙古族媳婦不能呼喚公、婆、大伯和丈夫之名,子女亦諱父母長輩之名。見《蒙古族社會歷史調查》五《生活習俗》,內蒙古人民出版社,1985年,第188頁。

落又一致諱全祖魯族國王之名。他如馬達加斯加、波利尼西亞、古希臘等地均流行此種習俗。在杰爾拉的加勒王國，臣民不得説國王的乳名。在加勒王國、祖魯族、馬達加斯加、新西蘭等地連與國王名字音同音近之字也須避諱，所有語言中與國王、酋長、祭司等人名字相涉之詞必須改没，代以他詞。① 如杜望德威部落的一位酋長名蘭伽，義爲太陽，人們便改稱太陽爲伽那。誰要是犯諱，送進法庭者有之，處死者有之。在塔希堤，更是連犯者的親屬都要一同被處死。

　　追溯諱死者和生者之名的真正動機，應歸結爲名字的神奇、鬼魂的魔力和巫術的詛咒。原始民族有一種信念：名字是身體的一部分，自稱其名，等於吐出一部分自我，長此以往，必將吐盡自毀。埃及伊希斯竊知太陽神拉的秘密名字的神話故事其實便是當時一種習俗的寫照。② 諱名習俗首先是建立在這種名字的神奇效應上的。其次，便是鬼魂的魔力。萬物有靈論的兩個主要信條即是：一、靈魂在肉體死亡或消滅後能繼續存在；二、精靈本身能上升到威力強大的諸神行列。③ 人的舉動會引起他的喜怒，且在某些原始民族中有一種心態：鬼對活人的意圖永遠是邪惡的。即使生前善良，死後也必定凶惡。④ 因而自然産生：一、諱死者之名，盡量不使鬼魂遷怒加害於己；二、諱改生者之名，目的也是不讓活人的名字成爲鬼魂作祟的憑藉。再次，許多民族廣泛流行

---

① 此與宋代因須避嫌諱，爲防止士子考試犯諱而暫時將《禮部韻略》中諱字小韻字删去，待此帝王祧廟不諱始予恢復補入，頗爲相似。

② 見《金枝》第二十二章五“神名的禁忌”節，徐育新、汪培基、張澤石中譯本，第384-386頁。

③ ［英］愛德華·泰勒著，連樹聲譯《原始文化》第十一章，第414頁。

④ ［法］列維·布留爾著，丁由譯《原始思維》第十章《神秘的和看不見的力量》所舉彼亞族、英屬幾内亞、西非、喀麥隆的班納部族等人的觀念。商務印書館，1985年，第384-385頁。

巫術。人的名字、影子、畫像等皆具巫術性質。巫師、敵人等詛咒、陷害人時往往通過呼喊或書寫其名來完成。[①] 爲使人不處於巫術報復行爲的恐怖境地，最好的方法莫如諱名。由於上述諸種原因，於是不僅諱死者名，也諱生者名，不僅自諱其名，亦兼諱他人之名；常人之名須諱，國王、酋長、首領之名更須諱，儘管後者或許還與圖騰禁忌有關。

　　如將諸原始民族中名字禁忌現象與中國古代之避諱作一比觀，可發現許多有趣而值得深思的問題。

　　祖魯族國王小皇莊裏，皇家婦女對國王祖輩兄弟及祖輩好幾代兄弟之名字均避諱，兩周臣民對王之父祖依廟制而諱，但因實行宗法制，於祖輩兄弟之名則可不諱，此同中有異。維克多利亞土人認爲死者鬼魂總是在地球上徘徊很久才永遠離開，走向夕陽，新石器時代有兩次葬習俗，周代有殯禮、虞祭和"卒哭乃諱"之禮，亦緣於人死後鬼魂在人間逗留時間短長之意念。卡菲爾、阿爾福爾（西伯里斯島）、努福爾（荷屬新幾内亞）、祖魯族等許多部落由諱名而諱及同音詞（字），周代雖有"嫌名不諱"之説，但既有此語，不諱之前，似當曾經諱過，基於秦漢以還，特別是宋代帝王諱避嫌名的事實，[②] 不能肯定周代乃至周以前一定不諱嫌名。加澤爾半島（新不列顛）、哥倫比亞瓜希拉、維多利亞、塔希提等地之人一旦犯諱，多施以死刑並累及親屬，周代則"過而舉君之諱則起"，似較前者寬鬆，顯示出郁郁乎文哉的周文明。但在前文明時代，對於犯諱之刑的寬嚴如何，文獻不

①　參閲［德］利普斯著，汪寧生譯，《事物的起源》，敦煌文藝出版社，2000年，第337－338頁。

②　詳見虞萬里、楊蓉蓉《避諱與古音研究》，《漢語言學國際學術研討會論文集》，《語言研究》增刊，1991年，第175－176頁。收入虞萬里《榆枋齋學術論集》，江蘇古籍出版社，2001年，第360－400頁。

足，難以質指。從卜辭只見貞人之名，殷王除祭祀中出現的天干廟號外，極少發現三十餘位殷王之真名，子孫作器紀念、稱揚祖先，亦只見父祖天干而不名，可覘當時避諱禮俗遵行之一斑。卡菲爾人、阿爾福爾人皆諱岳父母之名甚嚴，周代妻之諱僅諱於其側，出門則不諱，顯示出父系宗法制下的避諱特色。其他如大名、小名，以綽號代名，以神聖尊號相稱等等，都與"字以敬名""五十以伯仲，死諡"和稱官稱爵之周道相類似。應特別提出的是：在尼科巴群島，因諱死者之名，使人無法記載歷史，因而發展到在命名時就考慮死後的諱名與普通詞彙的關係，這與《左傳》申繻論周代命名科條何其相似，與其說是巧合，勿寧說是避諱習俗發展之必然。推想這些科條產生之前，先民一定有一種觸處皆"網羅"、諱不勝諱之苦惱。這些原始民族中因避諱而導致語詞的不斷變化，致使歷史事件的記載含混不清乃至無法記載，而周代倡導"詩書不諱""臨文不諱"，或許就是經歷過一段因泛諱帶來的尷尬與苦惱歷史而作出的調整。返觀先秦兩漢古籍中許許多多異文，在排斥了甲金籀篆演變和東西土不同字形外，是否有因避諱而改的"異文"雜厠其間？在排斥了正常的引申假借義之外，是否有因避諱而引申假借之義存在？此雖暫且無徵，却不可不爲語言研究者所重視。

　　通過比較，知周代之避諱習俗在諸方面都比原始民族的名字禁忌進化和文明，原始民族的部落制和周代的封建制則是這種習俗的野蠻與文明之深廣背景。由周代封建制的社會進程和諱禮的文明程度，可推知中國古代的避諱起源應遠在周初，甚至殷商以前。

（二）　商周鬼神思想與上古宗教意識

　　"鬼"字含義的傳統解釋是："人死曰鬼"（《禮記·祭法》）、"衆生必死，死必歸土，此之謂鬼"（《禮記·祭義》）、"人所歸爲

鬼"（《説文》）。此謂鬼之産生是在人死入土埋葬以後。沈兼士從
文字上推考鬼字之原始意義，疑鬼爲古代一種類人動物，頗有理
據，然此僅能説明文字發展之歷史狀態，並不能抹殺先民意識中
鬼之形象與力量。而他所論證的商代鬼、畏二義同用一字的結
論，① 適足説明先民對鬼的畏懼心理。所以要畏鬼，當然是鬼能
作祟加害於人。春秋鄭子産所謂"匹夫匹婦强死，其魂魄猶能憑
依於人，以爲淫厲"（《左傳·昭公七年》），即可代表當時普遍畏鬼
的心理意識；墨子所述杜伯、莊子儀等爲鬼以殺周宣王、燕簡公
（《墨子·明鬼下》），即是當時此類心理意識流傳之實例。

　　鬼魂思想的産生，高懷民謂"至少也當在氏族社會，甚或更
早"，② 其實可認爲，當人脱離"其親死，則舉而委之於壑"（《孟
子·滕文公》）時代，並有意識地將死人埋葬時，鬼魂觀念至少已
蒙朧産生。而後在埋葬時埋入哪怕是最簡單的殉葬品，便可説鬼
魂思想已經形成。歐洲考古工作者已發現許多舊石器時代中晚期
被埋葬的人骨化石，因而産生"人死靈魂在"的幻想。③ 中國在

---

① 見沈兼士《鬼字原始意義之試探》，《沈兼士學術論文集》，中華書局，1986
　　年，第 199 頁。
② 高懷民《中國古代文化中的鬼神思想》，臺灣大學《文史哲學報》第 35 期，
　　1987 年，第 99 頁。
③ 歐洲舊石器時代中期之埋葬情況可參閲鳥居龍藏著、張資平譯《化石人類學》（萬
　　有文庫本）。賈蘭坡、甄朔南《原始墓葬》認爲"最早的墓葬是從舊石器時代中期
　　尼安德特人開始的"（《史學月刊》1985 年第 1 期，第 13 頁）。李天元《古人類研
　　究》第六章《早期智人化石的發現與研究》亦有記述（武漢大學出版社，1990 年，
　　第 252 頁）。最近，哈佛大學皮博迪博物館史前考古學教授奧費·巴爾-約瑟夫
　　(Ofer Bar-Yosef) 和法國波爾多第一大學人類學教授貝爾納 · 范德梅爾施
　　(Bernard Vandermeersch) 合作《黎凡特地區的現代人類》一文，謂在卡夫澤洞穴
　　發現距今 8 萬到 10 萬年的人類埋葬化石三處，一處是一成年人葬於一天然形成的
　　小壁穴内，一處係一婦女和兒童雙人合葬於一人工挖成的墓穴中，另一處是一位
　　十三歲左右的男孩葬在一人工鑿成的凹阬中，旁邊還發現紅赭石。距今 6 萬年前
　　的墓葬則更有多處。郭敏譯文載《科學》1993 年第 8 期，第 50 - 51 頁。

北京周口店山頂洞所發現的舊石器時代晚期墓葬，旁有含赤鐵礦的紅色粉末和燧石石器、獸骨裝飾品。[①] 這種在死者身上灑紅色鐵礦粉的葬俗，普遍存在於歐亞非澳諸大洲舊石器時代墓葬中，中國新石器時代墓葬中亦不乏其例，下及殷周，墓葬底部或人骨四周和上部仍灑有硃砂土。[②] 對此葬俗，論者頗多推測，皆與死者的魂魄有關，[③] 顯示出一種與靈魂再生觀相關的宗教信仰和習俗。[④] 徵諸傳世文獻，《墨子·明鬼下》記杜伯、莊子儀之殺周宣王、燕簡公，皆云其“朱衣冠，執朱弓，挾朱矢”，“荷朱杖”。又《禮記·郊特牲》謂“有虞氏之祭也，尚用氣，血腥”，孔疏云：“血謂祭物以血詔神於室。”[⑤] 春秋時代這種觀念和傳說中有虞氏用血之祭儀，似與山頂洞人和商周墓葬中的赤鐵礦紅色粉末都有一脈相承的傳承關係。說山頂洞人已有明晰的鬼魂觀念，並非無據。王充《論衡》曾記載一則傳說：

> 昔顓頊氏有子三人，生而皆亡，一居江水爲虐鬼，一居若水爲魍魎，一居歐隅之間主疫病人。故歲終事畢，驅逐疫

---

① 賈蘭坡《舊石器時代文化》（科學出版社，1957 年）。山頂洞文化原測年代爲 1.8 萬年，根據最新測定，應更正爲 2.7 萬年左右，見陳鐵梅《山頂洞文化年代的最新測定》，《中國文物報》1993 年 1 月 10 日。

② 參見鄭良樹《儀禮士喪禮墓葬研究》，臺灣中華書局，1971 年，第 253 頁。

③ 有人認爲這是表示給死者以新的血液，賦於新的生命（曾騏《我國史前時期的墓葬》，《史前研究》1985 年第 2 期，第 18 頁）。有人認爲，這是一種“飾終”風俗萌芽，紅色物理波最長，惹人注目，以此表示死者之血，灑於屍上，是讓死者的靈魂永遠附其遺體（張壽祺《舊石器晚期紅土隨葬及其原始宗教意識》，《世界宗教研究》1983 年第 2 期，第 87–88 頁）。有人以爲其深層的意思則是不讓死者再回到人間來（陳星燦《史前居室葬俗的研究》，《華夏考古》1989 年第 2 期，第 98 頁）。

④ 蒲慕州《墓葬與生死——中國古代宗教之省思》，中華書局，2008 年，第 31 頁。

⑤ 《禮記注疏》卷二十六《郊特牲》第十一，阮刻《十三經注疏》本，下册，第 1457 頁下。

鬼，因以送陳、迎新、内吉也。[①]

王氏所説顓頊氏雖是口口相傳的傳説，但却有傳説中的歷史成分。顓頊氏年代落在新石器時代，可覘當時不僅有鬼魂觀念，而且伴之以鬼好害人的恐懼心理。

至今所發現新石器時代遺址一萬多處，清理墓葬也已過萬，其墓葬所反映之鬼魂宗教意識已有充分顯示。尤可注意者：二次葬的意義除遷移等因素外，或隱含着一種信仰，即"以爲血肉是屬於人世間的，必等到血肉朽腐後，才能作正式的最後埋葬；這時候死者才能進入鬼魂世界"。[②] 屈肢葬之意義，學者早有各種推測。其中有認爲是阻止死者靈魂走出，向生人作祟。[③] 半坡遺址中亦有數例，報告亦取防止死者靈魂危害生者而加以捆結之説，以爲有民族志爲證。[④] 隨着這種葬式發掘數量增多和研究之深入，認定畏懼死者靈魂作祟至少是屈肢葬主要觀念之一。[⑤] 其他如出於有意的骨架肢體殘缺，也與驅除邪祟有關。[⑥] 埋葬的頭向，不管是信仰讓靈魂回到原來或傳説中的老家去，還是信仰讓靈魂到

---

① 王充著，黃暉、劉盼遂校釋《論衡・解除》，中華書局，1990 年，第 1043 頁。

② 參閱夏鼐《臨洮寺窪山發掘記》，《考古學論文集》，科學出版社，1961 年，第 25 頁。

③ 參閱高去尋《黃河下游的屈肢葬問題》，《中國考古學報》第二册，1947 年，第165 頁。

④ 中國科學院考古研究所《西安半坡》第五章第二節二《埋葬習俗中所反映的意識和原始宗教信仰》，《考古學專刊》丁種第十四號，文物出版社，1963 年，第 218、219 頁。

⑤ 霍巍、黃偉《四川喪葬文化》第二章就大溪文化中的屈肢葬詳加分析討論，認爲屈肢葬施於某些特殊死亡者。古代喪葬中有一種風俗，正常死亡者，進行正常安葬；凶死者的靈魂會作祟，故一般進行特殊安葬。該書引述劉斌雄《蘭嶼雅美族喪葬的一例》、宋恩常主編《中國少數民族宗教初編》實例均堪爲證，可參閱 (四川人民出版社，1992 年，第 57 頁)。

⑥ 中國社會科學院考古研究所《寶鷄北首嶺》，考古學專刊丁種第二十六號，文物出版社，1983 年，第 128 頁。

另一世界的特殊界域去，抑或信仰人之生死如太陽之東升西徂而埋葬時背東面西，此種順從死者意願（儘管是傳統的）或多或少體現出在世之人竭力避開鬼魂纏擾的複雜心理和意識。[①] 至於隨葬品之越來越豐富，更顯出對死者敬親畏忌的心理和等級高低、貧富差異的事實。總之，中國新石器時代，是氏族社會昌盛和衰落的時代，這一時期鬼魂觀念各地雖有差異，但都已很明晰表示出其會作祟於生人的意念，有的地方或已有一系列儀式。

由物質不滅、萬物有靈觀點分析，鬼爲人死所成之物，乃古人普遍之意識。神衹則是由爲子孫、氏族所尊所敬且有大功烈、大偉業之祖先、族長、氏族首領去世轉成。蓋影響深遠、功勛卓著之氏族首領一旦崩殂，氏族人員群龍無首，驚惶失措，所謂"百姓如喪考妣"，乃"感德思慕"，懷念其德業功烈，故對其祭祀之隆重、祭品之豐厚亦遠超尋常祖先，且祭祀之時間亦連續不斷，所謂"三載，四海遏密八音"，遂漸次由祭鬼演變成祭神。由畏鬼而尊神而敬神，此乃自然而然地造神之原始過程。

關於祀神祭鬼之社與祖廟，近世學者以卜辭、金文之"土"與"且"等字形來追溯其原始意義。土、社一字，前舉江蘇銅山丘灣古遺址緊靠一起之四塊大石頭，連雲港市西南之將軍崖之三塊巨石，被考古學家推定爲古社祀遺迹。[②] 此與《淮南子·齊俗訓》所謂"有虞氏之（祀）〔禮〕，其社用土"相吻合，應是早期

---

① 中國科學院考古研究所《西安半坡》第五章第二節二《埋葬習俗中所反映的意識和原始宗教信仰》（考古學專刊丁種第十四號，文物出版社，1963 年，第 219 頁）。又王仁湘《我國新石器時代墓葬方向研究》，載田昌五、石興邦主編《中國原始文化論集——紀念尹達八十誕辰》，文物出版社，1989 年，329 - 331 頁。

② 參見俞偉超《銅山丘灣商代社祀遺蹟的推定》（原載《考古》1973 年第 5 期）和《連雲港將軍崖東夷社祀遺蹟的推定》，兩文見《先秦兩漢考古學論集》，文物出版社，1985 年，第 54 - 61 頁。

社祀形態的遺跡。此類在曠野壘石堆土成社，似應與祭祀大氏族、大部落或部落聯盟的神祇有關。祖廟之“祖”，“且”郭沫若釋爲生殖器，陳夢家則以爲“去其中下二横，固亦宗廟之形也”。① 唐蘭將卜辭“𠈌”（《契》822）和“𠈌”（《簠》地4）與《説文·入部》之“宀”相聯繫，謂即許慎所説“入山之深也”，亦與“户”同，如許慎釋爲“岸高也”。② 陳夢家援據唐説，謂“卜辭祐字象示在厂下，宗字象示在宀下，皆先祖神主置丁洞屋之象也。其後文化漸進，代以石函，故報乙、報丙、報丁之乙、丙、丁三字皆在匚中。匚者，《説文》‘匚，受物之器也，讀若方’。方即祊，亦與匱爲類。《説文》‘匱，宗廟盛主器也’”。③ 凌純聲謂“社是一社群，最原始祭鬼神的壇墠所在，凡上帝、天神、地祇及人鬼，無所不祭。後來社祖分開，在祖廟以祭人鬼祖先，再後郊社又分立成爲四郊，以祀上帝、天神和地祇。最後社以祀土神與穀神爲主，故又可稱爲社稷”。④ 凌説可謂概括了人類社會敬天畏鬼重生之發生發展歷史的一個側面。社既是最原始的祭鬼神所在，適與遷徙頻繁的上古氏族首領執持土、石之類可移動的標

① 陳夢家《祖廟與神主之起源》，《陳夢家學術論文集》，中華書局，2016年，第143頁。
② 唐蘭《殷墟文字記》，《唐蘭全集》，上海古籍出版社，2015年，第六册，第79頁。
③ 陳夢家《祖廟與神主之起源》，《陳夢家學術論文集》，中華書局，2016年，第143頁。
④ 凌純聲《中國古代社之源流》，臺灣“中研院”《民族學研究所集刊》第十七期，1964年，第30頁。收入《中國邊疆民族與環太平洋文化》（臺灣聯經出版社，1979年）。又凌氏謂社與祖是同源於陰陽性崇拜，見凌氏撰《中國祖廟的起源》五結語（同上揭書，第1223頁）和《中國古代神主與陰陽性器崇拜》（同上揭書，第1243-1279頁）。朱芳圃亦以爲土、且皆牡器之象形（《甲骨學文字編》，商務印書館，1934年），其他持此説者甚多。席涵静不同意此説，見《周社研究》第二章《社字的意義》三，福記文化圖書有限公司印行，1986年，第20頁。

識物之"氏"字字形相吻合。① 石器時代封土累石植樹爲社壇與依山傍巖鑿匸藏主之原始祖廟形態各有不同功用，其更具體的祭祀狀況有待考古學的繼續探究。就黃帝、唐虞以下而言，殷商祭祀頻繁而有系統，其如後世有屋宇的祖廟、社稷形態固無疑義。夏代是否已有類似殷商的祖廟或社稷，因夏朝曾一度被抹殺，故考古學者很少去談論。太史公說"湯既勝夏，欲遷其社，不可，作《夏社》"，② 此說本《書序》文，是秦漢之交《書序》認爲夏有社。③《書·甘誓》有"用命，賞於祖；弗用命，戮於社"之文，《墨子·明鬼下》引《禹誓》作"是以賞于祖而僇于社"，④ 則墨子所見《夏書》已言及夏代之社稷與祖廟。⑤ 溯而上之，《管子》謂"有虞之王……封土爲社，置木爲閭，始民知禮也"，⑥ 既能置木爲閭，宗廟當亦有所改進，《淮南子》也說"有虞氏之祀，其社用土"，⑦ 推知唐虞時宗廟或已脫離依傍山巖而有簡陋屋宇。

墨子在《明鬼》篇大談古聖王深信鬼神，以作懲戒，知敬畏天地自然之力和尊敬神祇畏忌鬼魂，在唐虞之前即已存在。由尊敬神祇、畏忌鬼神而設立社稷與祖廟，乃宗教意識進化的必由之

---

① 參見本書"'氏'字字形與涵義"節。
② 《史記·殷本紀》，第一冊，第96頁。
③ 司馬遷說係襲取《書序·夏社》文，孔傳以爲此篇言夏社不可遷之義。程元敏考證《書序》是保存古代史料最可信實之書，見程元敏《書序通考》，臺灣學生書局，1999年。
④ 孫詒讓《墨子閒詁》卷八，中華書局，2001年，第242頁。
⑤ 馮時考證山西襄汾陶寺文化的龍盤圖像是夏社之形象，也即證明夏確實有社，且在山西，見馮時《夏社考》，《21世紀中國考古學與世界考古學》，中國社會科學出版社，2002年，第223-237頁。
⑥ 《管子·輕重戊》，中華書局，2004年，第三冊，第1507頁。
⑦ 劉文典《淮南子集解》卷十一，中華書局，1989年，上冊，第357頁。按，王念孫以爲"祀"當爲"禮"，于鬯云此"禮"字原必作"礼"，遂譌作"祀"。

路。聯繫石器時代墓葬周圍紅色鐵礦粉和屈肢葬、二次葬以及墨
子所述朱色衣杖，都與此有一脈相承、或隱或現之關係。隨着新
石器遺址被大批揭露，人們對一些較大的房屋頗爲注意，如膠縣
三里河龍山文化墓地的長方形石塊建築和圓坑建築等，被認爲是
"舉行特殊活動的場所"，① 有人認爲此和臨潼姜寨 F1 房子均與當
時哀悼、葬儀和祭儀等有關。② 就面積論，秦安大地灣遺址占地
面積達 290 多平方米的 F901 大房子，其爲集會、祭祀之場所應
更有可能。③ 又如寶鷄北首嶺廣場墓葬和遼寧牛河梁、喀左東山
嘴等祭壇均被認爲與原始宗教祭祀有關。④ 明堂之制，也有人在
新石器房屋中尋其原型。如有人見面積達 175 平方米的半坡 F1
和 F22，並見廟底溝 F302 中有四根柱子以及姜寨 F14 中有接近圓
型的一圈柱子，推測其爲公共集會會堂，而與祭天、神、祖有
關。⑤ 明堂與宗廟關係，歷來亦多爭論，凌純聲認爲 "明堂雖不

---

① 吳汝祚《山東膠縣三里河遺址發掘簡報》，《考古》1977 年第 4 期，第 263 頁。

② 曾騏《我國史前時期的墓葬》，《史前研究》1985 年第 2 期，第 24 頁。

③ 甘肅省文物工作隊《甘肅秦安大地灣 901 號房址發掘簡報》，《文物》1986 年
第 2 期，第 12 頁。

④ 卜工《北首嶺遺址廣場墓葬的特殊含義》，《遼海文物學刊》1990 年第 2 期，
第 51 頁。又，[日] 池田末利《中國史前祭祀遺址初探——以喀佐東山嘴爲中
心》，載《東方學會創立四十周年紀念東方學論集》，姚義田譯文載《遼海文
物學刊》1988 年第 2 期，第 149、150 頁。

⑤ 王世仁《明堂形制初探》，《中國文化研究集刊》第四輯，復旦大學出版社，
1987 年，第 7 頁。按，姜寨 F14 爲小型房子，《姜寨》未出平面圖。姜寨中有
柱洞之房且大者有 F17 和 F103 等。鞏啓明、嚴文明《從姜寨早期村落佈局探
討其居民的社會組織結構》認爲均爲居室，無宗教建築。見《考古與文物》
1981 年第 1 期，第 65－68 頁。又，楊鴻勛《仰韶文化居住建築發展問題的探
討》認爲半坡 F1 之類（前面一大空間，後部分三小間）已呈 "前堂後室" 佈
局，爲目前所知最早一個實例，其大間可能是聚會或舉行儀式的場所。後世
所謂 "前朝後寢" 的 "夏后氏世室" 或脫胎於此。見《考古學報》1975 年 1
期，收入《建築考古論文集》，文物出版社，1987 年，第 35 頁。

是宗廟，有時亦祀神鬼"。① 目前新石器時代遺址雖未能爲社稷、祖廟、明堂三者之間關係及確切形制提供强有力證據，但大汶口三座男女合葬墓及一座成年男女和小孩合葬墓説明在早於夏代（約公元前 2070——1600）以前已有家庭結構；墓葬品的多寡説明私有制早已出現：兩者是構建公祭場所和大小祖廟的社會基礎。由此知文獻中記載的"黃帝曰合宮，堯曰衢室，舜曰總章，夏后氏曰世室，殷人曰陽館，周人曰明堂"（《三輔黃圖》卷五）、"有虞之王……封土爲社"（《管子·輕重戊》）、"自禹興而修社祀"（《史記·封禪書》）等等雖係先民口耳相傳之傳説，然與考古發現壘石之社與文字"火""祐""宗""亾"等字形都可互相印證，可見傳説中的歷史成分絕非後人憑空杜撰。

巫術的起源，一般認爲早在舊石器時代晚期，中國新石器時代仰韶文化遺址中有與巫師、巫術相聯繫的器具與文飾。② 秦安大地灣遺址仰韶文化晚期 F411 房子中發現炭黑畫，經研究，認爲可能是驅趕巫術或謀害敵人的詛咒巫術。③ 若推測近是，則至遲在仰韶文化晚期已有此類巫術。其他如良渚文化的玉琮，也被認爲是與人們原始宗教巫術活動有關的器物。④

凡以上所及屈肢葬、二次葬埋葬習俗，作重作主，盛於祐、亾、祊、匰之中，建置社稷、宗廟、明堂以無休止祭祀，皆緣敬神畏鬼心理所採取祈求和防範之手段，亦無不都是圍繞敬神畏鬼

---

① 詳見淩純聲《中國祖廟的起源》一《廟義》，臺灣"中研院"《民族學研究所集刊》第七期，1959 年。收入《中國邊疆民族與環太平洋文化》，第 1194 頁。
② 參閱宋兆麟《巫與巫術》一《巫的源流》一"古樸的史前巫教"，四川民族出版社，1989 年，第 2-5 頁。
③ 李仰松《秦安大地灣遺址仰韶文化晚期地畫研究》，《考古》1986 年第 11 期，第1003 頁。
④ 王巍《良渚文化玉琮芻議》，《考古》1986 年第 11 期，第 1015 頁。

必須諱言其名而採取的輔助而必要的措施。

（三） 對中國古代諱名習俗起源之推測

以上對中國遠古與諱名習俗有關的鬼魂觀、廟社之制、巫術文化等略加追溯，茲尚須推測私名的起源，而後才能推測諱名習俗之起源。

在氏族社會中，氏族或家庭成員間多以親屬稱謂相稱，群起群行，交際中皆以氏族圖騰爲名，私名並非必要。[①] 及至後來個體意識產生，私有財產出現，氏族內部的人我分界已定，私名的產生成爲必要，於是酋長、首領或以氏族圖騰爲個人名號，氏族成員或則稍變其形制，或則各自另創新名。至此，私名漸興。卜辭已證實《史記·殷本紀》所載世系基本不誤，則《夏本紀》中夏代帝王之名似非杜撰。文獻中有不少夏人之名，其時已有私名可以無疑。唐堯虞舜爲名爲號，不能遽定。傳説堯父爲嚳，子爲丹朱，舜之世系自顓頊而下至其子象、傲，以及許由、巢父之流，其名雖皆係後人追記，似亦不能憑空否定當時已有私名。溯而上之，伏羲、神農、太皥、少皥、黃帝、蚩尤、共工、祝融等，論者多以爲圖騰或部落之名，但《世本》尚有作羅的伏羲之臣句芒、占星氣的黃帝之臣臾區和造律吕的伶倫、作算數的隸首、作文字的倉頡、作鏡的尹壽等等。[②] 當時尚不見有文字，故這些文字符號當然不是當時語言中的“名”，而是後世根據記音附會。而與之時代相近相應的新石器時代晚期，私有財產已出現，大汶口的男女合葬墓，龍山文化的房内窖穴，均表明了一夫

---

① 1683 年北美賓夕法尼亞印第安人某部落首領在和白人訂約時，畫一蛇（他的圖騰）作爲自己的簽名，即是以圖騰爲名的例證。見汪寧生《從原始記事到文字發明》,《民族考古學論集》，文物出版社，1989 年，第 37、38 頁。

② 見張澍稡集補注本，《世本八種》，商務印書館，1957 年，第 6–14 頁。

一妻家庭單位的確立和對私有財產的守護，① 生活現實已迫使私名產生。故對這些傳說中追記的私名既不能認爲即其字（字形），也不能否認確有其音（私名的語音）。

　　鬼魂觀念與墓葬、巫術幾乎同時産生，目前可上溯到舊石器時代晚期。當時尚無私名，還談不上有諱名習俗。新石器時代的葬法（二次葬）、葬式（屈肢葬、頭向等）、葬品和類似於祭祀、哀悼的場所，都可看作先民"一面是對於死者的愛，一面是對於尸體的反感；一面是對於依然憑式在尸體的人格所有的慕戀，一面是對於物化了的臭皮囊所有的恐懼"的複雜心理表現，亦即"反感與恐懼同真誠的愛戀混在一起的"心理表現。② 特別是新石器時代晚期私名已經産生（這裏僅是就文獻記載和考古學資料所推測的時代，並非是私名的起源時代），完全具備了諱死者之名的各種因素。甲骨卜辭絕不稱先王之名，明確表示殷人至少在祭祀時有諱名之習。《禮記‧祭法》所謂"殷人禘嚳而郊冥，祖契而宗湯"，已在卜辭中得到證實，循此，則《祭法》謂"夏后氏亦禘黃帝而郊鯀，祖顓頊而宗禹"和"有虞氏禘黃帝而郊嚳，祖顓頊而宗堯"或亦是口口相傳的記録（儘管内容或有出入）。因爲殷商系統而嚴密的周祭制度和商湯以前六位先公以甲乙丙丁壬癸排列的日干稱號，③ 不得不使我們推測祭祀制度和廟制之起源

---

① 邵望平《橫陣仰韶文化墓地的性質與葬俗》認爲橫陣墓地的氏族社會中已形成數個相當穩固的對偶家庭（《考古》1976 年第 3 期，第 172 頁）。嚴文明《橫陣墓地試析》也認爲橫陣 1 號和 2 號復式合葬墓所表明的是一個較小的家庭（《仰韶文化研究》，文物出版社，1989 年，第 260、261 頁），這至少説明小家庭的確立尚在大汶口文化之前。

② ［英］馬林諾夫斯基著，李安宅譯《巫術科學宗教與神話》，中國民間文藝出版社，1986 年，第 30 頁。

③ 參閱于省吾《釋自上甲六示的廟號以及我國成文歷史的開始》，《甲骨文字釋林》，中華書局，1979 年，第 193－198 頁。

在商初或夏代，乃至更前，而新石器時代晚期的一些類似於祭祀的場所，以及有虞氏封社和“合宮”“衢室”之類，適可與此相印證。其次，殷商既已從文字上諱先王之名，則語言中的禁忌避諱必定遠在此前。再次，從其他民族志的諱名習俗來看，在氏族和部落制度下諱名是極爲普遍的現象。所以，夏代以至傳説中的黄帝、堯、舜時代，即已具備了諱名各種因素的新石器時代晚期，其語言中有諱名傾向或習俗完全在情理之中。

周人繼承殷商的諱名習俗，或經損益，納入禮制。禮制的核心是尊卑等級的有序化。周代的諱禮首先體現在喪祭禮中，規定“卒哭”爲諱名的開始，祭天地山川之神不諱祖先，祭祖先又以世數遠近而依次“舍故諱新”，按祖先在廟中之尊卑而上下有別。而後又與喪服制度結合，諱及旁系之親。生諱或死諱部落酋長之名，除了鬼魂觀念和巫術等以外，或與圖騰禁忌亦有一定關係，[①]這有民族志爲證。而嚴格的等級諱名傾向，必須在嚴格的等級制，乃至階級產生以後。殷商由於資料缺乏，難窺其制。西周時已有嚴格的等級諱名傾向，並與宗法制的諱名互相滲透，形成一套從宗族到社會階層的避諱制度。春秋之際，禮崩制馳，西周原有的諱禮在某些方面可能有被廢棄而湮没無聞者。後來禮家據傳聞和實際禮儀收集記録，並根據發展中的社會實際情況加以補充和解釋，這便是今天從文獻上所見到的避諱條例。其後兩千多年封建社會中的避諱禮制，都是西周和春秋時諱禮的繼承、損益與發展。

---

① 據孫作雲研究，中國古代稱鳳凰爲俊鳥，稱鶴爲丹頭，稱燕子爲玄鳥，稱鼈爲玄魚，稱虎爲强良，稱熊爲大脚，等等，均出自對圖騰的禁忌而採用的避諱手法。見《周先祖以熊爲圖騰考》，《詩經與周代社會研究》，中華書局，1986年，第16頁。按，中國是否也經歷過圖騰階段，以及中國之圖騰有怎樣之禁忌形式和避諱手法，都還需要深入研究。

引 用 書 目

古籍

敖繼公《儀禮集説》，《通志堂經解》，江蘇廣陵書社，1996 年。

班固《漢書》，中華書局，1962 年。

蔡邕《獨斷》，《叢書集成初編》，商務印書館，1935 年。

陳奂《詩毛氏傳疏》，《國學基本叢書》，1933 年。

陳立《白虎通疏證》，中華書局，1994 年。

陳士珂《孔子家語疏證》， 《國學基本叢書》，商務印書館，
　　1932—1947 年。

陳壽祺《五經異義疏證》，《清經解》，上海書店，1988 年。

陳祥道《禮書》，《文淵閣四庫全書》，臺灣商務印書館，1986 年
　　影印本。

程公説《春秋分紀》， 《文淵閣四庫全書》，臺灣商務印書館，
　　1986 年影印本。

崔述《豐鎬考信別録》， 《崔東壁遺書》，上海古籍出版社，
　　1983 年。

戴德《大戴禮記》，《四部叢刊》，商務印書館，1919—1922 年。

杜佑《通典》，商務印書館《萬有文庫》本，浙江古籍出版社，
　　1988 年影印本。

杜預《春秋釋例》，《叢書集成初編》，商務印書館，1935 年。

杜預集解、孔穎達疏《春秋左傳注疏》，北京大學出版社，
　　2000 年。

段玉裁《經韻樓集》，《清經解》，上海書店，1988 年。

段玉裁《説文解字注》，上海古籍出版社，1981 年。

段玉裁注，許維賢整理本《説文解字注》，鳳凰出版社，2007 年。

方以智《通雅》，《方以智全集》第一冊，上海古籍出版社，1988 年。

顧棟高《春秋大事表》，《清經解續編》，上海書店，1988 年。

顧炎武《日知録》，上海古籍出版社，2006 年。

顧炎武《亭林文集》，《四部叢刊》，商務印書館，1919—1922 年。

郭慶藩《莊子集釋》，中華書局，1961 年。

郝懿行《郝懿行集》，齊魯書社，2010 年。

洪邁《容齋隨筆》，上海古籍出版社，1978 年。

洪興祖《楚辭補注》，中華書局，1983 年。

胡安國《春秋傳》，《四部叢刊》，商務印書館，1919—1922 年。

胡培翬《儀禮正義》，江蘇古籍出版社，1993 年。

胡元玉《璧沼集》，《鏡珠齋彙刻》本，長沙益智書局，清光緒十七年（1891）。

許慎《説文解字》，中華書局，2013 年。

皇侃《論語集解義疏》，《文淵閣四庫全書》，臺灣商務印書館，1986 年影印本。

黃式三《春秋釋》，《清經解續編》，上海書店，1988 年。

黃以周《禮書通故》，中華書局，2007 年。

慧琳、希麟《正續一切經音義》，上海古籍出版社，1986 年。

賈公彦《儀禮注疏》，北京大學出版社，2000 年。

賈公彦《周禮注疏》，北京大學出版社，2000 年。

賈誼著，閻振益、鍾夏校注《新書校注》，中華書局，2000 年。

江聲《尚書集注音疏》，《清經解》，上海書店，1988 年。

抉經心室主人《皇朝五經彙解》，光緒十九年（1893），上海積山書局重印石印本。

孔鮒《孔叢子》，《百子全書》，浙江古籍出版社，1984 年影印本。

孔穎達《春秋左傳正義》，北京大學出版社，2000 年。

孔穎達《禮記正義》，北京大學出版社，2000 年。

孔穎達《毛詩正義》，北京大學出版社，2000 年。

孔穎達《尚書正義》，北京大學出版社，2000 年。

孔穎達《周易正義》，北京大學出版社，2000 年。

黎翔鳳《管子校注》，中華書局，2004 年。

李昉等《太平御覽》，中華書局，1960 年影印本。

李如圭《儀禮集釋》，《叢書集成初編》，商務印書館，1935 年。

梁玉繩《漢書人表考》，《史記漢書諸表訂補十種》，中華書局，
　　1982 年。

梁玉繩《史記志疑》，中華書局，1981 年。

淩揚藻《蠹勺編》，《叢書集成初編》，商務印書館，1935 年。

劉知幾著，浦起龍釋《史通通釋》，上海古籍出版社，1978 年。

盧文弨《鍾山札記》，《清經解》，上海書店，1988 年。

陸德明《經典釋文》，上海古籍出版社，1984 年。

羅泌著，羅苹注《路史》，《四部備要》，中華書局，1924—
　　1931 年。

毛奇齡《經問補》，《文淵閣四庫全書》，臺灣商務印書館，1986
　　影印本。

彭大翼《山堂肆考》，《四庫類書叢刊》，上海古籍出版社，
　　1992 年。

皮錫瑞《駁五經異義疏證》，《五經異義疏證、駁五經異義疏證》，
　　中華書局，2014 年。

皮錫瑞《今文尚書考證》，中華書局，1989 年。

錢大昕《嘉定錢大昕全集》，江蘇古籍出版社，1997 年。

錢大昕《三史拾遺》，方詩銘、周殿傑校點《廿二史考異》附，
　　上海古籍出版社，2004 年。

欽定《禮記義疏》，上海鴻文書局石印本，光緒十四年（1888）。

欽定《儀禮義疏》，上海鴻文書局石印本，光緒十四年（1888）。

秦蕙田《五禮通考》，《文淵閣四庫全書》，臺灣商務印書館，
　　1986 年影印本。

秦嘉謨等《世本八種》，商務印書館，1957 年。

阮元、王先謙纂輯《正續清經解》，上海書店，1988 年。

阮元主編《十三經注疏》，中華書局，1981 年。

石光霽《春秋書法鉤玄》，《文淵閣四庫全書》，臺灣商務印書館，
　　1986 年影印本。

司馬遷《史記》，中華書局，2006 年。

蘇轍《詩集傳》，《文淵閣四庫全書》，臺灣商務印書館，1986 年
　　影印本。

孫轂《古微書》，《叢書集成初編》，商務印書館，1935 年。

孫希旦《禮記集解》，中華書局，1989 年。

孫星衍《尚書今古文注疏》，中華書局，1986 年。

孫詒讓《墨子閒詁》，中華書局，1986 年。

孫詒讓《契文舉例》，《甲骨文獻集成》，四川大學出版社，
　　2001 年。

孫詒讓《尚書駢枝》，齊魯書社，1988 年。

孫詒讓《周禮正義》，中華書局，1987 年。

萬斯大《禮記偶箋》，《清經解續編》，上海書店，1988 年。

汪克寬《春秋胡傳附錄纂疏》，《文淵閣四庫全書》，臺灣商務印
　　書館，1986 年影印本。

王充著，黃暉校釋《論衡校釋》（附劉盼遂集解），中華書局，
　　1990 年。

王鍔點校宋余仁仲本《禮記注》，中華書局，2021 年。

王符著，汪繼培箋、彭鐸校正《潛夫論箋校正》，中華書局，
　　1985 年。

王觀國《學林》，中華書局，1988 年。

王鳴盛《尚書後案》，《清經解》，上海書店，1988 年。

王念孫《廣雅疏證》，上海古籍出版社，2016 年。

王先謙《漢書補注》，中華書局，1983 年。

王先謙《釋名疏證補》，上海古籍出版社，1984 年。

王先謙《荀子集解》，中華書局，1988 年。

王引之《經義述聞》，上海古籍出版社，2016 年。

王應麟《小學紺珠》，江蘇古籍出版社、上海書店，1987 年。

韋昭《國語注》，上海古籍出版社，1978 年。

衛湜《禮記集説》，《通志堂經解》，江蘇廣陵古籍刻印社，
　　1996 年。

魏徵等《隋書》，中華書局，1997 年。

吳澄《禮記纂言》，《文淵閣四庫全書》，臺灣商務印書館，1986
　　年影印本。

吳仁傑《兩漢刊誤補遺》，《叢書集成新編》，臺灣新文豐有限公
　　司，1970 年。

吳廷華《儀禮章句》，《清經解》，上海書店，1988 年。

夏炘《學禮管釋》，《清經解續編》，上海書店，1988 年。

夏僎《尚書詳解》，《叢書集成初編》，商務印書館，1936 年。

蕭楚《春秋辨疑》，《文淵閣四庫全書》，臺灣商務印書館，1986
　　年影印本。

邢昺《論語注疏》，北京大學出版社，2000 年。

徐彥《春秋公羊傳注疏》，北京大學出版社，2000 年。

徐元誥《國語集解》，中華書局，2002 年。

楊士勛《春秋穀梁注疏》，北京大學出版社，2000 年。

葉大慶《攷古質疑》，上海古籍出版社，1985 年。

葉時《禮經會元》，《文淵閣四庫全書》，臺灣商務印書館，1986

年影印本。

于鬯《香草校書》，中華書局，1984 年。

俞樾《群經平議》，《清經解續編》，上海書店，1988 年。

張敦仁《撫本禮記鄭注考異》，《清經解》，上海書店，1988 年。

張惟驤《歷代諱字譜》，　《小雙寂庵叢書》本，同治十一年
　　（1872）。

趙良霨《讀禮記》，《叢書集成初編》，商務印書館，1935 年。

趙翼《陔餘叢考》，商務印書館，1957 年。

鄭樵《通志》，商務印書館《萬有文庫》本，浙江古籍出版社，
　　1988 年影印本。

鍾文烝《春秋穀梁經傳補注》，中華書局，1996 年。

周廣業《經史避名彙考》，北京圖書館出版社，1999 年。

周榘《廿二史諱略》，《嘯園叢書》，《叢書集成續編》，臺灣新文
　　豐出版公司，1989 年，第 56 冊。

周密《齊東野語》，中華書局，1983 年。

朱大韶《偏偏辨》，《實事求是齋經說》，《清經解續編》，上海書
　　店，1988 年。

朱熹《晦庵先生朱文公文集》，　《四部叢刊》，商務印書館，
　　1919—1922 年。

朱熹《詩集傳》，上海古籍出版社，1980 年。

朱彝尊《經義考》，《四部備要》，中華書局，1924—1931 年。

專著

［德］W·施密特著，蕭師毅、陳祥春譯《原始宗教與神話》，上
　　海文藝出版社，1987 年。

［德］利普斯著，汪寧生譯《事物的起源》，敦煌文藝出版社，
　　2000 年。

〔法〕列維·布留爾著，丁由譯《原始思維》，商務印書館，1985年。

〔美〕巴恩斯著，王斐蓀譯，陶希聖校《社會進化論》，新生命書局，1929年。

〔美〕路易斯·亨利·摩爾根著，秦學聖、汪季琦、顧憲成譯《印第安人的房屋建築與家室生活》，文物出版社，1992年。

〔美〕路易斯·亨利·摩爾根著，楊東莼、馬雍、馬巨譯《古代社會》，商務印書館，1977年。

〔美〕羅維著，呂叔湘譯《初民社會》，商務印書館，1935年。

〔日〕島邦男著，濮茅佐、顧偉良譯《殷墟卜辭研究》，上海古籍出版社，2006年。

〔日〕瀧川資言《史記會注考證》，上海古籍出版社，2016年。

〔日〕鳥居龍藏著，張資平譯《化石人類學》，《萬有文庫》本，商務印書館，1929—1937年。

〔蘇〕C. A. 托卡列夫、C. Π. 托爾斯托夫主編，李毅夫等譯《澳大利亞和大洋洲各族人民》，三聯書店，1980年。

〔蘇〕謝·亞·托卡列夫著，魏慶徵譯《世界各民族歷史上的宗教》，中國社會科學出版社，1985年。

〔英〕愛德華·泰勒著，連樹聲譯《原始文化》，上海文藝出版社，1992年。

〔英〕拉德克利夫·布朗著，夏建中譯《社會人類學方法》，山東人民出版社，1988年。

〔英〕馬林諾夫斯基著，李安宅譯《巫術科學宗教與神話》，中國民間文藝出版社，1986年。

〔英〕詹姆斯·喬治·弗雷澤著，徐育新、汪培基、張澤石譯《金枝》，中國民間文藝出版社，1987年。

《马克思恩格斯书信选集》，人民出版社，1962年。

《中國大百科全書·考古學》，中國大百科全書出版社，1986 年。

畢長樸《中國上古圖騰制度探賾》，臺灣畢長樸自印本，1979 年。

曹錦炎、沈建華《甲骨文校釋總集》，上海辭書出版社，2006 年。

岑家梧《中國原始社會史稿》，民族出版社，1984 年。

常金倉《二十世紀古史研究反思錄》，中國社會科學出版社，2005 年。

常玉芝《商代宗教祭祀》，宋鎮豪主編《商代史》第八卷，中國社會科學出版社，2010 年。

晁福林《夏商西周史叢考》，商務印書館，2018 年。

陳顧遠《中國古代婚姻史》，《國學小叢書》，商務印書館，1924 年。

陳顧遠《中國婚姻史》，《中國文化史叢書》，商務印書館，1936 年。

陳絜《商周姓氏制度研究》，商務印書館，2007 年。

陳夢家《陳夢家學術論文集》，中華書局，2016 年。

陳夢家《尚書通論》，中華書局，1985 年。

陳夢家《武威漢簡》，科學出版社，1964 年。

陳夢家《西周銅器斷代》，中華書局，2004 年。

陳夢家《殷虛卜辭綜述》，科學出版社，1956 年。

陳槃《春秋大事表列國爵姓及存滅表譔異》，上海古籍出版社，2009 年。

陳槃《左氏春秋義例辨》，上海古籍出版社，2010 年。

陳奇猷《呂氏春秋校釋》，學林出版社，1984 年。

程發軔《春秋人譜》，臺灣商務印書館，1995 年。

程元敏《尚書學史》，中華書局，1989 年。

程元敏《尚書周書牧誓洪範金縢呂刑篇義證》，臺灣萬卷樓，2012 年。

程元敏《尚書周書十三篇義證》，臺灣萬卷樓，2017 年。

程元敏《書序通考》，臺灣學生書局，1999 年。

遲鐸《小爾雅集釋》，中華書局，2008 年。

丁福保《説文解字詁林》，中華書局，1988 年影印本。

丁山《甲骨文所見氏族及其制度》，中華書局，1988 年。

丁山《商周史料考證》，中華書局，1988 年。

丁山《中國古代宗教與神話考》，上海文藝出版社，1988 年。

董蓮池《新金文編》，作家出版社，2011 年。

董作賓《董作賓全集》，臺灣藝文印書館，1963 年。

杜耀西、黎家芳、宋兆麟《中國原始社會史》，文物出版社，
　　1983 年。

范文瀾《范文瀾全集》，河北教育出版社，2002 年。

范文瀾《中國通史簡編》第一編，新華書店，1943 年。

方詩銘、王修齡《古本竹書紀年輯證》，上海古籍出版社，
　　1981 年。

方向東《大戴禮記匯校集解》，中華書局，2008 年。

方炫琛《周代姓氏二分及其起源試探》，臺灣學海出版社，
　　1988 年。

傅隸樸《春秋三傳比義》，中國友誼出版公司，1984 年。

高亨《商君書注釋》，中華書局，1974 年。

顧實《重考古今偽書考》，上海大东书局，1928 年。

顧頡剛等《古史辨》，上海古籍出版社，1982 年。

郭沫若《郭沫若全集·考古編》（一），科學出版社，1982 年。

郭沫若《金文叢考》，人民出版社，1954 年。

郭沫若《兩周金文辭大系圖錄考釋》，科學出版社，1957 年。

郭沫若《中國古代社會研究》，人民出版社，1955 年。

郭沫若主編《中國史稿》，人民出版社，1976 年。

郭沫若《郭沫若全集・歷史編》（一），人民出版社，1982 年。

郭嵩燾《禮記質疑》，嶽麓書社，1992 年。

韓建業《早期中國：中國文化圈的形成和發展》，上海古籍出版社，2020 年。

韓江蘇、江林昌《殷本紀訂補與商史人物徵》，宋鎮豪主編《商代史》第二卷，中國社會科學出版社，2010 年。

何景成《商周青銅器族氏銘文研究》，齊魯書社，2009 年。

洪國樑《王國維著述編年提要》，大安出版社，1989 年。

洪業《洪業論學集》，中華書局，1981 年。

胡厚宣《甲骨學商史論叢初集》，《齊魯大學國學研究所專刊》之一，臺灣大通書局，1972 年。

胡士雲《漢語親屬稱謂研究》，商務印書館，2007 年。

胡新生《周代的禮制》，商務印書館，2016 年。

黃懷信等《逸周書彙校集注》，上海古籍出版社，1995 年。

黃然偉《殷周青銅器賞賜銘文研究》，香港龍門書店，1978 年。

黃國輝《傳統與變革之間：商周親屬稱謂的演進》，河南人民出版社，2019 年。

黃文新《中國姓氏研究及黃姓探源》，臺灣文史哲出版社，1984 年。

霍巍、黃偉《四川喪葬文化》，四川人民出版社，1992 年。

籍秀琴《中國姓氏源流史》，臺灣文津出版社，1998 年。

賈蘭坡《舊石器時代文化》，科學出版社，1957 年。

江應樑《中國民族史》，民族出版社，1990 年。

蔣善國《尚書綜述》，上海古籍出版社，1988 年。

荊三林《史前中國》，《國立西北大學歷史學系叢書》，1947 年。

具隆會《甲骨文與殷商時代神靈崇拜研究》，中國社會科學出版社，2013 年。

李漢俊《婦女之過去與將來》，商務印書館，1926年。

李衡眉《中國古代婚姻史論集》，吉林文史出版社，1992年。

李圃主編《古文字詁林》，上海教育出版社，1999年。

李樹新《漢語稱謂研究》，人民出版社，2020年。

李天元《古人類研究》，武漢大學出版社，1990年。

李玄伯《中國古代社會新研》，開明書店，1948年。

李學勤《新出青銅器研究》，文物出版社，1990年。

李學勤主編《清華大學藏戰國竹簡》（一），中西書局，2010年。

李學勤主編《清華大學藏戰國竹簡》（伍），中西書局，2015年。

李雪山《商代分封制度研究》，中國社會科學出版社，2004年。

李宗侗《中國古代社會史》，中華文化出版事業委員會出版，
　　1954年。

李宗侗《中國古代社會新研》，開明書店，1948年。

林甘泉、田人隆、李祖德《中國古代史分期討論五十年》，上海
　　人民出版社，1982年。

林惠祥《文化人類學》，《大學叢書》，商務印書館，1934年。

淩純聲《中國邊疆民族與環太平洋文化》，臺灣聯經出版社，
　　1979年。

劉彬徽《楚系青銅器研究》，湖北人民出版社，1995年。

劉節《中國古代宗族移殖史論》，臺灣正中書局，1957年。

劉麗《兩周時期諸侯國婚姻關係研究》，上海古籍出版社，
　　2019年。

劉起釪《春秋三傳及國語之綜合研究》，巴蜀書社，1988年。

劉起釪《古史續辨》，中國社會科學出版社，1991年。

劉起釪《尚書校釋譯論》，中華書局，2005年。

劉師培《劉申叔遺書》，江蘇古籍出版社，1997年。

劉文典《淮南鴻烈集解》，中華書局，1989年。

劉文淇《春秋左氏傳舊注疏證》，科學出版社，1959 年。

劉雨、張亞初《西周金文官制研究》，中華書局，1986 年。

魯洪生主編《詩經集校集注集評》，現代出版社、中華書局，
　　2016 年。

陸侃如《陸侃如古典文學論文集》，上海古籍出版社，1987 年。

呂思勉《呂思勉讀史札記》，上海古籍出版社，1982 年。

呂振羽《史前期中國社會研究》，北平人文書店，1934 年。

馬承源主編《商周青銅器銘文選》（三），文物出版社，1988 年。

馬承源主編《商周青銅器銘文選》（四），文物出版社，1990 年。

馬承源主編《上海博物館藏戰國楚竹書》（二），上海古籍出版
　　社，2002 年。

馬承源主編《上海博物館藏戰國楚竹書》（三），上海古籍出版
　　社，2003 年。

馬承源主編《上海博物館藏戰國楚竹書》（五），上海古籍出版
　　社，2005 年。

馬非百《秦史綱要》，大道出版社，1945 年。

馬驌《繹史》，中華書局，2002 年。

馬叙倫《説文解字六書疏證》，上海書店，1985 年。

梅生《女性問題研究集》，新文化書社，1928 年。

蒙文通《古史甄微》，《蒙文通文集》第五卷，巴蜀書社，
　　1999 年。

內蒙古自治區編輯組《蒙古族社會歷史調查》，《中國少數民族社
　　會歷史調查資料叢刊》，內蒙古人民出版社，1985 年。

潘英《中國上古史新探》，臺灣明文書局，1985 年。

蒲慕州《墓葬與生死——中國古代宗教之省思》，中華書局，
　　2008 年。

錢穆《周官著作時代考》，《兩漢經學今古文平議》，商務印書館，

2001 年。

裘錫圭《裘錫圭學術文集》，復旦大學出版社，2000 年。

裘錫圭主編《長沙馬王堆漢墓簡帛集成》（叁），中華書局，
　　2014 年。

裘錫圭主編《長沙馬王堆漢墓簡帛集成》（肆），中華書局，
　　2014 年。

屈萬里《尚書集釋》，中西書局，2014 年。

任銘善《禮記目錄後案》，齊魯書社，1982 年。

容庚《商周彝器通考》，《燕京學報專號》之十七，哈佛燕京學
　　社，1941 年。

芮逸夫《中國民族及其文化論稿》，臺灣大學人類學系出版，
　　1972 年。

芮逸夫主編《雲五社會科學大辭典・人類學》，臺灣商務印書館，
　　1971 年。

沈兼士《沈兼士學術論文集》，中華書局，1986 年。

沈文倬《菿闇文存》，商務印書館，2006 年。

斯維至《中國古代社會文化論稿》，臺灣允晨文化實業股份有限
　　公司，1997 年。

四川聯合大學歷史系《徐中舒百年誕辰紀念文集》，巴蜀書社，
　　1998 年。

宋恩常主編《中國少數民族宗教初編》，雲南人民出版社，
　　1985 年。

宋兆麟《巫與巫術》，四川民族出版社，1989 年。

宋鎮豪《夏商社會生活史》，中國社會科學出版社，1994 年。

蘇秉琦《蘇秉琦考古學論述選集》，文物出版社，1984 年。

蘇秉琦《蘇秉琦文集》（二），文物出版社，2009 年。

孫海波《甲骨文編》，中華書局，1982 年。

孫曜《春秋時代之世族》，中華書局，1936 年。

孫作雲《詩經與周代社會研究》，中華書局，1966 年。

孫作雲《中國古代神話傳說研究》，河南大學出版社，2003 年。

唐嘉弘《先秦史新探》，河南大學出版社，1988 年。

唐蘭《唐蘭全集》，上海古籍出版社，2015 年。

唐蘭《西周青銅器銘文分代史徵》，中華書局，1986 年。

陶希聖《中國政治思想史》第一編，南方印書館，1944 年。

田昌五《華夏文明的起源》，中國書籍出版社，2015 年。

童書業《春秋左傳研究》，上海人民出版社，1980 年。

汪寧生《民族考古學論集》，文物出版社，1989 年。

王長豐《殷周金文族徽研究》，上海古籍出版社，2015 年。

王貴民《先秦文化史》，上海書店出版社，2013 年。

王國維《觀堂集林》，《王國維遺書》，上海書店，1983 年。

王國維《王國維全集》，浙江教育出版社、廣東教育出版社，
　　2009 年。

王暉《古史傳說時代新探》，科學出版社，2009 年。

王暉《商周文化比較研究》，中華書局，2000 年。

王輝《一粟集——王輝學術文存》，臺灣藝文印書館，2002 年。

王力《同源字典》，商務印書館，1982 年。

王琪《上古漢語稱謂研究》，中華書局，2008 年。

王明珂《英雄祖先與弟兄民族——根基歷史的文本與情景》，臺
　　灣允晨文化實業股份有限公司，2006 年。

王慎行《古文字與殷周文明》，陝西人民教育出版社，1992 年。

王叔岷《史記斠證》，中華書局影印本，2007 年。

王樹民《曙庵文史續錄》，中華書局，2004 年。

王宇信、徐義華《商代國家與社會》，宋鎮豪主編《商代史》第
　　四卷，中國社會科學出版社，2011 年。

王玉哲《中國上古史綱》，上海人民出版社，1958 年。

衛聚賢《占史研究》第三集，商務印書館，1934 年。

魏建震《先秦社祀研究》，上海人民出版社，2008 年。

聞一多《聞一多全集》，生活、讀書、新知三聯書店，1978 年。

吳大澂《說文古籀補》《字說》，中華書局，1988 年。

吳俊德《殷卜辭先王稱謂綜論》，臺灣里仁書局，2010 年。

吳其昌《金文世族譜》，商務印書館，1936 年。

吳秋輝《侘傺軒文存》，齊魯書社，1997 年。

吳澤《古代史》，棠棣出版社，1953 年。

吳澤《中國原始社會史》，文化供應社，1943 年。

吳鎮烽《金文人名匯編》（修訂本），中華書局，2006 年。

吳鎮烽《金文人名匯編》，中華書局，1987 年。

吳鎮烽《陝西金文彙編》，三秦出版社，1989 年。

吳鎮烽《商周青銅器銘文暨圖像集成》，上海古籍出版社，
　　2012 年。

吳鎮烽《商周青銅器銘文暨圖像集成三編》，上海古籍出版社，
　　2019 年。

吳鎮烽《商周青銅器銘文暨圖像集成續編》，上海古籍出版社，
　　2015 年。

吳鎮烽《金文通鑒系統》，電子版。

席涵靜《周代祝官研究》，臺灣勵志出版社，1978 年。

席涵靜《周社研究》，臺灣福記文化圖書有限公司印行，1986 年。

夏鼐《考古學論文集》，科學出版社，1961 年。

夏商周斷代工程專家組《夏商周斷代工程——1996—2000 年階段
　　成果報告》，世界圖書出版公司，2000 年。

向宗魯《說苑校證》，中華書局，1987 年。

蕭遙天《中國人名的研究》，國際文化出版公司，1987 年。

謝維揚《周代家庭形態》，中國社會科學出版社，1990 年。

徐復《訄書詳注》，上海古籍出版社，2000 年。

徐復觀《兩漢思想史》，華東師範大學出版社，2004 年。

徐仁甫《左傳疏證》，四川人民出版社，1981 年。

徐旭生《中國古史的傳說時代》，文物出版社，1985 年。

徐中舒《先秦史論稿》，巴蜀書社，1992 年。

徐中舒《徐中舒歷史論文選》，中華書局，1998 年。

徐中舒主編《甲骨文字典》，四川人民出版社，1990 年。

徐宗元《帝王世紀輯存》，中華書局，1964 年。

許倬雲《求古編》，新星出版社，2006 年。

許順湛《中原遠古文化》，河南人民出版社，1984 年。

許維遹《呂氏春秋集釋》，北京中國書店，1985 年。

許逸民《金樓子校箋》，中華書局，2011 年。

嚴志斌《商代青銅器銘文研究》，上海古籍出版社，2017 年。

雁俠《中國早期姓氏制度研究》，天津古籍出版社，1996 年。

楊伯峻《春秋左傳注》，中華書局，1990 年。

楊鴻勛《建築考古論文集》，文物出版社，1987 年。

楊寬《古史新探》，中華書局，1965 年。

楊寬《西周史》，上海人民出版社，1999 年。

楊坤《西周宗法制度的演變》，上海古籍出版社，2021 年。

楊堃《原始社會發展史》，北京師範大學出版社，1986 年。

楊樹達《積微居讀書記》，上海古籍出版社，2006 年。

楊樹達《積微居甲文說》，上海古籍出版社，1986 年。

楊樹達《積微居金文說·餘說》，中華書局，1997 年。

楊樹達《積微居小學述林》，中華書局，1983 年新一版。

楊希枚《先秦文化史論集》，中國社會科學出版社，1995 年。

楊向奎《繹史齋學術文集》，齊魯書社，1989 年。

楊向奎《繹史齋學術文集》，上海人民出版社，1983年。
楊向奎《中國古代社會與古代思想研究》，上海人民出版社，1962年。
姚孝遂、肖丁編纂《殷墟甲骨刻辭類纂》，中華書局，1989年。
姚振宗《隋書經籍志考證》，《二十五史補編》，中華書局，1955年。
葉達雄《西周政治史研究》，臺灣明文書局，1982年。
殷滌非《商周考古簡編》，黄山書社，1986年。
印順《中國古代民族神話與文化之研究》，臺灣正聞出版社，1975年。
于省吾《甲骨文字釋林》，中華書局，1979年。
于省吾主編《甲骨文字詁林》，中華書局，1996年。
俞偉超《古史的考古學探索》，文物出版社，2002年。
俞偉超《先秦兩漢考古學論集》，文物出版社，1985年。
虞萬里《榆枋齋學林》，華東師範大學出版社，2012年。
虞萬里《榆枋齋學術論集》，江蘇古籍出版社，2001年。
袁業裕《中國古代姓氏制度研究》，《國學小叢書》，商務印書館，1936年。
章景明《殷周廟制論稿》，臺灣學海出版社，1979年。
章太炎《章太炎全集》，上海人民出版社，2018年。
張光直《中國青銅時代》，三聯書店，1983年。
張聯芳主編《中國人的姓名》，中國社會科學出版社，1992年。
張懋鎔《古文字與青銅器論集》，科學出版社，2002年。
張守中《中山王譽器文字編》，中華書局，1980年。
張淑一《先秦姓氏制度考索》，福建人民出版社，2008年。
張文虎《校刊史記集解索隱正義札記》，中華書局，1977年。
張西堂《尚書引論》，陝西人民出版社，1957年。

張亞初、劉雨《西周金文官制研究》，中華書局，1986 年。

張亞初《殷周金文集成引得》，中華書局，2001 年。

張冶《金石姓氏録——中華漢姓斷代統計及其考辨》，河北大學
　　出版社，2020 年。

張肇麟著、張鳴華整理《姓氏與宗社考證》，社會科學文獻出版
　　社，2015 年。

張政烺《張政烺文史論集》，中華書局，2004 年。

趙伯雄《周代國家形態研究》，湖南教育出版社，1990 年。

趙林《殷契釋親》，上海古籍出版社，2011 年。

趙錫元《中國奴隸社會史述要》，吉林文史出版社，1986 年。

鄭子田《中國原始社會研究》，永祥印書館，1947 年。

中國科學院考古研究所《西安半坡》，“考古學專刊”丁種第十四
　　號，文物出版社，1963 年。

中國社會科學院考古研究所《寶鷄北首嶺》，“考古學專刊”丁種
　　第二十六號，文物出版社，1983 年。

中國社會科學院考古研究所《張家坡西周墓地》，“中國田野考古
　　報告集考古學專刊”丁種第五十七號，中國大百科全書出版
　　社出版，1999 年。

中國社會科學院考古研究所編《殷周金文集成釋文》，香港中文
　　大學中國文化研究所，2001 年。

中國社會科學院考古研究所編《殷周金文集成釋文》，中華書局，
　　2007 年。

朱芳圃《甲骨學文字編》，商務印書館，1934 年。

朱鳳瀚《商周家族形態研究》，天津古籍出版社，1990 年。

朱歧祥《殷墟花園莊東地甲骨校釋》，臺灣東海大學中文系，
　　2006 年。

朱謙之《老子校釋》，中華書局，2000 年。

竹添光鴻《左傳會箋》，四川巴蜀書社影印本，2008 年。

鄒衡《夏商周考古學論文集》，文物出版社，1980 年。

學術論文

［美］Ofer Bar-Yosef、［法］Bernard Vandermeersch 著，郭敏譯《黎凡特地區的現代人類》，《科學》1993 年第 8 期。

［美］吉德煒《中國古代的吉日與廟號》，《殷墟博物苑苑刊》創刊號，中國社會科學出版社，1989 年。

［日］池田末利著，姚義田譯《中國史前祭祀遺址初探——以喀佐東山嘴爲中心》，《遼海文物學刊》1988 年第 2 期。

［日］井上聰《商代廟號新論》，《中原文物》1990 年第 2 期。

卜工《北首嶺遺址廣場墓葬的特殊含義》，《遼海文物學刊》1990 年第 2 期。

蔡運章、楊海欽《十一年皋落戈及其相關問題》，《考古》1991 年第 5 期。

曹定雲《論殷墟花園莊東地甲骨是小乙時代卜辭——從商代的"日名"説起》（上），《甲骨文與殷商史》（新八輯），上海古籍出版社，2018 年。

常正光《殷曆考辨》，《古文字研究》第六輯，中華書局，1981 年。

晁福林《補釋甲骨文"衆"字並論其社會身份的變化》，《夏商西周史叢考》，商務印書館，2018 年。

陳恩林《先秦兩漢文獻中所見周代諸侯五等爵》，《歷史研究》1994 年第 6 期。

陳建敏《卜辭諸婦的身份及其相關問題》，《史林》1986 年第 2 期。

陳力《今本〈竹書紀年〉研究》，《四川大學學報叢刊》第二十八輯。

陳夢家《西周銅器斷代》（二），《考古學報》第十冊，1955 年。

陳夢家《西周銅器斷代》（五），《考古學報》第三期，1956 年。

陳其南《中國古代之親屬制度——再論商王廟號的社會結構意義》，臺灣"中研院"《民族學研究所集刊》第三十五期，1973 年。

陳鐵梅《山頂洞文化年代的最新測定》，《中國文物報》1993 年 1 月 10 日。

陳星燦《史前居室葬俗的研究》，《華夏考古》1989 年第 2 期。

程元敏《君奭義證》，《尚書周書十三篇義證》，臺灣萬卷樓，2017 年。

程元敏《尚書寧王寧武寧考前寧人寧人前文人解之衍成及其史的觀察（上）（下）》，臺灣"中研院"《中國文哲研究集刊》創刊號、第二期，1991 年、1992 年。

程元敏《周公旦未曾稱王考》上、下，《孔孟月報》1974 年、1975 年。

戴家祥《"社""杜""土"古本一字考》，《上海博物館集刊》第三輯，上海古籍出版社，1982 年。

單周堯《說"示"》，《第二屆國際中國古文字學研討會論文集續編》，1995 年。

丁山《說𩁹》，中研院《歷史語言研究所集刊》第一本第二分，1930 年。

丁山《姓與氏》，《新建設》1951 年第 6 期。

丁山《宗法考源》，中研院《歷史語言研究所集刊》第四本第四分，1934 年。

丁驌《論殷王妣諡法》，臺灣"中研院"《民族學研究所集刊》第十九期，1965 年。

丁驌《再論商王妣廟號的兩組説》，臺灣"中研院"《民族學研究
　　所集刊》第二十一期，1966 年。

董珊《釋西周金文的"沈子"和〈逸周書・皇門〉的"沈人"》，
　　《出土文獻》第二輯，中西書局，2011 年。

董作賓《甲骨文斷代研究例》，《慶祝蔡元培先生六十五歲論文
　　集》，中研院《歷史語言研究所集刊外編》第一種，1933 年。

董作賓《論商人以十日爲名》，　《大陸雜志》第二卷三期，
　　1953 年。

董作賓《五等爵在殷商》，中研院《歷史語言研究所集刊》第六
　　本第三分，1936 年。

范文瀾《關於上古歷史階段的商榷》，《中國文化》第一卷第
　　三期。

方炫琛《左傳人物名號研究》，臺灣政治大學中國文學研究所
　　1983 年博士論文。

馮時《夏社考》，《21 世紀中國考古學與世界考古學》，中國社會
　　科學出版社，2002 年。

傅斯年《姜原》，中研院《歷史語言研究所集刊》第二本第一分，
　　1930 年。

傅斯年《論所謂五等爵》，中研院《歷史語言研究所集刊》第二
　　本第一分，1930 年。

傅斯年《周頌説》，中研院《歷史語言研究所集刊》第一本第一
　　分，1928 年。

甘肅省文物工作隊《甘肅秦安大地灣 901 號房址發掘簡報》，《文
　　物》1986 年第 2 期。

高懷民《中國古代文化中的鬼神思想》，臺灣大學《文史哲學報》
　　第 35 期，1987 年。

高明《從甲骨文中所見王與帝的實質看商代社會》，《古文字研

究》第十六輯，中華書局，1989 年。

高去尋《黃河下游的屈肢葬問題》，《中國考古學報》第二冊，1947 年。

葛英會《殷墟卜辭所見王族及其相關問題》，《紀念北京大學考古專業三十周年論文集》，文物出版社，1990 年。

鞏啓明、嚴文明《從姜寨早期村落佈局探討其居民的社會組織結構》，《考古與文物》1981 年第 1 期。

顧頡剛《論〈今义尚書〉著作時代書》，《古史辨》第一冊，上海古籍出版社，1982 年。

顧頡剛《周公執政稱王——周公東征史事考證之二》，《文史》第二十三輯，中華書局，1984 年。

郭風嵐《中國神話中的姓氏名號及其文化意義》，《中國文化研究》1996 年秋之卷。

郭静雲《殷商王族祭日與祖妣日名索隱》，《甲骨文與殷商史》（新二輯），上海古籍出版社，2011 年。

郭沫若《骨臼刻辭之一考察》，《殷契餘論》，《郭沫若全集·考古編》（一），科學出版社，1982 年。

郭沫若《諱不始於周人辨》，《金文叢考》，人民出版社，1954 年。

郭沫若《釋支干》，《甲骨文字研究》，科學出版社，1982 年。

郭沫若《金文所無考》，《金文叢考》，人民出版社，1954 年。

郭沫若《令彝令簋與其它諸器物之綜合研究》，《殷周青銅器銘文研究》，科學出版社，1961 年。

郭沫若《謚法之起源》，《金文叢考》，人民出版社，1954 年。

郭沫若《釋乑氏》，《金文叢考·金文餘醳之餘》，人民出版社，1954 年。

韓自强、劉海洋《今年所見有銘銅器簡述》，《古文字研究》第二十四輯，中華書局，2002 年。

胡厚宣《釋"余一人"》,《歷史研究》1957 年第 2 期,

胡厚宣《殷卜辭中的上帝和王帝》(上),《歷史研究》1957 年第
　　9 期。

胡厚宣《殷卜辭中的上帝和王帝》(下),《歷史研究》1959 年第
　　10 期。

胡厚宣《殷代封建制度考》,《甲骨學商史論叢初集》,《齊魯大學
　　國學研究所專刊》之一,臺灣大通書局印行,1972 年。

胡厚宣《中國奴隸社會最高統治者的稱號問題》,《紀念顧頡剛學
　　術論文集》,巴蜀書社,1990 年。

胡厚宣《重論"余一人"》,《古文字研究》第六輯,1981 年。

黃銘崇《甲骨文、金文所見以十日命名的繼統"區別字"》,臺
　　灣"中研院"《歷史語言研究所集刊》第七十六本第四分,
　　2005 年。

黃銘崇《商人祭祀用的親屬稱謂體系及其意義》,《古文字與古代
　　史》第一輯,2007 年。

黃銘崇《商人日干爲生稱以及同干不婚的意義》,臺灣"中研院"
　　《歷史語言研究所集刊》第七十八本第四分,2007 年。

黃銘崇《商周貴族親屬稱謂制度的比較研究》,《甲骨文與殷商
　　史》新六輯,上海古籍出版社,2016 年。

黃銘崇《殷周金文中的親屬稱謂"姑"及其相關問題》,臺灣
　　"中研院"《歷史語言研究所集刊》第七十五本第一分,
　　2004 年。

黃奇逸《甲金文中王號生稱與謚法問題的研究》,《中華文史論
　　叢》第一輯,上海古籍出版社,1983 年。

黃盛璋《宗(廟)、示、主、祐、宝、祖(且)的來源與中國文
　　明形成的關係略說》,載《夏商文明研究》,中州古籍出版
　　社,1995 年。

惠翔宇、彭邦本《錫命制度與周王"正統"及"天子"信仰》，《西南民族大學學報（哲學社会科學版）》2016 年第 4 期。

賈洪波《論令彝銘文的年代與人物糾葛——兼略申唐蘭先生西周金文"康宫説"》，《中國史研究》2003 年第 1 期。

賈蘭坡、甄朔南《原始墓葬》，《史學月刊》1985 年第 1 期。

賈連翔《淺談竹書形製現象對文字釋讀的影響》，《半部學術史，一位李先生——李學勤先生學術成就與學術思想國際研討會論文集》，清華大學出版社，2021 年。

駱光華《先秦姓氏制度初探》，《中國古代史論叢》第八輯，福建人民出版社，1983 年。

姜亮夫《"示""社"形義説》，《語言文字研究專輯》，《中華文史論叢增刊》，上海古籍出版社，1986 年。

李峰《論"五等爵"稱的起源》，李宗焜主編《古文字與古代史》第三輯，臺灣"中研院"歷史語言研究所，2012 年。

李衡眉《我國原始社會婚姻形態研究》，《歷史研究》1986 年第 2 期。

李衡眉《禹的兩種出生説試釋》，《齊魯學刊》1985 年第 4 期。

李建生、王金平《周伐獫狁與"長父侯于楊"相關問題》，《中原文物》2012 年第 1 期。

李零《楚國銅器銘文編年匯釋》，《古文字研究》第十三輯，中華書局，1986 年。

李香平《重釋"余一人"》，《考古與文物》2003 年第 1 期。

李學勤《考古發現與古代姓氏制度》，《考古》1987 年第 3 期。

李學勤《論殷代親族制度》，《文史哲》1957 年第 11 期。

李學勤《穆公簋蓋在青銅器分期上的意義》，《新出青銅器研究》，文物出版社，1990 年。

李學勤《平山三器與中山國史的若干問題》，《考古學報》1979 年第 2 期。

李學勤《評陳夢家殷墟卜辭綜述》，《考古學報》1957 年第 3 期。

李學勤《先秦人名的幾個問題》，《歷史研究》1991 年第 5 期。

李學勤《小臣缶方鼎與箕子》，《殷都學刊》1985 年第 2 期。

李學勤《殷商至周初的姃與姃臣》，《殷都學刊》2008 年第 3 期。

李仰松《秦安大地灣遺址仰韶文化晚期地畫研究》，《考古》1986
　　年第 11 期。

李仲操《兩周金文中的婦女稱謂》，《古文字研究》第十八輯，中
　　華書局，1992 年。

連劭名《商代的神主》，《殷都學刊》1998 年第 3 期。

林衡立《評張光直商王廟號新考中的論證法》，臺灣"中研院"
　　《民族學研究所集刊》第十九期，1965 年。

林沄《"百姓"古義新解——兼論中國早期國家的社會基礎》，
　　《林沄學術文集》（二），科學出版社，2008 年。

林沄《從武丁時代的幾種"子卜辭"試論商代的家族形態》，《古
　　文字研究》第一輯，中華書局，1979 年。

林沄《對早期銅器銘文的幾點看法》，《林沄學術文集》，中國大
　　百科全書出版社，1998 年。

淩純聲《中國古代社之源流》，臺灣"中研院"《民族學研究所集
　　刊》第十七期，1964 年。

劉斌雄《殷商王室十分組制試論》，臺灣"中研院"《民族學研究
　　所集刊》第十九期，1965 年。

劉桓《殷墟卜辭中的"多毓"問題》，《考古》2010 年第 10 期。

劉君懷、辛怡華、劉棟《四十二年、四十三年逨鼎銘文試釋》，
　　《文物》2003 年第 6 期。

劉起釪《〈周禮〉真偽之爭及其書寫成的真實依據》，《古史續
　　辨》，中國社會科學出版社，1991 年。

劉起釪《甲骨文與尚書研究》，《甲骨文與殷商史》第三輯，上海
　　古籍出版社，1991 年。

劉啓益《西周金文中所見之周王后妃》，《考古與文物》1980 年第
　　4 期。

劉一曼《殷墟商代族宗廟的發現與研究》，《考古與文物》2019 年
　　第 6 期。

劉源《“五等爵”制與殷周貴族政治體系》，《歷史研究》2014 年
　　第 1 期。

劉昭瑞《關於甲骨文中子稱和族的幾個問題》，《中國史研究》
　　1987 年第 2 期。

劉釗《安陽後崗殷墓所出“柄形飾”用途考》，《考古》1995 年第
　　7 期。

欒豐實《太昊和少昊傳説的考古學研究》，《中國史研究》2000 年
　　第 2 期。

羅香林《釋氏》，《東方雜志》第 42 卷第 19 期，1946 年。

馬雍《中國姓氏制度的沿革》，《中國文化研究集刊》第二輯，復
　　旦大學出版社，1985 年。

寧鎮疆《也論“余一人”問題》，《歷史研究》2018 年第 2 期。

潘敏、孫全滿《商王廟號及商代謚法的推測》，《河北學刊》1995
　　年第 1 期。

彭裕商《卜辭中的土、河、嶽》，《古文字研究論文集》，《四川大
　　學學報叢刊》第十輯，1982 年。

彭裕商《謚法探源》，《中國史研究》1999 年第 1 期。

裘錫圭《關於商代的宗族組織與貴族和平民兩個階級的初步研
　　究》，《裘錫圭學術文集·古代歷史思想民族卷》，復旦大學
　　出版社，2015 年。

裘錫圭《甲骨卜辭所見“田”“牧”“衛”等職官的研究——兼論

“侯”“甸”“男”“衛”等幾種諸侯的起源》，《文史》第十九輯，中華書局，1983 年。

裘錫圭《論“歷組卜辭”的時代》附録二《關於“丁”》，《古文字研究》第六輯，中華書局，1981 年。

裘錫圭《論殷墟卜辭“多毓”之“毓”》，《裘錫圭學術文集·甲骨文卷》，復旦大學出版社，2000 年。

裘錫圭《釋柲》，《古文字研究》第三輯，收入《古文字論集》，中華書局，1992 年。

裘錫圭《説“以”》，《古文字論集》，中華書局，1992 年。

屈萬里《謚法濫觴於殷代論》，中研院《歷史語言研究所集刊》第十三本，1948 年。

饒宗頤《論殷代之職官、爵、姓》，陳致、王珏編《中國文化書院八秩導師文集·饒宗頤卷》，東方出版社，2017 年。

饒宗頤《由〈尚書〉“余弗子”論殷代爲婦子卜名之禮俗》，《古文字研究》十六輯，中華書局，1989 年。

陝西省博物館《陝西長安灃西出土的趩盉》，《考古》1977 年第 1 期。

邵望平《横陣仰韶文化墓地的性質與葬俗》，《考古》1976 年第 3 期。

邵望平《禹貢“九州”的考古學研究》，《考古學文化論集》（二），文物出版社，1989 年。

沈兼士《鬼字原始意義之試探》，《沈兼士學術論文集》，中華書局，1986 年。

沈文倬《漢簡異文釋》，《菿闇文存》，商務印書館，2006 年。

沈文倬《略論禮典的實行和〈儀禮〉書本的撰作》上、下，《文史》第十五、十六輯，中華書局，1982 年。

盛冬鈴《西周銅器銘文中的人名及其對斷代的意義》，《文史》第十七輯，中華書局，1983 年。

師寧《論生稱諡及諡法起源問題》，《首都師範大學學報（社會科學版）》1994 年第 6 期。

石磊《儀禮喪服篇所表現的親屬結構》，臺灣"中研院"《民族學研究所集刊》第五十三期，1982 年。

斯維至《論庶人》，《中國古代社會文化論稿》，臺灣允晨文化實業股份有限公司，1997 年。

蘇秉琦《關於考古學文化的區系類型問題》，《蘇秉琦考古學論述選集》，文物出版社，1984 年。

蘇秉琦《關於仰韶文化的若干問題》，《蘇秉琦文集》（二），文物出版社，2009 年。

孫慶偉《傳説時代與最早中國》，《遺産》第一輯，2019 年。

唐嘉弘《釋祝融八姓》，《江漢論壇》1981 年第 3 期。

唐蘭《懷鉛隨録·釋示宗及主》，《考古社刊》第六期，1937 年。

唐蘭《陝西省岐山縣董家村新出西周重要銅器銘辭的譯文和注釋》，《文物》1976 年第 5 期。

陶雲逵《碧羅雪山之傈傈族》，中研院《歷史語言研究所集刊》第十七本，1948 年。

童恩正《摩爾根模式與中國的原始社會史研究》，《中國社會科學》1988 年第 3 期。

童書業《周代諡法》，《春秋左傳研究》附録，上海人民出版社，1980 年。

汪寧生《從原始記事到文字發明》，《民族考古學論集》，文物出版社，1989 年。

王長啓《西安市文物中心收藏的商周青銅器》，《考古與文物》1990 年第 5 期。

王恩田《釋匕氏示》，《第二届中國古文字學研討會論文集》，

1993 年。

王貴民《商周廟制新考》，《文史》第 45 輯，中華書局，1998 年。

王國維《鬼方昆夷玁狁考》，《觀堂集林》，《王國維全集》，浙江教育出版社、廣東教育出版社，2009 年。

王國維《殷禮徵文·殷人以日爲名之所由來》，《王國維遺書》，上海書店，1983 年。

王輝《秦公大墓石磬殘銘考釋》《貙、鼸、麋、醽貙、醽麋諸此辭再考釋》，《一粟集——王輝學術文存》，臺灣藝文印書館，2002 年。

王進鋒《殷商時期的小臣》，　《古代文明》第 8 卷第 3 期，2014 年。

王仁湘《我國新石器時代墓葬方向研究》，田昌五、石興邦主編《中國原始文化論集——紀念尹達八十誕辰》，文物出版社，1989 年。

王慎行《殷周社祭考》，《中國史研究》1988 年第 3 期。

王世民《西周春秋金文所見諸侯爵稱的再檢討》，李宗焜主編《古文字與古代史》第三輯，臺灣“中研院”歷史語言研究所，2012 年。

王世民《西周春秋金文中的諸侯爵稱》，《歷史研究》1983 年第 3 期。

王世仁《明堂形制初探》，《中國文化研究集刊》第四輯，復旦大學出版社，1987 年。

王樹民《五帝時期的歷史探秘》，《曙庵文史續錄》，中華書局，2004 年。

王樹民《五帝時期是正式朝代建立前的歷史時代之稱》，《曙庵文史續錄》，中華書局，2004 年。

王巍《良渚文化玉琮芻議》，《考古》1986 年第 11 期。

王玉哲《試論商代兄終弟及的繼統法與殷商前期的社會性質》，《南開學報》1956 年第 1 期。

王蘊智《試論殷墟時期上帝觀念的發展》，《徐中舒百年誕辰紀念文集》，巴蜀書社，1998 年。

王震中《三皇五帝的時代與考古學上的年代》，《炎帝、姜炎文化與民生》，三秦出版社，2009 年。

王仲孚《試論黃帝傳說中的幾個問題》，《黃帝制器傳說的再探討》，《中國上古史論文集》（二），臺灣蘭臺出版社，2004 年。

衛聚賢《中國的母系時代》，《古史研究》第三集，商務印書館，1934 年。

魏芃《西周春秋時期"五等爵稱"研究》，南開大學歷史學院博士論文，2012 年。

聞一多《神話與詩》，《聞一多全集》，生活、讀書、新知三聯書店，1978 年。

吳靜淵《謚法探源》，《中華文史論叢》第三輯，上海古籍出版社，1979 年。

吳汝祚《山東膠縣三里河遺址發掘簡報》，《考古》1977 年第 4 期。

吳鎮烽《陝西商周青銅器的出土與研究》，《考古與文物》1988 年第 5、6 期合刊。

夏鼐《臨洮寺窪山發掘記》，《考古學論文集》，科學出版社，1961 年。

夏星南《試說防風氏國與良渚文化的關係》，《史前研究》2000 年，三秦出版社，2000 年。

謝明文《晉公盨銘文補釋》，《出土文獻與古文字研究》第五輯，上海古籍出版社，2013 年。

辛立《周代的“賜姓”制度》，《文博》1988 年第 5 期。

徐廣德《1991 年安陽後岡殷墓的發掘》，《考古》1995 年第 10 期。

徐天進《日本出光美術館所藏的静方鼎》，《文物》1998 年第 5 期。

徐旭生、蘇秉琦《試論傳說材料的整理與傳說世代的研究》，《史學集刊》（國立北平研究院）第 5 期，1947 年。

徐中舒、唐嘉弘《論殷周的外服制》，《先秦史新探》，河南大學出版社，1988 年。

徐中舒《豳風說》，中研院《歷史語言研究所集刊》第六本第四分，商務印書館，1936 年。

徐中舒《金文嘏辭研究》，中研院《歷史語言研究所集刊》第六本第一分，商務印書館，1936 年。

徐中舒《論殷代社會的氏族組織》，《徐中舒歷史論文選》，中華書局，1998 年。

徐中舒《夏代的歷史與夏商之際夏民族的遷徙》，《先秦史論稿》，巴蜀書社，1992 年。

徐中舒《禹鼎的年代及其相關問題》，《考古學報》1959 年第 3 期。

徐中舒《周原甲骨初論》，《古文字研究論文集》，《四川大學學報叢刊》第十輯，1982 年。

許進雄《對張光直先生的商王廟號新考的幾點意見》，臺灣“中研院”《民族學研究所集刊》第十九期，1965 年。

許進雄《黃帝命名根由的推測》，《中國文字》新三期，1981 年。

許順湛《五帝時代與考古學文化》，《重慶文理學院學報》2011 年第 1 期。

許倬雲《關於商王廟號新考一文的幾點意見》，臺灣“中研院”《民族學研究所集刊》第十九期，1965 年。

薛金玲《諡法起源淺析》，《西北大學學報（哲學社會科學版）》2000 年第 1 期。

嚴文明《橫陣墓地試析》，《仰韶文化研究》，文物出版社，1989 年。

晏琬《北京、遼寧出土銅器與周初的燕》，《考古》1975 年第 5 期。

楊鴻勛《仰韶文化居住建築發展問題的探討》，《考古學報》1975 年第 1 期。

楊寬《“冠禮”新探》，《中華文史論叢》第一輯，上海古籍出版社，1962 年。

楊寬《試論西周春秋間的宗法制度和貴族組織》，《古史新探》，中華書局，1965 年。

楊升南《卜辭中所見諸侯對商王室的臣屬關係》，《甲骨文與殷商史》第一輯，上海古籍出版社，1983 年。

楊升南《從殷墟卜辭中的“示”宗說到商代的宗法制度》，《中國史研究》1985 年第 3 期。

楊升南《商代人牲身份的再考察》，《中國史研究》1988 年第 1 期。

楊樹達《尚書說》，《積微居讀書記》，上海古籍出版社，2006 年。

楊樹達《竹書紀年所見殷王名疏證》，《積微居甲文說》，上海古籍出版社，1986 年。

楊希枚《〈國語〉黃帝二十五子得姓傳說的分析》（下），《先秦文化史論集》，中國社會科學出版社，1995 年。

楊希枚《〈左傳〉“因生以賜姓”解與“無駭卒”故事的分析》，《先秦文化史論集》，中國社會科學出版社，1995 年。

楊希枚《從諱名制、祖孫同名制看商王廟號問題——張光直〈中國青銅時代〉讀後》，《先秦史研究動態》1987 年第 1 期。

楊希枚《聯名制與卜辭商王廟號問題》，臺灣"中研院"《民族學研究所集刊》第二十一期，1966 年。

楊希枚《論久被忽略的諸侯以字爲謚之制——兼論生稱謚問題》，《中國史研究》1987 年第 4 期。

楊希枚《論商王廟號問題兼論同名和異名制及商周卜俗》，《殷墟博物苑苑刊》創刊號，中國社會科學出版社，1989 年。

楊希枚《論先秦姓族和氏族》，《先秦文化史論集》，中國社會科學出版社，1995 年。

楊希枚《論周初諸王之生稱謚》，《殷都學刊》1988 年第 3 期。

楊希枚《先秦賜姓制度理論的商榷》，《先秦文化論集》，中國社會科學出版社，1995 年。

楊希枚《姓字古義析證》，《先秦文化史論集》，中國社會科學出版社，1995 年。

楊向奎《關於周公攝政稱王問題》，《儒學國際學術討論會論文集》，齊魯書社，1989 年。

楊向奎《令彝考釋中的幾個問題》，《繹史齋學術文集》，上海人民出版社，1983 年。

楊向奎《論〈左傳〉之性質及其與〈國語〉之關係》，《繹史齋學術文集》，上海人民出版社，1983 年。

葉萬松《姜寨一期聚落遺址是父系氏族居址——中原地區史前氏族社會研究之三》，《黃河科技大學學報》2013 年第 3 期。

葉萬松《史前農業是産生父系氏族的社會經濟條件——中原地區史前父系氏族社會研究之一》，《黃河科技大學學報》2012 年第 6 期。

葉萬松《中原地區在仰韶文化時期進入父系氏族社會》，《三門峽職業技術學院院報》2014 年第 1 期。

于省吾《釋自上甲六示的廟號以及我國成文歷史的開始》，《甲骨文字釋林》，中華書局，1979 年。

俞偉超、湯惠生《圖騰制與人類歷史的起點》，《中國歷史博物館館刊》1995 年第 1 期。

俞偉超《連雲港將軍崖東夷社祀遺蹟的推定》，《先秦兩漢考古學論集》，文物出版社，1985 年。

俞偉超《銅山丘灣商代社祀遺蹟的推定》，《考古》1973 年第 5 期。

虞萬里、楊蓉蓉《避諱與古音研究》，《漢語言學國際學術研討會論文集》，《語言研究》增刊，1991 年。

虞萬里《〈説文〉"姓"、"氏"義重校新釋》，《中國經學》第八輯，廣西師範大學出版社，2011 年。

虞萬里《金文對揚歷史觀》，《榆枋齋學術論集》，江蘇古籍出版社，2001 年。

虞萬里《三禮漢讀異文及其古音系統》，《語言研究》1997 年第 2 期。

虞萬里《由甲骨刻辭多字結構説到多諸之音義及其民族與時地》，《榆枋齋學術論集》，江蘇古籍出版社，2001 年。

袁德星《上帝與上天——古代宗教信仰和古器物之關係》（一）（二）（三）（四），《故宮月刊》第 91、93、96、97 期。

曾騏《我國史前時期的墓葬》，《史前研究》1985 年第 2 期。

章太炎《訄書·序種姓上》，徐復《訄書詳注》，上海古籍出版社，2000 年。

張秉權《甲骨文所見人地同名考》，《慶祝李濟先生七十歲論文集》（下冊），清華學報社，1967 年。

張富祥《商王名號與上古日名制研究》，《歷史研究》2005 年第 2 期。

張光直《對中國先秦史新結構的一個建議》，杜正勝、黃進興編

《中國考古學與歷史學之整合研究》，臺灣"中研院"歷史語言研究所會議論文集之四，1997 年。

張光直《談王亥與伊尹的祭日並再論殷商王制》，臺灣"中研院"《民族學研究所集刊》，第三十五期，1973 年。

張懋鎔《商代日名研究的再檢討》，《考古學研究——紀念陝西省考古所成立三十週年》，三秦出版社，1993 年。

張壽祺《舊石器晚期紅土隨葬及其原始宗教意識》，《世界宗教研究》1983 年第 2 期。

張以仁《從文法、語彙的差異證〈國語〉、〈左傳〉二書非一人所作》，臺灣"中研院"《歷史語言研究所集刊》第三十四本，1962 年。

張以仁《論〈國語〉與〈左傳〉的關係》，臺灣"中研院"《歷史語言研究所集刊》第三十三本，1962 年。

張政烺《哀成叔鼎釋文》，《甲骨文金文與商周史研究》，中華書局，2012 年。

張政烺《卜辭裒田及相關諸問題》，《考古學報》1973 年第 1 期。

張政烺《釋因蘊》，《古文字研究》第十二輯，中華書局，1985 年。

張政烺《中山王嚳及鼎銘考釋)，《古文字研究》第一輯，中華書局，1979 年。

趙誠《諸婦探索》，《古文字研究》第十二輯，中華書局，1986 年。

趙光賢《左傳編纂考》（下），《中國歷史文獻研究集刊》第 2 集，湖南人民出版社，1981 年。

趙林《論"氏"的造字成詞》，《甲骨文與殷商史》（新一輯），上海古籍出版社，2009 年。

鍾柏生撰《帚妌卜辭及其相關問題的探討》，臺灣"中研院"《歷史語言研究集刊》第五十六本第一分，1985 年。

朱鳳瀚《金文日名統計與商代晚期商人日名制》，《中原文物》1990 年第 3 期。

朱鳳瀚《殷墟卜辭中"侯"的身份補證——兼論"侯""伯"之異同》，李宗焜主編《古文字與古代史》第四輯，臺灣"中研院"史語所會議論文集之十四，2015 年。

鄒衡《關於夏商時期北方地區諸鄰境文化的初步探討》，《夏商周考古學論文集》，文物出版社，1980 年。

主題詞索引

後　記

　　本書的形成要歸功於龐堅兄。十年前拙著《榆枋齋學林》在華東師範大學出版社出版後，他就想把其中有關避諱和姓氏的文章抽出單行，理由是單行比論文集更易於傳播。我則認爲這些文章都是十年二十年前的思想，編論文集可以存原貌，單行恐怕不宜，但我也答應他抽空把新想法新材料補充重寫後給他。但忙碌的現實生活，抽空本來是一種空想，這一拖就是五六年。四年前，我實在感覺自己已經食言很肥，需要踐諾減肥了，於是同意他將本書在出版社列入選題，并簽了出版合同。此後又拖了二年，才下決心擺脱瑣事，修改補充。但在舊的框架中增補，我感受最深也最憋屈的是，不能暢所欲言，只能將重要的資料、證據組織進去，自己新近的思考和已經改變的觀點修改完善，即使這樣，也已經增加了一倍的文字。文字結構和章節安排雖然不理想，但確是我對姓氏和避諱最新的看法。

　　三十年前，論文規範和現在完全不同，注腳的有無和頁碼的注與不注，都不是硬性規定。所以有很多漏注，注的也不規範。《商周稱謂與中國古代避諱起源》初稿寫成有八萬字，當年我作爲學術圈外的人，絶無可能發表這樣的長文，於是一段一節割裂發表，注釋也就依發表的刊物要求修改補充。後來入上海社科院歷史所，與人一同主持傳統中國研究中心，才得以全文刊登於《傳統中國研究集刊》創刊號上。此文原稿是手寫年代，當然没有電子本，所以我利用録入的機會粗粗做過一次注釋的增補、統一工作，當然不徹底。這次修改之前，曾請陳翀實君幫我再統一一次。翀實是陳絜教授的高足，對甲骨、銅器文字都比較熟悉，她在統一注釋之餘，順便把我卜辭標號和銘文器名都做了統一。

上世紀九十年代，有的大型工具書還沒出版，我在梳理動態稱謂時，傳世經典都是據書摘錄，銅器銘文主要根據馬承源《商周青銅器銘文選》，也參考摘錄陳夢家《西周銅器斷代》和唐蘭《西周青銅器銘文史徵》等書，卜辭則參考更廣。諸家著錄、引錄、編號、器名和文字都有出入，這次做了一次很好的統一工作。當年文章既然是手寫，從卡片到初稿、二稿、排印，好些古文字都已走樣甚至譌誤。去年交稿前夕，沈君奇石來交大聽課，相談之下，深感其銳意進取，讀書極多，又熟稔於古文字形，因請他幫我將文稿中模糊不清的古文字字形重新製作，這使本書免去了一些譌誤又增色不少。書稿交給出版社後，請沈君毅驊外審，又讀一遍校樣，改正許多筆誤和拼音敲鍵的同音之譌。這是我在本書出版之際，特別要向翀實和二位沈君表示感謝的。

事有湊巧，正當我從交大調入浙大馬一浮書院任教伊始，學校發來一份出版資助通知，隨即填寫申請表，幸被列入"浙江大學董氏東方文史哲研究獎勵基金資助出版"計劃，在此也謹向浙江大學董氏東方文史哲研究獎勵基金會表示敬意與謝忱。

2022 年 11 月 12 日於浙大馬一浮書院